hänssler

# Edition C Bibelkommentar
# Altes Testament

Band 36

Herausgeber:
HELMUTH PEHLKE

WINFRIED MEISSNER

# Bücher Joel und Obadja

Bibelkommentar
Edition C – Altes Testament

hänssler-Hardcover
Bestell-Nr. 393.354
ISBN 3-7751-3354-2



**Titelbild: Jesaja-Rolle vom Toten Meer 2. Jh. v. Chr.**
Foto: Prof. J. C. Trever / © A. Schick – Bibelausstellung Sylt
**Tonkrug aus den Qumranhöhlen in denen Schriftrollen aufbewahrt worden sind**
Foto: © A. Schick – Bibelausstellung Sylt
Mit freundlicher Genehmigung entnommen aus dem Dokumentationsband von A. Schick »Faszination Qumran« (ISBN 3-89397-382-6).
Zum Ausleih für Gemeinden: Große Qumran- & Bibelausstellung mit Faksimiles der Schriftrollen vom Toten Meer, Modell von Qumran, Kopien der Tonkrüge etc.
Bibelausstellung Sylt c/o Alexander Schick, Friedrichstraße 19, D-25980 Westerland/Sylt.

Umschlaggestaltung: Stefanie Bunner
Satz: Vaihinger Satz + Druck, 71665 Vaihingen/Enz
Druck und Bindung: Ebner ULM
Printed in Germany

Meiner lieben Frau
und unseren Kindern

(Joel 1,3; 2,16; 3,1)

# Inhalt


Abkürzungen ... 16
Vorwort des Herausgebers ... 19
Vorwort des Autors ... 21

**1 Einleitung in das Buch Joel** ... 24

1.1 Historischer Hintergrund ... 24
Bezugnahmen auf den historischen Hintergrund ... 24
Die historische Einordnung der Zeit Joels ... 36

1.2 Abfassungszeit des Buches ... 37
Die kanonische Einordnung ... 37
Die thematische Abhängigkeit Joels von der Thora Moses ... 40
Die zeitliche Priorität Obadjas vor Joel ... 40
Die zeitliche Priorität Joels vor Amos ... 41
Die Sprache Joels ist die der vorexilischen Propheten ... 43
Die Beziehung Joels zu den anderen Propheten des AT ... 44
Die zeitliche Nähe der Buchabfassung zur mündlichen Verkündigung ... 45

1.3 Autor des Buches ... 45
Die literarische Einheit des Buches ... 45
Joel als Verfasser des gesamten Buches ... 46
Die Person des Autors ... 47

1.4 Absicht und Zweck des Buches ... 48
Botschaft für das Volk Gottes aller Generationen ... 48
Bericht von einer göttlichen Heimsuchung Judas ... 48
Ruf zur Umkehr angesichts des Tages Jahwes ... 49
Unterweisung zur Gerechtigkeit ... 49
Ermutigung für Gottes Volk ... 50
Ausblick auf die Zeit der vollendeten Erlösung Israels ... 50

1.5 Botschaft des Buches . . . . . . . . . . . . . . . . . . . . . . . 50

1.6 Gliederung und Struktur des Buches . . . . . . . . . . . 52
Gliederung . . . . . . . . . . . . . . . . . . . . . . . . . . . . 52
Struktur . . . . . . . . . . . . . . . . . . . . . . . . . . . . . . 55

1.7 Textüberlieferung . . . . . . . . . . . . . . . . . . . . . . . . 56

1.8 Exkurs: Der Tag Jahwes im AT . . . . . . . . . . . . . . . 57
Das Vorkommen des Ausdrucks im AT . . . . . . . . . 57
Der Tag Jahwes als sprachlicher Ausdruck . . . . . . . 58
Themen im Konzept des Tages Jahwes . . . . . . . . . 58
Der Ursprung der prophetischen Verkündigung des Tages Jahwes . . . . . . . . . . . . . . . . . . . . . . . . . 60
Überblick über die Geschichte der prophetischen Verkündigung des Tages Jahwes . . . . . . . . . . . . . 68
Auswertung der geschichtlichen Entfaltung der Verkündigung des Tages Jahwes . . . . . . . . . . . . 71
Das Zeugnis des AT vom endgeschichtlichen Tag Jahwes . . . . . . . . . . . . . . . . . . . . . . . . . . . . 72
Der Tag Jahwes im NT . . . . . . . . . . . . . . . . . . . . 73

1.9 Exkurs: Der Empfang des Heiligen Geistes im AT . 75
Gott gab seinen Geist bestimmten Personen . . . . . 75
Gott gab seinen Geist für bestimmte Aufgaben . . . 75
Gott gab seinen Geist für eine bestimmte Zeit . . . . 76

1.10 Exkurs: Die Erfüllung von Joel 3,1f im NT . . . . . . 78
Die Ausgießung des Heiligen Geistes im NT . . . . . 78
Weissagung im NT . . . . . . . . . . . . . . . . . . . . . . . 79
Gesichte und Träume im NT . . . . . . . . . . . . . . . . 80

**2 Kommentar zum Buch Joel** . . . . . . . . . . . . . . . . 81

2.1 Überschrift: Gottes Wort geschah zu Joel (1,1) . . . 81
Übersetzung . . . . . . . . . . . . . . . . . . . . . . . . . . . 81
**Auslegung** . . . . . . . . . . . . . . . . . . . . . . . . . . . . 81

2.2 Eine beispiellose Heuschreckenplage soll allen Volksgruppen Anlass zur Klage geben (1,2-14) ... 83
Übersetzung ... 83
Struktur ... 84
**Auslegung** ... 85
Hört Gottes Wort, Älteste und alle Landesbewohner! (1,2-4) ... 85
Gott ruft Betrunkene und Weinsäufer zur Klage (1,5-7) ... 91
Gott ruft sein Volk zur Klage (1,8-10) ... 94
Gott ruft Feldarbeiter und Winzer zur Klage (1,11-12) ... 97
Joel ruft die Priester zur Klage (1,13-14) ... 101
Bibelarbeit über Joel 1,1-14 ... 105

2.3 Joel beklagt die Nähe des Tages Jahwes und ruft zu Jahwe um Rettung (1,15-20) ... 107
Übersetzung ... 107
Struktur ... 108
**Auslegung** ... 108
Joel klagt über die bedrohliche Nähe des Tages Jahwes (1,15) ... 109
Joel klagt über die Folgen der landwirtschaftlichen Verwüstung (1,16-18) ... 110
Joel ruft zu Jahwe um Rettung (1,19-20) ... 112
Bibelarbeit über Joel 1,15-20 ... 114

2.4 Jahwes Tag naht mit seinem Heer (2,1-11) ... 116
Übersetzung ... 116
Struktur ... 117
**Auslegung** ... 117
Gott warnt vor dem einzigartigen Einfall seines Heeres an seinem Tag (2,1f) ... 118
Sein Heer verwüstet das Land Juda (2,3-5) ... 123
Sein Heer erobert die Stadt Jerusalem (2,6-9) . 125

Sein Heer erschüttert Himmel und Erde, sodass niemand vor Jahwe bestehen kann (2,10f) .... 128
Bibelarbeit über Joel 2,1-11 ................ 131

2.5 Gott gibt noch eine Chance zur Umkehr (2,12-17) 133
Übersetzung ........................ 133
Struktur ........................... 134
**Auslegung** ....................... 134
Gott ruft sein Volk zu völliger und echter Umkehr (2,12-13a) ...................... 135
Vielleicht lässt Gott sich des Unheils gereuen (2,13b-14) ...................... 137
Joel fordert die Einberufung eines nationalen Bittgottesdienstes auf Zion (2,15-17) ....... 141
Bibelarbeit über Joel 2,12-17 ............... 147

2.6 Gott erhört das Gebet seines Volkes um Rettung (2,18-27) ......................... 149
Übersetzung ........................ 149
Struktur ........................... 150
**Auslegung** ....................... 151
Gott erbarmte sich über sein Land und Volk (2,18) ......................... 151
Gott verheißt eine neue Ernte (2,19a) ....... 152
Gott verheißt die Vernichtung des Feindes aus dem Norden (2,19b-20) ............. 153
Gott verheißt die Erneuerung seines Landes (2,21-22) ....................... 158
Gott verheißt die Erneuerung seines Volkes (2,23-27) ....................... 160
Bibelarbeit über Joel 2,18-27 ............... 171

2.7 Gott verheißt das künftige Heil (3,1-5) ........ 173
Übersetzung ........................ 173
Struktur ........................... 173

**Auslegung** . . . . . . . . . . . . . . . . . . . . . . . . . . . 174
Gott verheißt die Ausgießung seines Geistes (3,1-2) . . . . . . . . . . . . . . . . . . . . . . . . . . . 174
Gott kündigt himmlische und irdische Vorzeichen seines Tages an (3,3-4) . . . . . . . . . . . 180
Gott verheißt Rettung an seinem Tag (3,5) . . . 183
Bibelarbeit über Joel 3,1-2 . . . . . . . . . . . . . . . . 187
Bibelarbeit über Joel 3,3-5 . . . . . . . . . . . . . . . . 189

2.8 Gott kündigt Israels Feinden Gericht an (4,1-16) 192
Übersetzung . . . . . . . . . . . . . . . . . . . . . . . . . . . 192
Struktur . . . . . . . . . . . . . . . . . . . . . . . . . . . . . . 193
**Auslegung** . . . . . . . . . . . . . . . . . . . . . . . . . . . 194
Gott wird die Völker zur Zeit der Wiederherstellung Israels im Tal Joschafat zum Gericht versammeln (4,1-3) . . . . . . . . . . . . . . . . . . 194
Gott zieht Phönizier und Philister zur Rechenschaft und kündigt Vergeltung an (4,4-8) . . . . 200
Gott ruft die Völker zum letzten Kampf, um sie im Tal Joschafat zu richten (4,9-12) . . . . . . . . . . 209
Gott hält an seinem Tag Gericht im Tal des Strafgerichts (4,13-14) . . . . . . . . . . . . . . . . . . . . . 215
Gott wird von Zion aus Himmel und Erde erschüttern, aber Israel Zuflucht geben (4,15-16) . 219

2.9 Gott wird in Zion wohnen (4,17-21) . . . . . . . . . 221
Übersetzung . . . . . . . . . . . . . . . . . . . . . . . . . . . 221
Struktur . . . . . . . . . . . . . . . . . . . . . . . . . . . . . . 221
**Auslegung** . . . . . . . . . . . . . . . . . . . . . . . . . . . 222
Gott wird in Zion wohnen und sein Land wie den Garten Eden machen (4,17-18) . . . . . . . . 222
Gott wird Ägypten und Edom richten, aber gemeinsam mit seinem Volk Juda und Jerusalem ewig bewohnen (4,19-21) . . . . . . . . . . . . . . . . 228
Bibelarbeit über Joel 4,1-21 . . . . . . . . . . . . . . . . 234

**3 Bibliografie zu Joel** . . . . . . . . . . . . . . . . . . . . . . 236

**4 Einleitung in das Buch Obadja** . . . . . . . . . . . . 244

4.1 Historischer Hintergrund . . . . . . . . . . . . . . . . . 244
Hinweise auf den historischen Hintergrund . . . . . 244
Versuche der historischen Einordnung . . . . . . . . . 246
Argumente für die Frühdatierung der Zeit Obadjas . . . . . . . . . . . . . . . . . . . . . . . . . . . 247
Nähere Bestimmung des historischen Hintergrundes . . . . . . . . . . . . . . . . . . . . . . 248

4.2 Abfassungszeit des Buches . . . . . . . . . . . . . . . . . 250
Kanonische Einordnung im Zwölfprophetenbuch 250
Obadja setzt die Weissagung Bileams voraus . . . . 251
Die zeitliche Priorität Obadjas vor Jeremia . . . . . 251
Die zeitliche Priorität Obadjas vor Joel und Amos 252
Hinweise auf die zeitliche Nähe der Buchabfassung zur mündlichen Verkündigung . . . . . . 252
Die Aufnahme Obadjas bei den späteren Propheten . . . . . . . . . . . . . . . . . . . . . . . . . 252

4.3 Autor des Buches . . . . . . . . . . . . . . . . . . . . . . . 253
Obadja als Verfasser seines Buches . . . . . . . . . . . 253
Die Person des Autors . . . . . . . . . . . . . . . . . . . . 254

4.4 Absicht des Buches . . . . . . . . . . . . . . . . . . . . . . 255

4.5 Struktur des Buches . . . . . . . . . . . . . . . . . . . . . 255

4.6 Botschaft des Buches . . . . . . . . . . . . . . . . . . . . 257
Gerichtsankündigung für Edom . . . . . . . . . . . . . 257
Warnung an Edom vor weiteren Freveltaten an Juda 258
Gerichtsankündigung an alle Völker . . . . . . . . . . 258
Heilsverheißung für Juda . . . . . . . . . . . . . . . . . . 259

4.7 Textüberlieferung . . . . . . . . . . . . . . . . . . . . . . . . . 259

4.8 Exkurs: Die Geschichte Edoms aus biblischer Sicht 260
Der Ursprung der Edomiter . . . . . . . . . . . . . . . . 260
Die Spannungen zwischen Israel und Edom bis zur Zerstörung Jerusalems . . . . . . . . . . . . . . . . . . . . . . . 261
Der Untergang der Edomiter . . . . . . . . . . . . . . . 263

**5 Kommentar zum Buch Obadja** . . . . . . . . . . . . . 267

5.1 Überschrift: Obadja verkündigt, was Gott ihm offenbarte (1a) . . . . . . . . . . . . . . . . . . . . . . . . . . . . 267
Übersetzung . . . . . . . . . . . . . . . . . . . . . . . . . . . . . 267
**Auslegung** . . . . . . . . . . . . . . . . . . . . . . . . . . . . . 267

5.2 Jahwe will Edom klein machen unter den Völkern und von seiner Höhe stürzen (1b-4) . . . . . . . . . . 269
Übersetzung . . . . . . . . . . . . . . . . . . . . . . . . . . . . . 269
Struktur . . . . . . . . . . . . . . . . . . . . . . . . . . . . . . . . . 269
**Auslegung** . . . . . . . . . . . . . . . . . . . . . . . . . . . . . 270
Einleitung der Prophetie: Der Herr Jahwe spricht über Edom (1b) . . . . . . . . . . . . . . . . . . . . 270
Gott will Edom in der Völkerwelt klein machen (1c–2) . . . . . . . . . . . . . . . . . . . . . . . . . . . . . 273
Edoms hochmütiges Reden ist Selbstbetrug (3) . 276
Gott will Edom stürzen – so hat er geredet (4) . 278

5.3 Edom soll geplündert und von falschen Bundesgenossen vertrieben werden (5-7) . . . . . . . . . . . . 280
Übersetzung . . . . . . . . . . . . . . . . . . . . . . . . . . . . . 280
Struktur . . . . . . . . . . . . . . . . . . . . . . . . . . . . . . . . . 280
**Auslegung** . . . . . . . . . . . . . . . . . . . . . . . . . . . . . 281
Edom soll geplündert und verwüstet werden (5f) 281
Edom soll vertrieben und überwältigt werden (7) 283
Bibelarbeit über Obadja 1-7 . . . . . . . . . . . . . . . . 287

5.4 Edom soll ausgerottet werden wegen aktivem und passivem Unrecht an seinem Brudervolk (8-11) . . 289
Übersetzung . . . . . . . . . . . . . . . . . . . . . . . . . . 289
Struktur . . . . . . . . . . . . . . . . . . . . . . . . . . . . 289
**Auslegung** . . . . . . . . . . . . . . . . . . . . . . . . . 290
Gottes Urteil: Edom soll ausgerottet werden vom Gebirge Esaus (8-9) . . . . . . . . . . . . . . . . 290
Gottes Anklage: Edom verübte Gewalt an seinem Brudervolk Jakob und machte gemeinsame Sache mit den Eroberern Jerusalems (10-11) . . . . . . . . . . . . . . . . . . . 293

5.5 Edom wird gewarnt vor erneutem passivem und aktivem Unrecht an seinem Brudervolk (12-14) . . 299
Übersetzung . . . . . . . . . . . . . . . . . . . . . . . . . . 299
Struktur . . . . . . . . . . . . . . . . . . . . . . . . . . . . 299
**Auslegung** . . . . . . . . . . . . . . . . . . . . . . . . . 300
Gott warnt Edom vor schadenfrohem Zusehen am Tag der Not seines Brudervolks Juda (12-13b) . . . . . . . . . . . . . . . . . . . . . . 300
Gott warnt Edom vor gewalttätigem Mitmachen am Tag der Not seines Brudervolks Juda (13c-14) . . . . . . . . . . . . . . . . . . . . . . 304
Bibelarbeit über Obadja 8-14 . . . . . . . . . . . . 307

5.6 Am Gerichtstag Jahwes über alle Völker gibt es Entronnene auf dem Zion, nicht aber in Edom (15-18) . . . . . . . . . . . . . . . . . . . . . . . . . 309
Übersetzung . . . . . . . . . . . . . . . . . . . . . . . . . . 309
Struktur . . . . . . . . . . . . . . . . . . . . . . . . . . . . 310
**Auslegung** . . . . . . . . . . . . . . . . . . . . . . . . . 310
Am Gerichtstag Jahwes über alle Völker wird Edom vergolten werden (15) . . . . . . . . . . . . 310
Wie sie auf dem heiligen Berg am Trinkgelage teilnahmen, so sollen alle Völker Gottes Gerichtskelch trinken (16) . . . . . . . . . . . . . 314

Auf dem heiligen Berg werden Entronnene sein und das Haus Jakob wird seine Besitztümer einnehmen (17) ........................ 316
Das Haus Jakob wird das Haus Esau restlos vernichten (18) ........................ 320

5.7 Jahwe will Juda groß machen über Edom und König sein (19-21) ........................ 323
Übersetzung ........................ 323
Struktur ........................ 323
**Auslegung** ........................ 324
Israel wird das verheißene Land endgültig einnehmen (19f) ........................ 324
Juda wird vom Berg Zion über das Gebirge Esau herrschen und Jahwe wird König sein (21) 336
Bibelarbeit über Obadja 15-21 ........................ 341

**6 Bibliografie zu Obadja** ........................ 344

# Abkürzungen

## Allgemeine Abkürzungen

| | |
|---|---|
| AT | Altes Testament |
| BHS | Biblia Hebraica Stuttgartensia |
| d.h. | das heißt |
| f. | und folgender Vers |
| ff. | und folgende Verse |
| griech. | griechisch |
| hebr. | hebräisch |
| Kap. | Kapitel |
| LXX | Septuaginta (griech. Übersetzung des AT) |
| MT | masoretischer Text |
| NT | Neues Testament |
| V. | Vers |
| vgl. | vergleiche |
| z.B. | zum Beispiel |

**Biblische Bücher:**

| | |
|---|---|
| 1Mo. | 1.Mose (Genesis) |
| 2Mo. | 2.Mose (Exodus) |
| 3Mo. | 3.Mose (Levitikus) |
| 4Mo. | 4.Mose (Numeri) |
| 5Mo. | 5.Mose (Deuteronomium) |
| Jos. | Josua |
| Ri. | Richter |
| Rut | Rut |
| 1Sam. | 1.Samuel |
| 2Sam. | 2.Samuel |
| 1Kön. | 1.Könige |
| 2Kön. | 2.Könige |
| 1Chr. | 1.Chronik |
| 2Chr. | 2.Chronik |
| Esr. | Esra |
| Neh. | Nehemia |
| Est. | Ester |
| Hiob | Hiob |
| Ps. | Psalter |
| Spr. | Sprüche |
| Pre. | Prediger |
| Hld. | Hoheslied |
| Jes. | Jesaja |
| Jer. | Jeremia |
| Kla. | Klagelieder |
| Hes. | Hesekiel |
| Dan. | Daniel |
| Hos. | Hosea |
| Joel | Joel |
| Am. | Amos |
| Obd. | Obadja |
| Jona | Jona |
| Mi. | Micha |
| Nah. | Nahum |
| Hab. | Habakuk |
| Zef. | Zefanja |
| Hag. | Haggai |
| Sach. | Sacharja |
| Mal. | Maleachi |
| 1Makk. | 1. Makkabäer |
| 2Makk. | 2. Makkabäer |
| Mt. | Matthäus |
| Mk. | Markus |
| Lk. | Lukas |
| Joh. | Johannes |
| Apg. | Apostelgeschichte |
| Röm. | Römerbrief |
| 1Kor. | 1.Korintherbrief |
| 2Kor. | 2.Korintherbrief |
| Gal. | Galaterbrief |
| Eph. | Epheserbrief |
| Phil. | Philipperbrief |
| Kol. | Kolosserbrief |
| 1Thess. | 1.Thessalonicherbrief |
| 2Thess. | 2.Thessalonicherbrief |
| 1Tim. | 1.Timotheusbrief |
| 2Tim. | 2.Timotheusbrief |
| Tit. | Titusbrief |
| Phlm. | Philemonbrief |
| 1Petr. | 1.Petrusbrief |
| 2Petr. | 2.Petrusbrief |
| 1Joh. | 1.Johannesbrief |
| 2Joh. | 2.Johannesbrief |
| 3Joh. | 3.Johannesbrief |
| Hebr. | Hebräerbrief |
| Jak. | Jakobusbrief |
| Jud. | Judasbrief |
| Offb. | Offenbarung des Johannes |

## Umschrift für Hebräisch

*Konsonanten*

| | | | |
|---|---|---|---|
| א | ’ | ע | ‘ |
| ב | b | פ, ף | p(h) |
| ג | g | צ, ץ | ṣ |
| ד | d | ק | q |
| ה | h | ר | r |
| ו | w | שׂ | ś |
| ז | z | שׁ | sch |
| ח | ch | ת | t |
| ט | ṭ | | |
| י | j | | |
| כ, ך | k | | |
| ל | l | | |
| מ, ם | m | | |
| נ, ן | n | | |
| ס | s | | |

*Vokale*

| | | | |
|---|---|---|---|
| ◌ַ | a | ◌ֻ | u |
| ◌ָ | ā/o | ◌ָי | â |
| ◌ִ | i/ī | ◌ִי | î |
| ◌ֵ | ē | ◌ֵי | ê |
| ◌ֶ | ä | ◌ֶי | ê |
| ◌ֹ | ō | ◌ָה | āh |
| | | ◌ֵה | ēh |
| | | ◌ֶה | äh |
| | | ◌ֹה | ōh |
| | | ◌ְ | ə |
| | | ◌ֲ | ă |
| | | ◌ֱ | ĕ |
| | | ◌ֳ | ŏ |
| | | וֹ | ô |
| | | וּ | û |

# Vorwort des Herausgebers

Eine Kommentarreihe zum Alten Testament herauszugeben war zu jeder Zeit ein Wagnis, denn das Alte Testament erfreut sich selbst in evangelikalen Kreisen nicht der gleichen Wertschätzung wie das Neue. Das mag daran liegen, dass die geschichtlichen, kulturellen und religiösen Hintergründe des Alten Testaments von unserem Kulturkreis und unserer Zeit zu weit entfernt liegen. Besonders für den Christen in der westlichen Hemisphäre, mit seiner humanistischen Prägung und seinem Demokratieverständnis, bleibt der Zugang zu diesem ersten Teil der christlichen Bibel häufig verwehrt. Ferner wird wenig berücksichtigt, dass das Alte Testament die Bibel Jesu Christi und der Apostel war. Die Aussagen des Alten Testaments bilden die Grundlage für das Neue Testament.

Das erste Hauptmerkmal dieser Reihe ist eine ausführliche Einleitung in das jeweilige Bibelbuch, die dem Leser die Botschaft des jeweiligen Buches verständlich machen möchte. Dazu gehört eine Synthese der Botschaft, die helfen soll, das betreffende Bibelbuch in seiner Gesamtheit zu erfassen und zu verstehen, besonders in seiner theologischen Dimension.

Das zweite Hauptmerkmal soll eine solide historisch-grammatische Exegese am hebräischen Text sein. Dazu gehört eine flüssige Übersetzung des hebräischen Textes, die in einzelne Sinnabschnitte mit entsprechenden Überschriften gegliedert ist. Das Kernstück des Kommentars bildet die Auslegung des Textes. Wurden dazu andere Arbeiten benutzt oder zugrunde gelegt, werden die jeweiligen Autoren in Klammern mit entsprechender Seitenzahl ihres Werkes angegeben. In der am Ende des Kommentars erscheinenden Literaturliste können der Titel, der Erscheinungsort und das Erscheinungsjahr nachgeschlagen werden. Es ist nicht die Absicht dieser Kommentarreihe, die wissenschaftlich notwendige Auseinandersetzung mit anderen Meinungen zu führen. Im Vordergrund und im Mittelpunkt der Edition-C-Bibelkommentare soll die Arbeit am biblischen Text stehen, wie er uns vorliegt.

Das dritte Hauptmerkmal ist, dass die Benutzer dieser Reihe Hilfe für die Predigt- und Bibelstundenvorbereitung erhalten. Dazu sollen die homiletischen Hilfen und Einteilungen dienen. Sie wollen aber nicht die eigene Arbeit am biblischen Text ersetzen.

Am Anfang wurde darauf hingewiesen, dass das Alte Testament die Bibel unseres Herrn Jesus Christus und der Apostel war. Das bedeutet, dass das Alte Testament zuerst geschrieben worden war und dann das Neue Testament. Deshalb darf Christus nicht in das Alte Testament hineingelesen, sondern muss aus ihm herausgelesen werden. Daher sollte das Alte Testament zunächst als eigenständiger Teil der Bibel verstanden werden. Das Neue Testament entwickelt die theologischen Hauptkonzepte des Alten Testaments weiter und zeigt, dass das ganze Heilsgeschehen in Christus und in seiner Erlösungstat zur Vollendung kommt.

Die einzelnen Autoren und der Herausgeber freuen sich und sind dem Hänssler-Verlag dankbar, dass er sich der Auslegung der ganzen christlichen Bibel verpflichtet weiß und das Wagnis auf sich nimmt, diese Kommentarreihe zum Alten Testament zu verlegen. Wir würden es als Lohn unserer Arbeit ansehen, wenn durch diese Kommentarreihe das Alte Testament besser verstanden und mehr gepredigt werden würde.

Helmuth Pehlke
Hüttenberg, im August 1999

# Vorwort des Autors

Joel und Obadja gehören zwar zu den »kleinen« Propheten, ihre Botschaft ist jedoch von großer Bedeutung. Sie verkünden den Tag des Herrn und beleuchten damit ein zentrales Thema der gesamtbiblischen Eschatologie.

Die intensive Beschäftigung mit dem biblischen Text hat mir bei meiner Arbeit an diesem Kommentar viel Freude gemacht. Es lag mir am Herzen, auf der Glaubensgrundlage der ganzen Zuverlässigkeit der Bibel als des inspirierten Wortes Gottes eine gründliche und wissenschaftlich verantwortete Auslegung zu schreiben. Möge sie dazu dienen, dass die Botschaft Joels und Obadjas mit vermehrtem Gewinn gelesen und verkündigt wird!

Mein Dank gilt allen, die zum Entstehen dieses Kommentars beigetragen haben. Hervorheben möchte ich besonders Herrn Dr. Helmuth Pehlke, der mir unermüdlich mit Literatur und konstruktiver Kritik zur Seite stand, sowie Herrn Joachim Schuster, der das Manuskript kritisch durchgesehen hat. Meine Kollegen und Schüler am Theologischen Seminar der Liebenzeller Mission gaben mir wertvolle Anregungen. Meine Frau Annegret hat mich immer wieder ermutigt.

Zum Schluss der Hinweis: Alle Bibelzitate sind – wenn nicht anders vermerkt – aus dem Grundtext übersetzt.

Soli deo gloria!

Winfried Meißner
Kieselbronn, Ostern 1999

# JOEL

# 1 Einleitung in das Buch Joel

## 1.1 Historischer Hintergrund des Buches

Im Gegensatz zu den meisten anderen Prophetenbüchern des AT werden zu Beginn des Buches keine Könige genannt, in deren Regierungszeit der Prophet auftrat und sein Buch verfasste. Darin gleicht es den Büchern der Propheten Obadja, Jona, Nahum, Habakuk und Maleachi. Jedoch wird an mehreren Stellen des Buches auf einen historischen Hintergrund Bezug genommen.

### 1.1.1 In der Zeit Joels trugen Älteste und Priester die öffentliche Verantwortung

Texte, in denen sämtliche Bevölkerungsschichten Judas aufgezählt werden, lassen Älteste und Priester als Verantwortungsträger des Volkes erscheinen (1,2.13f; 2,16f), ein König wird nirgends erwähnt. In Jona 3,6ff wird dagegen ausdrücklich geschildert, wie der König von Ninive Buße tat und sein Volk zur Buße rief. Vertreter einer nachexilischen Datierung Joels folgern unter anderem aus dieser Beobachtung, dass Joel nach der Rückkehr Judas aus der babylonischen Gefangenschaft einzuordnen sei (Allen, 1976, S. 20), weil Juda unter der persischen Oberherrschaft keinen König, sondern nur einen Statthalter hatte. Dem ist entgegenzuhalten, dass in diesem Fall die Erwähnung eines Statthalters ebenso zu erwarten wäre wie die eines Königs in vorexilischer Zeit (vgl. Hag. 1,1.14; 2,2.21; Sach. 4,6ff; Mal. 1,8).

Deshalb ist es überzeugender, mit v. Orelli (1888, S. 237) und Keil (1985, S. 121) an die erste Zeit des jüdischen Königs

Joasch zu denken (ab 835 v. Chr.), der im Alter von nur sieben Jahren zum König eingesetzt wurde (2Kön. 12,1), um die Schreckensherrschaft der gottlosen Königin Atalja zu beenden (2Kön. 11,4ff). Der fromme Priester Jojada, der Onkel des minderjährigen Königs, trug in jener Zeit die Hauptverantwortung für das Land (2Kön. 12,3). Dazu passt die Zeit Joels, in der die praktische Verantwortung für die Geschicke Judas ganz in der Hand der Priester und Ältesten des Volkes gelegen zu haben scheint.

### 1.1.2 Juda erlebte zur Zeit Joels eine gewaltige Katastrophe der Landwirtschaft

Der Prophet beklagt zu Beginn seines Buches eine landwirtschaftliche Katastrophe, die durch Heuschreckenschwärme (1,4.6), Trockenheit (1,10.12.17.20) und Steppenbrand (1,19f) über das Land Juda gekommen ist. Die Obst- und Getreideernte ist vernichtet (1,10-12), die Darbringung der Speis- und Trankopfer im Tempel wird nicht mehr gewährleistet (1,9.13) und das Vieh verschmachtet auf der verbrannten Weide (1,18-20). Lassen sich diese Ereignisse historisch einordnen? Grundsätzlich gehört die Bedrohung der Landwirtschaft durch einfallende Heuschreckenschwärme zu Naturereignissen, die zu jeder Zeit des AT denkbar sind. So erwähnt Salomo in seinem Tempelweihgebet auch eine mögliche Bedrohung des Landes durch Heuschreckenplagen (1Kön. 8,37; 2Chr. 6,28). Eindeutige Hinweise auf historische Heuschreckenplagen in Juda sind dagegen im AT selten. In Mal. 3,11 bleibt es offen, ob Gott vor einer drohenden Heuschreckenplage bewahren oder von einer eingetretenen Heuschreckenplage erretten will. Am. 4,9 tadelt, dass die Bewohner Israels nicht zu Gott umgekehrt sind, obwohl er sie mit Trockenheit, Getreidebrand und Heuschrecken bestraft hat. Bezieht sich Amos auf eben diese Plage, die Joel rund 100 Jahre vorher beklagte?

### 1.1.3 In der Zeit Joels war es üblich, Speis- und Trankopfer regelmäßig darzubringen

Wolff (1975, S. 36) und Allen (1976, S. 20) werten den mehrfachen Hinweis auf die Speis- und Trankopfer (1,9.13; 2,14), deren regelmäßige Darbringung zur Zeit Joels wegen Missernte nicht aufrecht erhalten werden konnte, als Grund für eine nachexilische Datierung des Buches Joel. Um die diesbezüglichen Vorschriften des AT (2Mo. 29,38-42; 4Mo. 28,3-10.24) nachexilisch zu datieren, müssen diese Texte jedoch einer hypothetischen Priesterschrift zugeschrieben werden, die man dann meist nachexilisch einordnet (Wolff, 1975, S. 36; O. Kaiser, 1975, S. 107). Da der vorliegende Kommentar aber die literarische Integrität des biblischen Textes anerkennt und es nicht möglich ist, hinter den Text zurückzugehen, lehnt er alle Spekulationen der Quellenscheidung ab und hält daran fest, dass die Opfergesetze mosaischen Ursprungs sind. Das wird auch unterstützt durch den Hinweis in 2Chr. 23,18, nach welchem der Priester Jojada (ca. 835 v. Chr.) die Priester mit der Darbringung »der Brandopfer Jahwes« (vgl. 4Mo. 28) beauftragte, »wie es im *Gesetz Moses* geschrieben steht« (vgl. 2Chr. 24,14).

### 1.1.4 Joel veranlasste eine nationale Gebetsversammlung in Jerusalem (1,14; 2,15-17)

Nationale Fastentage gab es nach 1Kön. 21,9ff; 2Chr. 20,3ff; Jer. 36,9 in Juda bei außergewöhnlichen Anlässen; regelmäßige

Fastentage fanden seit der Zerstörung Jerusalems statt (Sach. 7,3-5). Der im Buch Joel geschilderte geschichtliche Hintergrund des nationalen Fasten- und Gebetstages in Jerusalem ist jedoch im gesamten AT ohne Parallele. Dass die ganze Bevölkerung Judas in den Tempel nach Jerusalem gerufen werden konnte (1,14; 2,16), lässt nicht unbedingt auf eine Zeit bald nach dem Exil schließen, als wenige Menschen in Juda lebten, denn nach Jer. 26,2.7-19; 36,6.9 waren Versammlungen des ganzen judäischen Volkes auch in der Zeit vor dem Exil möglich (Rudolph, 1971, S. 46).

### 1.1.5 In Joels Zeit gab es ein zentrales Heiligtum

Reicke (1970, S. 135) datiert das Buch Joel auf die Zeit nach der ersten Rückkehr jüdischer Exulanten aus Babel (Esr. 1,5), aber vor dem Wiederaufbau des Brandopferaltars (Esr. 3,2ff) und dem Beginn des zweiten Tempelbaus (Esr. 3,10), da das Joelbuch nur die Existenz eines Opferaltars und einer Vorhalle, aber nicht eines Tempelhauses voraussetze (2,17).

Weil Joel jedoch mehrfach und ausdrücklich das »Haus Gottes« erwähnt (1,9.13f.16; 4,18), überzeugt dieses Argument nicht. Der Tempel in Jerusalem ist zur Zeit Joels das zentrale Heiligtum im Land (1,14; 2,15ff), Kulthöhen werden nirgends erwähnt. Mit Recht wendet sich Keil (1985, S. 121) gegen die Meinung, dass dies auf die Zeit Josias verweise, der den Tempel in Jerusalem zum Zentralheiligtum machte. Hinter dieser Ansicht steht die dem biblischen Zeugnis widersprechende Theorie, dass die Forderung des 5. Buches Mose, Brandopfer nur an der von Jahwe erwählten Stätte darzubringen (5Mo. 12,14), nicht mosaischer, sondern josianischer Zeit entstamme. Daher lässt sich die Beobachtung, dass zur Zeit Joels der Tempel in Jerusalem das zentrale Heiligtum in Juda war, ebenso gut mit der vorexilischen Zeit vor Josia vereinbaren.

### 1.1.6 In der Zeit Joels standen die Mauern Jerusalems

Der beiläufige Hinweis auf die »Mauer« in 2,7.9 spricht nach Ansicht von Wolff (1975, S. 2f) dafür, dass der Wiederaufbau der Mauern Jerusalems unter Nehemia (445 v. Chr.) zur Zeit Joels bereits der Vergangenheit angehöre. Dem wird von Ahlström (1971, S. 115) entgegengehalten, dass die Schilderung des Mauerbaus in Neh. 3 den Eindruck erwecke, dass die Mauer Jerusalems nicht völlig neu aufgebaut, sondern zum Teil nur ausgebessert werden musste. Er vertritt darum in Anknüpfung an Albright (1942, S. 120) und Myers (1962, S. 195) eine Datierung Joels nach dem Wiederaufbau des Tempels, aber vor dem Mauerbau Nehemias, genauer gesagt zwischen 515 und 500 v. Chr. Diese ganze Diskussion ist allerdings recht fruchtlos, da die Erwähnung der Stadtmauern Jerusalems problemlos zur vorexilischen Datierung der Zeit Joels passt, als Jerusalem und seine Mauer noch nicht zerstört waren.

### 1.1.7 Joel setzt in seiner Prophetie die Wegführung seines Volkes in die Gefangenschaft voraus

Ob Joel in 4,1-3 einen Hinweis auf seinen historischen Hintergrund gibt, ist unter den Auslegern umstritten. Schmoller (1872, S. 112) und v. Orelli (1888, S. 236) gehen davon aus, dass Joel in 4,2f nur an jene Gewalttaten und Plünderungen dachte, deren sich die Phönizier, Philister, Ägypter und Edomiter in früh-vorexilischer Zeit Juda gegenüber schuldig machten (4,4ff.19, vgl. 2Chr. 21,8-10.16f).

Dagegen setzt die Ankündigung des Völkergerichts in 4,1-3 nach Ansicht vieler Ausleger die Eroberung Judas und Wegführung nach Babylon als historisches Ereignis voraus. Allen (1976, S. 20-24) und Dillard (1992, S. 242f) datieren Joel daher auf die Zeit nach der babylonischen Gefangenschaft am Anfang des 6. Jh. v. Chr. Rudolph (1967, S. 198; 1971, S. 80) setzt den historischen Hintergrund Joels zwischen 597 und 586 v. Chr. an. Joel blicke in 4,1-3.19 zwar auf die Eroberung Jerusalems durch die Babylonier zurück, wisse aber noch nichts von der Zerstörung der Stadt und des Tempels. In der Tat weisen die von Joel verwendeten Ausdrücke nicht darauf hin, dass er die Ereignisse des Jahres 586 voraussetzt.

Problematisch ist, dass unter allen Völkern, die in 4,4-8.19 erwähnt werden, der Name der Babylonier gar nicht erscheint. Wolff erklärt das damit, dass zur Zeit Joels, die er in der ersten Hälfte des 4. Jh. v. Chr. annimmt, das babylonische Weltreich bereits so lange untergegangen sei, dass nur noch von der Preisgabe Judas an fremde Völker die Rede sei (vgl. Wolff, 1975, S. 2.4). Mit dieser Sicht stützt sich Wolff auf die Argumentation von Vatke (1835, S. 462f), der eine Datierung Joels im 5. Jh. v. Chr. vertritt (Wolff, 1975, S. 4). Allen (1976, S. 20) versucht dagegen im Hinblick auf die Perser die fehlende Erwähnung dieses Volkes mit deren Judenfreundlichkeit zu erklären. Ebenso gut könnte jedoch Joels Schweigen als Hinweis auf eine Epoche vor dem Aufkommen der Weltmächte gewertet werden.

Keil (1985, S. 158) wendet gegenüber der Position Schmollers und v. Orellis ein, dass die in 4,2f verwendeten Begriffe mit einem Raubzug feindlicher Völker nicht ausreichend erklärt werden könnten. Vielmehr handle es sich bei dieser Aufzählung von Kriegsverbrechen an Israel um eine Zukunftsprophetie

Joels, die sich unter den Assyrern, Babyloniern und Römern erfüllte. Joel beziehe sich damit darauf, dass Mose eine künftige Wegführung und Zerstreuung des Volkes Gottes unter die Völker als Gericht über Israel ankündigte (3Mo. 26,33ff; 5Mo. 4,27; 28,64; 30,3), die sich nun erfüllen sollte. Außerdem mögen Joel damalige Feindseligkeiten der Nachbarvölker (4,4ff.19) vor Augen gestanden haben. Dieser Sicht schließt sich der vorliegende Kommentar an.

### 1.1.8 Joel verwendet als Prophet Judas den Namen »Israel«

Auffällig ist die dreimalige Verwendung des Namens »Israel« (2,27; 4,2.16) bei einem Propheten, dessen Botschaft sich eindeutig auf Juda und Jerusalem konzentriert. Nach Allen (1976, S. 20) setzt das Buch Joel damit das Ende des Nordreiches Israel (722 v. Chr.) voraus.

Der Name »Israel« wird aber an allen drei Stellen im allgemeinen Sinn als Beiname des Volkes Gottes verwendet. Dass Juda in diesem Sinn »Israel« heißen kann, ist bereits vor dem Untergang des Nordreiches 722 v. Chr. denkbar, denn 2Chr. 24,16 würdigt den Jerusalemer Priester Jojada (9. Jh. v. Chr.), Gutes getan zu haben »an Israel«. Vielleicht will Joel aber auch andeuten, dass die Nordstämme in Israels Heilsverheißungen einbezogen sind. Jedenfalls belegt die Verwendung des Namens »Israel« nicht, dass Joel nach 722 v. Chr. einzuordnen ist (vgl. Archer, 1979, S. 184f).

### 1.1.9 Phönizier, Philister, Ägypter und Edomiter waren für ihre Feindschaft mit Juda – Griechen und Sabäer für ihren Handel bekannt

Fremde Völker werden bei Joel im Zusammenhang mit Kriegen erwähnt: Phönizische Bewohner von Tyrus und Sidon und Philister haben nach 4,4-8 Juda geplündert (vgl. evtl. auch 4,17b) und Kriegsgefangene als Sklaven an die Griechen verkauft. Gott will als Vergeltung für diese Kriegsverbrechen Phönizier und Philister an sabäische Sklavenhändler verkaufen lassen (4,8). Ägypten und Edom werden beschuldigt, in Juda unschuldiges Blut vergossen zu haben (4,19).

Feindliche Angriffe dieser Nationen werden zu verschiedenen Zeiten auch von anderen Propheten des AT erwähnt (Tyrus: Jes. 23; Hes. 26,1-28,19; Am. 1,9f; Sach. 9,2-4; Sidon: Hes. 28,20-24; Philister: Jes. 14,28-32; Jer. 47,1-7; Hes. 25,15-17; Am. 1,6-8; Zef. 2,4-7; Sach. 9,5-8; Ägypter: Jes. 19,1-20,6; Jer. 43,8-13; 46,2-26; Hes. 29,1-32; Edomiter: Jes. 34,5-17; 63,1-6; Jer. 49,7-22; Kla. 4,21f; Hes. 25,12-14; 35,1-15; Obd. 1-21; Am. 1,11f; Mal. 1,3-5). Für die Bestimmung des historischen Hintergrunds von Joel ist nun zu untersuchen, ob die *gemeinsame* Nennung gerade dieser Feinde und der griechischen und sabäischen Sklavenhändler eine bestimmte Datierung zulässt.

Auf alle Fälle ist die Zeit Joels *vor* der Zerstörung der Stadt *Sidon* 345 v. Chr. anzusetzen, da die Gerichtsbotschaft an Sidon (4,4) voraussetzt, dass diese alte phönizische Hafenstadt zur Zeit Joels noch bestand (vgl. Wolff, 1975, S. 3). Gegen die von Wolff vertretene Datierung Joels in der ersten Hälfte des 4. Jh. v. Chr. (Wolff, 1975, S. 4) spricht nach Myers (1962, S. 186), dass die *Sabäer* (4,8) bereits nach dem 6. Jh. v. Chr. ihre Kontrolle über die östlichen Handelsrouten verloren und ab ca. 400

HAMAT
SIDONIER
MITTELMEER
Sidon
Tyrus
Dan
Damaskus
Königsstrasse
Hazor
Akko
See
Genezaret
Megiddo
Jarmuk
Ramot in Gilead
ISRAEL
Samaria
Jabbok
AMMON
Joppe
Bethel
Jericho
Heschbon
Jerusalem
Medeba
PHILISTER
Gaza
Totes Meer
Arnon
MOAB
Berscheba
JUDA
Wadi
Sered
Wadi el-Arisch
Sela?
Bozra
ÄGYPTEN
Kadesch-Barnea
EDOM
Sela?
Feman?
Petra
Königsstrasse
MIDIAN
Elat
Ezjon-Geber

v. Chr. als führende Macht in Südarabien von den Minäern abgelöst wurden.

In diesem Zusammenhang ist auch auf den von Joel erwähnten Sklavenhandel der Städte Tyrus und Sidon mit den *Griechen* (4,6) einzugehen. Wolff (1975, S. 93) sieht in der Erwähnung der griechischen Händler einen Hinweis auf das 4. Jh., in dem Phönizien stark unter griechischem Einfluss stand. Assyrische Inschriften aus dem 8. Jh., sowie Ausgrabungen in Palästina aus dem 7. Jh. v. Chr. bezeugen jedoch, dass die Griechen bereits in früh-vorexilischer Zeit Handelsbeziehungen mit dem östlichen Mittelmeerraum unterhielten (vgl. Unger, 1951, S. 337; Archer, 1989, S. 184; Dillard, 1992, S. 302). Im 6. Jh. erreichten die Handelsbeziehungen der Phönizier mit den Griechen ihren Höhepunkt (vgl. Hes. 27,13) und wurden im 5. Jh. v. Chr. durch die persisch-griechischen Kriege unterbunden (Myers, 1962, S. 180f).

Die Gerichtsankündigung an die *Edomiter* (4,19) scheint vorauszusetzen, dass die Verwüstung Edoms, die zur Zeit Maleachis um die Mitte des 5. Jh. v. Chr. bereits eingetreten war (Mal. 1,2-4), zur Zeit Joels noch zukünftig war. Darum setzt Ahlström Joel zeitlich vor Maleachi an (1971, S. 121), und zwar etwa zeitgleich mit Haggai und Sacharja, zwischen 515 und 500 v. Chr. (1971, S. 129). Wahrscheinlich bezieht sich Maleachi jedoch mit seiner Feststellung, dass Edom verwüstet ist, auf einen Feldzug des babylonischen Königs Nabonid, den dieser bereits um 552 v. Chr. gegen das Ostjordanland und Nordarabien unternommen hatte. Dabei hatte er Edom verwüstet und das edomitische Königtum beendet (Bartlett, 1989, S. 161). Joel wäre somit vor der Mitte des 6. Jh. geschrieben worden.

Der in demselben Vers enthaltene Vorwurf, dass *Ägypter* unschuldiges Blut im Land der Judäer vergossen haben, deutet an, dass man zur Zeit Joels von ägyptischen Angriffen auf Juda wusste. Es ist unwahrscheinlich, dass dabei an die Zeit der ägyptischen Knechtschaft gedacht ist (gegen Keil, 1985, S. 166), denn diese Knechtschaft betraf nicht nur die Judäer, sondern alle Stämme Israels. Die Eroberung Jerusalems durch Ptolemäus Soter im Jahr 312 v. Chr. (Josephus, *Altertümer XII*, 1.4) ist als historischer Hintergrund von Joel 4,19 zu spät (mit Wolff, 1975, S. 3). Die Ansicht von Keller (1982, S. 154), dass 4,19 auf den Feldzug von Pharao Necho (609 v. Chr.) anspiele, widerspricht den biblischen Aussagen über dieses Ereignis. Während Joel nämlich von Gewalttaten der Ägypter »an den Söhnen Judas« berichtet, scheinen es die Bogenschützen des Pharao Necho nach 2Kön. 23,29 bzw. 2Chr. 35,20-24 speziell auf den König Josia abgesehen zu haben. Außerdem passt der Vermerk, dass die Ägypter und Edomiter »unschuldiges« Blut vergossen haben (4,19), nicht zu dem Verhalten Josias, der im Bericht der Chronik deutlich getadelt wird (2Chr. 35,20-24).

Ägyptische Feldzüge gegen Juda sind im AT sonst nur noch für das ausgehende 10. Jh. v. Chr. bezeugt. Ein Feldzug fand im 5. Regierungsjahr Rehabeams (ca. 925 v. Chr.) statt, als Pharao Schischak einen Eroberungszug gegen Juda und Jerusalem unternahm (1Kön. 14,25f; 2Chr. 12,2-9), ein zweiter während der Herrschaft Asas von Juda (ca. 900 v. Chr.). Asa konnte allerdings das Heer des Kuschiten Serach bereits bei Marescha im Südwesten Judas schlagen und ihn von einer Eroberung Judas abhalten (2Chr. 14,8-14). Daher ist es wahrscheinlicher, Joel 4,19 als einen Rückblick auf den Feldzug Schischaks gegen Juda zu deuten (v. Orelli, 1888, S. 237). Dieser in 1Kön. 14,25f; 2Chr. 12,2-9 erwähnte ägyptische Herrscher wird allgemein mit dem Begründer der libyschen 22. Dynastie, Schoschenk I. (Hedjcheperre setepenre), identifiziert (Noth, 1962, S. 244; Hornung, 1992, S. 118). Trotz der Namensähnlichkeit mit dem biblischen Schischak könnte es sich um verschiedene Personen handeln, da Schoschenk I. – wie aus seinem in Karnak eingravierten Feldzugsbericht ersichtlich ist – es in erster Linie auf das Nordreich Israels und in Juda nur auf den Negev abgesehen hatte (Aharoni, 1979, S. 323-325). Der biblische Schischak aber zog gegen Jerusalem, nahm die befestigten Städte Judas ein und beraubte den Tempel und den Königspalast in Jerusalem. Dieser Feldzug war zur Zeit Joels noch in lebendiger Erinnerung. Joel ist damit in eine Zeit nach dem Ende des 10. Jh. v. Chr. einzuordnen.

Wann aber kam es zu der in 4,4-6 erwähnten Plünderung und zu einem Verkauf judäischer Gefangener an griechische Sklavenhändler durch die *phönizischen Bewohner von Tyrus und Sidon* und die *Philister*? Im 7. Jh. v. Chr. schlugen die Edomiter Juda und führten Gefangene weg, während die *Philister* einige Städte im Süden und Westen Judas eroberten (2Chr. 28,17f). Diese Situation unterscheidet sich aber insofern von dem zeitgeschichtlichen Hintergrund Joels, als dieser den Philistern nicht Eroberungen, sondern Raubzüge vorwirft, von denen besonders Jerusalem betroffen war (4,5f.17). Zu solchen Raubzügen kam es nach 2Chr. 21,16f bereits während der Regierungszeit Jorams von Juda (853-841 v. Chr.). Nachdem die Edomiter die judäische Oberherrschaft mit einer blutigen Revolte abgeschüttelt hatten, drangen u.a. die Philister in Jerusalem ein, plünderten den Palast und entführten Frauen und Söhne des Königs. Die Parallelen zu Joel 4,4-6.17.19 sind deutlich. Der Vorwurf, bei dieser Gelegenheit judäische Kriegsgefangene in die Sklaverei verkauft zu haben, könnte speziell auf die für ihren Sklavenhandel bekannten *Bewohner von Tyrus und Sidon* gemünzt sein (Hes. 27,13).

Auch Amos in der Mitte des 8. Jh. v. Chr. erwähnt Kriege gegen Gottes Volk, in denen Syrer, Philister, Bewohner von Tyrus, Edomiter, Ammoniter und Moabiter verwickelt waren (Am.

1,3-2,3). Damit bezieht er sich aber eher auf die Syrerkriege, die zunächst das Nordreich Israels in Mitleidenschaft zogen (2Kön. 10,32f), am Ende der Regierungszeit des Königs Joasch (796 v. Chr.) aber auch Juda betrafen (2Kön. 12,18f; 2Chr. 24,23). Joel erwähnt die Feindschaft der Phönizier aber noch nicht im Zusammenhang mit den Syrerkriegen (W.C. Kaiser, 1978, S. 47), und blickt vielmehr auf eine Zeit vor dem 8. Jh. v. Chr.

Eine Verbindung zwischen Phöniziern und Philistern gab es allerdings nicht nur im 9. Jh. v. Chr., sie ist auch für die Perserzeit im 7.-6. Jh. v. Chr. bei Jeremia (47,4-7) und Sacharja (9,2-8) bezeugt, als die Philisterstadt Aschkelon zu Tyrus gehörte und Gaza unabhängig war (Myers 1962, S. 189). Joel setzt aber keine politische Einheit der Phönizier und Philister voraus, sondern wie oben beschrieben eine gegen Juda gerichtete Aktionsgemeinschaft. In Verbindung mit Gewalttaten der Edomiter (Joel 4,19) spiegeln die in Joel 4,4-6 beschriebenen Verhältnisse die außenpolitische Situation Judas in der zweiten Hälfte des 9. Jh. v. Chr. wider.

### 1.1.10 Die historische Einordnung der Zeit Joels

Insgesamt scheint somit die historische Einordnung der Zeit Joels bald nach der blutigen Revolte Edoms und der Plünderung Jerusalems durch die Philister (um 850 v. Chr.) am wahrscheinlichsten zu sein. Die fehlende Erwähnung eines Königs lässt an die ersten Regierungsjahre des judäischen Königs Joasch denken, der 835 v. Chr. im Alter von sieben Jahren zum König eingesetzt wurde, während der Priester Jojada die Verantwortung für das Land trug.

Im Unterschied zur spät-nachexilischen Datierung Joels im 5. Jh. (Vatke, 1835, S. 462f) oder 4. Jh. v. Chr. (Wolff, 1975, S.

4), zur früh-nachexilischen Datierung am Ende des 6. Jh. v. Chr. (Albright, 1942, S. 120f; Myers, 1962, S. 177-195; Reicke, 1970, S. 135; Ahlström, 1971, S. 1-22.115; Allen, 1976, S. 20-24; Dillard, 1992, S. 242f) und zur spät-vorexilischen Datierung Joels um 600 v. Chr. (Kapelrud, 1948, S. 191; Rudolph, 1967, S. 198; 1971, S. 80; Keller, 1982, S. 103f) schließt sich der vorliegende Kommentar der früh-vorexilischen Einordnung der Zeit Joels im 9. Jh. v. Chr. an (vgl. Credner, 1831, S. 38-52; Ewald, 1841, S. 65-83; Schmoller, 1872, S. 112; Keil, 1985, S. 120f; v. Orelli, 1888, S. 236ff; Kirkpatrick, 1892, S. 57ff; Unger, 1951, S. 337; Young, 1954, S. 248f; Bič, 1960, S. 108; Archer, 1974, S. 182ff; W.C. Kaiser, 1978, S. 47).

## 1.2 Abfassungszeit des Buches

### 1.2.1 Die kanonische Einordnung Joels innerhalb der kleinen Propheten

Joel nimmt innerhalb des »Zwölfprophetenbuches« nach masoretischer Überlieferung den zweiten Platz ein, zwischen Hosea und Amos. In der LXX erscheint er an vierter Stelle, nach Hosea, Amos und Micha, vor Obadja und Jona.

Beiden Anordnungen gemeinsam ist eine grobe historische Einteilung der zwölf kleinen Propheten in drei Blöcke (vgl. Zenger, 1995, S. 370), die drei geschichtlichen Epochen entsprechen, der Zeit des 9./8. Jh. (Hosea bis Micha), der Zeit des 7. Jh. (Nahum bis Zefanja) und der Zeit des 6./5. Jh. (Haggai bis Maleachi). Nach alter rabbinischer Tradition sind Haggai, Sacharja und Maleachi die letzten Propheten überhaupt (Sarna, 1971,

Sp. 823). Den drei Blöcken entsprechen ferner drei thematische Schwerpunkte: Die Propheten Hosea bis Micha betonen das Thema der Sünde, die Propheten Nahum bis Zefanja das Thema der Strafe und die Propheten Haggai bis Maleachi das Thema der Wiederherstellung.

Innerhalb der genannten Blöcke folgt die Anordnung jedoch nicht allein dem Kriterium geschichtlicher Abfolge, sondern auch dem Prinzip einer gewissen Abwechslung (vgl. Keil, 1985, S. 1ff). Die Masoreten wollten offenbar innerhalb des ersten Blocks jeweils einen Propheten ohne historische Angaben in der Überschrift (Joel, Obadja, Jona) einem Propheten mit zeitlichen Hinweisen am Buchanfang (Hosea, Amos, Micha) zur Seite stellen. Außerdem fällt auf, dass im ersten Block abgewechselt wird zwischen einem Propheten des Nordreiches (Hosea, Amos, Jona) und einem Propheten des Südreiches (Joel, Obadja, Micha).

| **Überschriften mit historischen Angaben:** | **Überschriften ohne historischen Angaben:** |
|---|---|
| 1. Hosea (Israel) | |
| | 2. Joel (Juda) |
| 3. Amos (Israel) | |
| | 4. Obadja (Juda) |
| | 5. Jona (Israel) |
| 6. Micha (Juda) | |

Im Unterschied zum MT stellt die LXX im ersten Block die direkt datierten (Hosea, Amos, Micha) komplett den nur indirekt datierbaren Propheten (Joel, Obadja, Jona) voran:

| **Überschriften mit historischen Angaben:** | **Überschriften ohne historischen Angaben:** |
|---|---|
| 1. Hosea | |
| 2. Amos | |
| 3. Micha | |
| | 4. Joel |
| | 5. Obadja |
| | 6. Jona |

Schließlich haben offenbar Stichwortverknüpfungen und thematische Beziehungen zwischen den einzelnen Propheten zu ihrer Anordnung beigetragen (vgl. Keil, 1985, S. 2f; Wolff, 1975, S. 2; Zenger, 1995, S. 371). So bildet der Aufruf zur Umkehr zu Jahwe eine inhaltliche Brücke zwischen Hosea (14,2) und Joel (2,12). Amos (1,2; 3,8) setzt die Prophetie Joels vom Brüllen Jahwes fort (4,16) und nennt am Anfang und am Ende seines Buches mit der Erwähnung Edoms (1,6.9.11f; 9,12) das Stichwort für Obadja (1-21). Dieser redet zu Beginn seiner Prophetie von einem unter die Völker gesandten Boten (Obd. 1), und liefert damit eine inhaltliche Brücke zu Jona, der nach Ninive gesandt wurde (Jona 1,2; 3,1f). Micha schließlich setzt diese Linie fort, indem er zu Beginn und am Ende seines Buches die Beziehung zwischen dem Gottesvolk und den Weltvölkern anspricht (Mi. 1,2; 7,16f).

Zusammenfassend können wir festhalten, dass die Stellung des Propheten Joel innerhalb des ersten Blocks ein Hinweis auf seine frühe Datierung vor dem 7. Jh. ist. Das gilt sowohl für die Anordnung nach dem MT, als auch nach der LXX. Eine genauere historische Einordnung Joels lässt sich aus der Abfolge nicht ermitteln, da sie neben chronologischen auch inhaltlichen Kriterien folgt.

### 1.2.2 Die thematische Abhängigkeit Joels von der Thora Moses

Dass Joel die Mosebücher voraussetzt, zeigt sich an der Selbstverständlichkeit, mit der von Speis- und Trankopfern die Rede ist, zu denen Korn, Wein und Öl benötigt werden (vgl. Joel 1,9f.13; 2,14 mit 2Mo. 29,38-42; 4Mo. 28,3-8). Dass Joel die Thora bekannt ist, zeigt sich ferner daran, dass Gott als »gnädig und barmherzig, langsam zum Zorn und reich an Güte« dargestellt wird (vgl. Joel 2,13 mit 2Mo. 34,6), an dem Wissen, dass Heuschrecken Gottes Gericht über sein Volk bringen (vgl. Joel 2,25 mit 5Mo. 28,38) und dass Gott seinem Volk für den Fall fortgesetzten Ungehorsams die Wegführung in die Gefangenschaft androht (vgl. Joel 4,1-3 mit 3Mo. 26,33ff; 5Mo. 4,27; 28,36ff.64), aber auch die Rückführung von dort im Fall der Bekehrung Israels verheißt (5Mo. 30,3). Weitere Berührungen zwischen Joel und der Thora finden sich an folgenden Stellen: Joel 1,2f (vgl. 2Mo. 10,2.6); Joel 2,2 (vgl. 2Mo. 1,9); Joel 2,3 (vgl. 1Mo. 2,8; 13,10); Joel 2,17 (vgl. 5Mo. 15,6); Joel 2,20 (vgl. 2Mo. 10,19); Joel 2,23f (vgl. 3Mo. 26,4f; 5Mo. 11,13ff); Joel 3,1f (vgl. 4Mo. 11,29); Joel 3,3 (vgl. 2Mo. 19,18; 20,18) (Möller, 1958, S. 221).

### 1.2.3 Die zeitliche Priorität Obadjas vor Joel

Die Heilsverheißung in 3,5 ist durch den Vermerk »wie Jahwe gesagt hat« als Zitat gekennzeichnet (Allen, 1976, S. 24). Es handelt sich um eine geringfügige Erweiterung von Obd. 17a (»Aber auf dem Berg Zion werden Entronnene sein.«) Nach der in diesem Kommentar vertretenen Datierung ist Joel im Anschluss an Obadja aufgetreten und hat in seinem Buch mehrfach auf die Prophetie seines älteren Zeitgenossen Bezug genommen.

So lässt Joel in 1,15 (vgl. 2,1) die Prophetie seines Vorgängers anklingen: »Denn nahe ist der Tag Jahwes über alle Völker« (Obd. 15). Im Unterschied zu Obadja betont Joel zu Beginn seiner Prophetie aber nicht die Bedeutung des Tages Jahwes für die Völker, sondern die Bedrohung Judas durch diesen Tag. Dabei knüpft er an die Heuschreckenplage seiner Zeit an. Hier zeigt sich ein charakteristischer Unterschied zwischen der Botschaft Joels und Obadjas. Weitere Anspielungen auf Passagen des Buches Obadja finden sich in Joel 4,3 (vgl. Obd. 11); Joel 4,4.7 (vgl. Obd. 15); Joel 4,17 (vgl. Obd. 17) und Joel 4,19 (vgl. Obd. 10).

### 1.2.4 Die zeitliche Priorität Joels vor Amos

Die Bücher Joel und Amos weisen zwei wörtliche Berührungen auf: Joel 4,16 (vgl. Am. 1,2; 3,8) und Joel 4,18 (vgl. Am. 9,13). Gegen die Ansicht, dass Joel an Amos anknüpfe (so Wolff, 1975, S. 98), spricht die Beobachtung, dass das Brüllen Jahwes bei Joel in einen Zusammenhang verwoben ist, der mehrfach auf eine frühere Passage desselben Buches zurückgreift, wie folgende Aufstellung zeigt:

| **Joel 2,10-11** | **Joel 4,14b-16** |
|---|---|
| (2,10a) Vor ihm *erbebt die Erde,* erzittert *der Himmel;* | (4,16b) *Himmel und Erde erbeben.* |
| (2,10b) *Sonne und Mond sind finster, und die Sterne verlieren ihren Glanz.* | (4,15) *Sonne und Mond sind finster, und die Sterne verlieren ihren Glanz.* |

| **Joel 2,10-11** | **Joel 4,14b-16** |
| --- | --- |
| (2,11a) *Und Jahwe lässt* vor seinem Heer *seine Stimme erschallen.* | (4,16a) *Und Jahwe* brüllt aus Zion und *lässt* aus Jerusalem *seine Stimme erschallen.* |
| (2,11b) Ja, sehr groß ist sein Heereszug, ja, stark ist der Vollstrecker seines Wortes. | |
| (2,11c) Ja, groß ist *der Tag Jahwes* und sehr furchtbar. | (4,14b) Denn nahe ist *der Tag Jahwes* im Tal des Strafgerichts. |
| (2,11d) Wer kann bestehen? | (4,16c) Aber Jahwe ist seinem Volk Zuflucht und Schutz den Söhnen Israels. |

Mit dem Satz »Jahwe wird von Zion brüllen und aus Jerusalem seine Stimme erschallen lassen« (4,16) knüpft Joel an seine eigene frühere Schilderung des Tages Jahwes an, gibt ihr aber eine neue Wendung: Jahwe kämpft nicht mehr *gegen*, sondern *für* sein Volk. Ein ähnlicher Satz bildet bei Amos (1,2) den Auftakt eines Buches, der das Missverständnis beseitigen soll, dass der Tag Jahwes für Israel selbstverständlich Heil bedeute (Am. 5,18-20). Vermutlich tritt Amos damit einem Missbrauch von Joel 4,16 entgegen. Dies wäre dann ein Hinweis, der für Joels zeitliche Priorität vor Amos spräche, der nach der Mitte des 8. Jh. v. Chr. im Nordreich auftrat.

### 1.2.5 Die Sprache Joels ist die der vorexilischen Propheten

Stil und Grammatik des Buches Joel weisen auf eine Abfassung in vorexilischer Zeit hin (vgl. Archer, 1989, S. 185f). Befürworter einer nachexilischen Datierung Joels erklären diesen Befund damit, dass Joel als schriftgelehrter Prophet in besonderer Weise mit den »früheren« Propheten vertraut und dadurch von ihrer Sprache bestimmt gewesen sei. Jedoch ahme er diese nicht sklavisch nach, sondern spreche »weithin seine eigene Sprache« (Wolff, 1975, S. 10f). Gray (1893, S. 223f) bestätigt zwar, dass der flüssige Stil Joels im Kontrast stehe zu dem Stil der nachexilischen Propheten, von denen er namentlich Haggai und Maleachi nennt. Aber auch er versucht, dieses Phänomen durch Joels Vertrautheit mit früherer prophetischer Literatur zu erklären.

Dass man auch anders argumentieren kann, zeigt etwa Keller (1982, S. 104). Seiner Meinung nach deuten sprachliche Berührungen Joels mit Zefanja, Nahum, Obadja, Jeremia und Hesekiel darauf hin, dass Joel ihr Zeitgenosse gewesen sei. Die Sprache Joels sei die der vorexilischen Periode. Nach einer neueren linguistischen Untersuchung von Ehrensvård (1997, S. 29-40) ist das klassische Hebräisch der meisten Schriften des AT der vorexilischen Epoche zuzuordnen. Das gilt auch für Joel. Dagegen sind laut Verheijs (1997, S. 41-43) die Chronikbücher im Unterschied zu den Samuel- und Königebüchern von einer späteren Sprachform gekennzeichnet, wobei das Buch des Exilpropheten Hesekiel eine Zwischenstellung einnimmt, wie Rooker erklärt (1990, S. 133-155). Auch dies bestätigt eine vorexilische Datierung des Joelbuches.

## 1.2.6 Die Beziehung Joels zu den anderen Propheten des AT

Geht man davon aus, dass Joel auf Obadja Bezug nimmt und Amos auf Joel, dann können die sprachlichen und inhaltlichen Berührungen Joels mit Jona, Jesaja, Nahum, Zefanja, Jeremia, Hesekiel, Sacharja und Maleachi als gelegentliche Anklänge an seine Botschaft gedeutet werden. Nach einer detaillierten Untersuchung von Wolff (1975, S. 10) sind u.a. folgende Stellen zu vergleichen: Joel 2,1f mit Zef. 1,14f; Joel 2,6f mit Nah. 2,11; Joel 2,10 mit Jes. 13,10.13; Joel 2,11 mit Mal. 3,2.23; Joel 2,13f mit Jona 4,2; Joel 2,20 mit Jer. 1,14f; Joel 2,27 mit Jes. 45,22; Joel 3,1 mit Hes. 39,29; Joel 4,1 mit Jer. 50,4.20; Joel 4,2 mit Jes. 66,18; Joel 4,9 mit Jer. 6,4; Joel 4,13 mit Jes. 63,3; Joel 4,14 mit Jes. 13,4; Joel 4,17 mit Jes. 52,1; Joel 4,18 mit Sach. 14,8.

Manche Ausdrucksweisen Joels finden sich bei den großen Propheten wieder (Wolff, 1975, S. 11), so die Verbindung von »Heult!« und »Ach!« (vgl. Joel 1,5-15 mit Hes. 30,2), der Warnruf vor dem Feind aus dem Norden (vgl. Joel 2,1ff.20 mit Jer. 4,5; 6,1; Hes. 38-39), die Schilderung des Feindes (vgl. Joel 2,1-11 mit Jes. 13), die zweistufige Heilsverheißung (vgl. Joel 2,27; 3,1 mit Hes. 39,28f) und die Aufforderungen zum Kampf (vgl. Joel 4,9-14 mit Jer. 46 und 49-51). Am bedeutsamsten ist in diesem Zusammenhang, dass der Ruf »Wehe dem Tag! Denn nahe ist der Tag Jahwes, und wie eine (mächtige) Verwüstung vom Allmächtigen wird er kommen« (Joel 1,15) in Jes. 13,6 ein nahezu wörtliches Echo findet. Nur richtet Jesaja seine Drohung anders als Joel nicht gegen Juda, sondern gegen Babel. Weitere Anklänge an Joel 1,15; 2,1 und Obd 15 finden sich in Hes. 30,2f und Zef. 1,7.

Zwei Details der Gerichtsbotschaft Joels werden bei späteren

Propheten auf den Kopf gestellt. Joel kündigt an, dass Juda, ein Land wie der Garten Eden, am Tag Jahwes zur Öde werden wird (Joel 2,3); Jesaja prophezeit den umgekehrten Vorgang für die Zeit der Vollendung (Jes. 51,3). Zum Auftakt des Völkergerichts sollen die Nationen Pflugscharen zu Schwertern und Winzermesser zu Lanzen schmieden (Joel 4,10), während Jesaja und Micha prophezeien, dass im messianischen Friedensreich das Gegenteil geschehen wird (Jes. 2,4; Mi. 4,3).

### 1.2.7 Die zeitliche Nähe der Buchabfassung zur mündlichen Verkündigung

Das Buch scheint in einer Zeit geschrieben zu sein, in der der Prophet Joel von seinem öffentlichen Auftreten her noch allgemein bekannt war. Deshalb konnte zu Beginn des Buches darauf verzichtet werden, nähere Angaben über die Herkunft Joels und die Zeit seiner Wirksamkeit zu machen (vgl. Obd. 1; Jona 1,1; Hab. 1,1; Mal. 1,1). Joel schrieb sein Buch wohl bald nach seinem öffentlichen Auftreten zu Beginn der Regierungszeit des Königs Joasch (ab 835 v. Chr.).

## 1.3 Autor des Buches

### 1.3.1 Die literarische Einheit des Buches

Nach Duhm (1911, S. 187) war Joel nur für 1,1-2,17 selbst verantwortlich; 2,18-4,21 seien apokalyptische Hinzufügungen aus der Makkabäerzeit, ebenso auch die Stellen 1,15; 2,1b-2a und 2,11b, an denen es um den Tag Jahwes geht. Wolff tritt für die literarische Einheit des Buches Joel mit Einschränkungen ein. Er sieht einige Abschnitte als spätere Nachträge (4,4-8.18-21). Joel 2,18 (»Da eiferte Jahwe für sein Land und hatte Mitleid mit seinem Volk«) markiert für ihn als »entscheidender Umbruch« des Buches den Beginn eines zweiten Teiles, der in »nahezu vollendeter Symmetrie« zum ersten Teil stehe (1975, S. 6.67).

Prinsloo hat mit einem alternativen Ansatz die literarische Einheit des Buches Joel überzeugend nachgewiesen (1992, S. 75-81). Er gliedert das Buch Joel in acht Abschnitte (1,2-14; 1,15-20; 2,1-11; 2,12-17; 2,18-27; 3,1-5; 4,1-17; 4,18-21), die durch ständige Rückbezüge und Stichwortverbindungen stufenförmig aufeinander aufbauen und durch schrittweise Steigerung im letzten Abschnitt ihren Höhepunkt erreichen.

## 1.3.2 Joel als Verfasser des gesamten Buches

Nicht jeder Befürworter der literarischen Einheit des Buches Joel vertritt damit auch die einheitliche Verfasserschaft dieses Buches. Während sich Childs (1979, S. 389f) für eine nur redaktionelle Einheit ausspricht, und Kapelrud (1948, S. 176f) eine funktionale Einheit für liturgische Zwecke sieht, möchte Prinsloo die Frage der Verfasserschaft prinzipiell offen lassen (1992, S. 81). Dennoch ist die Schlussfolgerung nahe liegend, dass die einheitliche Struktur des Buches auf einen einzigen Verfasser schließen lässt. Die Verfasserangabe in 1,1 sollte daher für das gesamte Buch ernst genommen werden.

Vermutlich war Joel zunächst Verkündiger der ihm von Gott anvertrauten Botschaft. Das Wesen mündlicher Predigt wird besonders deutlich an dem Aufruf: »Hört dies, ihr Ältesten, und nehmt es zu Ohren, alle Bewohner des Landes!« (1,2). Die Aufrufe zur Volksklage (1,5-14) und zur Buße (2,12-17) sowie das

Erhörungswort Gottes an sein Volk (2,19ff) haben zunächst den Charakter einer öffentlich vorgetragenen Verkündigung. In seiner lebendig gestalteten mündlichen Rede gibt es fließende Übergänge zwischen der Rede Gottes und der Rede des Propheten (vgl. innerhalb von 1,5-14 die Verse 6f). Nach Meinung von Wolff (1975, S. 9.11) und Allen (1976, S. 31) hat Joel liturgische Formen aus dem Bereich des Gottesdienstes in sein Buch aufgenommen. Sein Aufruf zur Volksklage (1,5-14), seine persönliche Klage (1,15-20), sein Aufruf zur Buße (2,12-17) und Gottes Erhörungszuspruch (2,19-27; 3,1-5) haben jedoch den im Buch vorausgesetzten, ganz konkreten historischen Hintergrund einer wirtschaftlichen Katastrophe in Juda.

Zugleich aber zeigt das gesamte Buch Joel mit seinem kunstvollen stufenförmigen Aufbau das Gepräge literarischer Gestaltung. Da die uns immer wieder begegnenden Stichwortverbindungen des Buches nicht nur stilistische Mittel sind, sondern auch inhaltliche Bedeutung haben, sind sie von der Botschaft Joels nicht zu trennen. Es ist daher am sachgemäßesten, Joel nicht nur als mündlichen Verkündiger der ihm von Gott aufgetragenen Botschaft, sondern auch als deren schriftlichen Gestalter und damit als Autor des ihm in 1,1 zugeschriebenen Buches anzusehen.

### 1.3.3 Die Person des Autors

»Joel, der Sohn Petuëls« (1,1) wird an anderer Stelle im AT nicht mehr erwähnt. Sein Name bedeutet »Jahwe ist Gott«. Im Unterschied zu Elia, der einige Jahre zuvor im Nordreich gewirkt hatte, war Joel aber sehr wahrscheinlich ein Judäer, denn Juda, Jerusalem und der Tempel stellen drei konzentrische Kreise seiner prophetischen Schau dar (vgl. Allen, 1976, S. 31). Joel scheint eine besondere Verbindung zu der Priesterschaft in Jerusalem gehabt zu haben (1,9.13f.16; 2,14-17); vielleicht war er ein Tempelprophet (vgl. mit Allen, 1976, S. 31: 1Chr. 25,1-5; Jer. 35,4; Sach. 7,3). Da die Verantwortung für die Regierung in den Jahren des minderjährigen Königs Joasch in den Händen des Priesters Jojada lag, war die Verbindung Joels zu den Jerusalemer Priestern für die landesweite Aufnahme seiner Botschaft von besonderer Wichtigkeit.

## 1.4 Absicht und Zweck des Buches

### 1.4.1 Botschaft für das Volk Gottes aller Generationen

Joel wendet sich mit seiner von Gott empfangenen Botschaft an alle Bevölkerungsgruppen des Volkes Juda (1,2.14; 2,16). Mit der Aufforderung in 1,3 ermahnt er seine Zeitgenossen, die Botschaft bis in die vierte Generation weiterzusagen. Die Verheißung der Ausgießung des Heiligen Geistes gilt allen im Volk Gottes, unabhängig von Geschlecht, Lebensalter und sozialer Stellung, ja allen, die den Namen des Herrn anrufen und von ihm berufen sind (3,5). So behält das Buch Joel eine bleibende Aktualität – bis in die Gegenwart hinein.

### 1.4.2 Bericht von einer göttlichen Heimsuchung Judas

Joels Absicht ist es, über die Heimsuchung des Landes durch Heuschreckenschwärme und Trockenheit zu berichten (1,1-4) und über die Erfahrung, dass Gott sich aufgrund der Umkehr des Volkes über sein Land und Volk erbarmt hat (2,18ff). Die an diesen beiden Stellen im Grundtext verwendete hebr. Erzählform deutet an, dass es sich um historische Ereignisse handelt; sie sind es wert, der Nachwelt berichtet zu werden.

### 1.4.3 Ruf zur Umkehr angesichts des Tages Jahwes

Joels Aufruf zur Klage, der den unterschiedlichsten Volksgruppen ihre materielle und geistliche Not bewusst machte (1,4-20) und es zu einer echten Umkehr zum Gott Israels rief (2,17), soll Hörer und Leser des Buches zu allen Zeiten dazu führen, ihr Leben auf den lebendigen Gott auszurichten. Sie sollen lernen, zeitgeschichtliche Katastrophen als Zeichen des anbrechenden Tages Jahwes und als Ruf zur Umkehr zu sehen. Wenn schon zur Zeit Joels der hereinbrechende Tag Jahwes diese Umkehr dringlich machte, wieviel mehr ruft dann heute die inzwischen weit vorangeschrittene Erfüllung der von Joel angekündigten Vorzeichen des Tages Jahwes (3,3f) jeden Leser dieses Buches zur Umkehr zum Herrn auf!

### 1.4.4 Unterweisung zur Gerechtigkeit

Gott verheißt als Antwort auf die Umkehr des Volkes, ihnen den »Lehrer zur Gerechtigkeit« zu geben (2,23 – in den meisten Bibeln wird das hebr. Wort, das hier mit »Lehrer« übersetzt wird, in seiner zweiten Bedeutung als »Frühregen« übersetzt). Vermutlich weist Joel damit auf den Priester Jojada hin, der den minderjährigen König Joasch unterwies, »was recht war in den Augen des Herrn« (2Kön. 12,3). Zugleich aber war es wohl auch Gottes Absicht, dass das ganze Volk in der Gerechtigkeit unterwiesen werden sollte. Gottes Erbarmen als Antwort auf die Umkehr des Volkes war nur der Anfang, jetzt musste eine lehrhafte Unterweisung im Wort Gottes folgen. Ein Leben in

Übereinstimmung mit Gottes Willen ist die rechte Antwort auf den Empfang göttlichen Segens.

### 1.4.5 Ermutigung für Gottes Volk

Gott fordert Rechenschaft für das feindselige Verhalten der Phönizier und Philister gegenüber Juda (4,4-8) und kündigt den Ägyptern und Edomitern Vergeltung für ihre in Juda verübten Gewalttaten an (4,19). In jedem Fall war diese Gerichtsbotschaft eine ernste Warnung an die Völker und eine Ermutigung für das Gottesvolk Juda.

### 1.4.6 Ausblick auf die Zeit der vollendeten Erlösung Israels

Die Ausgießung des Heiligen Geistes »auf alles Fleisch« (3,1f), die Errettung in Jerusalem (3,5), Gottes Gericht über die Völker, weil sie sich an Israel schuldig gemacht hatten (4,1-17), und schließlich die Vollendung Judas (4,18-21) waren für die ursprünglichen Empfänger der Botschaft Joels mutmachende Verheißungen. Sie zeigen darüber hinaus dem heutigen Leser, dass die letzte Erfüllung der von Joel verkündigten Verheißungen aussteht, bis Jesus, der Messias Israels und der Völker, wiederkommen wird.

## 1.5 Botschaft des Buches

Hintergrund der Botschaft des Buches ist der Gottesbund mit Israel. Zwar kommt der hebr. Ausdruck *bərît* (»Bund«)

nicht vor, aber er wird in allen Teilen des Buches inhaltlich vorausgesetzt.

Die in Joel 1 beklagten Heimsuchungen Judas entsprechen den Fluchbestimmungen des Bundes, die Gott seinem Volk für den Fall des Ungehorsams angekündigt hatte (5Mo. 28,15-44). Die Gottesbeziehung wird bildhaft als gestorben beklagt (1,8), Speis- und Trankopfer sind ausgesetzt worden (1,9.13), dennoch steht Gott weiterhin zu seinem Bund. Er identifiziert sich mit »seinem« Land (1,6f), das Bestandteil seiner Bundesverheißung ist (2Mo. 20,12), und bestätigt seinem Bundesvolk durch Joel, dass er immer noch »ihr« Gott ist (1,13f). Durch Joel lässt er es zu seinem Heiligtum versammeln, damit es ihn dort um Hilfe anrufen kann (1,14). In 2,1-11 steigert sich die Spannung: Einerseits ist das von einem feindlichen Heer bedrängte Jerusalem der von Gott erwählte »heilige Berg« (2,1), andererseits ist es Jahwe selbst, der Bundesgott Israels, der dieses Heer anführt (2,11) und damit die Fluchbestimmungen seines Bundes (5Mo. 28,49ff) ausführt.

In 2,12ff bietet der Prophet seiner Generation eine Wiederherstellung der Gottesgemeinschaft an, wenn sie zu ihrem Zentrum, zu Jahwe selbst, zurückkehren würde. Dabei nimmt er Bezug auf die Wiederannahme des Volkes Gottes aufgrund der Fürbitte Moses, nachdem es mit der Anbetung des goldenen Kalbes den Bund gebrochen hatte (2Mo. 34,5-7). Joel veranlasst, dass sich alle Angehörigen des Bundesvolkes im Tempel versammeln und »ihren Gott« um Erbarmen bitten über »sein Volk« und »sein Erbteil« (2,17). Mit der Erhörung dieses Bußgebetes aktualisiert Gott seinen Bund, indem er sich über »sein Land« und »sein Volk« erbarmt (2,18f) und gemäß den Segensbestimmungen seines Bundes (3Mo. 26,3-13; 5Mo. 28,1-14) landwirtschaftliche Fruchtbarkeit (2,19.22-26) und Befreiung von den Feinden (2,20f) verheißt. Auch die verheißene Gabe des Lehrers zur Gerechtigkeit (2,23) erinnert an den Gottesbund (3Mo. 26,3f; 5Mo. 11,13f). Am deutlichsten verkündigt 2,26f die volle Wiederherstellung der Bundesgemeinschaft Jahwes mit seinem Volk Israel. Die Verheißung der Geistausgießung auf »alles Fleisch« (3,1f) geht sogar über den Alten Bund hinaus (vgl. 4Mo. 11,29) und bahnt bereits den Weg für den Neuen Bund (Jer. 31,31-34; Hes. 36,26f).

Wenn 4,2f von der künftigen Zerstreuung des Gottesvolkes unter die Nationen, von der Aufteilung des Landes und der Versklavung seiner Gefangenen ausgeht, dann entspricht das der Fluchankündigung des Gottesbundes im Fall des Ungehorsams (3Mo. 26,33; 5Mo. 28,36.41.64). Auch die Wende des Geschicks von Juda und Jerusalem (4,1) entspricht einer der Verheißungen des Gottesbundes (5Mo. 30,1-6), ebenso wie das Völkergericht (4,2.9-16), das die Fluchbestimmungen des Gottesbundes auf die Feinde des Volkes Gottes bringt (5Mo. 30,7).

Joel schildert am Ende seines Buches (4,17-21) die letzte Verwirklichung des Gottesbundes: Jahwe wird auf Zion, seinem »heiligen Berg«, wohnen (2Mo. 25,8) und von hier aus Juda und Jerusalem mit überfließendem Segen durchströmen, an den Feinden aber Rache üben (vgl. 1Mo. 12,1-3). Darüber hinaus gleicht die hier geschilderte Vollendung dem Urzustand der Menschen im Garten Eden vor dem Sündenfall (1Mo. 2,8-14).

## 1.6 Gliederung und Struktur des Buches

### 1.6.1 Gliederung

Die in diesem Kommentar vorgeschlagene Gliederung teilt das Buch Joel nach der Überschrift in acht Abschnitte ein, die untereinander mehrfach verknüpft sind (vgl. Prinsloo, 1992, S. 75-81). Inhaltlich sind zwei Hauptteile zu erkennen: Gott ruft sein Volk zur Umkehr (1,2-2,17) und Gott verheißt seinem Volk Heil (2,18-4,21).

1. *Überschrift:* Gottes Wort geschah an Joel (1,1)

2. *Hauptteil:* Gott ruft sein Volk zur Umkehr und verheißt ihm Heil (1,2-4,21)

    2.1 Eine beispiellose Heuschreckenplage soll allen Volksgruppen Anlass zur Klage geben (1,2-14)

        2.1.1 Hört Gottes Wort, Älteste und alle Landesbewohner (1,2-4)

        2.1.2 Gott ruft Betrunkene und Weinsäufer zur Klage (1,5-7)

        2.1.3 Gott ruft sein Volk zur Klage (1,8-10)

        2.1.4 Gott ruft die Feldarbeiter und Winzer zur Klage (1,11-12)

        2.1.5 Joel ruft die Priester zur Klage (1,13-14)

    2.2 Joel beklagt die Nähe des Tages Jahwes und ruft zu Jahwe um Rettung (1,15-20)

        2.2.1 Joel klagt über die bedrohliche Nähe des Tages Jahwes (1,15)

        2.2.2 Joel klagt über die Folgen der landwirtschaftlichen Verwüstung (1,16-18)

        2.2.3 Joel ruft zu Jahwe um Rettung (1,19-20)

    2.3 Jahwes Tag naht mit seinem Heer (2,1-11)

        2.3.1 Gott warnt vor dem einzigartigen Einfall seines Heeres an seinem Tag (2,1-2)

        2.3.2 Sein Heer verwüstet das Land Juda (2,3-5)

- 2.3.3 Sein Heer erobert die Stadt Jerusalem (2,6-9)
- 2.3.4 Das Heer Jahwes erschüttert Himmel und Erde, sodass niemand vor ihm bestehen kann (2,10-11)

2.4 Gott gibt noch eine Chance zur Umkehr (2,12-17)
- 2.4.1 Gott ruft sein Volk zu völliger und echter Umkehr (2,12-13a)
- 2.4.2 Vielleicht lässt Gott sich des Unheils gereuen (2,13b-14)
- 2.4.3 Joel fordert die Einberufung eines nationalen Bittgottesdienstes auf Zion (2,15-17)

2.5 Gott erhört das Gebet seines Volkes um Rettung (2,18-27)
- 2.5.1 Gott erbarmte sich über sein Land und Volk (2,18)
- 2.5.2 Gott verheißt eine neue Ernte (2,19a)
- 2.5.3 Gott verheißt die Vernichtung des Feindes aus dem Norden (2,19b-20)
- 2.5.4 Gott verheißt die Erneuerung seines Landes (2,21-22)
- 2.5.5 Gott verheißt die Erneuerung seines Volkes (2,23-27)

2.6 Gott verheißt das künftige Heil (3,1-5)
- 2.6.1 Gott verheißt die Ausgießung seines Geistes (3,1-2)
- 2.6.2 Gott kündigt himmlische und irdische Vorzeichen seines Tages an (3,3-4)
- 2.6.3 Gott verheißt Rettung an seinem Tag (3,5)

2.7 Gott kündigt Israels Feinden Gericht an (4,1-16)
- 2.7.1 Gott wird die Völker zur Zeit der Wiederherstel-

lung Israels zum Gericht im Tal Joschafat versammeln (4,1-3)
- 2.7.2 Gott zieht Phönizier und Philister wegen ihres Unrechts an Juda zur Rechenschaft und kündigt Vergeltung an (4,4-8)
- 2.7.3 Gott ruft die Völker zum letzten Kampf, um sie im Tal Joschafat zu richten (4,9-12)
- 2.7.4 Gott hält an seinem Tag Gericht im Tal des Strafgerichts (4,13-14)
- 2.7.5 Gott wird von Zion aus Himmel und Erde erschüttern, aber Israel Zuflucht geben (4,15-16)

2.8 Gott wird in Zion wohnen (4,17-21)
- 2.8.1 Gott wird in Zion wohnen und sein Land wie den Garten Eden machen (4,17-18)
- 2.8.2 Gott wird Ägypten und Edom richten, aber gemeinsam mit seinem Volk Juda und Jerusalem ewig bewohnen (4,19-21)

### 1.6.2 Struktur

Nach Garett (1985, S. 289-297) ist das Buch zweigeteilt und durch zwei chiastische (spiegelsymmetrische) Strukturen gekennzeichnet, die einander am Ende der ersten und am Anfang der zweiten Struktur mit den Versen 18-27 des 2. Kapitels überlappen und so die Einheit des Buches unterstreichen. Die Struktur sieht dann folgendermaßen aus: A – B; B' – A'. Im ersten Teil steht dabei zwischen Strafe (A, B) und Vergebung (A′, B') als Wende- und Höhepunkt die Buße (C). Im zweiten Teil stellt die Gnade (B, B') zwischen dem Gericht (A, A') den Höhepunkt dar. Im Folgenden sind beide Strukturen angeführt, so wie Garret sie darstellt.

### 1.6.2.1 Die Struktur von Joel 1,1-2,27

A (1,1-20) Strafe: Die Heuschreckenplage
  B (2,1-11) Strafe: Das apokalyptische Heer
    C (2,12-19) Übergang: Buße (2,12-17) und Einleitung zur Antwort Jahwes (2,18f)
  B' (2,20) Vergebung: Das apokalyptische Heer wird vernichtet
A' (2,21-27) Vergebung: Das von Heuschrecken verwüstete Land wird wiederhergestellt

### 1.6.2.2 Die Struktur von Joel 2,18-4,21

Einleitung zur Antwort Jahwes (2,18f)

A (2,20) Gericht: Das apokalyptische Heer wird vernichtet
  B (2,21-27) Gnade: Das Land wird wiederhergestellt
  B' (3,1-5) Gnade: Der Geist wird ausgegossen
A' (4,1-21) Gericht: Die Völker werden vernichtet

## 1.7 Textüberlieferung

Textkritik, wie die Untersuchung der Textüberlieferung genannt wird, bedeutet nicht Kritik an der biblischen Offenbarung, sondern Abwägen der vorhandenen Textzeugen, um möglichst dicht an den inspirierten Grundtext zu gelangen. Grundlage ist die BHS (Biblia Hebraica Stuttgartensia), die den Codex Leningradensis (1008 n.Chr.) wiedergibt. Diese hebr. Handschrift des ganzen AT enthält den MT (Masoretischen Text). Die masoretische Textüberlieferung ist sehr zuverlässig, wie ein Vergleich mit Textfunden aus Qumran zeigt, die tau-

send Jahre älter sind. In der Regel ist daher dem MT zu folgen. Das gilt auch für das Buch Joel.
Für die Auslegung bedeutsame Varianten gibt es in Joel 2,23a (siehe S. 165-166); 2,23b (S. 161-163); 4,11b (S. 209) und 4,21 (S. 231). Die im kritischen Apparat der BHS enthaltenen Textänderungsvorschläge sind unnötig, da der MT überall sinnvoll ist.

## 1.8 Exkurs: Der Tag Jahwes im AT

Im Mittelpunkt der Botschaft Joels steht seine Prophetie vom »Tag Jahwes« (1,15; 2,1.11; 3,4; 4,14). Die Bedeutung dieses Begriffes muss genauer untersucht werden.

### 1.8.1 Das Vorkommen des Ausdrucks im AT

Der Ausdruck »Tag Jahwes« erscheint im AT 16mal (Jes. 13,6.9; Hes. 13,5; Joel 1,15; 2,1.11; 3,4; 4,14; Am. 5,18 [2mal]; 5,20; Obd. 15; Zef. 1,7; 1,14 [2mal]; Mal. 3,23). Daneben gibt es ähnliche Ausdrücke wie »ein Tag für Jahwe« (Jes. 2,12; Hes. 30,3; Sach. 14,1; vgl. Jer. 46,10), »ein Tag der Rache« (Jer. 46,10), »ein Tag der Rache für Jahwe« (Jes. 34,8), »ein Tag des Grimms Jahwes« (Hes. 7,19; Zef. 1,18), »ein Tag des Zorns Jahwes« (Zef. 2,3; Kla. 2,22), »ein Tag des Schlachtopfers Jahwes« (Zef. 1,8), »ein Jahwetag des Schreckens und der Verwirrung und des Niedertretens« (Jes. 22,5). An weiteren Stellen wird mit Ausdrücken wie »an jenem Tag« (Jes. 2,11ff) oder »am Tag seines Zorns« (z.B. Ps. 110,5) auf den Tag Jahwes hingedeutet.

### 1.8.2 Der »Tag Jahwes« als sprachlicher Ausdruck

Der hebr. Begriff *jôm* (»Tag«) bezeichnet in der Verbindung mit dem Gottesnamen ein Ereignis unbestimmter Dauer, das ganz von dem Handeln Jahwes, des Bundesgottes Israels, bestimmt ist. Eine Verbindung von hebr. *jôm* (»Tag«) mit dem Eigennamen einer handelnden Person kommt sonst im AT nicht vor. Zwar ist in Hos. 2,15 von den »Tagen der Baalsgötter« die Rede, aber damit sind nicht Tage des aktiven Handeln Baals, sondern Festtage der Baalsverehrung und der Opferungen zu Ehren Baals gemeint.

Sprachlich vergleichbar sind ferner die Ausdrücke »Tag Jerusalems« (Ps. 137,7), »Tag Midians« (Jes. 9,3), »Tag Ägyptens« (Hes. 30,9) und »Tage von Gibea« (Hos. 9,9; 10,9). Doch im Unterschied zum Tag Jahwes bezeichnen diese Namen nicht die Akteure, sondern die Leidtragenden der jeweils angedeuteten Ereignisse. Ähnlich verhält es sich mit den Ausdrücken »Tag deines Bruders«, »Tag ihres Umkommens«, »Tag der Bedrängnis«, »Tag seines Verderbens« (Obd. 12-14) im Zusammenhang einer Warnung gegenüber Edom, Unrecht an Juda zu verüben.

### 1.8.3 Themen im Konzept des Tages Jahwes

#### 1.8.3.1 Der Kontext der Verkündigung des Tages Jahwes

Der Ausdruck »Tag Jahwes« erscheint in den Unheilsankündigungen gegen einzelne Fremdvölker (z.B. gegen Ägypten: Jer. 46,2-12; Hes. 30,1-8; Edom: Jes. 34; Obd. 15; Babel: Jes. 13) oder gegen alle fremden Völker (Zef. 3,6-8; Joel 4,9-14; Sach. 14,1-5). Daneben ist vom Tag Jahwes in Unheilsankündigungen gegen Israel die Rede (Jes. 2,12-17; Am. 5,18-20; Zef. 1,2-

18; 3,6-8; Hes. 7; Joel 2,1-11; Mal. 3,1-5.23f). Die Unheilsankündigung gegen die Völker wird zur Heilsankündigung für Israel (Obd. 15-18; Joel 4,13f). Eine Heilsankündigung für Israel findet sich in Mal. 3,13-21 (vgl. Pehlke, 1997, S. 1).

### 1.8.3.2 Kennzeichen des Tages Jahwes

Der Tag Jahwes ist für die Menschen ein sehr furchtbarer (Joel 2,11; 3,4; Mal. 3,23) und schrecklicher (Jes. 2,10.19.21) Tag, ein Tag der Bedrängnis (Zef. 1,15) und der Bestürzung (Hes. 7,7), der Zerstörung und Verwüstung (Jes. 13,6.9; Joel 1,15; Zef. 1,15). Er ist der Tag seines Zorns (Jes. 13,9; 34,2; Hes. 7,19; Kla. 2,22; Zef. 1,15; 2,2), seines Eifers (Zef. 1,18), seiner Rache (Jes. 34,8; 61,2; 63,4; Jer. 46,10) und seines Schlachtopfers (Jer. 46,10; Zef. 1,7f). Der Tag Jahwes wird beschrieben in Verbindung mit Begleiterscheinungen seiner Theophanie: Erbeben des Himmels (Jes. 34,4; Joel 4,16) und der Erde (Joel 2,10; 4,16; Sach. 14,4f), Finsternis auf Erden (Joel 2,2; Am. 5,18.20; Sach. 14,6f), dunkle Wolken (Hes. 30,3; Joel 2,2; Zef. 1,15) und Verfinsterung von Sonne, Mond und Sternen (Jes. 13,10; Joel 2,10; 3,3f; 4,15; Sach. 14,6f).

### 1.8.3.3 Die Nähe des Tages Jahwes

Wenn von der Nähe des Tages Jahwes die Rede ist, dann bedeutet das, dass dieser Tag in die Zeit des Propheten hineinragte (Jes. 13,6; Hes. 30,3; Joel 1,15; Obd. 15; Zef. 1,7.14), ohne sich aber darin zu erschöpfen.

#### 1.8.3.4 Die Absicht der Verkündigung des Tages Jahwes

Die prophetische Verkündigung dient einerseits den Gottlosen als Motivation zur Umkehr zu Gott (Joel 2,12ff; Am. 5,14f; Zef. 2,1-3), andererseits den Gottesfürchtigen als Trost für die Gegenwart (Mal. 3,19ff).

### 1.8.4 Der Ursprung der prophetischen Verkündigung vom Tag Jahwes

Die Frage, warum die alttestamentlichen Propheten den Tag Jahwes ankündigten, scheint müßig zu sein. Sie verkündigten nicht ihre eigenen Ideen, sondern was Gott ihnen auftrug. Dennoch dient es dem besseren Verständnis dieser Verkündigung, wenn ihre Bedeutung im Zusammenhang der Gottesoffenbarung im AT ermittelt werden kann. Einige Deutungsansätze seien vorgestellt.

#### 1.8.4.1 Der Tag Jahwes ist kein Kultereignis

Mowinckel leitete die Vorstellung eines endgeschichtlichen Tages Jahwes von einem kultischen Tag Jahwes ab, einem alljährlich am Neujahrstag begangenen Fest der Thronbesteigung Jahwes, der eine israelische Entsprechung zum babylonischen Neujahrsfest sei. Bei solchen Jahwetagen hätten die Feiernden das Kommen Jahwes im Kultus erfahren, ein Kommen, das ihnen Sieg, Befreiung, Frieden und Wohlergehen garantierte. Die ursprüngliche Verbindung zwischen dem »Tag Jahwes« und dem Festgottesdienst Israels sei noch in dem Zusammenhang von Am. 5,18.20ff wiederzuerkennen (Mowinckel, 1956, S. 127).

Zwar verwendet das AT in unterschiedlichen Zusammenhängen die Bezeichnungen »Fest Jahwes« (2Mo. 10,9; 3Mo. 23,39; Ri. 21,19), »Tag des Festes Jahwes« (Hos. 9,5), sowie auch »Tage der Baalsgötter« (Hos. 2,15). Der Begriff »Tag Jahwes« wird aber im Unterschied dazu nirgends im AT eindeutig für ein Fest Israels gebraucht. Auch die Beschreibung des Tages Jahwes als eines »Tages des Schlachtopfers« in Zef. 1,7f ist kein Beleg dafür, denn der Zusammenhang der Stelle und ein Vergleich mit Jes. 34,6; Hes. 39,17 zeigt, dass der Ausdruck bildlich gemeint ist.

Der Haupteinwand gegen die Sicht Mowinckels ist folgender: Die Existenz eines Thronbesteigungsfestes Jahwes ist eine reine Hypothese. Zum einen ist nach alttestamentlichem Zeugnis das Königtum Jahwes unveränderlich und ewig (Ps. 93,1f: »Jahwe ist König ... dein Thron steht fest von jeher, von Ewigkeit her bist du«), zum anderen ist die der Hypothese zu Grunde liegende Vorstellung, dass die Babylonier an eine Wiederauferstehung Marduks geglaubt haben, nicht haltbar. Wie v. Soden nachgewiesen hat (1955, S. 158ff), sprechen die als Beleg angeführten assyrischen Texte in Wirklichkeit nicht von dem Tod des babylonischen Gottes Marduk, und damit auch nicht von seiner Auferstehung und Thronbesteigung. Vielmehr geht es um die Inhaftierung Marduks/Bels und ein Gottesurteil mit offenem Ausgang aufgrund einer Anklage Aschschurs, der obersten Gottheit des assyrischen Reiches. Mit dem Inhalt des babylonischen Neujahrsfestes hatten diese anti-babylonischen Propagandatexte eigentlich nichts zu tun. Das Neujahrsfest bestand aus einem mehrtägigen Ritual, zu dem u.a. das Rezitieren des *Enuma Elisch* gehörte, des babylonischen Mythos vom Sieg Marduks über die Chaosmacht Tiamat und von der Weltschöpfung (vgl. Görg, 1992, S. 138f).

Gray vertritt in Abwandlung der Sicht Mowinckels die Meinung, dass die Vorstellung vom Tag Jahwes von einer Herbstfest-Liturgie zur Thronbesteigung Jahwes herrühre, die allerdings nur eine Hypothese Grays ist. Im Gegensatz zu Mowinckels Hypothese nimmt er für ein solches Fest aber keinen babylonischen, sondern einen kanaanitischen Ursprung an. Das für die Stadt Ugarit im Norden Kanaans bezeugte Fest der Thronbesteigung Baals sei als Fest der Thronbesteigung Jahwes übernommen worden. Seine jährliche Begehung habe zur Aufrechterhaltung des Königtums Jahwes gedient, dessen kosmischer Konflikt in einem »Völkerkampfmythos« historisiert worden sei (Gray, 1974, S. 14f.34).

Alle diese Theorien scheitern am biblischen Befund. Denn nach alttestamentlichem Zeugnis haben die Feste Israels das Handeln Jahwes in Geschichte und Schöpfung zum Anlass (vgl. 2Mo. 12,14; 3Mo. 23,43; 5Mo. 16,1ff). Der kosmische Charakter des Tages Jahwes ist nicht im Mythos verwurzelt, sondern entspricht der Tatsache, dass Jahwe, der Gott Israels, der Schöpfer Himmels und der Erde ist. Sein Erscheinen als König zum Gericht ist daher nicht im Mythos und Kultus verwurzelt, sondern ein geschichtliches Ereignis, das für die Zukunft Israels und der Weltvölker erwartet wurde.

### 1.8.4.2 Der Tag Jahwes als ein Tag des göttlichen Eingreifens

Černý übernimmt von Mowinckel die Sicht, dass sich die alttestamentliche Prophetie vom Tag Jahwes innerhalb des AT erst zu einem eschatologischen Konzept entfalte und damit sekundär sei. Primär sind für ihn im Unterschied zu Mowinckel aber nicht Mythos und Kultus, sondern historische Ereignisse in alttestamentlicher Zeit (1948, S. 101). Dennoch rechnet er mit mythischen Elementen in der späteren Ausgestaltung der prophetischen Verkündigung des Tages Jahwes (1948, S. 100-102). Den Tag Jahwes in seinem ursprünglichen Verständnis definiert er als einen von Jahwe bestimmten Tag, an dem er selbst das Schicksal seines Volkes neu gestalten werde (1948, S. 103). So kündigten die Propheten ihrem Volk in der Zeit des Abfalls von Jahwe die kommende Katastrophe an, die mit dem Fall Jerusalems auch eintrat. In Kla. 2,22 werde dieses Ereignis rückblickend »Tag des Zorns Jahwes« genannt. Die exilischen und nachexilischen Propheten hätten in einer Zeit neuer Gefahren die Botschaft vom kommenden Tag Jahwes aufgenommen, der hauptsächlich die feindlichen Völker treffen und Israel eine bessere Zukunft bereiten werde (1948, S. 104-106).

### 1.8.4.3 Der Tag Jahwes als »heiliger Krieg« Jahwes

In ähnlicher Weise ist v. Rad der Überzeugung, dass die prophetische Botschaft vom Tag Jahwes nicht von einem heidnischen Thronbesteigungsfest abzuleiten sei, sondern ihren Ursprung in der biblischen Überlieferung vom »heiligen Krieg« Jahwes habe. So versteht er die Aussage »Nahe ist der Tag Jahwes« (z.B. Jes. 13,6; Joel 1,15; Zef. 1,7) in ihrer ursprünglichen Bedeutung als Ruf zum Aufgebot des Heeres oder als Schlachtruf im »heiligen Krieg« Jahwes (1960, S. 132). Für seine These spricht die Beobachtung, dass der Prophet Sacharja den endgeschichtlichen Kampf am Tag Jahwes tatsächlich mit früheren Kämpfen Jahwes für sein Volk vergleicht: »Dann wird Jahwe ausziehen und gegen jene Völker kämpfen, dem Tag vergleichbar, an dem er kämpfte, am Tag der Schlacht« (Sach. 14,3). So wie Gott eh und je für sein Volk stritt – beim Auszug aus Ägypten, bei der Landnahme, in der Königszeit und beim Wiederaufbau nach dem Exil (vgl. 2Mo. 14,14.25; Jos. 23,3.10; 2Chr. 20,15; Neh. 4,14; Ps. 35,1ff) –, so wird er nach der prophetischen Botschaft vom Tag Jahwes auch in Zukunft gegen alle Feinde Israels kämpfen.

Mit Weiss (1966, S. 30f) ist einzuwenden: Das Element des Gotteskrieges findet sich nur in einigen Stellen, die vom Tag Jahwes sprechen (z.B. Jes. 13,1-22; Joel 2,1-11), in anderen nicht (z.B. Jes. 2,12-22; Am. 5,18-20), dafür aber in Prophetien, die den Tag Jahwes nicht erwähnen. Seiner Ansicht nach geht es bei dem Tag Jahwes nicht um ein reines Kriegsereignis (1966, S. 40); das wesentliche Element ist vielmehr die Gotteserscheinung. Fensham fragt mit Recht (1966, S. 90), warum Gott nach der Botschaft Joels und anderer Propheten einen »heiligen Krieg« gegen sein eigenes Volk Israel führt, warum an vielen Stellen, die vom Tag Jahwes handeln, überhaupt nicht von Krieg die Rede ist und warum der Tag Jahwes an vielen Stellen eine kosmische Dimension hat, die über die Auswirkung eines normalen Krieges hinausgeht.

#### 1.8.4.4 Der Tag Jahwes als Ausführung der Fluchbestimmungen des Gottesbundes

Fensham vertritt einen weiteren Ansatz zur Deutung des Tages Jahwes. Er stellt die durch v. Rad richtig erkannte Analogie zwischen den früheren Kämpfen Jahwes und den Kämpfen an seinem Tag (vgl. Jer. 46,10; Hes. 13,5; Zef. 1,16; Sach. 14,3) in den Rahmen des Gottesbundes mit Israel. Von daher deutet er den Tag Jahwes als das Kommen Jahwes zur Bestrafung der Feinde seines Bundesvolkes – und damit zum Segen für Israel –, andererseits aber auch als sein Kommen zum Gericht über die Bundesbrüchigen in Israel und zu ihrer Bestrafung (1966, S. 95).

Antike hethitische und assyrische Verträge bieten nach Fensham interessantes Vergleichsmaterial zu dem Bundesschluss Jahwes mit seinem Volk (1966, S. 92ff). Zwei Parallelen fallen ins Auge: Der stärkere Bundespartner gewährleistete dem schwächeren Schutz gegen Feinde, und im Fall des Vertragsbruches konnte der stärkere Bundespartner den schwächeren bestrafen, um damit die Flüche an ihm zu vollziehen, die für diesen Fall im Vertragstext vorgesehen waren. Dabei galten den Bundesbrüchigen dieselben Flüche wie den Feinden. Die Annalen des assyrischen Königs Assurbanipal erwähnen zum Beispiel eine Strafexpedition gegen den vertragsbrüchigen arabischen König Abijati. Dabei war Kriegführung nur eine mögliche Form der Bestrafung des abtrünnigen Bundespartners. Da antike Verträge des Nahen Ostens unter Anrufung der jeweils verehrten Gottheiten abgeschlossen wurden, ist es logisch, dass diese auch am Vollzug der gegen den bundesbrüchigen Partner gerichteten Flüche beteiligt waren. So warnen die Vasallenverträge des assyrischen Königs Asarhaddon vor einem Bundesbruch, indem sie einen Fluch der Verfinsterung und dann einen Krieg androhen. Die Verfinsterung sollte dadurch entstehen, dass der Sonnengott Schamasch den Tag in Nacht verwandeln würde.

Die Parallelen zum AT sind deutlich: Auch der am Sinai geschlossene und auf der Ebene Moabs erneuerte Gottesbund mit Israel enthält Segensverheißungen für den Fall des Gehorsams (3Mo. 26,3-13; 5Mo. 28,1-14) und Fluchandrohungen für den Fall des Ungehorsams (3Mo. 26,14-39; 5Mo. 27,13-26; 28,15-68). Zu den Segensverheißungen gehören Sieg über die Feinde (5Mo. 28,7) und Fruchtbarkeit des Landes (5Mo. 28,3-5.8.11f), zu den Fluchandrohungen Missernte (5Mo. 28,16ff), Dürre (5Mo. 28,22ff), militärische Niederlage (5Mo. 28,25), Heuschreckenplagen (5Mo. 28,38), Plünderung des Landes und Belagerung der Städte durch Feinde (5Mo.

28,48ff) und schließlich Zerstreuung unter die Völker (5Mo. 28,63ff).

Gott offenbart Mose am Ende seines Lebens, dass Israel den Bund mit Jahwe brechen und die Konsequenzen zu tragen haben würde (5Mo. 31,16ff.26f; 32,1-21). Aber auch, wenn Israel unter die Völker zerstreut sein würde, stehe die Möglichkeit offen, von Herzen zu Jahwe umzukehren (5Mo. 30,1f). Dann werde Gott sein Volk aus allen Völkern sammeln und in das Land der Väter heimbringen und es dort geistlich erneuern, indem er sein Herz beschneiden werde (5Mo. 30,3-6). Die Flüche des Gesetzes werde er auf die Feinde Israels legen (5Mo. 30,7), das erneuerte Israel aber werde im Gehorsam gegen Gottes Gebote leben und Gottes irdische Segnungen erfahren (5Mo. 30,8ff).

Parallel dazu kündigt Mose in einem Lied das Unheil an, das Israel für seinen Ungehorsam am »Ende der Tage« (5Mo. 31,29) treffen werde: Wenn Israel durch seinen Wohlstand seinen Gott vergessen und sich anderen Göttern zuneigen werde (5Mo. 32,1-21), dann würde Jahwe verschiedene Gerichte über Israel kommen lassen (5Mo. 32,22-35). Am »Tag ihres Verderbens« aber werde Jahwe seinem Volk Recht verschaffen und an seinen Feinden »Rache« üben (5Mo. 32,35-43). Himmel und Erde werden als Zeugen dieser Prophetie angerufen (5Mo. 32,1.40), das darin geschilderte Gerichtshandeln Gottes hat kosmische Dimensionen (5Mo. 32,22).

Die Propheten des AT erwarten auf dieser Grundlage, dass Gott erscheinen werde, um den Ungehorsam seines Volkes zu richten. Dabei werden Himmel und Erde erbeben. Die von Joel beklagten Heimsuchungen Judas durch Heuschreckenplagen, Trockenheit und Feindseligkeiten der Nachbarvölker seien ein Zeichen für den Anbruch des Tages Jahwes. Joel aber sieht prophetisch darüber hinaus den »großen und sehr furchtbaren Tag

Jahwes« kommen, an dem Gott unter kosmischen Begleiterscheinungen Gericht halten werde über alle Völker – zur schließlichen Rettung des bekehrten Volkes Israel (Joel 4). Obadja kündigt den Tag Jahwes als Tag des Gottesgerichts über die Feinde und der Rettung Israels an. Die von Mose vorgegebene Zukunftserwartung von Gericht und Gnade für Israel und die Völker am »Ende der Tage« (5Mo. 31,29) wird somit in der prophetischen Botschaft vom Tag Jahwes näher entfaltet.

Mit van Leeuwen (1974, S. 127f) kann man gegen die Ableitung des Tages Jahwes vom Gottesbund mit Israel folgende Einwände vorbringen: Bundesflüche kommen nicht ausschließlich in Prophetien vom Tag Jahwes vor und sind damit nicht spezifisch dafür; Gottes Gericht gilt den Nationen wie dem Bundesvolk Israel (Joel 4,12f); nicht alle mosaischen Bundesflüche kehren in den Prophetien vom Tag Jahwes wieder. Dennoch bieten die Segens- und Fluchbestimmungen des Gottesbundes mit Israel die beste Erklärung für den doppelten Charakter des Tages Jahwes.

### 1.8.4.5 Der Tag Jahwes als Herbeiführung seines Ratschlusses

Van Leeuwen (1974, S. 130f) deutet mit Černý den hebr. Ausdruck *jôm Jahwe* im Licht von 1Sam. 26,10: »So wahr Jahwe lebt, wenn nicht Jahwe ihn schlagen wird, entweder dass sein Tag kommt, an dem er stirbt, oder dass er in der Schlacht fällt und umkommt!« Der Tag eines Mannes ist der Tag seiner letzten Bestimmung, an dem Jahwe ihn schlagen wird (Hiob 18,20; Ps. 37,13; Hes. 21,30; Obd. 12). Im Ausdruck »Tag Jahwes« ist im Unterschied dazu Jahwe der Handelnde und nicht die Person, an der gehandelt wird. Er beschließt das Endgeschick der Menschen und führt es herbei. Am Tag Jahwes erscheint Gott – begleitet von außerordentlichen Zeichen und Wirkungen – um das von ihm beschlossene Geschick zu vollziehen; als Bundesgott Israels bestraft er die Feinde seines Volkes und die Bundesbrüchigen innerhalb seines Volkes durch Krieg und durch andere Heimsuchungen.

### 1.8.5 Überblick über die Geschichte der prophetischen Verkündigung des Tages Jahwes

Die Verkündigung des Tages Jahwes beginnt in der Zeit der Propheten, und zwar nach Meinung der meisten Gelehrten mit Amos, der für den ersten Schriftpropheten überhaupt angesehen wird. Nach Weiss (1966, S. 46) prägt Amos diesen Begriff und verwendet ihn erstmalig in Am. 5,18-20, während die folgenden Propheten in verschiedener Weise daran anknüpfen. Van Leeuwen (1974, S. 118) entgegnet Weiss mit Recht, dass Amos den Begriff offenbar als bekannt voraussetzt. Amos korrigiert mit seiner Botschaft vom Tag Jahwes das Missverständnis seiner Zuhörer, die von diesem Tag Heil erwarten. Wie aber ist dieses Missverständnis aufgekommen?

Unter der Voraussetzung einer frühen Datierung Joels und Obadjas kann vermutet werden, dass die Verkündigung Joels und vor allem Obadjas, der Tag Jahwes werde Gottes Volk Heil bringen, im Volk einseitig aufgenommen worden ist. Obadja betont, dass der Tag Jahwes für Edom und die Weltvölker Gericht (Obd. 15f), für Israel aber Rettung (Obd. 17-21) bedeuten würde. Damit stützt er sich auf Verheißungen des Gottesbundes mit Israel, dass Gott die darin enthaltenen Flüche auf die Feinde seines Volkes legen werde (5Mo. 30,7). Die von Obadja ausgesprochenen Warnungen und Drohungen gegenüber Edom im Blick auf den Tag Jahwes haben sich zum großen Teil bereits geschichtlich erfüllt. So kann Obadja von der Nähe dieses Tages sprechen. Die Heilsprophetie für Juda aber werde sich erst am kommenden Tag Jahwes erfüllen (Obd. 19-21). Vermutlich knüpft Obadja mit dem Begriff »Tag Jahwes« an eine Formulierung Moses an (vgl. 5Mo. 32,35f [*kî qārôb jôm 'êdām*] »denn nahe ist der Tag ihres Verderbens«] mit Obd. 13 [*bəjôm 'êdām* »am Tag ihres Verderbens«] und Obd. 15 [*kî qārôb jôm Jahwe* »denn nahe ist der Tag Jahwes«]).

Joel 3,5 zitiert Obd. 17. Im Unterschied zur Botschaft Obadjas betont Joel aber zunächst die Bedrohlichkeit des Tages Jahwes für Juda, dessen Gottesbeziehung getrübt ist. Mit der Heimsuchung Judas durch eine Heuschreckenplage und Dürre ist der Tag Jahwes nahe gekommen (Joel 1,15). Die Verwüstung seiner Zeit ist ein Vorgeschmack der kommenden »Verwüstung vom Allmächtigen« am Tag Jahwes (Joel 1,15; 2,1-11). Nach der Umkehr des Volkes zu Gott kündigt er das künftige Heil des Gottesvolkes (Joel 3,1-5; 4,16-21) und das Gottesgericht über die Völker am kommenden Tag Jahwes an (Joel 4,1-21).

Amos knüpft in 1,2a an Joel 4,16a an, warnt aber davor, den Tag Jahwes herbeizuwünschen, da er für die Unbußfertigen in Israel »Finsternis und nicht Licht« sein werde (Am. 5,18-20). Die im Volk verbreitete Vorstellung vom Tag Jahwes war demnach ein Missverständnis der Botschaft Obadjas und Joels, als habe Israel unbedingten Anspruch auf das künftige Heil. Amos tritt dem angesichts der Unbußfertigkeit des Volkes Gottes entgegen und kündigt anstelle dessen die Wegführung in die assyrische Gefangenschaft an (Am. 5,27).

Jesaja weissagt von einem Tag Jahwes, an dem er alles Hoffärtige erniedrigen und sich selbst und den Berg Zion als Zentrum der Völkerwelt erhöhen werde (Jes. 2,2ff.11f). Dieser Tag werde ganz von Jahwes Majestät gekennzeichnet sein und die Sünder in Schrecken setzen (Jes. 2,10.19.21). In Jes. 13,6.9 knüpft er mit seiner Weissagung vom Tag Jahwes bei Joel an (vgl. Joel 1,15); der Tag Jahwes ist ein »Tag der Verwüstung vom Allmächtigen« (V. 6), verbunden mit kosmischen Katastrophen (V. 10). Jesaja kündigt in demselben Zusammenhang (Jes. 13,17-22) die Vernichtung Babels durch die Meder an. Das Ende des babylonischen Weltreiches im Jahr 539 v. Chr. war somit als »Tag Jahwes« von Jesaja vorausgesagt worden.

Zefanja weissagt vom Tag Jahwes, dass der Zorn Gottes alle Menschen und Tiere auf Erden wegraffen wird (Zef. 1,2f). Insbesondere werde dieser Tag das göttliche Gericht über Juda und Jerusalem (Zef. 1,4), aber auch über die Philister (Zef. 2,4-7), Moabiter und Ammoniter (Zef. 2,8-11), Kuschiter (Zef. 2,12) und Assyrer (Zef. 2,13-15) bringen. Die Eroberungen (605 und 597 v. Chr.) und die Zerstörung Jerusalems durch die Babylonier (586 v. Chr.) sind somit von Zefanja als »Tag Jahwes« angekündigt worden.

Jeremia beklagt den Fall Jerusalems rückblickend als einen »Tag des Zorns Jahwes« (Kla. 2,21f). Ähnliches gilt für die Prophetie Hesekiels vom Tag Jahwes. In Hes. 7,19 wird die Eroberung Jerusalems durch die Babylonier vorausschauend und in Hes. 13,5 rückblickend »Tag Jahwes« genannt. In Hes. 34,12 beschreibt der Prophet die Wegführung in die babylonische Gefangenschaft als »Tag des Gewölks und Wolkendunkels«. In Hes. 30,2ff kündigt er die Eroberung Ägyptens und seiner Nachbarvölker durch Nebukadnezar als »Tag Jahwes« an.

Sacharja beschreibt den kommenden Tag Jahwes als Zielpunkt der Weltgeschichte, an dem Jahwe zum Gericht über die Völker und zur Rettung seines Volkes sichtbar auf dem Ölberg erscheinen wird (Sach. 14,1-5). Maleachi prophezeit, dass der Tag Jahwes für die Gottlosen wie ein brennender Ofen sein wird, für die Gottesfürchtigen aber die Sonne der Gerechtigkeit aufgehen lassen wird (Mal. 3,19-24).

### 1.8.6 Auswertung der geschichtlichen Entfaltung der Verkündigung des Tages Jahwes

Der Überblick über das alttestamentliche Zeugnis vom Tag Jahwes macht deutlich, dass dieser seit seiner frühesten Bezeugung durch Obadja ein mehrschichtiger Begriff war. Je nach Zusammenhang bezeichnet er historische Ereignisse göttlichen Eingreifens oder den großen Tag Jahwes am Ende der Zeit. Welche Kriterien haben wir zur Unterscheidung beider Konzepte?

Der Tag Jahwes ist Gottes historisches Eingreifen in die Weltgeschichte, wenn er als ein bereits vergangenes Ereignis erwähnt wird (Kla. 2,21f; Hes. 13,5; 34,12). Das Gleiche gilt, wenn spezielle Gottesgerichte über einzelne Völker angekündigt werden. So ist z.B. das Gericht über Edom durch die Babylonier, durch arabische Stämme und durch die Nabatäer, Makkabäer und Römer weitgehend erfüllt (vgl. die Auslegung zu Obd. 1-10), wie auch die Wegführung des Nordreiches Israel in die assyrische Gefangenschaft (Am. 5,18-20.27), die Eroberung Judas (Hes. 7,19; Zef. 1,4ff) und anderer Völker (Hes. 30,2ff; Zef. 2,1-15) durch die Babylonier, und auch die Vernichtung Babylons durch die Meder (Jes. 13,17-22).

Der Tag Jahwes ist ein endgeschichtliches Ereignis, wenn er folgende Kennzeichen hat: Seine Begleiterscheinungen werden als für alle Zeiten unvergleichlich und unüberbietbar dargestellt (Joel 2,2), er bringt das Gericht Gottes über alle Völker (Joel 4,1-3.12-14; Obd. 15; Sach. 14,1-3; Mal. 3,19), er ist mit dem Erscheinen Gottes bzw. des Messias verbunden (Joel 4,11; Sach.

12,10; 14,5; Mal. 3,2.24), er hat kosmische Begleiterscheinungen (Jes. 2,12-22; Joel 4,16; Sach. 14,4-7), er bringt die Geschichte der Weltvölker zum Abschluss, indem er die Herrschaft Gottes bzw. des Messias auf Erden errichtet (Jes. 2,9-22; 11,10; Obd. 21; Sach. 14,9) und Himmel und Erde erneuert (Joel 4,17-21; Jes. 65,17; 66,22).

Manchmal gibt es bei der Prophetie vom »Tag Jahwes« einen fließenden Übergang zwischen der Ankündigung zeitgeschichtlicher und endgeschichtlicher Ereignisse. So beschreibt Jesaja die von ihm angekündigte Eroberung Babylons durch die Meder (Jes. 13,17ff) als ein Ereignis, an dem die Erde verwüstet und die Gestirne verfinstert werden (Jes. 13,9f). Ähnlich verhält es sich bei Zefanja, der zunächst weissagt, dass Gott alles vom Erdboden ausrotten wird, Menschen und Tiere (Zef. 1,2f), um direkt anschließend die Eroberung Judas durch die Babylonier vorauszusagen (Zef. 1,4) und schließlich die Nähe des Tages Jahwes anzusagen (Zef. 1,7).

### 1.8.7 Das Zeugnis des AT vom endgeschichtlichen Tag Jahwes

Irdische und himmlische Vorzeichen des Tages Jahwes werfen ihren Schatten auf den endgültigen Tag Jahwes (Joel 3,3f) und kündigen ihn als den Tag an, an dem Gott bzw. der Messias mit seinen Engeln erscheinen wird (Joel 4,11; Sach. 12,10; 14,5; Mal. 3,2.24). Alles wird erniedrigt werden, sodass Gott allein erhaben ist (Jes. 2,9-12). Er wird die Völker richten (Hes. 30,3; Joel 4,2; Obd. 15), die gegen Jerusalem versammelten Heere vernichten (Joel 4,2.9-14.16; Sach. 12,2ff.9; 14,3.12ff) und in Israel die Abtrünnigen von den Gottesfürchtigen scheiden (Mal. 3,19-21.24). Wer dann den Namen Jahwes anruft und auf den durchbohrten Messias blickt, dem verheißt Gott Rettung auf dem Berg Zion (Joel 3,5; Obd. 17, Sach. 12,10). Von hier aus wird Jahwe inmitten Israels wohnen und als König über die Erde herrschen (Joel 4,17.21; Obd. 21; Sach. 14,9). Er wird die Segensverheißungen des alten Bundes erfüllen (Am. 9,11-15; Joel 4,18) und sie zugleich mit der Ausgießung seines Geistes (Joel 3,1f; Sach. 12,10) und der Erneuerung der Schöpfung durch einen Segensstrom aus dem Tempel (Hes. 47,1-12; Joel 4,18; Sach. 14,8) überbieten.

## 1.8.8 Der Tag Jahwes im NT

Vom »Tag des Herrn« ist im NT fünfmal die Rede (Apg. 2,20; 1Kor. 5,5; 1Thess. 5,2; 2Thess. 2,2; 2Petr. 3,10), daneben auch vom »Tag Gottes« (2Petr. 3,12; Offb. 16,14), vom »Tag des Zorns« (Röm. 2,5; Offb. 6,17) und vom »Tag des Gerichts« (Mt. 10,15; 11,22.24; 12,36; Röm. 2,16; 2Petr. 2,9; 3,7; 1Joh. 4,17). Alle diese Belegstellen behandeln den Tag des Herrn im Rahmen des vom AT her Bekannten. Gott wird am Ziel der Weltgeschichte die in Harmagedon versammelten Kriegsheere der Weltvölker vernichten (Offb. 16,14.16) und seinen heiligen Zorn über die gerichtsreife Menschheit kommen lassen (Offb. 6,17). Er wird Himmel und Erde mit Feuer vernichten (2Petr. 3,7.12) und über jeden einzelnen Menschen Gericht halten (Mt. 10,15; 11,22.24; 12,36; Röm. 2,16).

Neu ist im NT die Botschaft, dass der Tag des Herrn die Wiederkunft Jesu Christi zum Mittelpunkt hat, und dass er mit dem ersten Kommen Jesu Christi bereits angebrochen ist. Das Geschehen auf Golgatha war die stellvertretende Vorwegnahme des göttlichen Gerichts zur Erlösung aller Glaubenden; entsprechend war die Kreuzigung von Sonnenfinsternis und Erdbeben begleitet, die im AT für den Tag des Herrn angekündigt sind (Mt. 27,45-53). Mit dem Pfingstgeschehen erfüllte sich ein Teil der Ankündigungen Joels vom Tag Jahwes (Apg. 2,16ff), dazu gehört auch das zeichenhaft auf die Jünger kommende Feuer des Heiligen Geistes (Apg. 2,3.19).

Jesus nennt den Tag, an dem er die Toten auferwecken und richten wird (Joh. 5,27; 6,39f.44.54; 12,48), den »Tag des Menschensohnes« (Lk. 17,24.30). Sein Kommen wird unübersehbar sein (Lk. 17,20-24) und den bisher vor der Welt verborgenen Herrn Jesus Christus »offenbaren« (1Kor. 1,7f; 2Thess. 1,7; 1Petr. 1,7.13). Wie Jesus Christus bei seiner Menschwerdung auf Erden erschien (2Tim. 1,10), so wird er in seiner Lichtsherrlichkeit als König und Richter zum zweiten Mal auf Erden »erscheinen«. Für die einen ist dies der Gegenstand ihrer Hoffnung (1Tim. 6,14; 2Tim. 4,1.8; Tit. 2,13), für die anderen der Beginn des ewigen Verderbens (2Thess. 2,8). Die »Ankunft« Jesu Christi ist der Gegenstand der Verheißung (2Petr. 1,16; 3,4) und das Ziel geduldigen Ausharrens der Christen (Jak. 5,7f). Sie wird sichtbar vor aller Welt (Mt. 24,27.37-39) und zusammen mit allen seinen Heiligen geschehen (1Thess. 3,13). Sie wird für den Antichrist Vernichtung bedeuten (2Thess. 2,8; 1Kor. 3,13), für die Gemeinde Jesu Zeitpunkt der letzten Scheidung (1Joh. 2,28), der Auferweckung der bis dahin entschlafenen (1Kor. 15,23) und der Entrückung und Vollendung der auferweckten und verwandelten Glaubenden (1Thess. 2,19; 4,15; 5,23).

Darum kann der Apostel Paulus auch vom »Tag Jesu Christi« schreiben, an dem die Gemeinde Jesu vollendet werden wird (1Kor. 1,8; Phil. 1,6; 2,15f). Es ist der »Tag der Erlösung« (Eph. 4,30) oder einfach »der Tag« (1Kor. 3,13; 1Thess. 5,4; Hebr. 10,25). Der Tag Jesu Christi ist der Aspekt des Tages des Herrn, der die Vollendung der Gemeinde Jesu Christi zum Inhalt hat.

## 1.9 Exkurs: Der Empfang des Heiligen Geistes im AT

Bezeichnend für den Empfang des Heiligen Geistes in der Zeit des Alten Bundes sind vor allem folgende drei Gesichtspunkte: Gott gab seinen Geist bestimmten Personen, für bestimmte Aufgaben und für eine bestimmte Zeit.

### 1.9.1 Gott gab seinen Geist bestimmten Personen

Zwar heißt es, dass Gott zur Zeit Moses seinen Geist mitten unter sein Volk sandte (Jes. 63,11b; Hag. 2,5) und es durch ihn leitete (Jes. 63,14) und unterwies (Neh. 9,20), aber diese Geistesmitteilung konzentrierte sich auf Mose. Das AT erwähnt darüber hinaus die Geistesbegabung von Josef (1Mo. 41,38), dem Künstler Bezalel (2Mo. 31,3), den siebzig Ältesten (4Mo. 11,17), Bileam (4Mo. 24,2), Josua (5Mo. 34,9), den Richtern (z.B. Ri. 3,10; 6,34; 11,29), den Königen Saul (1Sam. 10,6.10; 11,6) und David (1Sam. 16,13) und den Propheten (Hes. 11,5; Dan. 4,5ff; Mi. 3,8). Im Anschluss an den Wunsch Moses (4Mo. 11,29) und die Prophetie Joels (3,1f) wird Gottes Volk erst für die Zeit des Neuen Bundes der allgemeine Empfang des Heiligen Geistes (Jes. 44,3; Hes. 36,26f; 37,14; Sach. 12,10) und einer neuen geistlichen Gesinnung verheißen (Hes. 11,19; 18,31).

### 1.9.2 Gott gab seinen Geist für bestimmte Aufgaben

Gottes Geist verlieh Josef Weisheit, Träume zu deuten (1Mo. 41,38f), dem Künstler Bezalel handwerkliche Geschicklichkeit für den Bau der Stiftshütte (2Mo. 31,3f), er befähigte die Ältesten Israels, die Last des Volkes zu tragen (4Mo. 11,17.25), er leitete David (Ps. 143,10) und schenkte ihm als Psalmendichter göttliche Inspiration (2Sam. 23,2), er gab den Wortpropheten göttliche Offenbarung (4Mo. 24,2; 2Kön. 3,15ff; Neh. 9,30; Hes. 11,5; Dan. 4,5ff; 5,11ff) und den Tatpropheten Elia und Elisa Vollmacht für Wundertaten (2Kön. 2,9.15). Dem kommenden Messias verhieß Gott königliche (Jes. 11,2ff), prophetische (Jes. 42,1) und priesterliche (Jes. 61,1f) Ausrüstung durch seinen Geist.

Eine innere Umwandlung durch den Heiligen Geist stand noch nicht im Erfahrungshorizont. Zwar erfuhr bereits der zum König berufene junge Saul eine Umwandlung, als der Geist Jahwes über ihn kam und er weissagte (1Sam. 10,6.9), aber dabei handelte es sich nicht um eine Neuschöpfung des Herzens durch den Heiligen Geist. Um diese Neuschöpfung betete David nach seinem Ehebruch (Ps. 51,12); dem ganzen Gottesvolk verheißen wurde sie aber erst durch bestimmte Propheten, vor allem durch Hesekiel (Hes. 36,26f; vgl. Jer. 31,31ff; Sach. 12,10).

### 1.9.3 Gott gab seinen Geist für eine bestimmte Zeit

Diese Einschränkung wird durch viele dynamische Ausdrücke angedeutet. Der Geist Jahwes »kam über« Bileam (4Mo. 24,2), die Richter Otniel (Ri. 3,10) und Jeftah (Ri. 11,29), sowie über König Saul und seine Boten, sodass sie weissagten (1Sam. 19,20.23), und über die Propheten Asarja (2Chr. 15,1) und Jahasiel (2Chr. 20,14); aber auch ein böser Geist von Gott »kam über« König Saul (1Sam. 16,23). Vom Propheten Hesekiel heißt es, dass der Geist Jahwes auf ihn »fiel« (Hes. 11,5). Der Geist Jahwes »zog« den Richter Gideon »an« (Ri. 6,34), so wie man ein Gewand anzieht, und befähigte ihn dadurch zum

Sieg über die Feinde Israels. Auch von Amasai, der sich zu David bekannte (1Chr. 12,19) und von Secharja, dem Sohn des Priesters Jojada, der das Volk zu Gott rief (2Chr. 24,20), heißt es, dass der Geist Gottes sie »anzog«. Vom Richter Simson wird gesagt, dass der Geist Jahwes ihn »antrieb« (Ri. 13,25) und »auf ihn eindrang« (Ri. 14,6.19; 15,14). Unter demselben Eindringen des Geistes weissagte König Saul zum Zeichen seiner göttlichen Beauftragung (1Sam. 10,6.10) und zog in den Kampf gegen die Ammoniter (1Sam. 11,6). Als David zum König gesalbt wurde, »drang« der Geist Gottes auf David ein (1Sam. 16,13), »wich« aber von Saul (1Sam. 16,14), als Gott ihn verwarf; dafür »drang« ein böser Geist von Gott auf Saul ein (1Sam. 18,10).

Im Gedenken an die Verwerfung Sauls betete David nach seinem Ehebruch: »Nimm den Geist deiner Heiligkeit nicht von mir« (Ps. 51,13). In dieser Bitte zeigt sich Davids Sehnsucht nach einer bleibenden Begabung mit dem Heiligen Geist, die in Verbindung mit einer inneren Erneuerung geschehen würde. Ansätze zu einer dauerhaften Geistesbegabung bei einigen Menschen im AT sind zu erkennen, wenn es heißt, dass Gott seinen Geist auf die siebzig Ältesten »gab« (4Mo. 11,25; vgl. 11,29), dass dieser auf ihnen (4Mo. 11,26) und auf dem Propheten Elisa »ruhte« (2Kön. 2,15), und dass er Bezalel und Josua »erfüllte« (2Mo. 31,3; 35,31; 5Mo. 34,9). Auch vom Messias weissagte Jesaja, dass Gott seinen Geist auf ihn »geben« (Jes. 42,1) und dieser auf ihm »ruhen« werde (Jes. 11,2).

## 1.10 Exkurs: Die Erfüllung von Joel 3,1f im NT

### 1.10.1 Die Ausgießung des Heiligen Geistes im NT

Von der Ausgießung des Heiligen Geistes ist im NT in folgenden Zusammenhängen die Rede: Der Apostel Petrus deutet in seiner Pfingstpredigt das Kommen des Heiligen Geistes am Pfingsttag als Erfüllung der Weissagung Joels (Apg. 2,16ff) und der Verheißung des gekreuzigten, auferweckten und erhöhten Herrn Jesus Christus (Apg. 2,33). Als unter der Predigt des Apostels Petrus die im Haus des römischen Hauptmanns Cornelius versammelten Zuhörer den Heiligen Geist empfangen, ist von der Ausgießung der Gabe des Heiligen Geistes auf die Nationen die Rede (Apg. 10,45). In Tit. 3,6 macht der Apostel Paulus die Aussage, dass der Heilige Geist durch Jesus Christus, unseren Heiland, reichlich über uns ausgegossen ist. Damit bezieht er sich anscheinend auf die Ereignisse zu Pfingsten und im Haus des Cornelius, die von heilsgeschichtlich bleibender Bedeutung sind für die christliche Gemeinde aller Zeiten. Die Vorstellung, dass der Heilige Geist jedesmal neu ausgegossen wird, wenn ein Mensch die Wiedergeburt erfährt, passt nicht zu Joel 3,1f. Dort sind ja gerade nicht »individuelle Ausschüttungen« des Heiligen Geistes verheißen, die einen Widerspruch in sich selbst darstellen würden, sondern eine Ausschüttung auf alles Fleisch. Dagegen kann auch nicht die Aussage des Apostels Paulus in Röm. 5,5 herangezogen werden, denn hier geht es gar nicht um die Ausgießung des Heiligen Geistes, sondern um die Ausgießung der Liebe Gottes in unsere Herzen durch den Heiligen Geist, der uns gegeben worden ist. Daher ist während der Zeit der Gemeinde Jesu Christi keine zusätzliche Ausgießung des Heiligen Geistes zu erwarten.

Erst bei der Wiederkunft Jesu Christi wird sich nach Sach. 12,10 für Israel die verheißene Ausgießung des Heiligen Geistes erfüllen, wenn sie den sehen werden, den sie durchbohrt haben. Die Verheißung von Joel 3,1f steht im Zusammenhang der Prophetie vom Tag Jahwes (3,3f). Die dort genannten Vorzeichen dieses Tages haben sich zu Pfingsten mit dem Brausen vom Himmel und den Feuerflammen symbolisch erfüllt. Seither lebt die Gemeinde Jesu bereits im Licht des kommenden Tages des Herrn (1Thess. 5,4f). Die letzte Erfüllung von Joel 3,1f ist daher für Israel noch zukünftig. Vielleicht weist darauf auch hin, dass Petrus in seiner Pfingstpredigt Joel 3,1 nicht nach dem MT (»meinen Geist«), sondern nach der LXX (»*von* meinem Geist«) zitiert: »Und es wird sein in den letzten Tagen, spricht Gott, dass ich von meinem Geist ausgießen werde auf alles Fleisch« (Apg. 2,17).

## 1.10.2 Weissagung im NT

Von der neutestamentlichen Erfüllung her gesehen scheinen Träume und Gesichte in Joel 3,1f repräsentativ für *alle* Gaben des Geistes Gottes genannt zu sein (vgl. Keil, 1985, S. 151). Jedenfalls deutet der Apostel Petrus es als Erfüllung der Verheißung Joels, als die Jünger Jesu Christi durch den Heiligen Geist in den Sprachen der in Jerusalem weilenden gottesfürchtigen Männer aus aller Welt reden können (Apg. 2,6ff), obwohl Sprachenreden und Weissagen im NT deutlich unterschieden werden (1Kor. 14,1ff). Der Apostel Paulus betont, dass in der Gemeinde Jesu Christi die Gabe des Geistes zwar allen gilt (1Kor. 12,13), die Gaben des Geistes aber verschieden sind (1Kor. 12,4-31). Dem widerspricht nicht, dass er die Christen in Korinth ermahnt, nach der Gabe des Weissagens zu streben (1Kor.

14,1), denn wenn der Heilige Geist diese Gabe auch nur Einzelnen verleiht, dann doch zum Nutzen aller (vgl. Schlatter, 1985, S. 369).

Neben der allgemeinen prophetischen Gabe, deren Äußerungen zu prüfen waren (vgl. 1Kor. 14,29; 1Thess. 5,21; 1Joh. 4,1), gibt es im NT eine besondere Gabe mit grundlegender Bedeutung, die an Apostel und Propheten gebunden ist (Eph. 2,20). Während die letztere auf die für die Gemeinde grundlegende apostolische Zeit beschränkt war, besteht die erstere bis heute fort, indem der Heilige Geist an das geschriebene Wort erinnert, es dem betenden Leser erschließt und zu seiner vollmächtigen Weitergabe befähigt.

### 1.10.3 Gesichte und Träume im NT

Gesichte, Offenbarungen und Verzückungen kommen im NT fast nur an besonderen Weichenstellungen der nachpfingstlichen Heilsgeschichte vor (vgl. aber 2Kor. 12,1ff): Bei der Bekehrung und Berufung des Saulus (Apg. 9,3-6.10ff; 22,17), beim Übergang des Evangeliums von den Juden zu den Heiden (Apg. 10,3ff.10ff), von Asien nach Europa (Apg. 16,9), zu Beginn der apostolischen Tätigkeit in Korinth (Apg. 18,9f) und bei der Offenbarung an Johannes (Offb. 1,1ff). In Apg. 16,9; 27,23 ist zwar von Nachtgesichten des Apostels Paulus die Rede, eigentliche Träume als Offenbarungsmittel Gottes werden im NT aber zuletzt zur Zeit der Geburt Jesu erwähnt (Mt. 1,20; 2,12f.19.22).

# 2 Kommentar zum Buch Joel

Der Kommentar folgt der auf S. 53ff dargelegten Gliederung des Buches Joel. Jeder Abschnitt wird zunächst aus dem hebräischen Grundtext übersetzt. Die anschließende Darlegung der jeweiligen Textstruktur dient einem ersten Überblick des Lesers über die Aussage des Abschnittes. Nach der versweisen Auslegung der biblischen Texte werden praktische Hilfen gegeben für die Ausarbeitung von Bibelarbeiten und Predigten.

# KAPITEL 1

## 2.1 Überschrift: Gottes Wort geschah zu Joel (1,1)

### 2.1.1 Übersetzung

*1. Das Wort Jahwes, welches zu Joel geschah, dem Sohn Petuëls.*

### 2.1.2 Auslegung

Die Überschrift des Buches macht deutlich, welche Qualität dem gesamten Buch zukommt. Der hebr. Begriff *dābār* bedeutet nicht nur **Wort**, sondern auch »Sache; Ereignis«. So ist nicht nur die Botschaft des Buches Joel göttlichen Ursprungs, sondern auch die Ereignisse, die angekündigt oder als bereits eingetreten beklagt werden. Gottes Wort schafft, was es offenbart (vgl. Ps. 33,9). Dementsprechend heißt es, dass Gottes Wort zu Joel **geschah**. Der Ereignischarakter des Wortes Gottes bezieht sich zum einen auf den Vorgang der göttlichen Offenbarung, die den Propheten befähigte, seine ihm aufgetragene Botschaft zu verkündigen und das Buch zu schreiben (vgl. z.B. Jer. 1,2ff; Hes. 1,3; Hos. 1,1; Mi. 1,1; Hag. 1,1.3). Zum anderen ist hervorgehoben, dass das offenbarte **Wort Jahwes** geschichtsmächtig ist und zu seiner geschichtlichen Erfüllung drängt.

Der Gottesname **Jahwe** bedeutet wahrscheinlich »Er ist da« oder »Er bringt ins Dasein«. Die Verwendung dieses Namens betont den Gottesbund mit Israel, dem auserwählten Volk (vgl. 2Mo. 3,13ff). Gott will sich durch die Prophetie Joels und durch das Eintreten der darin angekündigten Ereignisse in seiner Eigenschaft als Bundesgott Israels offenbaren. Somit steht der Name des Bundesgottes Israels in unlösbarer Verbindung mit dem Inhalt dieses Buches, das zeigt, wie sich Gott an seinen Bund hält und ihn zur Vollendung bringt. Das ganze Buch Joel ist Wort Jahwes. An vielen Stellen des Buches spricht Gott dementsprechend in der Ich-Form (z.B. 2,1). Auch die übrigen Stellen sind nicht nur Prophetenwort, sondern gemäß der Überschrift Wort Jahwes. Hier wird beispielhaft der Doppelcharakter der Bibel deutlich: Sie ist zugleich Gotteswort und Menschenwort.

Der Name **Joel** hat dieselbe Bedeutung wie Elia, nämlich »Jahwe ist Gott«. Das AT kennt verschiedene Träger dieses Namens. Der Name und die Person **Petuël** sind ansonsten im AT nicht bekannt. Wie Obadja, Jona, Nahum, Habakuk und Maleachi verzichtet Joel auf die Angabe der Könige, zu deren Regierungszeiten er als Prophet auftrat (siehe Einleitung, S. 24, 48).

## 2.2 Eine beispiellose Heuschreckenplage soll allen Volksgruppen Anlass zur Klage geben (1,2-14)

### 2.2.1 Übersetzung

*2. Hört dies, ihr Ältesten, und nehmt zu Ohren, alle Bewohner des Landes! Geschah solches in euren Tagen oder in den Tagen eurer Väter? 3. Erzählt davon euren Söhnen und eure Söhne ihren Söhnen und ihre Söhne einem anderen Geschlecht! 4. Was der Beißer übrigließ, fraß die Wanderheuschrecke, und was die Wanderheuschrecke übrigließ, fraß der Hüpfer, und was der Hüpfer übrigließ, fraß der Vertilger. 5. Kommt zu euch, ihr Betrunkenen, und weint und heult, alle Weinsäufer, weil der junge Wein abgeschnitten ist von eurem Mund! 6. Denn ein Volk ist heraufgezogen gegen mein Land, stark und ohne Zahl. Seine Zähne sind die Zähne eines Löwen, und es hat das Gebiss einer Löwin. 7. Es hat meinen Weinstock verwüstet und meinen Feigenbaum zerknickt. Es hat ihn völlig abgeschält und hingeworfen, seine Ranken sind weiß geworden. 8. Wehklage wie eine junge Frau, umgürtet mit Sacktuch, um den Eheherrn ihrer Jugend! 9. Vertilgt worden ist Speisopfer und Trankopfer von dem Haus Jahwes. Es klagen die Priester, die Diener Jahwes. 10. Verwüstet ist das Feld, es trauert der Ackerboden. Denn verwüstet ist das Getreide, verdorrt der Traubensaft, verwelkt das frische Öl. 11. Werdet zunichte, ihr Feldarbeiter, heult, ihr Winzer, über den Weizen und über die Gerste, denn zugrunde gegangen ist die Ernte des Feldes! 12. Der Weinstock ist verdorrt, der Feigenbaum verwelkt, der Granatapfelbaum, sogar die Dattelpalme und der Apfelbaum, alle Bäume des Feldes sind verdorrt; ja, die Freude ist (entfernt) von den Menschenkindern (und) zunichte geworden. 13. Gürtet euch und klagt, ihr Priester, heult, Diener des Altars! Geht hinein, übernachtet in Sacktuch, Diener meines Gottes! Denn entzogen ist dem Haus eures Gottes Opfergabe und Trankopfer! 14. Heiligt ein Fasten, ruft aus eine Festversammlung, versammelt die Ältesten, alle Bewohner des Landes, zum Haus Jahwes, eures Gottes, und schreit zu Jahwe!*

## 2.2.2 Struktur

Die Aufforderung, Gottes Wort zu hören und dann zu ihm zu schreien (A, A′) bilden eine Inclusio (»Einrahmung«) für die parallelen Aufforderungen zur Klage um die Vernichtung der landwirtschaftlichen Lebensgrundlage (B, B′) und um das Ende des Opfers als »geistlicher Lebensgrundlage« (C, C′). Mit der doppelten Nennung beider Ursachen zur Klage (B und B′ bzw. C und C′) wird die Aufforderung zur Klage als sehr dringlich betont. Die Inclusio stellt heraus, dass zwar Gott hinter dem Gericht über Israel steht, er aber auch derjenige ist, der allein Rettung aus dem Gericht bieten kann.

A Hört Gottes Wort, Älteste und alle Landesbewohner! (V. 2-4)
    B Klagt, Weinsäufer, denn Weinstöcke und Feigenbäume sind vernichtet! V. 5-7)
        C Klage, Gottes Volk, denn Speis- und Trankopfer hören auf! (V. 8-10)
    B' Klagt, Winzer und Feldarbeiter, denn die Ernte ist vernichtet! (V. 11-12)
        C' Klagt, Priester, denn Speis- und Trankopfer hören auf! (V. 13)
A' Schreit zu Jahwe, Älteste und alle Landesbewohner! (V. 14)

## 2.2.3 Auslegung

### 2.2.3.1 Hört Gottes Wort, Älteste und alle Landesbewohner! (1,2-4)

Joel beginnt seine prophetische Botschaft mit einem allgemeinen Aufruf zur Aufmerksamkeit, wie er auch bei anderen Propheten immer wieder vorkommt (z.B. Jes. 1,10; Hes. 34,7.9; Am. 3,1; Mi. 1,2). Gott will seinem Wort Gehör verschaffen (vgl. Ps. 95,7b-8). Nach ungenutzter Chance kann er die Fähigkeit, das Gehörte zu verstehen, auch wieder nehmen und Menschen verstocken (vgl. Jes. 6,9f). Was soll zu Ohren genommen werden? Die Wörter **dies** (V. 2a) und **solches** (V. 2b) weisen auf die Schilderung der Heimsuchung des Landes durch die Heuschreckenschwärme in V. 4 hin. Man mag sich fragen, warum Joel zur Aufmerksamkeit auf eine Botschaft ruft, die sicher ohnehin jedermann bekannt war. Aber es geht um mehr als um ein theoretisches Wissen von einer Katastrophe, es geht um ein Erfassen und Beherzigen ihrer Bedeutung.

Angesprochen sind die **Ältesten** und **alle Bewohner des Landes** (vgl. V. 14). Das hebr. Wort *zəqēnîm* kann die »Alten« oder die »Ältesten« bedeuten. Nach Keil (1985, S. 128) richtet sich Joel hier in erster Linie an die Greise, da sich diese am weitesten zurückerinnern können und wissen, ob je solch eine Katastrophe geschehen ist. Möglicherweise ruft Joel aber auch die Ältesten als Verantwortliche des Volkes und Repräsentanten der Landesbewohner (vgl. 1,14; 2,16), oder beide Aspekte fallen zusammen, weil die Ältesten des Volkes in der Regel zur älteren Generation gehörten. Der weitere Vers, in dem »alle Bewohner des Landes« angesprochen werden, zeigt, dass Joel anscheinend die Ältesten auf nationaler Ebene meint und nicht nur Älteste einer Stadt (vgl. 5Mo. 19,12) oder eines Stammes (vgl. 5Mo.

31,28). Neben den Ältesten Judas, die wegen ihrer öffentlichen und geistlichen Aufgabe für das Volk und wegen ihrer altersbedingt weit zurückreichenden Erinnerung (vgl. 5Mo. 32,7) Verantwortung tragen, ruft Joel alle Bewohner des Landes auf, sich die ihm aufgetragene Botschaft zu Herzen zu nehmen. Mit »Land« ist Juda gemeint, was sich an der Erwähnung von Juda (4,1.6.8.18.19.20) und an dem mehrfachen Hinweis auf Jerusalem (3,5; 4,1.6.16.17.20), Zion (2,1.15.23; 3,5; 4,16.17.21) und den Tempel (1,9.13.14.16; 4,18) zeigt. Joel richtet seinen Ruf wie in 2,1 an alle Glieder des Volkes, sie alle sollen die Botschaft hören.

Die sich anschließende rhetorische Frage »**Geschah solches in euren Tagen oder in den Tagen eurer Väter?**« unterstreicht die beabsichtigte Aussage, dass die über das Land Juda hereingebrochene Plage beispiellos in der Geschichte des Volkes Gottes ist (vgl. 2,2). Außerordentliche, nie dagewesene Geschehnisse weisen hin auf Gottes Eingreifen in Gericht und Gnade und sind besonders charakteristisch für den Anfang und das Ende der Geschichte seines Volkes (vgl. 2Mo. 9,18; 10,6.14; 11,6; 5Mo. 4,32; Dan. 12,1). Joel will durch seine rhetorische Frage bewusst machen, dass hinter allem Gottes Gerichtshandeln steht und bereits der zukünftige Tag Jahwes in die Gegenwart hineinragte (1,15; 2,2).

Zu dem Aufruf zur Hörbereitschaft tritt in V. 3 der Auftrag, an die Nachkommen weiterzugeben, was vom Propheten anschließend verkündigt wird. Seine Botschaft sind die katastrophalen Folgen der Heuschreckenplage (1,4), ihre Bedeutung als Anlass zur Klage (1,5-20) und Umkehr (2,12-17) und Gottes gnädige Antwort darauf (2,18ff). In einem dreigliedrigen Satz ruft Joel auf zur Übermittlung der Botschaft bis in die vierte Generation. Der Auftrag, die Erfahrung mit Gott weiterzugeben (vgl. Ps. 22,31f; 66,16) wird im AT vielfach bezeugt (vgl.

z.B. 2Mo. 10,2; 5Mo. 6,7.20ff; 11,18-19; Ps. 78,3-8; Jes. 38,19). An diesen Auftrag knüpft Joel an.

Joel beschreibt in V. 4 die verheerenden Folgen einer Heuschreckenplage, durch die das gesamte Kulturland Judas restlos kahl gefressen wurde. Die im kollektiven Singular genannten Insekten werden wie in 2,25 mit vier verschiedenen Ausdrücken bezeichnet: Beißer, Wanderheuschrecke, Hüpfer und Vertilger. Der Ausdruck »**Beißer**« (hebr. *gāzām* »Abschneider« von *gāzam* »abschneiden«) deutet auf die Gefräßigkeit der Heuschrecke. Nach Köhler-Baumgartner (1958, S. 178) handelt es sich um eine Raupe. Mit dem Wort »**Wanderheuschrecke**« (hebr. *'arbāh* von *rābāh* »viel sein«) wird nach Köhler-Baumgartner (1958, S. 82) ein »Schwarm« bezeichnet, weil an ein massenhaftes Auftreten der Wanderheuschrecke in Schwärmen (vgl. Spr. 30,27) gedacht wird. Es ist die im AT häufigste Bezeichnung für die Heuschrecke. Hebr. *jäläq* bezeichnet die noch ungeflügelte Heuschrecke; die sprachliche Ableitung ist nicht geklärt (Gesenius, 1995, S. 466). Vielleicht kann man es mit **Hüpfer** übersetzen, da verwandte Begriffe (akkadisch *ilqitu* und arabisch *walaqa)* die wiegende Gangart eines Kamels bezeichnen (vgl. Allen, 1991, S. 49). Bei dem **Vertilger** (hebr. *chāsîl* von *chāsal* »vertilgen«, vgl. 5Mo. 28,38), handelt es sich nach Gesenius (1962, S. 247) um eine Heuschrecke, nach Köhler-Baumgartner (1958, S. 319) eher um eine Schabe, die wie die Feldheuschrecke zur Ordnung der Geradflügler gehört (Schmeil, 1962, S. 248f).

Welche Bedeutung haben diese vier verschiedenen Ausdrücke bei Joel? Die Meinung der Ausleger ist unterschiedlich:

*1. Joel benennt vier Insektenarten.* Die LXX gibt die vier hebr. Begriffe mit vier verschiedenen Insektenarten wieder: Raupe, Schwarm-Heuschrecke, ungeflügelte Heuschrecke und Schabe (vgl. den Hinweis bei Allen, 1976, S. 50; vgl. auch die Lutherbibel, 1984). Die Revidierte Elberfelder Bibel scheint davon auszugehen, dass zumindest der vierte Begriff im AT verschiedene Bedeutungen annehmen kann und der jeweilige Zusammenhang ausschlaggebend ist. Jedenfalls übersetzt sie den an vierter Stelle genannten Ausdruck *chāsîl* in 1Kön. 8,37; 2Chr. 6,28 mit »Hundsfliege«, in Ps. 78,46 mit »Schabe« und in Jes. 33,4 mit »Ungeziefer«.

*2. Joel meint vier Entwicklungsstufen der Wanderheuschrecke.* Credner (1831, S. 102) deutet die unterschiedlichen Begriffe als verschiedene Entwicklungsstufen der Wanderheuschrecke. Dieser Sicht folgt Thompson (1955, S. 52-55). Er deutet die Reihenfolge in 1,4 als die historische Abfolge, in der die Heuschrecken das Land befielen, von der flugfähig gewordenen *(gāzām)* über die schwärmende Heuschrecke *('arbäh)* bis hin zu der jüngeren *(jäläq)* und älteren Heuschreckenlarve *(chāsîl)*. In 2,25 sieht er eine logische Reihenfolge der einzelnen Entwicklungsstufen von der schwärmenden Heuschrecke *('arbäh)* zu den Larven. Wolff knüpft an diese Deutung an, gibt aber zu bedenken, dass sie nicht gesichert ist, zumal der Gebrauch der Benennungen im AT wechselt. Daher schlägt er folgende Übersetzungen vor: Beißer, Heuschrecke, Hüpfer, Springer. (1975, S. 30-32).

*3. Joel benutzt aus rhetorischen Gründen Synonyme und beschreibt damit verschiedene Heuschreckenschwärme.* Schon Keil (1985, S. 129f) meint, dass die Verwendung unterschiedlicher Begriffe für die Heuschrecke ohne inhaltliche Bedeutung sei. Neben dem allgemeinen Begriff *'arbäh* werden drei poetische Beinamen der Heuschrecke verwandt, sodass insgesamt vier verschiedene Heuschreckenschwärme genannt werden. Dabei ist das sprachliche Argument Keils bemerkenswert, dass nämlich in 2,25 *'arbäh* »Wanderheuschrecke« als Oberbegriff für die drei anderen Bezeichnungen erscheint, weil nur das zweite bis vierte Glied der Aufzählung durch ein »und« verbunden sind (1985, S. 149). Somit empfiehlt sich die Übersetzung: »... die Wanderheuschrecke: der Hüpfer und der Vertilger und der Beißer.« Auch Allen (1976, S. 49f) sieht die Begriffe in 1,4 und 2,25 als rhetorische Synonyme an, da die Begriffe *gāzām* und *chāsîl* etymologisch und vom Sprachgebrauch her nicht eindeutig mit den Entwicklungsstufen der Heuschrecke zu identifizieren seien.

Zusammenfassend halten wir fest, dass die Deutung, Joel beziehe sich auf unterschiedliche Entwicklungsstufen der Wanderheuschrecke, unsicher ist. Grundsätzlich ist es möglich, mit der LXX an verschiedene Insektenarten zu denken. Wenn jedoch nach 2,25 die Begriffe »Hüpfer«, »Vertilger« und »Beißer« Beinamen des zuvor genannten Oberbegriffs »Wanderheuschrecke« sind, dann handelt es sich wohl um poetische Synonyme, mit denen Joel einen vierfachen Einfall von Heuschreckenschwärmen in Juda beschreibt. Dabei ist die Vierzahl von Bedeutung; sie deutet wie in Jer. 15,2f; Hes. 14,21; Sach. 2,1-4; Offb. 6,1-8 die Vollständigkeit der Vernichtung an.

Wanderheuschrecken sind große Feldheuschrecken; zu ihnen gehören die im Nahen Osten heimischen Wüstenheuschrecke *(schistocerca gregaria)*. Diese vermehren sich bei günstigen klimatischen Verhältnissen äußerst schnell und bilden riesige Schwärme, sodass sie im Flug die Sonne verfinstern können. Im Jahr 1889 wurde ein Schwarm über dem Roten Meer beobachtet, der ein Gebiet von mehr als 5000 $km^2$ bedeckte. Ein Schwarm enthält schätzungsweise 40 Millionen Heuschrecken pro $km^2$ (Baron, 1972, S. 32). Für den Heuschreckenschwarm spielen Entfernungen keine Rolle; die ausgewachsenen flugfähigen Tiere können Entfernungen bis zu 2000 km zurücklegen (Digel, 1992, S. 291). Wo sie einfallen, bedecken sie den Erdboden (vgl. 2Mo. 10,5) und vernichten mit unersättlicher Gefräßigkeit in kürzester Zeit die gesamte Vegetation (vgl. 2Mo. 10,15). Das einzelne Insekt kann bis zu 8 cm lang werden. Hinsichtlich der Ernährungsgewohnheiten gibt es zwischen Larven und ausgewachsenen Heuschrecken keinen Unterschied (vgl. Wolff, 1975, S. 30-32).

Aber meint Joel tatsächliche Heuschrecken im buchstäblichen Sinn? Die alte jüdische Auslegung (z.B. Targum Jonathan und der Syrer Ephraem) deutet die Heuschrecken allegorisch auf die assyrischen und babylonischen Könige. Die Kirchenväter Hieronymus, Theodoret und Cyrill von Alexandrien folgen dieser Auslegung, erwägen aber auch die buchstäbliche Deutung (vgl. Credner, 1831, S. 17ff; Wolff, 1975, S. 32). Zwar dienen Heuschreckenschwärme im AT bisweilen als Bild für eine Menschenmenge (Jer. 51,14; Nah. 3,15ff), für Kriegsrosse (Jer. 51,27) und besonders für die verheerende Invasion riesiger Heere wie die der Midianiter und Amalekiter (Ri. 6,5; 7,12) oder der Chaldäer (Jer. 46,23). Joel bezieht sich jedoch im ersten Kapitel eindeutig auf eine reale Heuschreckenplage. Dafür sprechen viele Einzelheiten der Schadensbeschreibung (1,7-12) und der Verheißung, die von den Heuschrecken angerichteten Schäden zu erstatten (2,21-25). Außerdem fällt auf, dass Heuschrecken in anderen alttestamentlichen Beispielen, in denen sie als Bild für Menschen gebraucht werden, zumeist als Vergleichsobjekte *neben* den Personen erscheinen, mit denen sie verglichen werden; dies ist hier nicht der Fall.

Wenn das AT die vernichtende Wirkung von Heuschreckenschwärmen erwähnt, dann beschreibt es ein zeitliches Gottesgericht (vgl. 2Mo. 10). Gott kündigt Israel als Strafe für Ungehorsam verwüstende Heuschreckenschwärme an (5Mo. 28,38). Von Heuschrecken kahl gefressene Feigen- und Olivenbäume waren ein Ruf Gottes zur Umkehr (Am. 4,9).

### 2.2.3.2 Gott ruft Betrunkene und Weinsäufer zur Klage (1,5-7)

Wolff sieht in 1,5-14 ein Beispiel für die literarische Gattung »Aufruf zur Volksklage« (vgl. z.B. 2Sam. 3,31; Jes. 32,11-14; Jer. 6,26; 49,3; Zef. 1,11). Nach Esr. 8,21; Jer. 36,9; Am. 5,16b und Jona 3,7f wurde die Volksgemeinschaft in alttestamentlicher Zeit bei traurigen Anlässen durch den König oder die Ältesten zum Klagen und Fasten aufgerufen (Wolff, 1975, S. 23). Joel ruft als Bote Gottes einzelne Gruppen des Volkes und das gesamte Volk zur Klage: Alkoholiker (1,5-7), das Volk als Ganzes (1,8-10), Landarbeiter und Winzer (1,11-12), Priester (1,13-14) und durch deren Vermittlung die Ältesten und alle Landesbewohner (1,14). In einer Klage wird der Kummer über Krieg, Verfolgung, Krankheit, Kinderlosigkeit und Tod, aber auch über persönliche Schuld vor Gott gebracht und in eine Bitte um Hilfe oder in eine Vertrauensbezeugung umgewandelt. Auch die Klage, zu der Joel aufruft, soll in ein gemeinsames Schreien zu Jahwe um Hilfe einmünden (1,14).

Die erste Gruppe, die Joel zur Klage aufruft, sind die **Betrunkenen** und **Weinsäufer**. Sie sollen **zu sich kommen**, wörtlich »aufwachen«, d. h. wieder nüchtern werden. Denn nur im nüchternen Zustand können sie den Ernst der Lage erfassen und darüber **weinen** und **heulen**. Die Gefühlsäußerungen des Weinens und des lauten Heulens gehören im AT häufig zur Klage. Zurückhaltung auf diesem Gebiet, wie wir sie in unserer modernen westlichen Kultur kennen, wurde in biblischer Zeit nicht geübt.

Joel verwendet in V. 5 zwei verschiedene hebr. Wörter für »Wein«. In der ersten Vershälfte redet er alle **Weinsäufer** (wörtlich »Säufer des Weins«) an. Das hier verwendete hebr. Wort *jajin* ist der allgemeinere der beiden Ausdrücke und bezeichnet den vergorenen Saft des Weinstocks. Im zweiten Versteil gebraucht Joel den selteneren Ausdruck *'āsîs*, womit der **junge Wein** nach der ersten Gärung bezeichnet wird (vgl. Jes. 49,26; Joel 4,18; Am. 9,13; Hld. 8,2; vgl. im NT: Apg. 2,13). Der Anlass zur Klage besteht darin, dass es keinen Nachschub an Wein gibt. Joel drückt es bildlich so aus: Der neue Wein ist **abgeschnitten** von ihrem **Mund**. Sobald die alten Weinbestände konsumiert sind, gibt es keinen Wein mehr. Das bedeutet für Alkoholiker, dass der Fluchtweg aus einem unerträglich erscheinenden Leben in die Betäubung abgeschnitten ist.

Vers 6f nennt als Ursache für die Weinknappheit, dass ein Volk, nämlich die Heuschrecken, **heraufgezogen ist gegen mein Land**, so wie feindliche Heere gegen Israel (1Kön. 20,22), gegen Babel (Jer. 50,21) oder gegen Ninive (Nah. 2,2) heraufgezogen sind (hebr. *'ālāh).* Joel beschreibt das **Volk** (hebr. *gôj)* der Heuschrecken als **stark** an Anzahl, im Sinne eines zahlreichen Volkes, und **ohne Zahl**, d.h. in einer solchen Menge, dass sie nicht gezählt werden können. Sie gleichen der Invasion eines feindlichen menschlichen Volkes (vgl. Ri. 6,5; 7,12; Jer. 46,23). Ihre scharfen, Tag und Nacht aktiven Beißwerkzeuge (Wolff, 1975, S. 31) gleichen hinsichtlich des verursachten Schadens den **Zähnen eines Löwen** und dem **Gebiss einer Löwin**. »Volk«, bildlich auf Tiere bezogen, finden wir auch in Spr. 30,25f, wo Ameisen bzw. Klippdachse »Volk« (hebr. *'am)* genannt werden.

Am bedeutsamsten ist das besitzanzeigende Fürwort »mein« bei dem Ausdruck »Volk«. Joel ruft als Bote Gottes nicht in seinem eigenen Namen, sondern im Namen Gottes zur Klage auf. Das Land ist und bleibt auch im zerstörten Zustand das Land Jahwes (vgl. 2,18; 4,2). Das Volk Israel hat es von Gott als Erbteil und Besitz empfangen (vgl. z.B. 3Mo. 20,24; 5Mo. 1,8; Jos. 1,2), aber letztlich bleibt Jahwe der eigentliche Eigentümer des

Landes (vgl. 3Mo. 25,23; Jes. 14,2.25). Darum kann er Israel im Fall seines Ungehorsams den Segen im Land und schließlich den Besitz des Landes wieder nehmen (vgl. 3Mo. 26,24-39; 5Mo. 28,15-68). Joel verkündigt an späterer Stelle, dass Gott sich seines Landes persönlich annehmen wird (2,18; 4,2).

Joel schließt in V. 7 den Aufruf an die Weintrinker ab, indem er die Zerstörung der Weinberge als Folge der Heuschreckenplage schildert. Weinstöcke und Feigenbäume sind charakteristisch für die Landwirtschaft Israels; beide werden oft zusammen genannt (vgl. Hos. 2,14; Joel 1,12; 2,22; Mi. 4,4; Sach. 3,10) und stehen stellvertretend für den gesamten Ernteertrag, der durch die Heuschrecken vernichtet wurde. Die Wörter »**Weinstock ... und ... Feigenbaum**« (1,7) stellen kollektive Singularformen dar. Sie drücken aus, dass die Heuschrecken *alle* Weinreben und Feigenbäume im Land zugrunde gerichtet haben. Sie haben die Weinstöcke **verwüstet** und **hingeworfen**, indem sie die Rinde ihrer Stämme so vollständig abgefressen haben, dass die Weinranken **abgeschält** und **weiß geworden** sind. Dasselbe gilt für die Feigenbäume; ihre Äste wurden von allen Seiten zerfressen und dadurch zerknickt (vgl. Wolff, 1975, S. 31). Joel beschreibt mit allen diesen Schilderungen, wie hoffnungslos zugerichtet Weinstöcke und Feigenbäume sind.

Mit dieser Schilderung wird die Aufforderung an die Alkoholiker zur Klage über den Verlust des neuen Weins eindrücklich begründet. Zugleich werden sie mit dem Anspruch des lebendigen Gottes konfrontiert, dass letztlich *er* Eigentümer der Weinstöcke und Feigenbäume, ja sogar des ganzen Landes ist, wie das besitzanzeigende Fürwort »mein« vor diesen Ausdrücken verdeutlicht (V. 7).

### 2.2.3.3 Gott ruft sein Volk zur Klage (1,8-10)

Die im hebr. AT nur hier vorkommende Imperativform »**wehklage**« weist von ihrer grammatischen Form auf eine weibliche Person als zur Klage Aufgerufene hin. Keil (1985, S. 131) vermutet, dass »Juda als Gemeinde Jahwes« gemeint ist. Ähnlich denkt Wolff (1975, S. 34), der an Jer. 6,26 (»Tochter meines Volkes«) erinnert. Allen (1976, S. 52) argumentiert mit dem Hinweis auf den kultischen Kontext und auf 2,6-9.23 für die Deutung auf Jerusalem als »die Tochter Zion« (vgl. 2Kön. 19,21; Kla. 2,13; Mi. 1,16). Vermutlich ist beides gemeint: Juda soll sich in Jerusalem als Gottes Volk versammeln und Totenklage halten.

Um deutlich zu machen, wie ernst es um das Volk Gottes steht, benutzt Joel den Vergleich mit einer jungen Frau, die **mit Sacktuch umgürtet**, Totenklage hält. Sacktuch war aus schwarzen Ziegenhaaren gewoben und wurde als ein Zeichen der Trauer um die Hüften gebunden (z.B. 1Mo. 37,34; Jes. 15,3; Jer. 4,8; Hes. 7,18). Die Grundbedeutung des hebr. Begriff *bətûlāh* »**junge Frau**« ist ein »heiratsfähiges Mädchen« (Gesenius, 1995, S. 186; vgl. 1Mo. 24,16; 3Mo. 21,3;). Anlass ihrer Totenklage ist der Verlust des **Eheherrn ihrer Jugend**. Diese Begriffe scheinen sich gegenseitig auszuschließen, da der Ausdruck »Eheherr« das Bestehen einer Ehe voraussetzt (vgl. 1Mo. 20,3; 5Mo. 24,4; 2Sam. 11,26; Est. 1,17.20; Spr. 12,4), die »Jugend« eines Mädchens aber ihre Zeit im Elternhaus vor der Hochzeit bezeichnet (3Mo. 22,13; 4Mo. 30,4). Eine Eheschließung verlief in Israel jedoch in zwei Etappen, der »Verlobung«, bei der ein Heiratsgeld bezahlt wurde (1Mo. 34,12), und der Heimführung, bei der die Ehe im Rahmen eines öffentlichen Hochzeitsfestes praktisch vollzogen wurde (1Mo. 29,21ff, vgl. 5Mo. 28,30f). Nach Joel 1,8 kann demnach ein »Verlobter« im rechtlichen Sinn bereits »Eheherr ihrer Jugend« genannt werden.

Joel wendet dieses Bild auf das Volk Gottes an. Er vergleicht es mit einer jungen Frau, die ihren Verlobten durch den Tod verloren hat. Das Bild der Ehe wird in der prophetischen Verkündigung des AT oft für das Verhältnis Gottes zu seinem auserwählten Volk benutzt (vgl. Jes. 54,4-6; Jer. 2,2; Hos. 2,18). So steht z.B. die Jugend- und Brautzeit in Jer. 2,2 sinnbildlich für die Anfangszeit des Gottesbundes mit Israel in der Wüste. Die Metapher der Witwenschaft beschreibt in Joel 1,8 den über die wirtschaftliche Katastrophe (vgl. die Verwendung dieser Metapher für den Untergang Jerusalems in Kla. 1,1) hinausgehenden Verlust der Gottesgemeinschaft (vgl. Jes. 54,4), der im Abbruch des regelmäßigen Opferdienstes sichtbar wird.

**Speisopfer** aus mit Öl gemengtem Weizengrieß und **Trankopfer** aus Wein oder starkem Getränk wurden nach dem Gesetz Moses als Zugaben zu den täglichen Tieropfern in der Stiftshütte bzw. im Tempel dargebracht (2Mo. 29,38-42; 4Mo. 28,3-10.24). Außerdem waren Speisopfer und Trankopfer aus Wein als Beigaben für verschiedene Tieropfer bei besonderen Anlässen vorgesehen (vgl. 3Mo. 23,13.18.37; 4Mo. 6,15-17; 15,1-10.24; 28,13ff). Nach 2Mo. 29,38-46 dienten die täglichen Brandopfer mit den ihnen beigefügten Speis- und Trankopfern als Ausdruck der Weihe für Gott, der mitten unter seinem Volk wohnen, dessen Gott sein und Israel, das Heiligtum und die Priester durch seine Gegenwart heiligen wollte. Die Gemeinschaft des heiligen Gottes mit seinem auserwählten Volk wurde aber nicht dadurch verwirklicht, dass die Priester Gott tägliche Brand-, Speis- und Trankopfer darbrachten. Sie geschah vielmehr durch die gnädige Herablassung Gottes, der inmitten Israels wohnen wollte, es dadurch heiligte und das Heiligtum als Ort der Begegnung bestimmte. Die täglichen Opfer waren die von Gott verordnete Antwort Israels auf die heilige Gegenwart Gottes. Das Aufhören der Opfer zur Zeit Joels ist daher nicht

Ursache, sondern Folge der gestörten Gottesgemeinschaft. Diese kann darum auch nicht auf kultischem Weg, sondern nur auf dem Weg der Herzensumkehr erneuert werden (vgl. 2,12ff). Nach 2,14 ist es Folge, nicht Ursache des göttlichen Erbarmens, wenn der Opferdienst wieder aufgenommen wird.

Die im Zusammenhang der historischen Einordnung Joels wichtige Behauptung von Wolff (1976, S. 36), die Erwähnung von Speis- und Trankopfern weise auf eine spät-nachexilische Zeit hin, da Esr. 9,4 und Neh. 10,34 diese Zusammenstellung noch nicht kenne, setzt voraus, dass die Opfergesetze erst nach dem Exil aufgestellt wurden, wodurch aber die Geschichte Israels auf den Kopf gestellt würde. Nach dem Zeugnis des gesamten AT gehen die Opfergesetze Israels auf Gottes Offenbarung an Mose und auf deren schriftliche Fixierung ebenfalls durch Mose zurück (vgl. z.B. 2Kön. 14,6; Esr. 3,2; Neh. 8,1.14; 2Chr. 25,4).

Auch die Verwendung des Ausdrucks »**Diener Jahwes**« für die Priester (1,9.13; 2,17) entspricht nach Meinung von Wolff (1976, S. 36) nachexilischem Sprachgebrauch. Tatsächlich aber wird der Singular des Wortes »Diener« im hebr. Text von 1Sam. 2,11.18 und 3,1 bereits auf Samuel bezogen, und in Jes. 61,6 und Jer. 33,21f werden die Priester »Diener Jahwes« genannt. Die Verwendung dieses Ausdrucks kann also nicht als Hinweis für eine nachexilische Datierung angesehen werden.

Joel ruft das Volk zur Klage, weil die Priester keine Möglichkeit mehr haben, die regelmäßigen Speis- und Trankopfer darzubringen. Die Priester trauern, weil sie wissen, dass das Aufhören der Opfer ein Zeichen dafür ist, dass die Gemeinschaft des heiligen Gottes mit seinem Volk zerbrochen ist. Darum soll Gottes Volk klagen, wie eine junge Frau um ihren verstorbenen Verlobten Totenklage hält (V. 8).

Der Klageaufruf Joels an die Volksgemeinschaft Judas und Jerusalems schließt mit einer Schilderung der landwirtschaftlichen Katastrophe ab. Er macht bewusst, dass es aufgrund der Heuschreckenplage keinen Vorrat an Getreide, Öl und Wein mehr gibt, die doch für die regelmäßigen Speis- und Trankopfer benötigt werden. Nachdem die Heuschrecken **Feld** und Feldfrüchte **verwüstet** haben, **trauert** der **Ackerboden**, d.h. er liegt wie tot da (vgl. Jer. 4,28; 12,4.11). Zugleich macht er diejenigen traurig, die ihn bearbeitet haben, weil es nichts zu ernten gibt. Neben der Getreideernte ist auch keine Wein- und keine Olivenernte zu erwarten. Der Oberbegriff »**Getreide**« (hebr. *dāgān*) umfasst vor allem Weizen und Gerste (vgl. V. 11), die hebr. Ausdrücke *tîrôsch* (»frischer **Traubensaft**«) und *jiṣhār* (»frisches **Öl**«) stehen für den Weinstock und den Olivenbaum. Die Aussage vom Verdorren des Traubensafts und dem Verwelken des frischen Öls (vgl. Jes. 24,4.7; Jer. 14,2; Hos. 4,3; Am. 1,2) lässt daran denken, dass die von Heuschreckenschwärmen angefressenen Pflanzen von innen her verdorrten und verwelkten. Es ist außerdem zu vermuten, dass nach der Heuschreckenplage eine Dürre über das Land gekommen war. Dafür spricht die Erwähnung eines Steppenbrandes in V. 19 und vertrockneter Wasserbäche in V. 20.

### 2.2.3.4 Gott ruft Feldarbeiter und Winzer zur Klage (1,11-12)

Nachdem Joel zuerst die Alkoholiker und dann das Volk zur Klage aufgerufen hat, wendet er sich an die **Feldarbeiter** und **Winzer**, denen mit dem Verlust der Getreide- und Obsternte der Lebensunterhalt entzogen ist. Wie der Gebrauch der Worte »Feldarbeiter« und »Winzer« in 2Chr. 26,10 und Jes. 61,5 nahelegt, handelt es sich weniger um Bauern, als um Landarbeiter, die für andere Leute Äcker und Weinberge bearbeiteten.

Schwierig ist im Grundtext der Verse 10-12 ein mehrfaches Wortspiel zwischen den hebr. Verbformen *hôbîsch* (»verdorren«) und *hōbîsch* (»zunichte werden, sich schämen«), weil beide Bedeutungen in beiden Schreibweisen wiedergegeben werden können. In V. 10 haben wir uns wegen der Parallele zum Verwelken des Öls für die Übersetzung »**Verdorrt** *(hôbîsch)* **ist der Traubensaft**« entschieden. Zu Anfang von V. 11 ist sicher »**Werdet zunichte** *(hōbîschû)*, **ihr Feldarbeiter**« zu übersetzen. In sachlicher Entsprechung zu V. 10 muss dann in V. 12 »**Der Weinstock ist verdorrt** *(hôbîschāh)* ... **alle Bäume des Feldes sind verdorrt** *(jābēschû)*« übersetzt werden. Zu bedenken bleibt, ob Joel am Ende von V. 12 mit der nochmaligen Verwendung von *hōbîsch* von der zunichte gewordenen oder der verdorrten Freude sprechen will. Angemessener erscheint die Übersetzung: »**Ja, die Freude ist (entfernt) von den Menschenkindern (und) zunichte geworden.**« In jedem Fall soll das Wortspiel verdeutlichen, dass die Feldarbeiter und Winzer in ihrer Existenz »zunichte geworden« sind, nachdem Getreide- und Obsternte »**verdorrt**« und die sonst sprichwörtliche Erntefreude (vgl. Ps. 4,8; Jes. 9,2) »zunichte geworden« ist (vgl. Jes. 16,10).

Mit der Aufzählung der einzelnen landwirtschaftlichen Produkte nimmt Joel Bezug auf die Liste der sieben typischen Früchte des verheißenen Landes, die Mose Israel in Aussicht stellte (5Mo. 8,8): »Ein Land von Weizen und Gerste und von Weinstöcken und Feigenbäumen und Granatbäumen; ein Land ölhaltiger Olivenbäume und von Honig.« Die ersten fünf Glieder dieser Aufzählung entsprechen wörtlich den ersten fünf Pflanzen, deren Vernichtung Joel beklagen lässt. Über die Olivenbäume wurde bereits in V. 10 gesprochen. Der »Honig« in 5Mo. 8,8 könnte sich auf Fruchtsirup, der z.B. aus Datteln (vgl. Joel 1,12) hergestellt wurde, statt auf wilden Bienenhonig beziehen, was aber umstritten ist (vgl. Zohary, 1983, S. 60). In jedem Fall ist anzunehmen, dass der Prophet Joel bewusst an 5Mo. 8,8 anknüpft und deutlich machen will, dass die Vernichtung der Ernte durch die Heuschreckenplage nicht nur eine wirtschaftliche, sondern auch eine geistliche Bedeutung hat. Denn der Verlust der Verheißungsgaben im heiligen Land (vgl. 5Mo. 28,15.38-40.42) wurde als Teil des Bundesfluches für den Fall angekündigt, dass Israel den Gottesbund brechen würde.

In V. 11 ruft Joel zunächst die Feldarbeiter zur Klage über die Zerstörung der **Weizen**- und **Gerstenernte** auf. Beide Getreidearten waren die wichtigsten in Israel und wurden schon seit frühester Zeit kultiviert. In V. 12 folgt eine Aufzählung von vier verschiedenen Obstbäumen (Feigenbaum, Granatbaum, Dattelpalme und Apfelbaum) mit der Nennung des Weinstocks an der Spitze und dem zusammenfassenden Hinweis auf alle Bäume des Feldes am Schluss. Hier sind die Winzer angesprochen, die zugleich Obstbauern waren.

Der **Weinstock** und der bereits in V. 7 erwähnte **Feigenbaum** sind besonders typisch für Israel. Wenn sie im AT zusammen genannt werden (5Mo. 8,8; Hos. 2,14; Joel 2,22; Mi. 4,4; Sach. 3,10), symbolisieren sie oft Frieden und Wohlstand im verheißenen Land unter Gottes Segen. Die apfelgroßen Früchte des **Granatbaums** enthalten in ihrem Inneren eine Fülle von Samen in fleischig-saftigen Samenschalen, die als Obst verzehrt oder zu einem Getränk verarbeitet werden konnten (vgl. Hld. 8,2).

Weintrauben, Granatäpfel und Feigen waren landestypische Früchte, die auch die Kundschafter dem Volk Israel aus Kanaan mitbrachten (4Mo. 13,23). Der Granatbaum wird mit seinen zahlreichen Blüten und köstlichen Früchten im Hohenlied öfter erwähnt (Hld. 4,3.13; 6,11; 7,13; 8,2). Nachbildungen seiner Früchte zierten den Saum des hohepriesterlichen Gewandes (2Mo. 28,33f; 39,25f) und die Säulen des salomonischen Tempels (1Kön. 7,18ff).

Die **Dattelpalme** war ebenso typisch für das Heilige Land. Sie gedieh vor allem in den heißeren Gebieten, besonders in der Gegend der Stadt Jericho, die darum in 5Mo. 34,3; Ri. 1,16; 3,13 und 2Chr. 28,15 »Palmenstadt« genannt wird. Wie die Früchte des Granatbaumes dienten auch Dattelpalmen und Palmzweige als Motive für künstlerische Darstellungen im Tempel Salomos (1Kön. 6,29.32.35; 7,36). Joel hebt an dieser Stelle mit dem Wörtlein »**sogar**« hervor, dass die Heuschreckenschwärme auch die Palme nicht verschont haben, die »weder eine grüne frische Rinde noch zarte saftige Blätter hat, also von den Heuschrecken nicht leicht so beschädigt wird, dass sie vertrocknet« (Keil, 1985, S. 132).

Es ist umstritten, was hier mit hebr. *tappûach* bezeichnet ist. Für die Deutung als **Apfelbaum** spricht, dass das sprachverwandte arabische Wort *tuffach* ausschließlich den Apfelbaum bezeichnet. Alte ägyptische Papyri aus der Zeit Ramses II. scheinen den Anbau von Äpfeln im Nildelta zu bezeugen, und Plinius erwähnt in seiner *historia naturae* weiße und rote Apfelsorten aus Syrien (Zohary, 1983, S. 70). Andere Forscher denken wegen der im AT hervorgehobenen Eigenschaften (Spr. 25,11: goldene Früchte; Hld. 2,3: süße Früchte; 7,9: duftende Früchte) eher an einen Aprikosenbaum (Tenney, 1975, S. 229). Jedoch passen diese Beschreibungen ebenso auf viele Apfelsorten, sodass wir bei der herkömmlichen Deutung auf den Apfelbaum und dessen Frucht bleiben können.

Joel schließt seinen an die Winzer gerichteten Aufruf zur Klage ab, indem er ihnen vor Augen hält, dass nicht nur die aufgezählten Obstsorten, sondern **alle Bäume des Feldes verdorrt** sind. Diese umfassende landwirtschaftliche Katastrophe durch den Einfall der Heuschreckenschwärme und die Dürre (vgl. V. 19f) soll nun Landarbeiter und Winzer zur Klage veranlassen.

### 2.2.3.5 Joel ruft die Priester zur Klage (1,13-14)

Joel richtet seinen Klageaufruf abschließend an die **Priester**. Wie im hebr. Text von z.B. Jes. 32,11 wird bei der Aufforderung »**Gürtet euch**« das Sacktuch, mit dem sich die Priester als dem in Israel üblichen Zeichen der Trauer und Klage gürten sollen, nicht extra erwähnt, aber vorausgesetzt (zu »Sacktuch«, siehe die Erklärung zu 1,8). Mit Sacktuch umgürtet sollen die Priester ihren Schmerz um die Vernichtung der Ernte mit Klagen und Heulen (vgl. V. 5.11) vor Gott bringen. Schon in V. 8 wurde das Volk zu einer Klage aufgefordert, die mit der Totenklage einer Verlobten verglichen wurde. Auch das in V. 13 verwendete hebr. Verb *sāphad* kann für das Klagen um einen Toten (vgl. 2Sam. 1,12; 1Kön. 13,29), aber ebenso bei anderen schwerwiegenden Anlässen gebraucht werden, etwa bei dem Einfall eines Feindes (Jer. 4,8; 49,3).

Die Priester werden in Abwandlung des Ausdrucks »Diener Jahwes« (V. 9) nun »**Diener des Altars**« (V. 13a) genannt. Die verschiedenen Variationen derselben Bezeichnung sollen unterschiedliche Aspekte ausdrücken. Als »Diener Jahwes« stehen die Priester zur Verrichtung der ihnen aufgetragenen gottesdienstlichen Aufgaben bereit. Dazu gehören vor allem das Beten und Opfern als stellvertretendes Eintreten vor Gott und das Lehren und Segnen als von Gott bevollmächtigtes Handeln an dem Volk. Als Verantwortliche für die Darbringung regelmäßiger Opfer (2Mo. 29,38-42; 4Mo. 28,3-8) werden die Priester hier »Diener des Altars« genannt. Dieser Ausdruck ist einmalig im AT; vergleichbar sind aber die Ausdrücke »Diener des Heiligtums« (Hes. 45,4) und »Diener des Hauses« (Hes. 45,5; 46,24).

Dass es bei dem »Dienst des Altars« letztlich aber nicht um einen von der persönlichen Gottesbeziehung losgelösten Kult geht, zeigt die parallele Verwendung des Begriffs »Diener meines Gottes« (V. 13b). Zwar meint Wolff (1975, S. 36), dass nach 1,9.13.16 nicht Jahwe das Speis- und Trankopfer fehle, sondern dem Haus Jahwes, dennoch weist er selbst auf 2,14b hin, wonach die erneuerten Speis- und Trankopfer Gott selbst geweiht sind. Wir müssen daraus entnehmen, dass die Opfer nach wie vor ein von Gott vorgesehenes Mittel der Begegnung mit ihm waren. Indem die Propheten immer wieder gegen einen veräußerlichten Gottesdienst kämpfen (vgl. z.B. 1Sam. 15,22; Jes. 1,10-17; Jer. 7,22f; Hos. 6,6; Am. 5,22-24), setzen sie voraus, dass es auch einen Gott wohlgefälligen Gottesdienst gibt, dessen Einzelheiten Gott selbst durch Mose offenbart hat. Auffällig ist, dass auch Joel die Notwendigkeit der Opfer nirgends in Frage stellt, sondern die Priester zur Klage über die fehlenden Opfergaben aufruft.

Joel fordert die Priester auf: **Geht hinein, übernachtet in Sacktuch, Diener meines Gottes!** Sie sollen vor Gott im Gebet für das heimgesuchte Volk eintreten und als Zeichen ernsthafter Buße die Nacht im Sacktuch zubringen (vgl. 2Sam. 12,16; 1Kön. 21,27; Dan. 6,19). Der Prophet Joel wiederholt den in V. 9a bereits angeführten Grund seines Klageaufrufs an die Priester: **Denn entzogen ist dem Haus eures Gottes Opfergabe und Trankopfer!** Eine Einnahmequelle der Priester ist somit versiegt (3Mo. 2,3.10). Zudem können die als Zeichen der Gottesgemeinschaft verordneten regelmäßigen Speis- und Trankopfer nicht mehr dargebracht werden (vgl. 2Mo. 29,38-46; 4Mo. 28,1-8). Auffällig ist das Wortspiel »Diener *meines* Gottes« und »Haus *eures* Gottes« in V. 13b. Zunächst stellen wir fest, dass im Unterschied zu V. 6f, wo Gott von sich selbst spricht, Joel nun in seiner Funktion als Prophet von seinem Gott redet.

Es stellt sich die Frage, ob in der Ausdrucksweise »Haus eures Gottes« eine Distanzierung vom Tempeldienst der Priester mitschwingt. Joel spricht zwar auch an anderen Stellen von »eurem Gott« (2,13.14.23.26.27; 4,17), im Unterschied zu 1,13f allerdings nicht in einer Rede des Propheten, sondern in einer Rede Gottes an sein Volk. Dabei geht es um den Ausdruck persönlichen Zuspruchs an die Priester: So wie Jahwe der Gott Joels ist, so will er es auch für die Priester sein. Wolff (1975, S. 36) ist der Meinung, die Wahl des Ausdruckes »Haus Gottes« anstelle von »Haus Jahwes« (V. 9.14) entspreche dem nachexilischen Sprachgebrauch. Entgegen dieser Deutung kann Joel den Gottesnamen aber auch bewusst gewechselt haben. Der Name Jahwe betont die Bundestreue des sich offenbarenden Gottes gegenüber Israel; dieser heilsgeschichtliche Aspekt tritt zurück, wenn wie hier nur allgemein von Gott (hebr. *'ĕlōhîm)* die Rede ist. Das Fehlen des Gottesnamens Jahwe passt daher gut zu der bedrohten Gottesgemeinschaft. Wie die Priester dieser Gefahr begegnen sollen, beschreibt der Aufruf am Ende dieses Abschnittes in V. 14.

Hier wandelt sich der bisherige Klageaufruf an die Priester, der die eingetretene wirtschaftliche und geistliche Notlage bewusst machen sollte, zu einem dringlichen Appell, das gesamte Volk zu einem nationalen Fasten- und Gebetstag in den Tempel einzuberufen.

**Fasten** war in Israel nichts Außergewöhnliches. Bereits die vom mosaischen Gesetz beim jährlichen Versöhnungstag geforderte »Beugung der Seele« (vgl. 3Mo. 16,29-31; 23,27.29) schloss nach Ps. 35,13 offenbar einen Nahrungsverzicht als eine Hilfe zur Konzentration auf die geistliche Bedeutung des Tages mit ein. Besondere Fastentage wurden eingerichtet, wenn es aktuellen Anlass gab zu trauern (Ri. 20,26), Buße zu tun (1Sam. 7,6; Jona 3,5-9) oder in Bedrängnis Jahwe zu suchen und anzurufen (2Chr. 20,3). Regelmäßige Fastentage gab es besonders in nachexilischer Zeit (Sach. 7,3-5). Fastentage aus besonderem

Anlass wurden **geheiligt** (vgl. Joel 1,14; 2,15) und so aus den gewöhnlichen Tagen herausgehoben. Sie wurden **ausgerufen** (1Kön. 21,9.12; Jer. 36,9; Joel 2,15; Jona 3,5) und dadurch öffentlich angeordnet. Ob man an einem solchen Tag nur auf feste Nahrung verzichtete (vgl. 2Sam. 12,16-21), oder auch auf flüssige (Est. 4,16; Jona 3,5-8), ist nicht sicher zu bestimmen.

Joel nahm die Heuschreckenplage zum Anlass, die Anordnung eines nationalen Fastentages zu fordern, der mit einer **Festversammlung** im Tempel verbunden sein sollte. Solche Festversammlungen fanden z.B. alljährlich am siebten Tag des Festes der ungesäuerten Brote (5Mo. 16,8) und am achten Tag des Laubhüttenfestes (3Mo. 23,36; 4Mo. 29,35) statt. Diese Tage waren als Feiertage frei zu halten von beruflicher Arbeit, um die Teilnahme an der Festversammlung und die Konzentration auf ihren Anlass zu gewährleisten.

Die Priester werden durch Joel aufgerufen, die **Ältesten** zu versammeln und mit ihnen **alle Bewohner des Landes**, also die Gesamtheit des Volkes. Zwar könnte das Volksganze durch die unmittelbar zuvor genannten Ältesten repräsentiert werden, jedoch erscheinen in 2,15-17 unter denen, die sich auf Zion versammeln sollen, beispielhaft für das ganze Volk Älteste, Kinder und Säuglinge, Bräutigam und Braut und Priester. Zusammen mit allen Landbewohnern sollen sie **zum Haus Jahwes**, dem Tempel, versammelt werden. Der salomonische Tempel in Jerusalem ist der Ort, an dem sich Gott anrufen lassen wollte (1Kön. 8,29f), vor allem in Notzeiten des Volkes (1Kön. 8,37-40). Der Zusatz »**eures Gottes**« (vgl. V. 13) enthält den tröstlichen Hinweis, dass Gottes Bund mit seinem Volk noch besteht. Die Ältesten und alle Landbewohner wurden bereits in V. 2 angesprochen und bilden mit ihrer erneuten Nennung in V. 14 einen stilistischen Rahmen für den Klageaufruf Joels (siehe Strukturbild S. 84).

Der eigentliche Zweck der einzuberufenden Festversammlung wird am Ende von V. 14 besonders hervorgehoben: **Und schreit zu Jahwe!** Es geht um die laute Anrufung Gottes und dringliche Bitte um Hilfe wegen der Verwüstung des Kulturlandes durch die Heuschreckenplage (wie in Ri. 3,9.15; 6,6f; 1Sam. 7,9; Ps. 22,6). Im Unterschied zu 2,12f steht also bei dem Fastenaufruf in 1,14 noch nicht die Umkehr zu Gott im Vordergrund, sondern die mit Fasten nachdrücklich bekräftigte Bitte um Gottes Eingreifen (vgl. Dan. 10,3.12). Damit wird deutlich, worin das Ziel des Klageaufrufs (V. 5-14) liegt: Alles Klagen über die Not soll bewusst vor Gott gebracht und in ein Schreien um Hilfe umgewandelt werden. Denn jetzt kann nur noch einer helfen, Jahwe, der Bundesgott Israels. Sein Name steht pointiert am Ende dieses Abschnittes.

## 2.2.4 Vorschlag zur Bibelarbeit über Joel 1,1-14

### 1. Einleitung

Heuschrecken und Dürre verursachten zur Zeit Joels eine landwirtschaftliche Katastrophe (V. 4). In diese Situation hinein ergeht Gottes Ruf an sein Volk Juda durch den Propheten. Aber Gott ruft auch heute noch – nicht nur sein Volk, sondern alle Menschen.

### 2. Durchführung

Thema: *Gott ruft dich!*

*a) Darum höre auf sein Wort! (V. 1-4)*

Wie Gott damals rief: Das Wort des Herrn erging an den Propheten Joel (V. 1). Er gab es an alle Bewohner Judas weiter, besonders an die Ältesten. Sie sollten diesem Wort Gehör schenken und erkennen, dass ihr Land bisher noch nie so heimgesucht worden war wie jetzt (V. 2). Dann aber sollten sie Gottes Wort weitergeben an ihre Kinder, damit alle kommenden Generationen davon hören sollten (V. 3), auf welche Weise Gott damals mit seinem Volk reden musste (V. 4).

Wie das heute aussehen kann: Auch heutige Katastrophen – es wäre gut, an dieser Stelle ein aktuelles Ereignis zu erwähnen – können für uns im Licht des Gotteswortes der Bibel zu einem Anruf Gottes werden (vgl. Am. 4,9; Lk. 13,1-5). An dieser Stelle kann man den Zusammenhang zwischen Sünde und modernen Umweltschäden bedenken.

Wie wir auf Gottes Rufen antworten sollen: Hörbereitschaft und Hörfähigkeit sucht Gott auch heute noch bei uns. Er stellt uns vor die Frage, ob wir auf seinen Ruf hören wollen: »Wer ein Ohr hat, der höre!« (z.B. Mt. 11,15). Gott möchte, dass wir seinem Ruf gehorsam sind und unser Leben neu auf sein Wort ausrichten. Oder sind wir bereits durch Ungehorsam oder Reizüberflutung abgestumpft gegen Gottes Wort? Dann wollen wir um Vergebung bitten und beim Lesen der Bibel und Hören biblischer Verkündigung ganz neu beten: »Rede, Herr, dein Knecht hört!« (1Sam. 3,10).

### *b) Drum bedenke, wie es um dich steht! (V. 5-12)*

Das Volk Juda stand vor dem wirtschaftlichen und geistlichen Ruin. Darum rief der Prophet Joel die einzelnen Volksgruppen zur Klage über ihre Not. Dadurch sollten sich alle ihrer ernsten Lage bewusst werden.

Es gab keinen Weinvorrat mehr. Damit waren die Aussteiger der Gesellschaft der Möglichkeit beraubt, aus der Trostlosigkeit ihres Daseins in den Alkoholrausch zu fliehen (V. 5-7). – Auch heute gibt es viele Menschen, die auf der Flucht sind vor der Realität des Lebens und in die Scheinwelt der Drogen oder in sonstige Süchte fliehen. Gott ruft sie heraus aus ihren Gebundenheiten.

Der Gottesbund des Volkes war wie erstorben, denn Speis- und Trankopfer, Zeichen der Gottesgemeinschaft, konnten nicht mehr dargebracht werden (V. 8-10). Gott ruft auch heute alle jene, die sich auf ihre anerzogene traditionelle Christlichkeit berufen, deren Gemeinschaft mit Gott aber längst erstorben ist beziehungsweise noch nie bestanden hat. Der erste Schritt dazu, dass ihnen geholfen werden kann, besteht darin, dass sie sich ihres traurigen Zustandes bewusst werden (vgl. Offb 3,17).

Die Landarbeiter konnten sich auf keine Ernte freuen (V. 11-12). Materielle Not, Hunger und Armut können auch heute zu einem Anruf Gottes werden, denn »Not lehrt Beten«. Auf alle Fälle gilt, dass wir am Ende unseres Lebens all unseren irdischen Reichtum nicht mitnehmen können. Diese unbestreitbare Tatsache sollte uns als mahnender Ruf Gottes allezeit vor Augen stehen.

*c) Drum komm zu ihm! (V. 13-14)*

Wie das damals aussah: Die Priester sollten, mit Sacktuch umgürtet, ihre wirtschaftliche und geistliche Not Gott klagen (V. 13) und die Bevölkerung des Landes zu einem landesweiten Fastentag in das Haus Gottes einladen, um dort gemeinsam den Herrn um Hilfe anzurufen (V. 14).

Was das für uns heute bedeutet: Wir werden aufgefordert, nicht beim Klagen über unsere Not stehenzubleiben, sondern uns dem lebendigen Gott zu nahen und ihn um Hilfe anzurufen. Das kann auch heute in einem Gottesdienst oder in einer Gebetsversammlung geschehen, in dem viele Menschen gemeinsam vor Gott treten und ihre Anliegen vor ihn bringen. Wir dürfen ihn in jeder Not um Hilfe anrufen. Allerdings will er in erster Linie Helfer und Retter aus geistlicher Not sein, aus Schuld, Gottesferne und Verlorenheit. Aus diesem Grund hat er Jesus Christus, seinen Sohn, gesandt, damit er am Kreuz unsere Schuld auf sich laden sollte, sodass die Rückkehr zu Gott frei würde. Durch irdische Not ruft uns Gott zu, dass wir seine ausgestreckte Retterhand erfassen sollen, sei es erstmalig oder erneut.

## 2.3 Joel beklagt die Nähe des Tages Jahwes und ruft zu Jahwe um Rettung (1,15-20)

### 2.3.1 Übersetzung

*15. Wehe dem Tag! Denn nahe ist der Tag Jahwes und wie eine (mächtige) Verwüstung vom Allmächtigen wird er kommen. 16. Ist nicht vor unseren Augen die Speise abgeschnitten, vom Haus unseres Gottes Freude und Jubel? 17. Verdorrt sind die Saatkörner unter ihren Erdschollen. Verwüstet sind die Vorräte, niedergerissen die Kornspeicher, denn vertrocknet (oder: zunichte) ist das Getreide. 18. Wie stöhnt das Vieh! Aufgeregt sind die Rinderherden, denn sie haben keine Weide; sogar die Kleinviehherden tragen die Folgen der Schuld. 19. Zu dir, Jahwe, rufe ich, denn ein Feuer hat die Weideplätze der Steppe verzehrt und eine Flamme hat alle Bäume des Feldes versengt. 20. Sogar die Tiere des Feldes lechzen nach dir, denn vertrocknet sind die Wasserbäche und ein Feuer hat verzehrt die Weideplätze der Steppe.*

## 2.3.2 Struktur

Die V. 15-20 lassen sich in zwei parallele Abschnitte teilen. Am Anfang meldet sich jeweils der Prophet zu Wort (A, A'), nennt dann den Grund für seine Klage bzw. seinen Hilferuf (B, B') und nennt schließlich die Folgen für die Tiere (C, C').

A Joel beklagt die Nähe des Tages Jahwes (V. 15)
  B Der Grund: die landwirtschaftliche Notlage (V. 16-17)
    C Joel beklagt die Not des Viehs (V. 18)
A' Joel ruft Jahwe an (V. 19a)
  B' Der Grund: Weideplätze und Bäume des Feldes sind verbrannt (V. 19b)
    C' Sogar die wilden Tiere lechzen nach Jahwe (V. 20)

## 2.3.3 Auslegung

Nachdem Joel in 1,5-14 die verschiedenen Gruppen des Volkes Gottes zur Klage über die eingetretene landwirtschaftliche Katastrophe und zur Einberufung einer nationalen Festversammlung aufgerufen hat, in der die fastende Gemeinde zu Gott um Hilfe schreien soll, stimmt er jetzt eine Klage an (V. 15-18) und ruft ebenso wie die Tiere des Feldes zu Gott (V. 19f).

### 2.3.3.1 Joel klagt über die bedrohliche Nähe des Tages Jahwes (1,15)

Der Prophet beginnt seine Klage mit dem Ausruf *ăhāh*, der wie das deutsche »Ach!« oder »Wehe!« Bestürzung ausdrückt. Meist kommt er im AT im Zusammenhang einer Anrufung Gottes vor (z.B. Jos. 7,7; Jer. 1,6). Joel wendet sich zwar erst ab V. 19 in direkter Anrede Gott zu, aber auch schon in der vorausgehenden Klage schüttet er sein Herz bewusst vor Gott aus.

Mit dem Ausruf: »**Wehe dem Tag!**« (vgl. Hes. 30,2) benennt er den Anlass seiner Bestürzung, nämlich die hereingebrochene Katastrophe. Schlimmer als diese Katastrophe ist aber der künftige Tag Jahwes, dessen Vorbote die damalige Not war. Mit den Worten »**Nahe ist der Tag Jahwes**« (vgl. Jes. 13,6; Hes. 30,2f; Joel 2,1; 4,14; Obd. 15; Zef. 1,7) beklagt Joel, dass der Tag Jahwes bereits in seiner Zeit angebrochen, wenn auch noch nicht vollends eingetreten ist. Für nähere Ausführungen zum Tag Jahwes im AT siehe S. 57ff. In V. 15 fällt auf, dass sich die so gut wie wörtliche Übereinstimmung mit Jes. 13,6 fortsetzt. Aus den in der Einleitung dargelegten Gründen (S. 44ff) ist Joel vor Jesaja anzusetzen, so dass Jesaja wohl an Joel angeknüpft hat.

Das überleitende »**und**« in V. 15b kann im erläuternden Sinne als »und zwar« verstanden werden. Joel führt aus, inwiefern der Tag Jahwes nahe gekommen ist. Wenn schon wie in V. 10 beschrieben Feld und Getreide durch die Heuschrecken »verwüstet« (hebr. *schuddad)* sind, dann wird der Tag Jahwes erst recht den Charakter einer Verwüstung (hebr. *schōd)* haben (V. 15). Die Nähe des kommenden Tages Jahwes zeigt sich darin, dass er mit der Verwüstung zur Zeit Joels durch die Heuschrecken verglichen werden kann (»wie«).

Bedeutsam ist an dieser Stelle das Wortspiel im hebr. Text: »**Und wie eine (mächtige) Verwüstung** (hebr. *schōd)* **vom Allmächtigen** (hebr. *schaddaj)* **wird er kommen**«. Der hebr. Gottesname *schaddaj* (»der Allmächtige«) ist charakteristisch für die Zeit Hiobs und der Erzväter. Seine sprachliche Ableitung und Bedeutung ist umstritten. Aufgrund des Wortspiels in Jes. 13,6 und Joel 1,15 mit hebr. *schādad* (»Gewalttat üben an, verwüsten«) könnte man auch übersetzen: »Und wie eine Verwüstung vom Verwüster wird er kommen.« Die LXX übersetzt *schaddaj* jedoch an allen Stellen mit »Allmächtiger«. Nach 1,15 wird sich seine Allmacht am Tag Jahwes nicht wie in der Erzvätergeschichte (vgl. 1Mo. 17,1; 28,3; 35,11; 48,3; 49,25) als Segen erweisen, sondern sie wird Verwüstung über Gottes untreues Volk bringen (vgl. auch Rut 1,20f). Das ist die aufrüttelnde Botschaft, die Joel seinem Volk zu überbringen hat. Sie findet im NT ihre Fortsetzung mit der Botschaft der Offenbarung, in der vom Tag Gottes, des Allmächtigen, von seinem Gericht und von seiner Herrschaft mehrfach die Rede ist (z.B. Offb. 1,8; 4,8; 11,17; 15,3; 19,6.15).

### 2.3.3.2 Joel klagt über die Folgen der landwirtschaftlichen Verwüstung (1,16-18)

Nach dem kurzen Hinweis auf den nahenden Tag Jahwes kehrt Joel zur Klage über die Folgen der Heuschreckenplage zurück. Dabei bedenkt er vier bedrohliche Aspekte, die zur Klage Anlass geben: Die hereinbrechende Hungersnot (V. 16a), das Ende froher Gottesdienste im Tempel (V. 16b), die Hoffnungslosigkeit, weil Saatgut und Vorrat verdorben sind (V. 17) und die Bedrohung der Viehherden (V. 18).

In V. 16 nimmt Joel mit zwei rhetorischen Fragen frühere Aussagen wieder auf. Die Speise (vgl. 1,10-12) ist **vor den Augen** Joels und des Volkes Juda **abgeschnitten** (vgl. V. 5). Wenn die Vorräte verbraucht sind, gibt es keinen Nachschub mehr. Die Verwüstung der Felder wirkt sich nach V. 16b in gleicher Weise auf die Opfer aus (vgl. V. 9.13). Nach dem mosaischen Gesetz waren die Israeliten dazu verpflichtet, den Zehnten vom Getreide, Wein und Öl, sowie von Rindern und Schafen in Gottes Heiligtum abzuliefern (4Mo. 18,30; 5Mo. 12,17f). Dasselbe galt auch für die Erstlingsgaben der Ernte und die Erstgeburten des Viehs (2Mo. 23,19; 4Mo. 3,13; 5Mo. 18,4). Im Anschluss an die Ablieferung im Heiligtum Gottes sollte sich die ganze Familie dort bei einem Festmahl vor Gott freuen (vgl. 5Mo. 12,6f; 16,10f; 26,10f). Joel muss nun beklagen, dass **Freude und Jubel** im Tempel mit dem Wegfall der Ernte aufhören werden. Auch die Versorgung der Priester und Leviten werde entfallen (vgl. 4Mo. 18,8-32).

Die Übersetzung von V. 17 ist dadurch erschwert, dass die Bedeutung von vier hebr. Ausdrücken nicht sicher zu ermitteln ist, weil sie im AT nur hier vorkommen. Es handelt sich um die Ausdrücke »**verdorrt**« (Gesenius, 1962, S. 561), »**Saatkörner**« (Gesenius, 1962, S. 657; nach Köhler-Baumgartner, 1958, S. 776: »Dörrfeigen« oder »Wasserläufe«), »**Erdschollen**« (Gesenius, 1962, S. 398; nach Köhler-Baumgartner, 1958, S. 494: »Schaufel«) und »**Kornspeicher**« (Gesenius, 1962, S. 431; nach Köhler-Baumgartner, 1958, S. 533: »Teich, Wassergrube«). Wenn auch Einzelheiten der Aussage dieses Verses nicht mehr eindeutig zu verstehen sind, so ist doch die Gesamtaussage klar: Joel beklagt die Folgen der Heuschreckenplage und der Trockenheit für die Ernte. Das Saatgut ist verdorrt; damit ist die Hoffnung auf eine neue Ernte dahin. Der Hinweis auf die **niedergerissenen Kornspeicher** weist darauf hin, dass es auch keine **Getreidevorräte** mehr gibt, die darin aufbewahrt werden könnten.

Zum Abschluss seiner Klage bedenkt Joel in V. 18 die Folgen für das Vieh (hebr. *bəhēmāh*), und zwar für **Rinder** und **Kleinvieh** (hebr. *ṣôn*, damit sind Schafe und Ziegen gemeint, vgl. auch 1Mo. 47,17f; 3Mo. 1,2). Nach gesamtbiblischem Verständnis hat die Tierwelt Anteil am Ergehen des Menschen. Sie leidet mit an den Folgen des Sündenfalls (1Mo. 3,14), ist mit betroffen von der Sintflut (1Mo. 6,7) und hat in Joels Tagen genauso unter der Heuschreckenplage zu leiden wie das Volk Gottes. In Ninive wurden sogar die Tiere in die Buße der Bewohner der Stadt einbezogen (Jona 3,7f). Auch das NT kennt die seufzende Kreatur (Röm. 8,22).

Die von Joel aufgezählten Folgen der Heuschreckenplage und der Dürre für das Vieh sind 1. das **Stöhnen** des Viehs aufgrund von Hunger (V. 18f) und Durst (V. 20), 2. die **Aufregung** der Rinderherden, weil ihre Weiden von den Heuschrecken abgefressen sind und 3. **die Folgen der Schuld**, die **sogar die Kleinviehherden tragen**.

Dass sogar sie zugrunde gehen, obwohl sie anspruchsloser sind als Rinder, zeigt das Ausmaß der Verwüstung des Weidelandes an. Joel deutet an, dass hinter allem Leid, das die Tierwelt betroffen hat, die Schuld des Menschen steht.

### 2.3.3.3 Joel ruft zu Jahwe um Rettung (1,19-20)

Der Prophet lässt seine Klage einmünden in den Anruf Gottes. Hier ist ein biblisches Beispiel, dass es durchaus legitim ist, seine Klagen vor Gott auszuschütten. Nur sollte man dabei nie stehen bleiben. Alles Klagen muss in die Anrufung Gottes einmünden, der allein helfen kann.

Mit den Worten »**Zu dir, Jahwe, rufe ich**« in V. 19 praktiziert Joel das, wozu er in V. 14 die Ältesten und alle Landesbewohner aufgerufen hat: »Schreit zu Jahwe«. Im folgenden Satz nennt Joel als Begründung den Anlass für den Hilferuf: Ein Brand hat sowohl die **Weideplätze der Steppe** und damit den Lebensbereich des Viehs als auch **alle Bäume des Feldes** und damit die Nahrung der Menschen verzehrt. Wie es scheint, hat nicht nur eine Heuschreckenplage das Land heimgesucht, sondern auch eine Dürre. Die davon verursachten Brände haben die Viehweiden und die traurigen Überreste der von den Heuschrecken übrig gelassenen Baumstümpfe auf dem Feld versengt.

In V. 20 stimmen **sogar die Tiere des Feldes** – das sind nach 1Sam. 17,44 die wilden Tiere im Unterschied zu den domestizierten Rindern, Schafen und Ziegen in V. 18 – in Joels Ruf zu Gott ein: Sie **lechzen** nach Gott bzw. schreien nach ihm. Das hebr. Wort *'ārag* kommt nur hier und in Ps. 42,2 vor und bedeutet entweder »sich sehnen nach, lechzen« oder »schreien«. Die Bedeutung »lechzen« passt hier recht gut, da anschließend von den vertrockneten Wasserbächen die Rede ist. Damit wird deutlich, dass hinter allem Dürsten der Kreatur letztlich ein, wenn auch unbewusstes, Lechzen nach dem Schöpfer steckt (vgl. Ps. 147,9; 148,7-10; Jona 3,8). Joel schließt die leidende Tierwelt in seine Fürbitte ein.

Joel beendet seinen Ruf zu Gott mit denselben Worten, mit denen er sie begonnen hat: »**Ein Feuer hat die Weideplätze der Steppe verzehrt.**« Diese Rahmung unterstreicht die Dringlichkeit der Anrufung Gottes, wie das folgende Schema deutlich macht:

A Joel ruft Jahwe an (V. 19a)

B Der Grund: Ein Feuer hat die Weideplätze der Steppe verzehrt und alle Bäume des Feldes versengt (V. 19b.c)

A' Sogar die Tiere des Feldes lechzen nach dir (V. 20a)

B' Der Grund: Vertrocknet sind die Wasserbäche und ein Feuer hat die Weideplätze der Steppe verzehrt (V. 20b.c)

## 2.3.4 Vorschlag zur Bibelarbeit über Joel 1,15-20

### 1. Einleitung

Aktuelle Katastrophen und Umweltkrisen treiben ins Gebet. Joel wird für uns zum Vorbild, weil er alle Not vor Gott brachte.

### 2. Durchführung

Thema: *Was Gott durch Nöte lehren will*

*a) Klage ihm die Not! (V. 15a)*

Joel beklagte die Not seiner Zeit und Welt vor Gott (V. 15a). Auch du darfst alle eigene und fremde Not in ihren Einzelheiten vor Gott aufzählen (vgl. V. 16-17). Joel gedachte sogar der leidenden Tierwelt (V. 18-20, vgl. Röm. 8,19ff).

Auch andere Menschen brachten ihre Not vor Gott: Hanna schüttete vor Gott ihr Herz aus (1Sam. 1,10ff), David klagte in vielen Psalmen Gott die Not seiner Verfolgung (z.B. Ps. 18,5-7; Ps. 55), Jona rief Gott aus dem Fischbauch an (Jona 2,2f), u.v.a.

*b) Rechne mit der Not am kommenden Tag des Herrn! (V. 15b-18)*

Joel rechnete mit der Not am kommenden Tag des Herrn (V. 15b). Näheres darüber lehrt z.B. Joel 4,1-17. Das NT kündigt eine Zeit großer Not an, wenn Jesus Christus am Tag des Herrn sichtbar auf Erden erscheinen wird, um Gericht zu halten (Offb. 16,13-16). In die größte Not aber wird derjenige kommen, dessen Name nicht im Buch des Lebens geschrieben steht (Offb. 20,15).

Auch wir sollen mit dem kommenden Tag des Herrn rechnen. Bereit ist, wer Jesus Christus vertraut, der uns retten will vor dem zukünftigen Zorn Gottes (1Thess. 1,10).

*c) Rufe ihn an in der Not! (V. 19-20)*

Joel rief bei seiner Klage den Herrn an (V. 19). Er blieb nicht bei der Not und der Klage darüber stehen, sondern wandte sich dem Herrn, dem Bundesgott Israels, zu und rief ihn persönlich um Hilfe an. Dazu ermutigt Gott auch uns durch den Psalmsänger Asaf (Ps. 50,15).

Wie steht es mit unseren Bittgebeten? Drehen wir uns letztlich nur um uns selbst und um unsere Anliegen, oder geht es uns um eine persönliche Begegnung mit dem lebendigen Gott? In diesem Zusammenhang sollten wir die Reihenfolge der Bitten im Gebet des Herrn beachten (Mt. 6,9-13). Denn letztlich geht es nicht darum, möglichst schnell alle Not wegzubeten, sondern zunächst einmal darum zu bitten, dass wir durch alle Not näher zu Gott kommen.

# KAPITEL 2

## 2.4 Jahwes Tag naht mit seinem Heer (2,1-11)

### 2.4.1 Übersetzung

*1. Stoßt ins Widderhorn auf Zion, und ›blast‹ Lärm auf meinem heiligen Berg! Es sollen erbeben alle Bewohner des Landes, denn der Tag Jahwes ist im Kommen, denn er ist nahe: 2. Ein Tag der Finsternis und der Dunkelheit, ein Tag des Gewölks und des Wolkendunkels. Wie Morgengrauen ist es ausgebreitet auf den Bergen, ein zahlreiches und starkes Volk, wie es keines gab von der Vorzeit her und nach ihm nicht mehr sein wird bis in die Jahre von Generation zu Generation! 3. Vor ihm her hat Feuer gefressen, und nach ihm versengt die Flamme. Wie der Garten Eden war das Land vor ihm, aber nach ihm ist es wüste Steppe, und nicht einmal Entronnene wird es haben. 4. Wie das Aussehen von Pferden ist sein Aussehen und wie Reitpferde, so rennen sie. 5. Wie der Schall von Kriegswagen, über die Gipfel der Berge hüpfen sie; wie das Prasseln einer Feuerflamme, die Stoppeln verzehrt; wie ein zahlreiches Volk, zur Schlacht gerüstet. 6. Vor ihm beben Völker, alle Gesichter glühen. 7. Wie Helden rennen sie, wie Männer der Schlacht ersteigen sie die Mauer, und sie gehen jeder auf seinen Wegen und sie verlassen nicht ihre Pfade, 8. und sie drängen einander nicht, sie gehen jeder auf seiner Bahn, und durch die Waffen hindurch stürzen sie sich, sie lassen keinen Bruch in den Reihen entstehen. 9. Sie überfallen die Stadt, sie rennen auf die Mauer, steigen hinauf in die Häuser, durch die Fenster kommen sie wie der Dieb. 10. Vor ihm erbebt die Erde, erzittern die Himmel, sind Sonne und Mond finster, verlieren die Sterne ihren Glanz. 11. Und Jahwe lässt seine Stimme erschallen vor seinem Heer. Ja, sehr groß ist sein Heereszug, ja, stark ist der Vollstrecker seines Wortes, ja, groß ist der Tag Jahwes und sehr furchtbar, wer kann bestehen?*

## 2.4.2 Struktur

Eingerahmt von einem Signal, das den Kampf am Tag Jahwes anzeigt, steht im Mittelpunkt dieses Abschnittes die Beschreibung der Eroberung Israels und Jerusalems.

A Ein Hornsignal läßt das Volk erbeben, denn der finstere Tag Jahwes ist im Kommen (V. 1-2a)

B Ein furchtbares Heer erobert unaufhaltsam das Land und die Stadt (V. 2b-9)

A' Ein Signal Jahwes lässt die Erde erbeben und die Gestirne verfinstern sich, denn groß ist der Tag Jahwes (V.10f)

## 2.4.3 Auslegung

### 2.4.3.0 Vorbemerkung

Joel 2,1-11 knüpft an 1,15 an und schildert, wie furchtbar der kommende Tag Jahwes ist. Im Unterschied zu 1,4-20 sind nun nicht Heuschrecken, sondern die Invasion eines unaufhaltsam eindringenden feindlichen Heeres Anlass der Prophetie (V. 1). Diese Schilderung knüpft in einigen Aspekten an die Beschreibung eines Heuschreckenschwarms an, steigert diese aber ins Unermessliche.

In 1,15 ist der Tag Jahwes zukünftig und eine landwirtschaftliche Katastrophe sein Vorbote. Die Verwendung zahlreicher hebr. Perfektformen in 1,4-20, die den statischen Aspekt des Geschehens betonen, lässt diesen Abschnitt wie eine Fotografie der Verwüstung wirken. In 2,1-11 wird dagegen der Tag Jahwes als unmittelbar hereinbrechend beschrieben. Die hebr. Imperfektformen heben in 2,4-9 den dynamischen Aspekt des Geschehens hervor; das Hereinbrechen des Tages Jahwes wird wie in einem laufenden Film geschildert. Joel ruft in 1,5-14 vor dem Horizont des nahenden Tages Jahwes das Volk zur Klage über den eingetretenen Schaden. In 2,1-11 rüttelt er es angesichts des unmittelbar hereinbrechenden Tages Jahwes auf, um es dann zur Umkehr zu rufen (2,12-17).

### 2.4.3.1 Gott warnt vor einem einzigartigen Heereseinfall an seinem nahenden Tag (2,1-2)

Das zweite Kapitel des Buches Joel beginnt mit der Aufforderung Gottes: **Stoßt ins Widderhorn** auf Zion. Das Widderhorn (hebr. *schôphār)* diente in Israel seit alter Zeit als Signalinstrument, das für unterschiedliche Zwecke Verwendung fand. Sein Schall war ein Warnsignal des Wächters (Neh. 4,12; Jes. 18,3; Jer. 6, 17; Hes. 33,1-6), es wurde zur Sammlung für eine Schlacht (Ri. 6,34; 1Sam. 13,3; Jer. 51,27), zu Beginn (Jos. 6,4f.16.20; Ri. 7,8.16.20) und am Ende einer Schlacht (2Sam. 2,28; 18,16), sowie bei verschiedenen religiösen Feierlichkeiten geblasen (3Mo. 25,9; 2Sam. 6,15; 2Chr. 15,14; Joel 2,15). Gott selbst offenbarte sich seinem Volk Israel am Sinai unter himmlischem Hörnerschall (2Mo. 19,18f).

Warum wurde nach 2,1 das Schofar geblasen? Um das zu beantworten, muss erst die zweite Aufforderung inhaltlich bestimmt werden. Sie lautet je nach Übersetzung »schreit!« (vgl. Ri. 7,21; Jes. 15,4; Mi. 4,9) oder »blast Lärm!« (vgl. 2Chr. 13,12). Wahrscheinlich wird immer noch an die Widderhörner gedacht, die wie eine Sirene lärmend geblasen werden sollen (vgl. 2Chr. 13,12.15; Hos. 5,8). Somit geht es in 2,1 um die Aufforderung zum lärmenden Signalgeben mit dem Widderhorn. Darum wird übersetzt: **und blast Lärm** auf meinem heiligen Berg!

Nach Keil (1985, S. 135) werden hier wie in 2,15 die Priester aufgefordert, mit dem Hornsignal eine nationale Bußversammlung einzuberufen. Doch Lärmsignale dienen nicht zur Bekanntgabe einer Versammlung, sondern gehören in den kriegerischen Bereich. Außerdem beschreibt 2,1b als Folge des Hornblasens die Beunruhigung des Volkes. Die Wächter Zions werden aufgefordert, Alarm zu blasen vor einem heranrückenden feindlichen Heer, das ab V. 2b geschildert wird. Dennoch besteht eine Beziehung zwischen 2,1 und 2,15. Der Aufruf »Stoßt ins Widderhorn auf Zion!« verbindet die Abschnitte 2, 1-11 und 2,12-17 stilistisch miteinander, wobei inhaltlich ein Unterschied besteht. Zuerst geht es um die Warnung vor dem Tag Jahwes, dann folgt eine Einberufung der Bußversammlung angesichts dieses Tages.

Das Hornsignal soll von **Zion** aus erschallen, **meinem heiligen Berg.** Zion (»Festung«) ist der Beiname der Gottesstadt Jerusalem (z.B. Jes. 2,3), besonders ihres Osthügels (Jes. 10,12; Joel 3,5; Sach. 1,14) mit der alten Jebusiterfestung, der späteren Davidsstadt (2Sam. 5,6-9; 1Chr. 11,4-7) und des nördlich davon gelegenen Tempelberges (Jes. 8,18; Joel 2,15; 4,17.21). Zion war Gottes heiliger Berg; wörtlich nennt Gott ihn »Berg meiner Heiligkeit« (vgl. Ps. 2,6). In dieser Bezeichnung zeigt sich zum einen der Besitzanspruch Gottes, der Zion zu seiner irdischen Wohnung erwählt hat (Ps. 132,13), zum anderen die Absonderung für Gott und die Unantastbarkeit für die Feinde des Volkes Gottes (vgl. Joel 4,17; Obd. 16f). Deshalb ist es nun besonders schlimm, dass Zion in größter Gefahr ist: Ein unaufhaltbares Heer bedroht das Land (V. 3) und die Stadt (V. 9).

Mit den Worten »**Es sollen erbeben alle Bewohner des Landes**« sagt der Prophet, mit welcher Absicht auf Zion geblasen werden soll: Alle Landesbewohner (vgl. 1,2.14) sollen aus ihrer sorglosen Ruhe aufgeschreckt werden. Gott beabsichtigte, seinem Volk Ruhe und Sicherheit im verheißenen Land zu geben (2Sam. 7,10; 1Chr. 17,9). Warum es dennoch in Unruhe versetzt werden soll, begründet Joel zweifach: **Denn der Tag Jahwes ist im Kommen, denn er ist nahe.** Er knüpft damit an 1,15 an, wo er klagt, dass mit der Heuschreckenplage der Tag Jahwes nahe gekommen ist.

In 2,1 wird ein anderer Aspekt herausgestellt. Vom Tag Jahwes heißt es nun nicht mehr »er wird kommen«, sondern wörtlich »er ist kommend« oder er »ist im Kommen«. Die von uns als Partizip aufgefasste hebr. Verbfom *bā'* ist grammatisch allerdings doppeldeutig. Keil deutet sie als eine Perfektform, die die zweifellose Gewissheit bezeichne, dass der Tag Jahwes kommt (1985, S. 135). Die parallele Aussage »denn er ist nahe« spricht aber eher für die andere Deutung: »Er ist im Kommen«.

Nachdem Gott in 2,1a in der ersten Person von sich sprach, ist ab V. 1b von ihm wieder in der dritten Person die Rede. Direkte Gottesrede und Rede des Gottesboten gehen ineinander über (vgl. 1,6f mit 1,1-5.8-20), ohne dass ein Unterschied im Anspruch besteht, Gottes Wort zu sein.

Der erste Teil von V. 2 setzt den letzten Satz von V. 1 fort: Denn der Tag Jahwes ist im Kommen, denn er ist nahe: **Ein Tag der Finsternis und der Dunkelheit, ein Tag des Gewölks und des Wolkendunkels.** Mit vier Genitiven beschreibt Joel den Tag Jahwes: **Finsternis** (hebr. *chōschäk)* schildert ihn als einen Tag der Gottesferne (Jes. 9,1) und des Gottesgerichts (2Mo. 10,21f), wie auch in Am. 5,18.20 und Zef. 1,15. Von **Dunkelheit** (hebr. *'ăphēlāh)* ist im AT oft bildlich die Rede, z.B. als Folge eines Fluches (5Mo. 28,29; Jes. 8,22). In 2Mo. 10,22 werden die beiden ersten Genitive als Wortpaar gebraucht, um die dreitägige Finsternis zu beschreiben, die Gott als neunte Plage über Ägypten kommen ließ. **Gewölk** (hebr. *'ānān)* wird meist im Zusammenhang einer Gotteserscheinung gebraucht, z.B. in der Wüste (2Mo. 16,10), am Sinai (2Mo. 19,9.16; 24,15f.18), bei der Einweihung der Stiftshütte (4Mo. 9,15-22) und des Tempels (1Kön. 8,11f). In 5Mo. 4,11 wird die Gotteserscheinung am Horeb mit den drei Ausdrücken beschrieben, die auch in Joel 2,2 vorkommen: »Finsternis, Gewölk und Wolkendunkel«. Auch im Zusammenhang von Strafgerichten Gottes ist von Gewölk die Rede (vgl. Hes. 30,3; 32,7; 34,12; Zef. 1,15). **Wolkendunkel** (hebr. *'ărāphăl)* kann den Ort der Gotteswohnung beschreiben (2Mo. 20,21; 5Mo. 5,22; 2Sam. 22,10; 2Chr. 6,1), aber auch die Gottesferne (Jes. 60,2) oder das Gottesgericht (Jer. 13,16; Zef. 1,15). So wird in Hes. 34,12 auch die Zerstreuung Judas als »Tag des Gewölks und Wolkendunkels« beschrieben.

Zusammenfassend lässt sich sagen, dass Joel den Tag Jahwes als eine Zeit kennzeichnet, die vom göttlichen Erscheinen, und zwar im göttlichen Gericht, bestimmt sein wird. Neu an der Prophetie Joels ist aber, dass sich das Gottesgericht des dunklen Tages Jahwes in 2,1-11 nicht gegen die Feinde Israels richtet, sondern gegen das Gottesvolk.

Während V. 2a vierfach die Dunkelheit des Tages Jahwes betont, fällt in V. 2b der Ausdruck »**Morgengrauen**« (hebr. *schachar)* auf. Ausleger haben vorgeschlagen, statt dessen *schəchōr* »Schwärze« zu lesen, was einen geringfügigen Eingriff in den hebr. Text bedeuten würde. Das ist aber unnötig, da der unveränderte Text sinnvoll ist. Das Morgengrauen tritt so plötzlich auf und verbreitet sich so weit wie das Heer, das Joel im Folgenden beschreiben will (Wolff, 1976, S. 52). Zur Steigerung der Spannung nennt Joel erst nachträglich, wer oder was **ausgebreitet auf den Bergen** ist, nämlich **ein zahlreiches und starkes Volk**. V. 11 greift diese Adjektive auf und bezieht sie auf das Heerlager Jahwes, das das Land (V. 3) und die Stadt (V. 9) erobert. Das »zahlreiche und starke« Volk waren zur Zeit Joels die

Heuschrecken (1,6), am Tag Jahwes wird es das Heer Gottes sein (2,5f.11).

Die Betonung der Einzigartigkeit des Heeres (2,2) erinnert an eine ähnliche Feststellung in 1,2f. Seit Menschengedenken hatte es eine solche Heuschreckenplage nicht gegeben. Bis in die folgenden Generationen hinein sollte davon weiter erzählt werden. Joel steigert diese Aussage in 2,2ff: **Wie es keines gab von der Vorzeit her und nach ihm nicht mehr sein wird bis in die Jahre von Generation zu Generation.** Mit dem Begriff »Vorzeit« (hebr. *'ôlām)* schaut er zurück in die fernste Vergangenheit (vgl. Spr. 8,23), mit den Worten »bis in die Jahre von Generation zu Generation« (vgl. Ps. 45,18; 61,7; Jes. 60,15) blickt er prophetisch voraus in die fernste Zukunft, solange es noch Jahre geben wird, die vom Generationenwechsel bestimmt sein werden. Mit dieser prophetischen Vergangenheits- und Zukunftsschau drückt Joel aus, dass die Invasion in 2,1-11 ein einzigartiges und einmaliges Ereignis ist. Auch von der siebten, achten und neunten Plage in Ägypten hieß es, dass sie einzigartig und einmalig waren (2Mo. 9,18; 10,6.14; 11,6). Nur richtet sich die einmalige Heimsuchung nun nicht gegen Ägypten, sondern gegen Juda und Jerusalem. Auch der Prophet Daniel weissagt von einer unvergleichlichen Bedrängnis, die in der letzten Zeit kommen wird (Dan. 12,1; vgl. Mt. 24,21).

Die anschließende Schilderung der feindlichen Invasion ist durch das dreimalige »vor ihm« in V. 3.6.10 (hebr. *ləphānâw* oder *mippānâw)* und durch verschiedene inhaltliche Aspekte in drei Teile gegliedert. Darin beschreibt Joel den Gegensatz der Situation des Landes vor der Invasion des Heeres (»vor ihm«) gegenüber der Zeit danach und führt dem Leser die Konsequenzen des Tages Jahwes deutlich vor Augen.

### 2.4.3.2 Sein Heer verwüstet das Land Juda (2,3-5)

Joel beschreibt den verheerenden Schaden, den das endzeitliche Heer anrichten wird. »**Vor ihm**« und »**nach ihm**« bezieht sich auf das in V. 2 genannte »zahlreiche und starke Volk«. Es fragt sich, was für ein **Feuer** gemeint ist, das nach V. 3 der feindlichen Invasion vorausgeht und ihr folgt. In 1,19f war von Steppenbränden aufgrund einer Dürre die Rede. Joel scheint in 2,3 daran anzuknüpfen. Allerdings sind die Brände jetzt Begleiterscheinungen des schlimmsten Heeres aller Zeiten, das das Land Juda erobert. Zugleich ist es ein Zeichen der Gotteserscheinung (vgl. 2Mo. 19,18).

Mit dem Vergleich »**wie der Garten Eden**« knüpft Joel an Vorstellungen an, die das Denken über das Heilige Land charakterisieren: 1. Es war von Gott gedacht als ein abgegrenzter Bereich besonderer göttlicher Zuwendung und Pflege. 2. Es sollte ein Ort der Freude sein; der hebr. Name Eden könnte »Wonne« bedeuten. 3. Der mit dem Sündenfall verlorene Garten in der Landschaft Eden (vgl. 1Mo. 2,8.10; 2,15; 3,23f) soll einst im Heiligen Land neu entstehen (4,17f; vgl. Jes. 51,3; Hes. 36,35).

Nun aber kündigt Joel genau das Gegenteil an. Das furchtbarste Heer aller Zeiten werde in das Land Juda eindringen und es mit Feuer völlig verwüsten. Aus einem Land, fruchtbar wie der Garten Eden, würde eine wüste Steppe werden. Jeder Fluchtversuch würde vergeblich sein, denn **nicht einmal Entronnene wird es haben.** Bei dieser Übersetzung bezieht sich das persönliche Fürwort »es« auf das zuvor erwähnte Land. Eine andere Übersetzungsmöglichkeit der ungewöhnlichen hebr. Satzkonstruktion lautet: »Nicht einmal vor ihm Entronnene wird es geben.« In diesem Fall bezieht sich »vor ihm« auf das in V. 2 eingeführte Kriegsvolk. In jedem Fall betont Joel die Unentrinnbarkeit des über das Land heraufkommenden Verderbens am Tag Jahwes (vgl. Jes. 24,18; Am. 5,19). Erst in 3,5 nennt er den einzigen Ort, an dem es Entronnene gibt.

Mit »wie« eingeleitet schließen sich in V. 3-7 mehrere Bilder an, mit denen das Heer beschrieben wird. Zunächst beschreiben die Verse 4f Aussehen, Geräusch und Absicht des einfallenden Heeres mit militärischen Bildern.

Der Vergleich mit dem **Aussehen von Pferden** in V. 4 knüpft vielleicht noch einmal an die in Kap. 1 beschriebenen Heuschreckenschwärme an. Kopfform und Sprungkraft der Heuschrecken erinnern an Pferde, darum heißen sie im Deutschen auch »Heupferde«. Möglicherweise geht es aber mehr um den Vergleichspunkt der rasanten Fortbewegung. Dafür spricht V. 4b: **Und wie Reitpferde, so rennen sie.** Joel schaut ein feindliches Heer, das wie eine schnelle Kavallerie das Land überrennt.

Weitere Vergleiche in V. 5a malen besonders den akustischen Aspekt der Invasion aus: **Wie der Schall von Kriegswagen, über die Gipfel der Berge springen sie; wie das Prasseln einer Feuerflamme, die Stoppeln verzehrt.** Im hebr. Text heißt es zweimal *kəqôl* (»wie ein Geräusch«); die Wiederholung steigert den Eindruck der Intensität des Geräuschs (vgl. Jes. 13,4). Vielleicht knüpft Joel an das Geräusch eines Heuschreckenschwarmes an; vorherrschend ist hier jedoch das Bild eines Heeres, das sich mit laut dröhnenden Kriegswagen fortbewegt. Die Eindringlinge sind so wendig, dass nicht einmal Berggipfel ein Hindernis sind; die Kriegswagen springen darüber hinweg. Diese Bewegungsart scheint eher zu Heuschrecken zu passen als zu Kriegswagen (vgl. aber Nah. 3,2). Der Vergleich mit einem prasselnden Feuer, das Stoppeln verzehrt, macht deutlich, wie schnell und unaufhaltsam die Zerstörung um sich greift (vgl. Obd. 18).

Die unheimliche Macht, die Joel schildert, ist **wie ein zahlreiches Volk, zur Schlacht gerüstet**. Damit ist ihr Wesen und ihre Absicht gekennzeichnet. »Wie ein zahlreiches Volk«

wiederholt die Formulierung aus V. 2 und schließt damit die Schilderung des Volkes ab. Die nächsten Verse werden sich mit der Schlacht befassen, die hier am Versende bereits pointiert genannt ist. Ähnlich wie in Joel 2,4f kündigt Offb. 9,1-11 ein apokalyptisches Heer an, das mit Heuschrecken und mit zum Kampf gerüsteten Pferden verglichen wird (Offb. 9,7).

### 2.4.3.3 Sein Heer erobert die Stadt Jerusalem (2,6-9)

Mit einem zweiten »vor ihm« weist Joel in V. 6 auf die Macht und den Schrecken des eindringenden Feindes hin (vgl. V. 3.10) und führt die Beschreibung des furchtbaren Heeres fort. Zwar schildern die Verse nur einen Einfall in das Heilige Land, der auf die Eroberung Jerusalems abzielt, dennoch erwähnt V. 6 auch die Angst der Völker: **Vor ihm beben Völker, alle Gesichter glühen**. Die beschriebene Heeresmacht ist so furchtbar, dass nicht nur Juda, sondern alle Völker vor ihr in Schrecken versetzt werden. Das hebr. Wort *chîl* (»beben«) bezeichnet das Sichwinden einer Frau bei Geburtsschmerzen, das sich in der Bibel als Bild für die Reaktion auf das Gericht Gottes findet (Jes. 13,8; vgl. im NT: Mt. 24,8; 1Thess. 5,3), das Beben aus Angst vor Krieg (z.B. 5Mo. 2,25) oder aus Ehrfurcht vor Gott (1Chr. 16,30; Ps. 77,17; 96,9). In 2,6 geht es um das angstvolle Erbeben der Völker vor dem furchtbaren Heer, das nach 2,11 letztlich ein Erschrecken vor dem Erscheinen des heiligen Gottes bedeutet.

V. 6b lautet wörtlich: »Alle Gesichter versammeln Glut«, d.h. sie glühen (vgl. Nah. 2,11). Die bildhafte Ausdrucksweise beschreibt die fieberhafte Panik auf den Gesichtern der Menschen (vgl. Jes. 13,8b, wo aber ein anderes hebr. Wort für »glühen« steht).

Sehr lebendig und anschaulich wird die Eroberung der Stadt in V. 7-9 geschildert. Wahrscheinlich ist Jerusalem gemeint (vgl. V. 1). Die zwölf hebr. Verben stehen in der Imperfektform und heben den dynamischen Aspekt hervor. Dadurch wird das laufende Geschehen wie in einem spannenden Film geschildert. Beim Stürmen des Landes war von Reitpferden und Kriegswagen die Rede (V. 4f). Jetzt, wo es um die Eroberung der Stadt geht, werden die Kämpfer selbst beschrieben. **Wie Helden rennen sie, wie Männer der Schlacht ersteigen sie die Mauer.** (V. 7) Zur Erwähnung der Stadtmauer in 2,7.9 vgl. die Einleitung S. 29.

Schwierig ist der hebr. Text in V. 7b-8. Hier stehen drei Aussagepaare, deren Inhalte dadurch betont werden, dass sie jeweils durch eine positive und eine negative Aussage wiedergegeben werden.

Das erste Aussagepaar »**Und sie gehen jeder auf seinen Wegen und sie verlassen nicht ihre Pfade**« (V. 7b) betont die Unbeirrbarkeit, mit der jeder Einzelne der feindlichen Eroberer sein Ziel anstrebt. Wörtlich heißt es »... und sie verflechten nicht ihre Pfade.« Das mittlere Paar »**sie drängen einander nicht, sie gehen jeder auf seiner Bahn**« (V. 8a) hebt die straffe Ordnung der Marschierenden hervor, von denen niemand dem anderen in die Quere kommt und ihn so behindert, wörtlich »drängt«. Und das letzte Aussagepaar »**durch die Waffen hindurch stürzen sie sich, sie lassen keinen Bruch in den Reihen entstehen**« (V. 8b) betont die Unaufhaltsamkeit des Heeres. Es ist unmöglich, die Kämpfenden mit Waffengewalt aufzuhalten oder in die Flucht zu schlagen. Gesenius (1962, S. 833) vermutet, dass mit dem hier verwendeten hebr. Wort *schälach* ein Wurfspieß gemeint ist. Die vorwärts stürmenden Kämpfer werfen sich zwischen die auf sie gerichteten Waffen und durchbrechen so die Reihe der Verteidiger der Stadt. Dabei lassen sie keinen Bruch in ihren Reihen entstehen. An dieser Stelle wird ganz klar, dass es hier nicht mehr um einen Heuschreckeneinfall geht. Zwar ist man auch schon mit Waffen gegen Heuschrecken vorgegangen (Keil, 1985, S. 138f), aber dennoch passt die Schilderung dieser Verse besser auf ein menschliches Heer.

Joel beschreibt in V. 7b-8, wie unbeirrbar, straff geordnet und unaufhaltsam, also unüberwindlich das feindliche Heer sein Vorhaben verfolgt, die Stadt Jerusalem zu erobern. Es wird deutlich, dass es keine Möglichkeit gibt, diesem furchtbaren Eroberungszug zu entkommen.

Vers 9 schildert, wie dieses unausweichliche Ergebnis zu Stande kommen wird: **Sie überfallen die Stadt, sie rennen auf die Mauer, steigen hinauf in die Häuser, durch die Fenster kommen sie wie der Dieb.** Diese Beschreibung kann zunächst wieder an den Einfall eines Heuschreckenschwarms erinnern (vgl. 2Mo. 10,6). Der Gesamtzusammenhang macht aber deutlich, dass es um mehr als eine Naturkatastophe geht. Joel schildert prophetisch die Erstürmung Jerusalems durch ein unüberwindliches apokalyptisches Heer.

Es stellt sich die Frage, ob Joel als Zukunftsprophet eine geschichtliche Eroberung Jerusalems ankündigt. Von einem frühvorexilischen Standpunkt aus könnten die zukünftigen Eroberungen Jerusalems durch die Babylonier (605, 597, 586 v. Chr.) geschildert sein. Jedoch spricht die in V. 2 betonte Unvergleichbarkeit und geschichtliche Einzigartigkeit des in V. 2-11 Geschilderten dafür, dass alle bisherigen Eroberungen Jerusalems nur Vorzeichen eines noch bevorstehenden apokalyptischen Eroberungszuges gegen Jerusalem am Tag Jahwes waren. Auch Sacharja prophezeit einen von den Völkern der Erde unternommenen Eroberungszug gegen Jerusalem am Ende der Zeit (Sach. 14,1f).

### 2.4.3.4 Sein Heer erschüttert Himmel und Erde, sodass niemand vor Jahwe bestehen kann (V. 10-11)

Die Schilderung erreicht nun ihren Höhepunkt. Nachdem V. 3-5 die Verwüstung des Landes und V. 6-9 die Eroberung der Stadt beschrieben haben, betonen V. 10f die kosmische und die theologische Dimension des Geschehens. Auch dieser Teil wird durch ein »**vor ihm**« eingeleitet (V. 3.6), mit dem auf das feindliche Heer Bezug genommen wird.

Mit der Verwendung des hebr. Wortes *rāgaz* (»**erbeben**«) in V. 10 knüpft Joel an V. 1 an. Nicht nur ein Erbeben der Menschen (V. 1) kennzeichnet den Tag Jahwes, sondern auch Erdbeben (V. 10), das im AT oft Gotteserscheinungen begleitet (vgl. z.B. 2Mo. 19,18; 1Sam. 14,15; Ps. 77,17.19; Jes. 5,25; Jer. 10,10; Nah. 1,5). Andere Begleiterscheinungen der Gotteserscheinung sind schon in V.2f erwähnt. Hinzu kommt das **Erzittern der Himmel** (vgl. Jes. 13,13; Joel 4,16; Hag. 2,6; Mt. 24,29; Hebr. 12,26f). Damit gewinnt der 2,1-11 geschilderte Eroberungszug eine kosmische Dimension.

Die Folge der Erschütterung der Himmel ist eine Verdunkelung der Gestirne: **Vor ihm ... sind Sonne und Mond finster, verlieren die Sterne ihren Glanz.** Auch riesige Heuschreckenschwärme können das Tageslicht verfinstern (vgl. 2Mo. 10,15). Joel knüpft hier möglicherweise an solche Ereignisse an, doch geht es um mehr. Die Verfinsterung ist Folge einer Erschütterung von Himmel und Erde beim Erscheinen Jahwes auf der Erde. Wörtlich heißt es: »Sonne und Mond haben sich geschwärzt, die Sterne ziehen ihren Glanz ein.« Das Phänomen, dass sämtliche Himmelslichter erblassen, ist auch in 2,2; 3,4 und 4,15 eine Begleiterscheinung des anbrechenden Tages Jahwes (vgl. Jes. 13,10; Sach. 14,6f; Hes. 32,7f; Am. 5,18.20; Zef. 1,15; ferner im NT: Mt. 24,29; 27,45; Offb. 6,12f). Die kosmische Erschütterung signalisiert das Erscheinen Jahwes an seinem Tag, denn die Schöpfung erbebt in Ehrfurcht vor ihrem Schöpfer. Dies bestätigt wieder, dass Joel kein zeitgeschichtliches Ereignis ankündigt, sondern den Tag Jahwes in seiner letzten Erfüllung. Vom Neuen Testament her gesehen ist dies der Tag der sichtbaren Erscheinung Jesu Christi auf Erden.

Nach der kosmischen Dimension von V. 10 führt Joel in V. 11 die theologische Dimension ins Blickfeld. Nun wird der Heerführer vorgestellt, **Jahwe**, der Bundesgott Israels (vgl. 2Mo. 15,3; 5Mo. 32,41; Ps. 24,8). Das zuvor beschriebene Heer ist **sein Heer, sein Heereszug, der Vollstrecker seines Wortes**. Der Gedanke, dass Gott sich zerstörerischer Mächte bedient, ist nicht neu. Nach alttestamentlichem Zeugnis kann sich Gott in seiner Souveränität unterschiedlichster Mittel bedienen, um sein Volk Israel gerichtlich heimzusuchen (vgl. 2Sam. 24,13ff; Jes. 7,20; Hes. 5,16f). Auch die Heuschrecken zur Zeit Joels waren Gottes Heer, ausgesandt zur Heimsuchung Judas und Jerusalems (2,25).

Aber die Aussage, dass Jahwe Anführer eines unaufhaltsamen apokalyptischen Heeres ist, das darauf aus ist, die Stadt Gottes zu erobern, muss auf die ersten Empfänger der prophetischen Botschaft Joels schockierend gewirkt haben. Wenn Gott in der Geschichte Kämpfe führte, dann auf der Seite seines Volkes. So kämpfte er z.B. beim Durchzug durch das Schilfmeer (vgl. 2Mo. 14,14), bei der Eroberung Kanaans (5Mo. 1,30; 3,22; Jos. 10,14.42) und zur Zeit Joschafats (2Chr. 20,29) für sein Volk. Die Aussage des Propheten dagegen ist nun, dass Jahwe an seinem Tag ein Heer anführen werde, das gegen sein Land und seine Stadt streitet. Das setzt voraus, dass Gottes Bund mit seinem Volk nach dessen Abfall von ihm in Frage gestellt ist. Bereits die landwirtschaftliche Katastrophe zur Zeit Joels war ein Anzeichen dafür. Joel kündigt an, dass Gott an seinem Tag mit einem unaufhaltbaren Heer sein Land und seine Stadt für sich zurückerobern wird.

Jahwe befehligt selbst sein Heer; er lässt **seine Stimme erschallen** und ruft es mit diesem Kommando zum Angriff. Wörtlich heißt es: »Und Jahwe hat seine Stimme (von sich) gegeben vor seinem Heer«. Während Gott in 4,16 seine Stimme als Zeichen des Angriffs auf die Völkerwelt ertönen lässt (vgl. Jes. 30,30f; 66,6; Jer. 25,30), erschallt seine donnernde Stimme in 2,11 im Angriff auf sein Bundesvolk. Darin liegt das Erschütternde der Botschaft Joels.

Das dreifache hebr. *kî* in V. 11b hat hier die Funktion eines bekräftigenden »ja«. Die dadurch hervorgehobenen Aussagen betonen verschiedene Aspekte des Tages Jahwes und seines Eroberungszuges: 1. **Ja, sehr groß ist sein Heereszug.** Das in 2,1-11 geschilderte Heer ist unüberwindlich. 2. **Ja, stark ist der Vollstrecker seines Wortes.** Gott selbst ist Feldherr und Befehlshaber seines Heeres. 3. **Ja, groß ist der Tag Jahwes und sehr furchtbar.** Das in 1,15 und 2,1 bereits gefallene Stichwort des Tages Jahwes wird wieder aufgegriffen und bildet eine Klammer mit dem Anfang des Kapitels. Die darin eingeschlossene Schilderung des feindlichen Heeres dient dazu, die Größe und Furchtbarkeit des Tages Jahwes anschaulich darzustellen (vgl. Jer. 30,7).

Mit der rhetorischen Frage »**Wer kann bestehen?**« schließt der Abschnitt über den Tag Jahwes. Joel stellt diese Frage betont an den Schluss und macht seinen Hörern unmissverständlich klar, dass das Kommen des Tages Jahwes jeden etwas angeht. Niemand kann ihm ausweichen. Kein Mensch kann dem heiligen Gott begegnen, ohne zu vergehen. Jeder steht als Sünder auf der Seite derer, die Gott mit seinem unüberwindlichen Heer gerichtlich heimsuchen muss. Zu dieser Erkenntnis kamen schon die Philister von Bet-Schemesch, als sie schwere Verluste hinnehmen mussten, nachdem sich einige ihrer Leute unbefugt die Bundeslade angeschaut hatten (1Sam. 6,19f). Stellen wie Jer. 10,10; Joel 2,11; Nah. 1,6; Mal. 3,2 oder auch Offb. 6,17 nehmen diese Einsicht auf und beziehen sie auf das besondere Eingreifen Gottes in die Weltgeschichte und besonders auf den großen Tag Jahwes. Damit steht am Ende des Abschnittes unausgesprochen die bange Frage im Raum, was denn zu tun sei, wenn der Tag Jahwes naht, niemand ihn aber ertragen kann. Auf diese Frage antwortet der nächste Abschnitt.

## 2.4.4 Vorschlag zur Bibelarbeit über Joel 2,1-11

### 1. Einleitung

Als Einstieg eignet sich die Frage nach dem Gottesbild. Ist Gott für uns nur der »liebe Gott«, dessen Aufgabe es ist zu vergeben? Am Kreuz Christi erkennen wir, dass Gott auch der heilige Gott ist, der die Sünde der Welt stellvertretend an seinem Sohn gerichtet hat. Der wiederkommende Herr wird Gericht halten an denen, die seine Stellvertretung nicht angenommen haben. Der Prophet Joel schaut in 2,1-11, wie es am Tag des Herrn sein wird, wenn der wiederkommende Herr als Richter sein Volk heimsuchen wird.

### 2. Durchführung

Thema: *Gott wird sein Volk richten*

*a) Eine dringende Warnung (V. 1-2a)*

Zions Wächter blasen Alarm (V. 1-2)! Ein feindliches Heer rückt heran. Alle Bewohner des Landes erbeben, alle sollen gewarnt sein – der Tag des Herrn bricht herein, der Herr, der Gott Israels, will sein abgefallenes Volk und dessen Land für sich zurückerobern. So wie Gott einst die Ägypter mit einer dreitägigen

Finsternis schlug (2Mo. 10,21ff), so will Gott seinen Gerichtszorn gegen sein untreues Volk offenbaren (Joel 2,2a). Joels Vision wird sich am Ende der Zeit erfüllen, wenn die vereinigten Völkerheere in das Land Israel einfallen und Jerusalem erobern werden (Offb. 11,2). Gott wird die Feinde Israels zunächst gewähren lassen und sich so als Richter gegen sein Bundesvolk stellen (vgl. Sach. 12,2ff; 14,1f).

Dieser Alarm gilt allen Menschen. Denn dem Tag des Herrn kann sich kein Mensch entziehen (vgl. Lk. 21,35; 1Thess. 5,2f). Alle sollen durch Gottes Wort vor dem Tag gewarnt sein, an dem Gott die Menschen der Erde in Gerechtigkeit richten wird (Apg. 17,31). Das neutestamentliche Gottesvolk hat die Aufgabe übertragen bekommen, durch sein Leben und Reden das Evangelium zu verkündigen.

*b) Ein unentrinnbares Verderben (V. 2b-10)*

Viele wollen entrinnen. Als Einstieg kann gemeinsam anhand der Bibel überlegt werden, auf welche Weise die Menschen vergeblich versuchen werden, dem Gericht Gottes an seinem Tag zu entfliehen (vgl. Matth. 3,7; Offb. 6,15ff).

Keiner kann entrinnen. In den Versen 2b-10 schildert Joel ein unüberwindliches Heer, das am Tag des Herrn das Heilige Land bedroht und das Land Juda verwüstet (V. 3-5). Niemand kann vor ihm entrinnen (V. 3). Unaufhaltsam dringt es in Jerusalem ein (V. 6-9). Vor ihm erbeben Himmel und Erde, die Gestirne verfinstern sich (V. 10f). Der Prophet Amos beschreibt die Unentrinnbarkeit des Tages des Herrn mit dem treffenden Bild von jemandem, der vor einem Löwen flieht und dabei einem Bären begegnet, glücklich zu Hause angekommen dann von einer Schlange gebissen wird (Am. 5,19). Die Prophetie vom Tag des Herrn gilt allen Völkern. Ein unentrinnbares Verderben droht allen Menschen am Tag des Herrn (Lk. 21,34f; 1Thess. 5,3; Offb. 9,1-12).

*c) Eine ernste Herausforderung (V. 11)*

Wer kann bestehen? Am Ende der prophetischen Schau Joels vom Tag des Herrn steht die überraschende Aussage, dass das endzeitliche Heer unter dem Kommando des Herrn steht (V. 11a). Wie furchtbar, dass der Herr selbst am Ende der Zeit solche Gerichte über die Erde bringen (vgl. Offb. 6,1-8) und dabei auch sein Bundesvolk Israel heimsuchen muss! In der Tatsache, dass die Menschen es in den Gerichten der letzten Zeit mit dem Gott Israels selbst zu tun haben werden, liegt für uns alle die ernste Herausforderung der Botschaft vom Tag des Herrn, die in die bange Frage mündet: »Wer kann bestehen?« (vgl. Mal. 3,2).

Sünder können nicht bestehen. In der Heiligen Schrift ist oft von Menschen die Rede, die wegen ihrer Sünde die Gegenwart Gottes nicht ertragen konnten (2Mo. 33,20; 1Sam. 6,20; Jes. 6,5; Lk. 5,8).

Begnadigte Sünder können bestehen. Nur der kann dem Gericht Gottes entfliehen und am Tag des Herrn bestehen, der sich bei Jesus Christus birgt, der für uns starb und auferstand (Lk. 21,36; 1Thess. 1,10; Offb. 5,9f).

## 2.5 Gott gibt noch eine Chance zur Umkehr (2,12-17)

### 2.5.1 Übersetzung

*12. Aber auch jetzt, ist der Ausspruch Jahwes, kehrt um zu mir mit eurem ganzen Herzen und mit Fasten und mit Weinen und mit Klagen! 13. Aber zerreißt eure Herzen, nicht eure Kleider, und kehrt um zu Jahwe, eurem Gott! Denn gnädig und barmherzig ist er, langsam zum Zorn und reich an Treue und lässt sich das Unheil gereuen. 14. Vielleicht wird er umkehren und es sich gereuen lassen und Segen hinter sich zurücklassen, Speisopfer und Trankopfer für Jahwe, euren Gott. 15. Stoßt ins Widderhorn auf Zion, heiligt ein Fasten, ruft eine Festversammlung aus! 16. Versammelt das Volk, heiligt eine Versammlung, bringt zusammen die Ältesten, versammelt die Kinder und die Säuglinge an den Brüsten! Es gehe hervor der Bräutigam aus seinem Hausinneren und die Braut aus ihrem Brautgemach! 17. Zwischen der Vorhalle und dem Altar sollen die*

*Priester, die Diener Jahwes, weinen und sagen: Erbarme dich, Jahwe, über dein Volk, und gib nicht dein Eigentum der Verhöhnung preis, dass Völker über sie herrschen! Wozu soll man sagen unter den Völkern: Wo ist ihr Gott?*

## 2.5.2 Struktur

Die Struktur dieses Abschnittes betont die Möglichkeit der Rettung unter der Bedingung einer Volksbuße. Die Aufforderung, durch eine Versammlung des ganzen Volkes unter Fasten Buße und Umkehr zu zeigen (B), wird eingerahmt durch die Möglichkeit der Rettung, die zum einen Gott anbietet (A) und zum anderen die Priester als Mittler zwischen Gott und Volk von ihm erbitten (A').

A Gott ruft sein Volk zur Umkehr, vielleicht kehrt er um von seinem Zorn (V. 12-14)

B Ein Hornsignal soll das Volk zu einem heiligen Fasten nach Zion einberufen (V. 15f)

A' Die Priester sollen im Tempel weinen und Gott um Erbarmen mit seinem Volk bitten (V. 17)

## 2.5.3 Auslegung

Dieser Abschnitt beinhaltet Gottes Bußruf an sein Volk. Er fordert sein Volk auf, seinen nahenden Tag ernst zu nehmen und praktische Konsequenzen daraus zu ziehen. Zu Beginn zitiert der Prophet Joel einen Ausspruch Jahwes (V. 12), mit dem Gott sein Volk zur Umkehr einlädt. Ab V. 13 ist wieder von Gott in der 3. Person die Rede: Joel erläutert im Auftrag Gottes, wie die Umkehr aussehen soll.

### 2.5.3.1 Gott ruft sein Volk zu völliger und echter Umkehr (2,12-13a)

Die Worte »**aber auch jetzt**« zeigen, wie das Volk zu handeln hat, bevor der Tag Jahwes hereinbricht: Noch ist es für Gottes Volk nicht zu spät, Buße zu tun. Da es nicht in der Lage sein wird, am Tag Jahwes zu bestehen(V. 11), liegt der einzige Ausweg aus dem Gericht in der Umkehr zu Gott (V. 12). Der Zusammenhang zwischen Gerichtsankündigung und Bußreaktion findet sich auch bei der Gerichtspredigt Jonas in Ninive, auf die die Niniviten mit einer Volksbuße reagierten (Jona 3,4ff).

Der Bußruf in 2,12 wird als **Ausspruch Jahwes** eingeführt. Gott redet hier in der ersten Person von sich selbst. Der Prophet gibt dessen Einladung weiter: **Kehrt um zu mir mit eurem ganzen Herzen und mit Fasten und mit Weinen und mit Klagen!** Das zugrunde liegende hebr. Wort *schûb* bedeutet im konkreten Sinn »umkehren«, d.h. zu dem Ausgangspunkt zurückgehen, den man verlassen hat (z.B. Rut 1,15.22). Daneben wird dieses Wort im AT häufig auf die Gottesbeziehung angewandt, die durch Umkehr erneuert werden muss. In 2,12 steht der Ausdruck in Verbindung mit der hebr. Präposition *'ad* (»bis«), die einen Zielpunkt der Umkehr angibt, in diesem Fall Jahwe (wörtlich »bis zu mir hin«, vgl. 5Mo. 30,2; Hiob 22,23; Jes. 19,22; Kla. 3,40; Am. 4,6). Da das Volk nicht in Übereinstimmung mit dem Gottesbund lebt (2Mo. 19,5), wird es zu Gott zurückgerufen. Zugleich eröffnet sich mit der Rückkehr zum Ausgangspunkt die Möglichkeit eines Neuanfangs (vgl. Jenni/Westermann, Bd. 2, 1984, Sp. 888).

Wir erfahren nirgends, wie weit sich das Volk von seinem Gott entfernt hat. Joel brandmarkt weder Götzendienst noch soziale Ungerechtigkeit (vgl. dagegen etwa Jes. 1,15-17; Jer. 3,13f; Hes. 18,30). Vermutlich war die Verbindung zu Gott nur noch eine äußerliche Beziehung. Diese Situation ist aber Anlass genug um umzukehren. Die Umkehr zu Gott soll nicht nur äußerlich geschehen, sondern **mit eurem ganzen Herzen**. Das Herz ist im AT an vielen Stellen ein Ausdruck für die Mitte der Person (vgl. 1Kön. 3,6; Ps. 51,12). Mit ganzem Herzen, d.h. mit der gesamten Person, soll Israel Jahwe, seinen Bundesgott, lieben (5Mo. 6,5), ihn suchen (5Mo. 4,29; Jer. 29,13) und auch zu ihm zurückkehren (Jer. 24,7). Dem entspricht auf der anderen Seite die Zusage Gottes, dass auch er mit seinem ganzen Herzen sein Volk wiederherstellen will (Jer. 32,41).

Dass sich eine Umkehr zu Gott von ganzem Herzen aber nicht auf eine bloße Innerlichkeit beschränkt, sondern von der »Personmitte« aus den ganzen Menschen in allen Lebensbereichen und Lebensäußerungen erfasst, verdeutlicht der Zusatz »**und mit Fasten und mit Weinen und mit Klagen**«. Schon im ersten Kapitel hat der Prophet angesichts der landwirtschaftlichen Katastrophe zu Fasten (1,14), Weinen (1,5) und Klagen (1,13) aufgerufen (siehe S. 99,91,101); darauf kommt er nun zurück. Anders als im ersten Kapitel geht es aber nicht um Äußerungen einer Volksklage, sondern einer Volksbuße. Damit dringt die prophetische Botschaft erst jetzt zum Kern der Sache vor. Während im ersten Kapitel die Symptome der gestörten Gottesgemeinschaft bewusst gemacht und beklagt werden, soll nun die Ursache selbst Anlass zum Fasten (vgl. Neh. 9,1ff), Weinen (vgl. Ri. 2,4) und Klagen werden. Der zuletzt genannte Begriff (hebr. *mispēd)* bezeichnet sonst im AT eine »Wehklage« über eine hereinbrechende Not (vgl. z.B. Jer. 6,26). Hier geht es jedoch um eine Wehklage über die eigene Sünde; sie ist die größte Not.

Die Aufforderung »**Zerreißt eure Herzen!**« in V. 13 zeigt, dass sich Gottes Volk unter ein schmerzliches, ja vernichtendes Urteil stellen soll: Es ist reif für Gottes Gericht. Darum ist Umkehr zu seinem Gott lebensnotwendig. Das Zerreißen der Kleider war eine alte Sitte, die Trauer und Bestürzung symbolisierte (vgl. 1Mo. 37,29.34; 44,13; Hiob 1,20). Joel sieht die Gefahr einer nur äußerlichen Gottesbeziehung und mahnt zu einer viel tiefer gehenden Trauer über die Schuld.

Mit der abschließenden Aufforderung »**Und kehrt um zu Jahwe, eurem Gott!**« kehrt Joel zu dem anfänglichen Ruf zur Umkehr zurück, der von Gott selbst in der ersten Person ausgegangen ist (V. 12). Joel greift diesen Bußruf auf und erinnert daran, dass Jahwe ihr Gott sein will, und damit an den Bundesschluss Gottes am Sinai (2Mo. 19,5f). Die damals geoffenbarten Zehn Gebote beginnen mit den Worten: »Ich bin Jahwe, dein Gott« (2Mo. 20,1). Der darin enthaltene Hinweis auf die Zugehörigkeit Gottes zu seinem Volk bedeutet nicht, dass Israel über Gott verfügen könnte, sondern dass es ganz auf seinen Gott angewiesen ist. Joel ruft zur Umkehr, zur völligen Ausrichtung auf Jahwe, den Gott Israels.

### 2.5.3.2 Vielleicht lässt Gott sich des Unheils gereuen (2,13b-14)

Wie aber würde es dem Volk überhaupt möglich sein, trotz seiner Sünde zu Gott heimzukehren? Joel erinnert in V. 13b wieder an den Bundesschluss zwischen Gott und Israel als den Ausgangspunkt der Erwählung zum Gottesvolk. Gleich nach diesem Ereignis hatte sich das Volk Israel mit der Anbetung des goldenen Kalbes schwer gegen Gott versündigt (2Mo. 32). Aber Mose trat bei Gott für Israel ein und erlebte eine Gotteserscheinung, bei der sich Gott mit folgenden Worten vorstellte: »Jahwe, Jahwe, barmherziger und gnädiger Gott, langsam zum Zorn und reich an Treue und Zuverlässigkeit, der Treue bewahrt für Tausende, der vergibt Verkehrung und Auflehnung und Verfehlung.« (2Mo. 34,6b-7a). Joel stellt seiner Generation eine Wiederannahme bei seinem Gott in Aussicht, so wie es das Volk Israel zur Zeit Moses erfahren hatte (vgl. Zuck, 1991, S. 420). Joel gibt diese Selbstoffenbarung Gottes in V. 13b in leichter Abwandlung wieder: **Denn gnädig und barmherzig ist er, langsam zum Zorn und reich an Treue** (vgl. 2Mo. 34,6; 4Mo. 14,18; Neh. 9,17; Ps. 86,15; 103,8; 145,8; Jona 4,2). Folgende Eigenschaften Gottes werden darin beschrieben:

Gott ist erstens **gnädig** (hebr. *channûn*, vgl. z.B. 2Mo. 22,26). Das hebr. Wort ist abgeleitet von dem Verb *chānan* (»geneigt sein, gnädig sein«). Das Substantiv »Gnade« (hebr. *chēn*, z.B. 1Mo. 6,8) bedeutet »Geneigtheit, Gunst, Gnade« (Gesenius, 1962, S. 243) und bezeichnet die Zuneigung, die ein Höhergestellter einem Untergebenen zuteil werden lässt (Jenni/Westermann, Bd.1, 1984, Sp. 589). Joel verkündigt Gottes Bereitschaft, sich herabzuneigen zu seinem Volk, das sonst vor seinem Zorn nicht bestehen kann.

Gott ist zweitens **barmherzig** (hebr. *rachûm*, z.B. 5Mo. 4,31). Er ist bereit, die Beziehung zu seinem untreuen Bundesvolk wieder aufzunehmen, und es aus seiner selbstverschuldeten Strafe zu retten, wenn es zu ihm umkehrt (Simian-Yofre, 1982, Sp. 464f). Weil Gottes Erbarmungen groß sind (2Sam. 24,14; Jes. 54,7f) wird er Erbarmer genannt (Jes. 49,10; 54,10).

Gott ist drittens **langsam zum Zorn** (vgl. z.B. Nah. 1,3). Gott reagiert um seiner Heiligkeit willen mit Zorn auf die Sünde des Menschen; der Tag Jahwes ist der Zeitpunkt, an dem Gott seinen Zorn offenbart und strafend gegen die Sünde seines Volkes und aller Völker (Joel 2,1-11; 4,1ff) einschreitet. Weil Gott aber langsam zum Zorn ist, hält er seinen Zorn noch zurück und gibt Gelegenheit zur Umkehr (vgl. 2Petr. 3,9.15).

Gott ist viertens **reich an Treue**. Das hebr. Wort *chäsäd* wird meist mit »Güte« (Lutherbibel, 1984) oder »Gnade« (Elberfelder

Bibel, 1985) übersetzt. Es bezeichnet darüber hinaus Treue, Loyalität und gemeinschaftsgemäßes Verhalten (Zobel, 1982, Sp. 59) zwischen Menschen (z.B. 1Mo. 21,23; 24,49; 40,14) oder zwischen Gott und Menschen (z.B. Ps. 25,6; 36,6; 98,3). Angesichts der Größe der Schuld war das Volk zur Zeit Joels ganz auf den Reichtum der Bundestreue seines Gottes angewiesen.

Die abschließende Charakterisierung Gottes »**und lässt sich das Unheil gereuen**« geht über den Wortlaut von 2Mo. 34,6b-7a hinaus (vgl. aber Jona 4,2b). Die Aussage, dass Gott sich etwas gereuen lässt, scheint im Widerspruch zu stehen zu Stellen, in denen es heißt, dass ihn nichts gereut. Beide Aussagen stehen jedoch in ganz unterschiedlichen Zusammenhängen und ergänzen sich. Der Satz »Gott ist kein Mensch, dass ihn etwas gereue« (4Mo. 23,19; 1Sam. 15,29) betont, dass Gottes Plan unumstößlich feststeht. Wenn andererseits von der Reue Gottes gesprochen wird, dann bedeutet das nicht, dass Gott eine falsche Entscheidung auf seiner Seite erkennen muss, auf Grund dessen er seinen Plan ändern müsste. Es zeigt vielmehr, dass er auf das veränderte Verhalten der Menschen eingeht, entweder zu ihrem Verderben (1Mo. 6,6; 2Mo. 32,14; 1Sam. 15,11) oder zu ihrem Heil (Joel 2,13; Jona 3,9f; 4,2). Dieser scheinbare Widerspruch entsteht daraus, dass hier mit menschlichen Ausdrucksmitteln göttliche Eigenschaften wiedergegeben werden. Das Unheil, das sich Jahwe gereuen lässt, kann grundsätzlich jedes göttliche Strafgericht bedeuten; in diesem Zusammenhang bezeichnet es die landwirtschaftliche Katastrophe zur Zeit Joels.

Es fällt auf, mit welcher Zurückhaltung Joel die Möglichkeit der Rettung in Aussicht stellt. Für »**vielleicht**« steht wörtlich »wer weiß« (vgl. 2Sam. 12,22; Jona 3,9). Darin schwingt nicht ein Zweifel an Gottes Gnade, sondern das Wissen, dass letztlich kein Mensch über Gottes Gnade verfügen kann. Zwar nimmt Joel in V. 13 Gott bei seinem Wort, indem er dessen Selbstoffenbarung in 2Mo. 34,6f zitiert. Dennoch ist er weit davon entfernt, diese Gnade bei ihm einzuklagen. Wenn sich der souveräne Gott über sein Volk erbarmt und das Gericht abwendet, geschieht dies aus seinem freien Erbarmen.

Der Satz »**Vielleicht wird er umkehren und es sich gereuen lassen**« in V.14 könnte auch übersetzt werden: »Vielleicht wird er es sich wieder gereuen lassen« (Hebr. *schûb* kann sowohl »umkehren« als auch »etwas wiederum tun« bedeuten). Dennoch liegt die erste Übersetzung näher. Das Wort »umkehren« erinnert an die Aufforderungen in V. 12 (»kehrt um zu mir«) und in V. 13 (»kehrt um zu Jahwe«). Gott kehrt um zu seinem Volk, wenn es zu seinem Gott umkehrt (vgl. 2Chr. 30,6). Der Mensch muss sich mit seiner Initiative nicht Gottes Gnade erkaufen; Gott gibt angesichts seines hereinbrechenden Tages die Chance der Umkehr und Begnadigung. Aber erst wenn das Volk dieses Angebot annimmt und zu Gott umkehrt, kehrt Gott zu seinem Volk um und schenkt ihm sein Erbarmen.

Was sind die Folgen, wenn Gott sich das Unheil gereuen lässt? **Er wird Segen hinter sich zurücklassen**, Speis- und Trankopfer für Jahwe, euren Gott (V. 14). Wenn Gott sich seinem Volk wieder zuwendet, erfährt es das Gegenteil von dem, was in V. 3 beschrieben ist: Statt einer Wüste, in der es keinen Entronnenen gibt, wird Gott Segen zurücklassen. Dieser Segen zeigt sich in einer neuen Ernte, die es ermöglicht, die Darbringung der Opfergaben wieder aufzunehmen. Segen besteht nach alttestamentlichem Verständnis darin, dass Gott sich seinem Geschöpf zuwendet und es mit seiner Kraft begabt: Er verleiht Fruchtbarkeit (1Mo. 1,22.28; 22,17; 49,25) und Gedeihen in allen Lebensbereichen (5Mo. 28,13f), aber auch Gnade und Frieden (4Mo. 6,24-26). In 2,14 steht der Segen für seine Auswirkungen im landwirtschaftlichen Bereich, wie ihn Gott Israel für Gehorsam verheißen hatte (5Mo. 28,1-14). Nach Joels

Gnadenbotschaft sollte der Segen nicht die Folge des von Israel geleisteten Gehorsams sein, sondern Gottes freies Geschenk als Antwort auf die Umkehr des Volkes.

Im gleichen Satz wird auf die Wiederaufnahme des regelmäßigen Opferdienstes hingewiesen: **Speis- und Trankopfer für Jahwe, euren Gott** (vgl. 1,9.14). Hier zeigt sich, wie Joel die Opfer bewertet: 1. Die Darbringung von Speis- und Trankopfern ist für ihn selbstverständlich, da sie im mosaischen Gesetz verankert ist. 2. Sie erneuerte nicht Gottes Gemeinschaft mit seinem Volk, sondern ist Ausdruck der durch Gottes Gnade geschenkten geistlichen und wirtschaftlichen Erneuerung des Volkes. 3. Speis- und Trankopfer sind Gottes Gaben und werden ihm als Ausdruck des Dankes und der Weihe zurückgegeben.

### 2.5.3.3 Joel fordert die Einberufung eines nationalen Bittgottesdienstes auf Zion (2,15-17)

Vers 15 nimmt wörtlichen Bezug auf 2,1a und 1,14. Während in 2,1 die Wächter Zions aufgerufen werden, das Volk vor der Invasion eines feindlichen Heeres am Tag Jahwes zu warnen, ruft Joel nun angesichts dieses nahenden Tages zur Einberufung einer Bußversammlung auf. Durch die Nennung der Aufforderung »**Stoßt ins Widderhorn auf Zion!**« an beiden Stellen werden diese inhaltlich zueinander in Bezug gesetzt: Das Alarmsignal der Wächter (V. 1) löst das Bußtags-Signal aus (V. 15). Wer es erschallen lassen soll, wird nicht gesagt. Doch ist wie in 1,14 an die Priester zu denken, die die in 2,16 beispielhaft aufgeführten Volksgruppen versammeln sollen.

Mit der Aufforderung »**Heiligt ein Fasten, ruft eine Festversammlung aus!**« geht es um die gleiche Volksversammlung wie in 1,14 (siehe S. 103); an beiden Stellen werden gleiche Inhalte der Gottesdienste beschrieben: Angesichts der Heimsuchung des Landes soll ein mit Fasten bekräftigter Hilfeschrei an Jahwe gerichtet werden. Vor dem Hintergrund des nahenden Tages Jahwes kommt in 2,14 die Notwendigkeit der Umkehr zu Jahwe hinzu. Wahrscheinlich geht es um zwei aufeinander aufbauende Einladungen zu demselben nationalen Gottesdienst, der nach 1,14 von klagender Bitte und nach 2,17 von bußfertiger Bitte geprägt sein soll. Beides gehört zusammen: Die Klage über Symptome gestörter Gottesgemeinschaft und die Umkehr zu Jahwe, die das Übel an der Wurzel fasst. Und beides soll im Rahmen eines nationalen Gottesdienstes in den Hilfeschrei zu Gott einmünden.

Mit der Aufforderung »**versammelt**« schließt Joel in V. 16 wie in V. 15b an 1,14 an. Doch während dort nur die Ältesten und die Landesbewohner allgemein genannt werden, zählt V. 16 drei Altersgruppen der Bevölkerung auf, die repräsentativ für alle denkbaren Teile des Volkes stehen. Nach der Nennung des **Volkes** als Oberbegriff werden die **Ältesten** (vgl. die Auslegung zu 1,2.14, S. 85f), die auf eine reiche Lebenserfahrung zurückschauen können, genannt. Dann werden **die Kinder und die Säuglinge an den Brüsten** erwähnt, als Menschen, die sich am Anfang ihres Lebens befinden, und schließlich Menschen auf dem Höhepunkt des Lebens: **Bräutigam und Braut**. Menschen jeder Stellung, jedes Lebensalters und beiderlei Geschlechts sollen sich zur Buße versammeln.

Unter den erwünschten Gottesdienstbesuchern werden ausdrücklich **Kinder** und Säuglinge genannt. Auch sie gehören im AT zum Gottesvolk. Darum sollen nach 2Mo. 12,26f die Väter während des Passahmahls ihren Kindern von der Befreiung Israels durch Gottes heilsgeschichtliches Handeln erzählen (vgl. 1,3). Kinder sollen an der alle sieben Jahre stattfindenden öffentlichen Verlesung des Gesetzes teilnehmen (5Mo. 31,12), denn das von Gott geoffenbarte Gesetz gilt ausdrücklich auch den Kindern (5Mo. 29,28). Gelegentlich wird erwähnt, dass Kinder an Versammlungen des Volkes Juda teilnahmen (2Chr. 20,13; Esr. 10,1). Dennoch erhebt sich die Frage, warum Joel ausgerechnet **Säuglinge an den Brüsten** zu den Teilnehmern an der nationalen Bußversammlung rechnet. Wenn man davon ausgeht, dass Säuglinge bis zu drei Jahren oder länger gestillt wurden (vgl. 1Sam. 1,23; 2Makk. 7,28), dann ist möglicherweise ein allererstes Verständnis solcher Kleinkinder denkbar. Bedeutsamer ist jedoch der Aspekt, dass es damals um den Fortbestand des Volkes, und damit auch um seinen Nachwuchs ging. Die Kinder sollen anwesend sein, weil auch für sie Gott um Hilfe angerufen werden soll.

Die Erwähnung von **Bräutigam und Braut** steht im Kontrast zu dem in 1,8 verwendeten Vergleich mit der Jungfrau, die um ihren verstorbenen Verlobten klagt. Dass sich gerade Braut und Bräutigam an der nationalen Bußversammlung beteiligen sollen, macht einerseits die Dringlichkeit und Vorrangigkeit dieses Gottesdienstes klar – seinetwegen kann es Brautleuten zugemutet werden, ihre Hochzeit zu unterbrechen. Die parallelen hebr. Ausdrücke *chädär* (eigentlich »das innerste Zimmer«) und *chuppäh* (»Brautgemach) bezeichnen hier beide die Hochzeitskammer, den Ort des ersten Vollzugs der ehelichen Gemeinschaft. Andererseits stellt die Erwähnung von Braut und Bräutigam ein ausgesprochen hoffnungsvolles Zeichen für die Zukunft des Landes dar (vgl. Jer. 33,11; und umgekehrt Jer. 7,34; 16,9; 25,10).

Joel schließt mit V. 17 seinen Appell zur Einberufung eines nationalen Bittgottesdienstes. Er nennt den Ort und die Verantwortlichen für das Bittgebet und gibt Anleitung für seine Durchführung.

Der Ort, an dem der volksweite Bittgottesdienst stattfinden soll, ist der Tempel Jahwes in Jerusalem. Mit der **Vorhalle** ist der Eingangsbereich des Tempelgebäudes gemeint (1Kön. 6,3; 2Chr. 15,8). Der von Joel nicht näher bezeichnete **Altar** ist, wie der Zusammenhang zeigt, der Brandopferaltar (vgl. Hes. 8,16), der auch »kupferner Altar« (1Kön. 8,64) oder »Altar Jahwes« (2Chr. 15,8) genannt wurde. Auf ihm sollten, abgesehen vom Räucheropfer, sämtliche Opfer dargebracht werden, auch die bei Joel mehrfach erwähnten Speis- und Trankopfer (1,9.13.16; 2,14). Die Ortsangabe »**zwischen der Vorhalle und dem Altar**« bezeichnet wie in Hes. 8,16 den Tempeleingang. Vom inneren Vorhof her gelangten die Dienst tuenden Priester am Brandopferaltar (2Chr. 8,12) und ehernen Meer (vgl. 2Mo. 30,18) vorbei durch die links und rechts am Eingang des Tempelgebäudes stehenden Säulen in die Vorhalle, an deren Rückseite eine doppelte Flügeltür in das Heiligtum führte (1Kön. 6,33f). Dahinter befand sich das Allerheiligste. Der Bereich zwischen der Vorhalle und dem Altar war somit ein dem Priesterdienst vorbehaltener Ort. Götzendienst (Hes. 8,16) und Prophetenmord (Mt. 23,35) waren an dieser heiligen Stätte besonders schwerwiegende Frevel. Gemäß Joels Anweisung sollen hier die Priester für das Volk die Bitte um Rettung vor Gott bringen.

Für die Gestaltung des Bittgottesdienstes sollen **die Priester, die Diener Jahwes** (vgl. die Erklärung zu 1,9; S. 96) verantwortlich sein. Als Ausdruck ihrer klagenden und bittenden Haltung sollen sie »weinen« (vgl. 1,13). Das Bittgebet, das Joel den Priestern in den Mund legt, besteht aus zwei Bitten um Gottes Hilfe für sein Volk und einer rhetorischen Frage, bei der es um Gottes Ehre als Motiv für sein rettendes Eingreifen geht.

Mit der Bitte »**Erbarme dich, Jahwe, über dein Volk**« sollen die Priester Jahwe, den Gott Israels, zu barmherzigem Mitgefühl auffordern. Das hebr. Verb *chûs* bedeutet soviel wie »sich erbarmen« oder »jemanden schonen« (vgl. Jona 4,10f). Das

Volk Jahwes ist auf das göttliche Erbarmen angewiesen, weil es sich nicht aus eigener Kraft retten kann. Die Betonungen »dein Volk« und »dein Eigentum« sollen Gott an sein Bundesverhältnis zu seinem Volk und damit an Gottes Bundestreue erinnern (vgl. 2Mo. 19,5f; 1Kön. 8,51). Während der Prophet in 2,1-11 die Auswirkung der Heiligkeit Gottes schildert, vor dem niemand am Tag Jahwes bestehen kann, lässt er nun die Priester an die erbarmende Liebe Gottes appellieren.

In der ersten Bitte geht es um die Voraussetzung für die Errettung, nämlich um das göttliche Erbarmen. Die zweite Bitte beschreibt, welche Art von Errettung konkret nötig ist: **Und gib nicht dein Eigentum der Verhöhnung preis, dass Völker über sie herrschen** (oder: **spotten**)! Um die Aussage dieses Satzes zu verstehen, ist es wichtig, die Bedeutung des hebr. Verbes *mā-schal* (»herrschen« oder »spotten«) an dieser Stelle zu bestimmen.

Keil (1985, S. 141f), Allen (1976, S. 77), Dillard (1992, S. 284), die Luther- (1984) und Elberfelder Übersetzung (1985) geben den hebr. Ausdruck mit »**spotten**« wieder. Dafür spricht der in demselben Satz verwendete Begriff »Verhöhnung« und ein Vergleich mit 5Mo. 28,37ff, wonach Gott sein ungehorsames Volk zum Sprichwort (hebr. *māschāl)* unter allen Völkern werden lassen will. Nach Keil (1985, S. 142) geht es hier nur um landwirtschaftliche Aspekte. Der Gedanke an eine Unterjochung durch Feinde sei ein dem Zusammenhang fremder Gedanke. Denn wenn Gott in V. 19 eine neue Ernte und das Ende der Verhöhnung unter den Völkern verheißt, dann werde damit angedeutet, dass der Anlass dieser Verhöhnung nicht in einer Unterwerfung unter die Feinde, sondern in der Missernte bestanden habe. Auf der anderen Seite aber kann das in V. 19b verheißene Ende der Verhöhnung auch im Zusammenhang der in V. 20 angekündigten Vernichtung des feindlichen Heeres gesehen werden (vgl. S. 153).

Die Wiedergabe »Und gib nicht dein Eigentum der Verhöhnung preis, dass Völker über sie **herrschen**« wurde bereits von alten Übersetzungen wie der LXX, der syrischen Peschitta, der Vulgata und dem aramäischen Targum gewählt. Auch Luther (1912) übersetzte in diesem Sinn, außerdem die englische King James Version. Unter den modernen Auslegern tritt Wolff für sie ein (1975, S. 61). Das zweideutige hebr. Wort *māschal* wird im AT meist mit »herrschen« übersetzt. Die besondere Wortbedeutung »einen Spottvers singen, einen Spruch reden« ergibt sich aus dem Zusammenhang, wenn das hebr. Substantiv *māschāl* (»Sprichwort, Spruch, Spottvers«) beigefügt ist (Hes. 12,23; 17,2; 18,2f; 24,3) oder wenn sich der Wortlaut des Spruches unmittelbar anschließt (4Mo. 21,27; Hes. 16,44). Als einen solchen Spruch könnte man die Frage »Wo ist ihr Gott?« annehmen, sie folgt aber erst am Ende von V. 17. In Verbindung mit dem sich anschließenden hebr. *bām* kann *māschal* zwar mit »bei ihnen spotten, unter sich spotten« übersetzt werden (vgl. Gesenius, 1962, S. 469, Hes. 12,23; 18,3: »spotten in Israel«). Schwierig ist jedoch, dass dann nach der Wortfolge des hebr. Textes mit hebr. *bām* (»unter sich«) die Völker gemeint sein müssten, die erst mit dem nächsten Wort genannt sind (vgl. Dillard, 1992, S. 284).

Die Probleme lösen sich, wenn man wie in Ps. 106,41 und Kla. 5,8 für hebr. *māschal bām* die Bedeutung »über sie herrschen« wählt. 5Mo. 15,6 zeigt zudem, worin der in 2,17 vorausgesetzte Zusammenhang zwischen Missernte und Fremdherrschaft bestehen könnte: Die Notlage droht Juda in wirtschaftliche Abhängigkeit von fremden Völkern zu führen.

Der Satz »**Warum soll man sagen unter den Völkern: Wo ist ihr Gott?**« nimmt Bezug auf die Bitte »Und gib nicht dein Eigentum der Verhöhnung preis!« und rundet die Aussage von V. 17 ab. Das Reden unter den Völkern wäre ein höhnisches Gerede. Die mit hebr. *lāmmāh* (»warum«) eingeleitete rhetorische Frage stellt die Berechtigung eines solchen Geredes unter den Völkern in Abrede. Die Frage »Wo ist ihr Gott?« würde aussagen, dass Gott sich von seinem Volk zurückgezogen und es im Stich gelassen hätte (vgl. Ps. 42,4; 79,10; 115,2). Der pointiert ans Ende des Bittgebetes gestellte Satz »Warum soll man sagen unter den Völkern: Wo ist ihr Gott?« ist also sinngemäß so zu verstehen: »Lass doch nicht zu, dass man unter den Völkern sagt, dass du als Bundesgott Israels gescheitert bist!« Der Grund für ein solches Scheitern Jahwes wäre dann eine von den Völkern vermutete Treulosigkeit oder Kraftlosigkeit Gottes angesichts der Feinde Israels (vgl. 2Mo. 32,12; 4Mo. 14,15f; 5Mo. 9,28).

Mit der verhöhnenden Frage »Wo ist ihr Gott?« schließt der Teil des Buches, in dem Joel Gottes Volk zur Buße ruft. Gott selbst ist nun herausgefordert. Es geht um seine Ehre in der Völkerwelt, die mit der wirtschaftlichen Bedrohung seines Bundesvolkes auf dem Spiel steht.

## 2.5.4 Vorschlag zur Bibelarbeit über Joel 2,12-17

### 1. Einleitung:

Eine Situation beim Autofahren: Durch Unachtsamkeit hat der Fahrer bei einem Autobahnkreuz die Ausfahrt verpasst und fährt nun in die falsche Richtung. So kommt er nie ans Ziel. Es hilft nur eines: Die Autobahn verlassen und wieder zurückfahren! Ähnlich war es zur Zeit Joels in Juda. Die Menschen hatten sich von Gott entfernt. Nun droht ihnen das Verderben am Tag des Herrn (V. 1-11). Joels Beschreibung des Tages Jahwes gipfelt in der bangen Frage: »Wer kann bestehen?« (V. 11) Da sendet Gott seinen Propheten und lässt verkündigen, dass es zu echter Umkehr noch nicht zu spät ist. Doch wie sieht echte Umkehr aus? Diese Frage ist heute noch aktuell. Unser Text gibt fünf Antworten.

## 2. Durchführung

Thema: *Wie echte Umkehr aussieht*

*a) Gottes Chance nutzen (V. 12a)*

Umkehr ist auch heute möglich, wenn Gottes Ruf einen Menschen erreicht (Ps. 95,7b.8) und solange noch Gnadenzeit ist (2Petr. 3,9f).

*b) Von ganzem Herzen heimkehren zum Herrn (V. 12b-13a)*

Es geht nicht um einen moralischen Neuanfang mit guten Vorsätzen, sondern um eine Heimkehr zum lebendigen Gott, der einst am Sinai den Bund mit Israel schloss (vgl. die Auslegung). Gott wartet auf uns mit offenen Armen, wie der Vater im Gleichnis auf den verlorenen Sohn (Lk. 15,20).

Echte Buße ist keine äußere Leistung, mit der wir versuchen, Gott zu beeindrucken, sondern sie besteht in einer Sinnesänderung, die von der Mitte der Person ausgeht und von daher den ganzen Menschen prägt, so wie der Herzschlag den ganzen Körper durchpulst. Wahre Umkehr beschränkt sich nicht auf eine bloße Innerlichkeit, sondern wirkt sich auf alle Lebensäußerungen aus. Fasten bedeutet Verzicht auf alles Ablenkende. Wie könnte dieser Verzicht heute aussehen (vgl. Jes. 58,6ff)? Die Erwähnung von Weinen und Klagen macht deutlich, dass sich eine Lebensumkehr auch auf den Bereich der Gefühle auswirkt (Jak. 4,9). Dabei geht es allerdings nicht um eine vor den Menschen gespielte Reue (»Zerreißt nicht eure Kleider, sondern zerreißt eure Herzen!«, vgl. Mt. 6,16ff), sondern um ein ehrliches Bekenntnis der Schuld und um die Annahme des göttlichen Urteils (vgl. Lk. 18,13). Denn nur, wer die Schuld einsieht, kann begnadigt werden.

*c) Gott beim Wort nehmen (V. 13b-14)*

Wer zu Gott umkehrt, tut dies nicht eigenmächtig, sondern darf Gott beim Wort nehmen. So nimmt auch Joel Bezug auf Gottes Selbstoffenbarung am Sinai (vgl. die Auslegung). Mose hatte sich einst auf Gottes Zusage berufen und so Gottes Erbarmen für sein abgefallenes Volk erlangt. Zwar können wir nicht über Gott verfügen, wohl aber dürfen wir unsere Hoffnung auf seine unverbrüchlichen Zusagen setzen.

*d) Den Herrn anrufen (V. 15-17)*

Joel lässt das ganze Volk zum ersten landesweiten »Buß- und Bettag« einberufen. Wir können an dieser Stelle über die Bedeutung eines Buß- und Bettages in heutiger Zeit nachdenken. Das Gebet, das Joel den Priestern in den Mund legt, können wir in abgewandelter Form zu unserem persönlichen Gebet umformulieren.

## 2.6 Gott erhört das Gebet seines Volkes um Rettung (2,18-27)

### 2.6.1 Übersetzung

*18. Da eiferte Jahwe für sein Land und hatte Mitleid mit seinem Volk. 19. Und Jahwe antwortete und sprach zu seinem Volk: Gebt Acht, ich sende euch das Getreide und den Traubensaft und das frische Öl, dass ihr euch daran sättigt. Und ich werde euch nicht mehr zur Verhöhnung unter den Völkern machen. 20. Und den Nördlichen werde ich von euch entfernen und ihn vertreiben in ein trockenes und wüstes Land, seine Vorhut in das östliche Meer und seine Nachhut in das westliche Meer. Und sein Gestank soll aufsteigen und sein Moder soll aufsteigen, denn er hat groß getan. 21. Fürchte dich nicht, Ackerland, juble und freue dich, denn Jahwe hat Großes getan! 22. Fürchtet euch nicht, Tiere des Feldes! Denn es werden grünen die Weideplätze der Steppe. Denn die Bäume werden ihre Frucht tragen, Feigenbaum und Weinstock werden ihren Ertrag geben. 23. Und ihr, Söhne Zions, jubelt und freut euch an Jahwe, eurem Gott, denn er gibt euch den Lehrer zur Gerechtigkeit und lässt euch Regen herabkommen, Frühregen und Spätregen zuerst, 24. dass die Dreschtennen voll werden von ausgedroschenem Korn und die Kufen überlaufen von Traubensaft und frischem Öl. 25. Und ich werde euch die Jahre erstatten, die die*

*Wanderheuschrecke gefressen hat, der Hüpfer und der Vertilger und der Beißer, mein großes Heer, das ich unter euch gesandt habe. 26. Und ihr werdet gewiss essen und satt werden und den Namen Jahwes, eures Gottes, preisen, der wunderbar an euch gehandelt hat, und die von meinem Volk sollen in Ewigkeit nicht zuschanden werden. 27. Und ihr sollt erkennen, dass ich mitten in Israel bin, und ich Jahwe, euer Gott bin, und sonst keiner mehr, und die von meinem Volk sollen in Ewigkeit nicht zuschanden werden.*

## 2.6.2 Struktur

Im Mittelpunkt dieses Textes steht Gottes Aufruf zur Freude (D); die übrigen Verse gruppieren sich symmetrisch um ihn herum und bilden einen Rahmen auf drei Ebenen, in dem diese Freude durch Zusagen Gottes für sein Volk begründet werden. Zunächst hat das Volk Grund zur Freude, weil Gott ihren Feind vernichten und den angerichteten Schaden beheben wird (C, C'). Auf der nächsten Ebene wird Juda eine neue Ernte und somit wieder ausreichende Nahrung zum Leben verheißen (B, B'). Dies alles umrahmt schließlich Gottes Erbarmen und treue Fürsorge, die die Grundlage für allen äußeren Segen bildet (A, A').

A Jahwe erbarmte sich über sein Land und Volk (V. 18)
    B Gott verheißt eine neue Ernte (V. 19a)
        C Gott will den nördlichen Feind vernichten (V. 20)
            D Gott ruft sein Volk zur Freude (V. 21-24)
        C' Gott verheißt die Erstattung des Schadens (V. 25)
    B' Gott verheißt seinem Volk Sättigung (V. 26a)
A' Jahwe lässt sein Volk nie zuschanden werden (V. 26b-27)

## 2.6.3 Auslegung

Nachdem das Gebet um Rettung mit V. 17 abgeschlossen ist, beginnt ein ganz neuer Abschnitt. Die vier Verben in V. 18.19a bezeichnen nach dem MT Handlungen in der Vergangenheit, was auch die LXX, der aramäische Targum und die Vulgata unterstützen (vgl. Wolff, 1975, S. 65). V. 18 stellt einen kurzen historischen Einschub dar, der voraussetzt, dass die Priester die von Joel geforderte Bußversammlung einberufen (V. 15f) und im Sinn des ihnen vorgegebenen Gebets zu Gott um Hilfe gerufen haben (V. 17). Das wird auch daran deutlich, dass Jahwe nicht mehr wie zuvor in der zweiten Person angeredet wird, sondern dass die Verse 18-19a sein Handeln in der dritten Person beschreiben. V. 18 berichtet demnach rückblickend von der eingetretenen Gebetserhörung und leitet dann zur Heilsprophetie über (2,18-4,21), die ab V. 19b bis zum Ende des Buches – mit Ausnahme des letzten Satzes – in der ersten Person wiedergegeben wird. So verbindet V. 18 als historische Klammer den Aufruf zur Klage und Umkehr (1,1-2,17) mit der Heilsverheißung für Gottes Volk (2,18-4,21).

### 2.6.3.1 Gott erbarmte sich über sein Land und Volk (2,18)

Joel berichtet, dass Jahwe für sein Volk **eiferte**, indem er mit Eifer **für sein Land** eintrat (vgl. Hes. 39,25; Sach. 1,14; 8,2). Als der eifersüchtige Gott (hebr. *'ēl qannā'*; 2Mo. 20,5; 34,14; vgl. Jos. 24,19; Nah. 1,2) will er nichts mit Sünde zu tun haben und wird ein verzehrendes Feuer genannt (5Mo. 4,24). Er duldet keinen Götzendienst, nimmt Sünde ernst und bestraft sie. Darum ist es umso erstaunlicher, dass in V. 18 Jahwe für sein Volk eifert, das er zuvor heimgesucht hat (2,11). Aber wie Gott es in seiner heiligen Eifersucht nicht ertragen kann, dass sein Bundesvolk mit Sünde liebäugelt, so kann er es in seiner heiligen Eifersucht ebenso wenig dulden, dass sein Eigentum von Gerichtsmächten verwüstet wird, zumal sein Volk Buße tat.

Zum Eifer Gottes tritt sein Mitleid: **Er hatte Mitleid mit seinem Volk** (vgl. 2Chr. 36,15). In dem hebr. Begriff *chāmal* (»Mitleid haben«) schwingt die Bedeutung des Schonens mit (vgl. Mal. 3,17). In 2,18 kommen beide Bedeutungen zusammen: Gott hatte Mitleid mit seinem Volk und darum verschonte er es entsprechend der Bitte in V. 17 vor den vollen Konsequenzen seines hereinbrechenden Tages. Bedeutsam ist die zweimalige Verwendung des Possessivpronomens: »*Sein* Land ... *seinem* Volk« (vgl. 1,6f: 2,19), mit der die Bundestreue Gottes zu seinem Eigentumsland und Eigentumsvolk besonders hervorgehoben wird.

### 2.6.3.2 Gott verheißt eine neue Ernte (2,19a)

Gottes Eifer für sein Land und Mitleid mit seinem Volk äußert sich zunächst darin, dass er auf das Gebet (V. 17b) antwortet. Häufig wird im AT berichtet, wie Gott auf menschliches Beten Antwort gab (z.B. 1Mo. 35,3; 1Kön. 18,24.37; Hiob 40,1.6; Ps. 3,5; Jes. 30,19; Jona 2,3). Die Götzen der Heiden können dagegen nicht antworten (1Kön. 18,26ff; Jes. 46,7). Wenn andererseits Gott nicht antwortet, ist das ein Zeichen für sein Gericht (vgl. 1Sam. 8,18; 14,37; Ps. 18,42; Mi. 3,4). Die Aussage »**und Jahwe antwortete**« in 2,19 weist somit auf die Gnade hin, die Gott seinem Volk neu widerfahren ließ.

Gottes Antwort war nicht ein sofortiges Eingreifen, sondern die in 2,19b-4,21 wiedergegebene Verheißung. Sie beginnt mit hebr. *hinənî* (»Gebt Acht, hier bin ich«) und gibt Antwort auf das in V. 17 erwähnte höhnische Reden der Völker: »Wo ist ihr

Gott?« Vollständig lautet der erste Satz der Heilsverheißung: **Gebt Acht, ich sende euch das Getreide und den Traubensaft und das frische Öl, dass ihr euch daran sättigt** (V. 19a). Gott verheißt zuerst, die drohende Hungersnot aufzuheben. Dabei ist die Reihenfolge der erwähnten Produkte dieselbe wie in 1,10. Zwar werden Weizen, Wein und Oliven auch zur Darbringung der Speis- und Trankopfer benötigt (4Mo. 28,5-7.14), im Gegensatz zu 1,9-13 und 2,14 ist hier aber nicht ausdrücklich von den Auswirkungen auf den Opferdienst, sondern nur von der Sättigung des Volkes die Rede. Das schließt die Wiederaufnahme der Opfer allerdings nicht aus.

Die Souveränität Gottes wird daran sichtbar, dass er seinem Volk die entbehrten Erntegaben senden will. Auf ähnliche Weise ist in Ps. 78,25 von der Versorgung Israels in der Wüste zu lesen: »Speise sandte er ihnen bis zur Sättigung.« Sachlich besteht allerdings ein Unterschied. Während Gott das Manna auf *übernatürliche* Weise »sandte«, bedeutet Joels Verheißungswort, dass Gott den *natürlichen* Vorgang von Saat und Ernte segnen will. Er verheißt den nötigen Früh- und Spätregen (V. 23) und eine reiche Ernte (V. 24), die den Verlust durch die Heuschrecken ersetzen wird (V. 25). Hinter diesen Naturabläufen steht der sendende Herr (vgl. Rut 1,6; Ps. 147,18; Hes. 36,29).

### 2.6.3.3 Gott verheißt die Vernichtung des Feindes aus dem Norden (2,19b-20)

Der zweite Teil von V. 19 nimmt Bezug auf die Bitte »Und gib nicht dein Eigentum der Verhöhnung preis« (V. 17). Wie ausgeführt, gehen die Meinungen der Ausleger in der Frage auseinander, ob an eine landwirtschaftliche Misere durch die Heuschrecken oder an eine Unterjochung durch Feinde gedacht ist.

Wenn der hebr. Begriff *chärpāh* (»Verhöhnung, Gegenstand der Verhöhnung«) im AT auf das Volk Israel bezogen ist, dann steht er durchweg im Zusammenhang mit einer Unterwerfung durch feindliche Völker (vgl. 1Sam. 17,26; Neh. 1,3; Mi. 6,15f). Die **Verhöhnung**, die Gott nach 2,19 **nicht mehr** zulassen will, bezieht sich darauf, dass immer wieder feindliche Völker in das Land Juda eingefallen waren und an den Judäern Gewalt geübt hatten (vgl. 4,2-8.19).

Es gibt drei verschiedene Deutungen oder eine Kombination dieser drei, was für eine feindliche Macht mit dem **Nördlichen** (V. 20) gemeint ist.

*1. Deutung auf die Heuschrecken*

Keil (1985, S. 144) identifiziert den **Nördlichen** mit dem Heuschreckenschwarm, von dem seiner Ansicht nach nicht nur in 1,4-14, sondern auch in 2,1-11 die Rede ist. Dem Argument, dass Heuschrecken normalerweise nicht aus dem Norden einfallen, hält er entgegen, dass Heuschrecken in allen Sandwüsten beheimatet und auch schon in der syrischen Wüste gesichtet worden seien. Von dort habe sie zur Zeit Joels ein Nordostwind nach Juda getrieben. Einem weiteren Einwand, dass Tiere nicht von Gott bestraft werden könnten, begegnet Keil (1985, S. 144) mit dem Argument, dass das mosaische Gesetz sehr wohl lehre, dass Gott Gewalttat von Tieren an Menschen für strafwürdig halte (1Mo. 9,5; 2Mo. 21,28-32).

Folgt man der Deutung Keils, dann sind die militärischen Begriffe »**seine Vorhut**« (hebr. *pānâw*, vgl. 2,3.6.10) und »**seine Nachhut**« (hebr. *sôph* »Ende«) Metaphern für die Ränder des Heuschreckenschwarms, vergleichbar mit den Bildworten »Volk« (1,6) oder »Heer« (2,11), die für den Heuschreckenschwarm gebraucht werden. Dass Heuschreckenschwärme von

Winden in ein Meer geworfen werden konnten und dort ihr Ende fanden, wie nach Keils Auslegung der Inhalt des weiteren Verses gedeutet werden müsste, ist in 2Mo. 10,19 biblisch belegt.

Der Deutung auf den Heuschreckeneinfall widerspricht jedoch die abschließende Aussage von V. 20: **Denn er** [der Nördliche] **hat groß getan**. Als Wortspiel steht ihr in V. 21 die Zusage: »Denn Jahwe hat Großes getan« (vgl. Ps. 126,2f) gegenüber. Im hebr. Text stehen beide Male dieselben Worte *higdîl la'ăśôt*. Während der Nördliche groß getan hat, sich also für etwas Großes gehalten hat, und dabei zugrunde ging, hat Jahwe Großes getan und sich tatsächlich als der Stärkere erwiesen. Der Vorwurf selbstsicherer Überheblichkeit wird im AT aber nur personhaften Wesen gemacht (vgl. z.B. Hi. 19,5; Ps. 35,26; Jer. 48,26.42; Hes. 35,13; Dan. 11,36f; Zef. 2,8.10). Die Deutung des Nördlichen auf Heuschrecken ist daher problematisch.

Allen (1976, S. 88f) und Dillard (1992, S. 286f) versuchen diesem Problem aus dem Weg zu gehen, indem sie erwägen, dass Joel zunächst die Heuschrecken gemeint habe, zugleich aber auch ein reales Heer.

### *2. Deutung auf einen »mythischen« Feind*

Wolff (1975, S. 73f) identifiziert den **Nördlichen** mit dem Heer, dessen Invasion 2,1-11 schildert. Ferner erkennt er eine Parallele mit dem von Jeremia und Hesekiel angekündigten Feind aus dem Norden (Jer. 1,14f; Hes. 38,6.15). Da Joel diesen geschichtlich nicht habe identifizieren können, habe er in der Heuschreckenplage ein Unterpfand für die schließliche Erfüllung der Unheilsprophetie gesehen. Diese aber habe er »nur in der Gestalt heuschreckenartiger apokalyptischer Wesen« schildern können und habe sich darum der »mythisch klingenden Chiffre des ›Nördlichen‹ als des ›letzten Feindes‹« bedient (Wolff 1975, S. 74).

Wie das Wort des Königs von Babel in Jes. 14,13 erkennen lässt, kam im Heidentum dem Norden durchaus mythologische Bedeutung zu. Joel 2,20 aber spricht vom Norden im rein geographischen Sinn, wie auch von den übrigen Himmelsrichtungen, des im Süden gelegenen **trockenen und wüsten Landes**, des **östlichen Meeres** (des Toten Meeres) und des **westlichen Meeres** (des Mittelmeeres).

Wenn Joel im 9. Jh. v. Chr. wirkte (vgl. S. 36 ff), dann ist im Rahmen einer fortschreitenden heilsgeschichtlichen Offenbarung davon auszugehen, dass Gott ihm über den Nördlichen nur mitteilte, dass dieser Juda und Jerusalem am Tag Jahwes verheerender als ein Heuschreckenschwarm heimsuchen würde. Genaueres wurde erst späteren Propheten offenbart.

### *3. Deutung auf eine endgeschichtliche Feindesmacht*

Im Norden lebende und aus dem Norden kommende feindliche Völker werden im AT oft erwähnt. Es ist die Rede von Assyrern (Zef. 2,13), Babyloniern (Jer. 1,14f; 4,6 u.v.a.) und Medern mit ihren Verbündeten (Jer. 50, 3.9.41), dem Perserkönig Kores (Jes. 41,25), einem endzeitlichen Völkerheer unter der Führung des »Gog aus Magog« (Hes. 39,1f), den Seleukiden (Dan. 11,5ff) und endzeitlichen Weltmächten (Dan. 11,44ff; 12,1). Alle diese Weltmächte gelten im AT als »nördliche« Völker, auch wenn sie nicht direkt nördlich von Juda liegen, da die Straßen von Juda nach Assur und Babel zunächst in nördliche und dann in östliche Richtung führten. Auch umgekehrt gelangten Assyrer und Babylonier von Norden her in das Land Kanaan.

Vergleicht man alle diese Ankündigungen militärischer Heimsuchungen des Heiligen Landes und anderer Länder mit der Prophetie Joels vom **Nördlichen**, dann fällt auf, dass er diese Macht nicht mit dem Namen eines bestimmten Volkes verbindet. An die im vierten Kapitel namentlich erwähnten Phönizier und Philister (4,4), sowie Ägypter und Edomiter (4,19) kann in diesem Zusammenhang nicht gedacht werden, da sie bis auf die Phönizier nicht im Norden wohnten. Auch die Phönizier kommen nicht in Frage, da sie zwar Feindseligkeiten gegen Juda verübt hatten, wofür Gott sie zur Rechenschaft ziehen will (4,4-8), aber der Einfall des Nördlichen (2,20) parallel zur Invasion des in 2,1-11 beschriebenen Heeres ein zukünftiges Ereignis ist.

So ist anzunehmen, dass Joel mit dem Nördlichen auf eine endzeitliche Feindesmacht hinweist, die zu Beginn des Tages Jahwes (2,1-11) von Norden her einen Einfall in das Heilige Land unternehmen wird. Der Gott Israels wird diese Heeresmacht durch sein Eingreifen in die südlichen Wüstengebiete, in das Tote Meer und das Mittelmeer treiben und völlig vernichten. Dieses feindliche Heer könnte identisch sein mit den nördlichen Völkern, die nach Hes. 38 und 39 am Ende der Zeit unter der Führung des Gog aus Magog in Israel einmarschieren werden und die Gott restlos vernichten will. Zu überlegen wäre weiter, in welcher Beziehung sich dazu die prophetische Ankündigung verhält, dass sich einst alle Völker zum Kampf gegen Juda und Jerusalem vereinen werden (Sach. 12,1ff; 14,1-3; vgl. dazu auch 4,2.9ff). Die Struktur des Buches Joels (siehe S. 56) könnte für die Gleichsetzung des Nördlichen mit einem internationalen Heer sprechen, das am Tag Jahwes im Tal Joschafat versammelt werden soll (4,2.9-13).

Wolff (1975, S. 74) geht davon aus, dass sich 2,19f als einleitende Erhörungsworte Jahwes auf zwei verschiedene Themen beziehen. Die Verheißung in 2,19a nimmt seiner Meinung nach die in 1,1-20 geschilderte landwirtschaftliche Not als Vorzeichen des Tages Jahwes auf und entfaltet sie in 2,21-27 näher.

Die göttliche Zusage in 2,19b-20 bezieht sich dagegen auf die Ankündigung des Tages Jahwes selber (2,1-11) und wird in 3,1-4,21 genauer ausgeführt. Das würde bedeuten, dass das Gericht über den Nördlichen mit dem Völkergericht am Ende der Zeit (4,1-3.9ff) identisch ist.

Am Ende von V. 20 erwähnt Joel, dass **Gestank** und **Moder** des vernichteten Feindes **aufsteigen** sollen. Der Verwesungsgeruch der teilweise in der Wüste vernichteten, teilweise in den beiden Meeren ertrunkenen und ans Land gespülten nördlichen Heeresmacht verdeutlicht die völlige Entehrung einer Macht, die sich selbst überhoben hatte. Wolff (1985, S. 74) erinnert an das schreckliche Ende des Antiochus Epiphanes in der Makkabäerzeit, der unter unerträglichem Gestank bei lebendigem Leib verfaulte (2Makk. 9,9f). Auch Jes. 34,3 beschreibt, dass Leichengeruch aufsteigen wird, wenn Gott die Völker richtet.

### 2.6.3.4 Gott verheißt die Erneuerung seines Landes (2,21-22)

Die Verse 21-22 entfalten die in V. 19a gegebene Verheißung einer neuen Ernte. Dieses Thema wird zwar teilweise auch in V. 23-27 fortgesetzt, dann aber unter dem übergeordneten Thema der Erneuerung des Volkes Gottes. Damit nehmen V. 21-22 und V. 23-27 Gottes Mitleid und Sorgen für »sein Land« und »sein Volk« in V. 18 auf. Durch den Bezug von V. 21-22 und V. 23-27 auf V. 18 zeigt sich eine enge Zusammengehörigkeit beider Abschnitte. Diese wird außerdem durch Wort- bzw. Gedankenverbindungen unterstützt: Die wiederholte Aufforderung »Juble und freue dich!« (V. 21) bzw. »Jubelt und freut euch!« (V. 23) dient als verbindende Klammer zwischen V. 21f und V. 23ff. Das Gleiche gilt für die mit einem dreifachen »denn«

(V. 21.22.23) eingeleitete Begründung der Aufforderungen. Die doppelte Ermutigung »Fürchte dich nicht!« (V. 21) bzw. »Fürchtet euch nicht!« (V. 22) dagegen bindet die Verse 21 und 22 enger zusammen.

Gott richtet seine Aufforderungen »**Fürchte dich nicht!**« und »**Juble und freue dich!**« an das von den Heuschrecken abgefressene und durch die Trockenheit verdorrte **Ackerland** (1,7). »Fürchte dich nicht!« ist ein im AT immer wiederkehrendes Gotteswort, das angesichts einer Notsituation hoffnungsspendend zugesprochen wird. Die positiv formulierte parallele Aufforderung an das Ackerland »juble und freue dich!« hat inhaltliche Entsprechungen in der Bildrede von der frohlockenden Erde, dem frohlockenden Feld, den jubelnden Bäumen, der sich freuenden Wüste usw. (1Chr. 16,31-33; Ps. 96,11f; 97,1; Jes. 35,1f; 49,13).

Beide Aufforderungen greifen die Klage aus 1,10 wieder auf. Sie signalisieren das Ende der »Trauerzeit« und den Beginn einer »Freudenzeit«, die sich in neuer Fruchtbarkeit des Landes auswirken soll (2,22-25). Die Begründung »**denn Jahwe hat Großes getan!**« deutet auf das Ende der Heimsuchung (vgl. Ps. 126,2f). Sie ist die angemessene Antwort auf das Großtun des Feindes aus dem Norden (siehe die Auslegung zu V. 20).

Mit der nochmaligen Ermutigung »**Fürchtet euch nicht!**« antwortet Gott in V. 22 auf das in 1,20 erwähnte Lechzen der **Tiere des Feldes** nach ihm. Die **Weideplätze der Steppe**, die nach 1,19f durch einen Steppenbrand geschwärzt sind, sollen wieder frisches Grün hervorbringen (vgl. 1Mo. 1,11; Ps. 65,13). Dadurch wird nicht nur der Lebensraum der Rinder, Schafe und Ziegen (1,18f), sondern mittelbar auch der Tiere des Feldes (1,20) wiederhergestellt.

Das Blickfeld der Verheißung wechselt vom Lebensraum der Tiere zur menschlichen Kultur. Zunächst werden die Fruchtbäume angesprochen, speziell die für das Heilige Land so typischen Feigenbäume und Weinstöcke, deren Vernichtung durch Heuschrecken und Trockenheit in 1,7.12 beklagt worden war. Jetzt soll es wieder zu einer Ernte kommen: **Die Bäume werden ihre Frucht tragen, Feigenbaum und Weinstock werden ihren Ertrag** (wörtlich »ihre Kraft«) **geben** (vgl. Sach. 8,12; Mal. 3,11). Gott antwortet durch die Heilsprophetie Joels auf die Umkehr seines Volkes und macht seine Bundesverheißung wahr, er werde bei Gehorsam eine ertragreiche Ernte geben (3Mo. 26,4f).

Hier wird deutlich, dass die beiden mit »denn« eingeleiteten Sätze nicht speziell auf die Tiere bezogen sind, sondern allgemein den Freudenaufruf von V. 21-23 begründen. Der Blickwinkel der Verheißung führt in V. 22 von den wilden Tieren über die Weide des Viehs zu den Kulturpflanzen der Menschen (vgl. 1Mo. 1,29) und schließlich zum Menschen selbst.

### 2.6.3.5 Gott verheißt die Erneuerung seines Volkes (2,23-27)

Die Verse 23-27 setzen das Thema der Erneuerung des Landes (V. 21f) fort. Allerdings wird mit der Anrede »**Und ihr, Söhne Zions**« (V. 23) das zusätzliche Thema der geistlichen Erneuerung des Volkes eingeleitet, das mit der wiederholten Aussage »mein Volk soll in Ewigkeit nicht zuschanden werden« (V. 26f) abschließt und zugleich überleitet zur Verheißung der Ausgießung des Heiligen Geistes (3,1ff). Nach dem Ackerland (V. 21) und den Tieren des Feldes (V. 22) sind ab V. 23 die Söhne Zions angesprochen (vgl. z.B. Ps. 149,2; Kla. 4,2). Hebr. *bēn* für »Sohn« ist ein Begriff, der sich nicht nur auf eine Familienzugehörigkeit beziehen kann, sondern auf die Zugehörigkeit zu nahezu jeder Art von Gruppe. So sind hier die »Söhne Zions« diejenigen, die zu Zion gehören, also Teil des Gottesvolks sind.

Nachdem der Freude und dem Jubel in der Landwirtschaft (1,12) und im Tempel (1,16) durch die landwirtschaftliche Katastrophe ein Ende bereitet ist, ruft Gott nun erneut dazu auf (2,23). Die Aufforderung »**Jubelt und freut euch an Jahwe, eurem Gott!**« nimmt die an das Ackerland gerichteten Worte in V. 21 auf, führt den Gedanken aber weiter, indem sie »Jahwe, euren Gott« selbst als Grund der Freude angibt (vgl. Ps. 9,3; 32,11; Jes. 29,19; Hab. 3,18 u.v.a.). Der in V. 21 genannte Grund zur Freude besteht in der großen Rettungstat Gottes. V. 23 nennt darüber hinaus die Gottesbeziehung selbst als Grund. Die Formulierung »an Jahwe, eurem Gott« hebt besonders die Beziehung zum Bundesgott Israels hervor, die durch Gottes Erbarmen erneuert worden ist. Jahwe, der Gott Israels, ist selber Grund zur Freude (vgl. im NT Phil. 4,4). Der mit dem vierten »denn« in V. 23b eingeführte Anlass stellt daher eine Erläuterung dieser Freude dar: **Denn er gibt euch den Lehrer zur Gerechtigkeit und lässt euch Regen herabkommen, Frühregen und Spätregen zuerst.**

Dieser Satz stellt insofern ein exegetisches Problem dar, als das zweimal verwendete hebr. Wort *môrāh* doppeldeutig ist; es kann »Frühregen« oder »Lehrer« bedeuten. Da am Ende des Verses eindeutig vom Frühregen die Rede ist, wäre es logisch, diese Bedeutung auch am Anfang des Verses zu erwarten. Dieses Textverständnis stünde im Einklang mit dem Inhalt der folgenden Verse, in denen es um eine reiche Ernte als Folge des versprochenen Regens geht.

Dennoch gibt es gute Argumente für die vorgeschlagene Übersetzung mit »Lehrer«. Das zweimalige Vorkommen desselben Wortes in einem Vers ist kein zwingendes Argument dafür, dass beide Male dieselbe Bedeutung vorliegt; es könnte sich auch um ein hebr. Wortspiel handeln. Der Zusammenhang zwischen dem von Gott geforderten Gehorsam und dem von ihm verheißenen Regen ist im AT mehrfach bezeugt. Der für das Wachsen und Gedeihen der Feldfrüchte notwendige Regen wird im mosaischen Gesetz davon abhängig gemacht, dass Israel im Gehorsam gegen Gottes Gebote lebt (3Mo. 26,3f; 5Mo. 11,14). Auch Salomo bestätigt in seinem Tempelweihgebet den Zusammenhang zwischen dem Gehorsam gegenüber dem Weg, den Gott Israel »lehrt«, und der Gottesgabe des Regens (1Kön. 8,35f).

Ein Zusammenhang zwischen den Begriffen »Lehrer« und »Regen« ist auch in Jes. 30,20.23 zu finden: »... und deine Augen werden deinen Lehrer sehen ... Und er wird Regen geben deiner Saat ...« Vielleicht enthält Hos. 10,12 eine weitere Parallele: »Sät euch zur Gerechtigkeit, erntet gemäß der Gnade, macht euch urbar (das unbestellte Land)! Es ist Zeit, Jahwe zu suchen, bis er kommt und regnet/lehrt euch Gerechtigkeit.« Auf dem Hintergrund dieser inhaltlichen und sprachlichen Parallelen ist es denkbar, dass in 2,23 ein Wortspiel zwischen hebr. *môräh* »Lehrer« und hebr. *môräh* (»Frühregen«) die bedeutsame Aussage machen soll, dass es Gott zunächst um die Wiederherstellung der Gemeinschaft des Volkes mit seinem Gott durch den Lehrer zur Gerechtigkeit geht und erst dann als Folge davon um die Wiederherstellung des Regens.

Es lassen sich weitere Argumente aus der hebr. Grammatik anführen. Keil (1985, S. 147) weist darauf hin, dass das hebr. Wort *môräh* in der Bedeutung »Frühregen« im AT nie den bestimmten Artikel hat. In 2,23 dagegen steht *môräh* im hebr. Text beim ersten Vorkommen mit und beim zweiten Vorkommen ohne den bestimmten Artikel. Das unterstützt die Auffassung, dass hier ein Wortspiel vorliegt. Außerdem sind die beiden Aussagen »Er gibt euch den Lehrer zur Gerechtigkeit« und »Er lässt euch Regen herabkommen, Frühregen und Spätregen« im hebr. Text durch ein besonderes hebr. *wāw* (»und«) verbunden, das eine zeitliche oder logische Folge angibt. Demnach handelt es sich nicht einfach um zwei parallele Aussagen über den Regen, sondern um die Beschreibung einer zeitlichen oder logischen Abfolge von zwei unterschiedlichen Ereignissen.

Wolff (1975, S. 75f) stimmt zu, dass der MT einen »Lehrer zur Gerechtigkeit« ankündigt. Anders aber als der »Lehrer der Gerechtigkeit« (hebr. *jôräh/môräh haṣṣädäq),* ein Titel der in einer Reihe von Qumran-Texten etwa zehnmal vorkommt und den Gründer der Sekte bezeichnet (z.B. CD 6,10f), entspreche der MT an dieser Stelle »der allgemeinen spätjüdischen Erwartung eines endzeitlichen Lehrers«. Die Qumranstellen stimmten weder sprachlich mit 2,23 überein, noch werde der Lehrer der Gerechtigkeit innerhalb der Qumran-Literatur mit dieser Stelle biblisch belegt. Der Urtext von 2,23 sei aus der abweichenden Version der LXX zu erschließen: »Denn er gab euch die *Speisen zur Gerechtigkeit* und wird euch Regen regnen lassen, Frühregen und Spätregen wie zuvor«. Die alte lateinische und die syrische Übersetzung stimmen hier mit der LXX überein. Das würde bedeuten, dass im hebr. Text *ma'ăkāl* (»Speise«) statt des im MT überlieferten *môräh* zu lesen wäre. Dieser Eingriff in den MT wird jedoch durch keine hebr. Textüberlieferung gestützt; die griech. Übersetzung des Symmachus, der aramäische Targum und die Vulgata widersprechen ebenfalls der Übersetzung mit »Speise«.

Daher ist es ratsam, am MT festzuhalten. Das schwierige hebr. Wortspiel wurde vermutlich bereits von einem Teil der alten Übersetzer nicht mehr verstanden. Sowohl die allgemeine jüdische Erwartung eines endzeitlichen Lehrers der Gerechtigkeit als auch die gleichnamige Benennung des Gründers der Gemeinschaft von Qumran scheinen die prophetischen Aussagen von Hos. 10,12 und Joel 2,23 zwar nicht formell, aber doch inhaltlich aufzugreifen und selbständig zu verarbeiten.

Zu klären bleibt, was Joel mit seinem Wortspiel aussagen will. Der hebr. Begriff *ṣədāqāh* (»Gerechtigkeit«) bezeichnet die Übereinstimmung mit Gott und mit seinem Gesetz (z.B. 5Mo. 4,8; Ps. 19,10; 119,137; Hes. 18,5ff). Der von Joel angekündigte **Lehrer zur Gerechtigkeit** ruft das Volk zu Gott zurück und unterweist es zu praktisch gelebter Übereinstimmung mit dem Gesetz. Dass Gott gemäßes Lehren das Gesetz zum Gegenstand hat, ergibt sich nicht nur daraus, dass »Gesetz« (hebr. *tôrāh*) und »Lehrer« (hebr. *môrāh*) von derselben Wurzel abgeleitet sind, sondern auch aus Stellen, die aussagen, dass Gottes *Ordnungen, Satzungen*, etc. *gelehrt* werden sollen (vgl. Ps. 119,33.102; Jes. 2,3; Mi. 4,2). Wie in Jes. 5,7 und Hos. 10,12 nennt die hebr. Wortverbindung *liṣədāqāh* in 2,23 das von Gott dem Volk vorgegebene Ziel des Lehrens: »zur Gerechtigkeit«.

Da nicht unbedingt an einen Lehrer im personalen Sinn gedacht sein muss, könnte mit *môrāh* die gerichtliche Heimsuchung Judas und die Botschaft Joels gemeint sein. Dann müsste der hebr. Text statt mit »Gott gibt den Lehrer zur Gerechtigkeit« mit »Gott gibt, was zur Gerechtigkeit lehrt« übersetzt werden, was grammatisch ohne weiters möglich ist. Doch kann durchaus auch an einen Lehrer im personalen Sinn gedacht sein, der die Leute von Juda in Übereinstimmung mit Gott bringen soll (vgl. Dan. 12,3). Hieronymus und Luther dachten in diesem Zusammenhang an den Messias (nach Delitzsch, 1992, S. 84) und Keil an alle Gottesboten von Mose über die Priester und Propheten, einschließlich Joel, bis hin zum Messias (1985, S. 148).

Der Textzusammenhang spricht aber dafür, dass Joel nicht in die Zukunft weisen, sondern die sofortige Erfüllung dieser Prophetie in Aussicht stellen wollte. Die Unterweisung des Volkes zur Gerechtigkeit war ja die Voraussetzung für den dringend benötigten Regen. Als mögliche »Lehrer der Gerechtigkeit« kommen zeitgenössische Gesetzeslehrer, deren Auftrag es dann wäre, das von Joel angefangene Werk der Bekehrung des Volkes zu seinem Gott fortzuführen, oder Priester in Frage, deren Aufgabe u.a. im Lehren der *tôrāh* bestand (vgl. 2Chr. 15,3f; Mal. 2,7). Vielleicht könnte man speziell an den Priester Jojada denken, von dem in 2Kön. 12,3 berichtet wird, dass er den jungen König Joasch »lehrte« und damit auch der Lehrer des Volkes war.

Über die historische Deutung hinaus findet die Prophetie vom Lehrer zur Gerechtigkeit ihre letzte Erfüllung im Messias (vgl. 5Mo. 18,15ff), so wie auch die Prophetie der erneuerten Landwirtschaft Judas in 2,24-27 über die zeitgeschichtliche Erfüllung auf eine letzte Erfüllung im kommenden irdischen Reich des Messias hinweist (4,18).

Die Verheißung »**Er lässt euch Regen herabkommen, Frühregen und Spätregen zuerst**« schließt V. 23 ab. Das hebr. Wort *gäschäm* bezeichnet allgemein den Regen, die hebr. Wörter *môrāh* und *malqôsch* den Früh- bzw. Spätregen. Damit sind der für die Saat wichtige Regen von Ende Oktober bis Anfang Dezember und der für das Ausreifen zur Ernte wichtige Ernteregen in den Monaten März und April gemeint (vgl. 5Mo. 11,14; Jer. 5,24). Beide Begriffe beschreiben zusammen die gesamte von Ende Oktober bis Ende April währende Regenzeit.

Umstritten ist das hebr. Wort *bāri'schôn* (»im Anfang, **zuerst**«). Wolff (1975 S. 76) übersetzt »im ersten Monat« und verweist auf Stellen wie 1Mo. 8,13; oder Hes. 29,17. Weil es bei diesen Stellen um Datumsangaben geht, ist die Ergänzung des Wortes »Monat« tatsächlich notwendig. In 2,23 gibt es dazu wenig Grund, weil es keine Hinweise auf eine Datumsangabe gibt. Die in Übereinstimmung mit einigen hebr. Handschriften, der LXX, der syrischen Übersetzung und der Vulgata in der

BHS vorgeschlagene Textänderung in *kāri'schôn* (»wie zuvor«, vgl. 3Mo. 9,15) würde ausdrücken, dass Gott den alten Zustand des Heiligen Landes vor seiner Verwüstung wieder herbeiführen will. Das würde zwar inhaltlich passen, eine vom überlieferten MT abweichende Lesung ist aber nicht notwendig. Nach der überzeugenden Deutung von Keil (1985 S. 148f) entspricht dem *bāri' schôn* (»zuerst«) in 2,23 das *'achărê-kēn* (»danach«) in 3,1. Gott verheißt als Folge der Unterweisung zur Gerechtigkeit zuerst den irdischen Segen, »danach« den geistlichen Segen der Ausgießung des Heiligen Geistes.

24 Joel schildert in 2,24f den irdischen Segen als Folge der angekündigten Regenzeit. Eine überreiche Ernte von Korn, Traubensaft und frischem Öl wird verarbeitet werden (vgl. 1,10; 2,19). Joel schildert eine Getreideernte, bei der die **Tennen voll werden von ausgedroschenem Korn**. Getreide wurde auf einem als Tenne dienenden ebenen Platz mithilfe von Tieren (5Mo. 25,4) oder eines von Tieren gezogenen Dreschschlittens gedroschen (vgl. Jes. 28,27; Am. 1,3) und anschließend geworfelt und gesiebt. Ebenso reich ist die Trauben- und Olivenernte.

Weintrauben wurden in der Kelter, einer in den Felsen gehauenen Vertiefung, durch das Treten mit den bloßen Füßen (vgl. Jes. 63,1-3) ausgepresst. Der gekelterte **Traubensaft** floss durch kleine Öffnungen in tiefer gelegene Behälter, die **Kufen**. Auch Oliven konnten in Keltern zertreten (Mi. 6,15) und das frisch ausgepresste Olivenöl in den Kufen gesammelt werden. In der von Joel angekündigten Segenszeit werden sie überlaufen von Traubensaft und **frischem Öl**.

25 V. 25 fasst zusammen, welche Bedeutung die zu erwartende reiche Ernte für die Gegenwart hat: Gott will die gegenwärtigen Missernten zukünftig erstatten. Die neue Ernte soll nicht nur Vorräte für ein Jahr bringen, der Überfluss soll sogar rückwirkend den Schaden ausgleichen. Dabei ist der Ausdruck »**Jahre**«

ein Stilmittel und steht für den Ertrag der Jahre (vgl. Ps. 90,15). Der Begriff des **Erstattens** (hebr. *schillēm*) ist nach Wolff (1975, S. 76) ein »Rechtsterminus der Schadensregulierung« (vgl. 2Mo. 21,37-22,14). Gott hätte es nicht nötig, den von den Menschen selbst verschuldeten Schaden zu erstatten. Dass er es dennoch tun will, ist ein Zeichen seiner souveränen Gnade.

Bei den vier Bezeichnungen für Heuschrecken fällt auf, dass die ersten beiden unverbunden, die übrigen durch »**und**« verbunden sind. Nach Keil (1985, S. 129f) ist der an der Spitze stehende Begriff der allgemeine Oberbegriff, während die folgenden Bezeichnungen poetische Synonyme sind: »**die Wanderheuschrecke: der Hüpfer und der Vertilger und der Beißer**«. Joel nimmt damit Bezug auf den Beginn seiner Prophetie in 1,4 (siehe S.87ff). Die Aufzählung der vier Heuschreckennamen umrahmt den Teil seiner Prophetie, die die landwirtschaftliche Katastrophe des Landes und die Verheißung der Wiederherstellung und Erstattung zum Gegenstand hat (1,4-2,25).

Neu ist an dieser Stelle, dass die Heuschrecken jetzt eindeutig als von Gott gesandt dargestellt werden. Gott nennt sie »**mein großes Heer, das ich unter euch gesandt habe**«. Das erinnert an 2,11, wo Gott bereits der wie Heuschrecken ins Heilige Land einfallenden endzeitlichen Militärmacht die Beinamen »sein Heer«, »sein Heereszug« und »Vollstrecker seines Wortes« gab. Dasselbe wird jetzt von den Heuschrecken ausgesagt; sie waren Gottes Gericht an Juda.

Nun aber soll Gottes Volk **essen und satt werden** (V. 26), so 26
wie es Israel für sein Land verheißen war (vgl. 5Mo. 26,12; 2Chr. 31,10; Neh. 9,25), wenn es Gott gehorsam wäre (5Mo. 11,13-15) und den Götzendienst meiden würde (5Mo. 6,11ff; 8,12ff; 11,15f). Als angemessene Reaktion auf die erfahrene Sättigung sollten die Israeliten Gott **preisen** (5Mo. 8,10; Ps. 22,27), weil er der Geber aller guten Gabe ist (Pre. 3,13). Das

mit »preisen« wiedergegebene hebr. Wort *hillēl* kann in anderen Zusammenhängen auch »zujubeln« oder »rühmen« bedeuten (vgl. 1Mo. 12,15; Ri. 16,24; 2Chr. 23,12f) auf Jahwe bezogen wird es am besten mit »loben, preisen« übersetzt (z.B. Esr. 3,10; Ps. 35,18; Jes. 38,18; Jer. 20,13). Damit ist das Dankgebet angesprochen, das über der irdischen Gabe den himmlischen Geber nicht vergisst, sondern Gott für seine Gabe rühmt (vgl. 5Mo. 8,10.17f). Joel gebraucht die Formulierung »**den Namen Jahwes, eures Gottes**« preisen, bei der der »Name Jahwes« für die Person des Bundesgottes Israels steht (vgl. Ps. 113,1; 135,1 u.v.a.).

Die Worte »**der wunderbar an euch gehandelt hat**« beschreiben Gottes Tun als etwas, das Gottes Volk zu verwundertem Staunen bringt, weil es den Rahmen der menschlichen Erfahrung sprengt. Gott gebrauchte dasselbe hebr. Verb *pālā'*, als er im Blick auf die verheißene Geburt Isaaks fragte: »Ist für Jahwe eine Sache zu wunderbar?« (1Mo. 18,14; vgl. auch Sach. 8,6). Joel prophezeit, dass Gott Erstaunliches für sein Volk tun wird: Es wird wieder satt zu essen und viel Grund haben, Gott für sein Tun zu loben.

Darüber hinaus verheißt Gott mit den Worten »**Und die von meinem Volk sollen in Ewigkeit nicht zuschanden werden**« (V. 26b.27b) den unbegrenzten Fortbestand seines Volkes. Das hier verwendete hebr. Verb *bôsch* (»sich schämen, zuschanden werden«) bezeichnete in 1,10-12 die Missernte und die dadurch vernichtete Existenzgrundlage der Feldarbeiter. Nun aber schließt Joel ein Zunichtewerden des Volkes Gottes für immer aus (hebr. *lə'ôlām* »in Ewigkeit«, vgl. Jes. 45,17). Israel musste zwar seit dieser Prophetie manche schwere Heimsuchung erleben, aber bis heute besteht es als Gottesvolk weiter (vgl. Röm. 11,1).

In V. 27 wird deutlich, dass Joel dem Volk Gottes nicht nur leibliches Wohl in Aussicht stellt, sondern die Erneuerung seiner Gottesgemeinschaft. Wie so oft im AT soll Gottes geschichtliches Handeln in Gericht oder Gnade zu vertiefter Gotteserkenntnis führen (z.B. 2Mo. 6,7; 1Sam. 17,46; 1Kön. 8,43.60; Hes. 6,7.13f). Dabei meinen die Worte »**Und ihr sollt erkennen**« mehr als kognitive Kenntnisnahme. Es geht um eine persönliche Gotteserfahrung, die die Zusage zum Inhalt hat, **dass ich mitten in Israel bin und ich Jahwe, euer Gott, bin, und sonst keiner mehr.** 27

Mit diesen Worten verheißt Gott die Erneuerung der Gemeinschaft mit seinem auserwählten Volk. Im Joelbuch ist das besonders bedeutsam. Weil es unmöglich geworden ist, Speis- und Trankopfer darzubringen, scheint die Gottesgemeinschaft in Frage gestellt zu sein (vgl. 1,9.13; 2,14). Nun aber wird die erneuerte Gottesgemeinschaft als Heilsgut in Aussicht gestellt, ohne dass dabei von Speis- und Trankopfern die Rede ist (vgl. jedoch 2,14). Gesamtbiblisch entspricht dem die Botschaft des NT, dass die Gottesgemeinschaft allein durch das einmalige Opfer des Messias Jesus verwirklicht wird (vgl. Joh. 1,14; 2Kor. 6,16; Offb. 21,3).

Bereits im AT ist nicht der Kultus die Mitte des Gottesdienstes, sondern die Beziehung zum Bundesgott. Dieser spricht nun drei Aspekte seines erneuerten Bundes an:

1. **Dass ich mitten in Israel bin**: Der erste Aspekt des Bundes besteht in der Absicht Gottes, inmitten seines auserwählten Volkes Israel zu wohnen. Am Sinai offenbarte Gott seinen Plan, seine Wohnung in die Mitte des Bundesvolkes zu setzen (2Mo. 25,8) und dadurch Gemeinschaft mit ihm zu haben (5Mo. 23,15; 1Kön. 6,13). Während der Wüstenwanderung und beim Einzug in das verheißene Land erwies er seine wunderbare Rettermacht als ein Gott, der mit seinem Volk war (Jos.

3,5.10). Für die Heilsvollendung verheißt er, wieder in der Mitte seines Volkes wohnen zu wollen (Jes. 12,6; Hes. 37,26f; Joel 4,17; Zef. 3,15.17; Sach. 2,9.14f).

2. **Und ich Jahwe, euer Gott, bin**: Der zweite Aspekt des Bundes, der eng mit dem ersten verknüpft ist (vgl. 2Mo. 29,45f; 3Mo. 26,12; Hes. 37,27), besteht in der besonderen Zuwendung Jahwes zu Israel und seiner Erwählung zum Eigentumsvolk (2Mo. 6,7; vgl. 2Mo. 16,12; 20,2; Hes. 39,22). Von besonderer Bedeutung ist hier die Verwendung des Gottesnamens Jahwe, unter dem sich Gott als der handelnde Bundesgott Israels offenbarte (2Mo. 3,13-16). Joel kündigt die Erneuerung des Bundesverhältnisses zwischen Jahwe und Israel an, die den Sieg über die einschließt, die sich gegen diesen Bund stellen (vgl. 4,17).

3. **Und sonst keiner mehr**: Der dritte Aspekt des Bundes hat die Exklusivität des göttlichen Selbstanspruches zum Gegenstand. Nichts soll und kann an die Stelle des Bundesgottes treten (2Mo. 20,1; 1Kön. 8,60; Jes. 45,5f.21f; 46,9), denn er allein ist der wahre Gott (Jes. 37,20).

Die wörtliche Wiederholung des Satzes »**Und die von meinem Volk sollen in Ewigkeit nicht zuschanden werden**« (V. 26b.27b) betont die Zuverlässigkeit der Aussage. Der Fortbestand des Volkes Gottes soll durch keine äußere Katastrophe gefährdet werden (vgl. Jer. 31,35-37; 33,25f) und Gottes Bundesverhältnis zu seinem auserwählten Volk wird niemals aufhören (vgl. Jes. 45,17; 54,10).

## 2.6.4 Vorschlag zur Bibelarbeit über Joel 2,18-27

### 1. Einleitung

Zu Beginn der Bibelarbeit kann man einen oder mehrere Teilnehmer erzählen lassen, wie Gott in ihrem Leben Gebete erhört hat.

### 2. Durchführung

Thema: *Gott erhört Gebet*

*a) Er erbarmt sich in Not (V. 18-25):*

Zur Zeit Joels bestand in Juda folgende Situation: Als das Volk sich zu einem gemeinsamen Buß- und Bettag versammelte, erbarmte sich Gott über sein Volk (V. 18). Er verhieß Sättigung und Rettung aus Schande (V. 19) und Bedrängnis (V. 20), rief sein Volk zu Furchtlosigkeit und Freude auf (V. 21f) und stellte Regen, reiche Ernte (V. 23f) und Erstattung der Missernten in Aussicht (V. 25). Bei der Übertragung auf uns heute ist zu beachten, dass wir als neutestamentliche Gemeinde keine irdischen Landverheißungen haben. Mit dem Apostel Paulus bekennen wir: »Unser Bürgerrecht ist im Himmel« (Phil. 3,20). Zwar kann und wird Gott auch heute immer wieder Gebet erhören, indem er zu seiner Zeit aus irdischer Not heraushilft, aber er kann auch Kraft verleihen, in der Not zu bestehen. Beides ist Gebetserhörung und somit Ausdruck seines Erbarmens.

*b) Er lehrt den rechten Weg (V. 23)*

Gott will nicht nur Nothelfer sein, sondern auch zurechthelfen, wo wir uns vom rechten Weg entfernt haben. So war es auch in Juda zur Zeit Joels. Als das Volk sich zur Umkehr rufen ließ, rettete es Gott nicht nur aus aller äußeren Not, sondern auch aus der unterbrochenen Gemeinschaft mit Gott. Damit es lernen sollte, nach Gottes Geboten zu leben, gab er ihm den Lehrer zur Gerechtigkeit (V. 23). Für uns heute ist Jesus Christus der von Gott gegebene Lehrer zur Gerechtigkeit, der selbst unsere Gerechtigkeit ist (1Kor. 1,30; 2Kor. 5,21) und unser Leben in Übereinstimmung mit Gottes Geboten bringt (Apg. 3,26; Röm. 8,4).

*c) Er führt zur Dankbarkeit (V. 26)*

Die Menschen in Juda sollten wieder satt werden und Gott danken nach jeder Mahlzeit (V. 26). Auch wir wollen bei allem Gebet um Gottes Hilfe das Gotteslob und den Dank nicht vergessen.

*d) Er schenkt seine Gemeinschaft (V. 27)*

Gott verheißt die Erneuerung seines Bundes: Er will bei seinem Volk wohnen und allein der Gott seines auserwählten Volkes sein (V. 27). Zugleich verheißt er den ewigen Fortbestand seines Volkes (V. 26f): Israel wird nicht untergehen! Diese Stelle deutet bereits auf den Neuen Bund hin, den Gott einst mit seinem Volk Israel schließen will, wenn Jesus als Messias Israels wiederkommen wird. Darüber hinaus aber dürfen wir diese Verse auf die Gemeinde Jesu Christi anwenden, die bereits in der gegenwärtigen Zeit zum Ort der Gegenwart Gottes berufen ist (vgl. 2Kor. 6,16; Eph. 2,18-22). Gott befreit uns nicht immer aus aller irdischen Not, aber er verheißt auf alle Fälle, dass er uns als der treue Herr in Jesus Christus ganz nahe sein will.

# KAPITEL 3

## 2.7 Gott verheißt das künftige Heil (3,1-5)

### 2.7.1 Übersetzung

*1. Und es wird danach geschehen, (dass) ich meinen Geist ausschütte auf alles Fleisch, und eure Söhne und eure Töchter werden weissagen, eure Alten werden Träume träumen, eure jungen Männer werden Visionen sehen. 2. Und sogar auf die Knechte und auf die Mägde werde ich in jenen Tagen meinen Geist ausschütten. 3. Und ich werde Vorzeichen geben am Himmel und auf Erden, Blut und Feuer und Rauchsäulen. 4. Die Sonne wird in Finsternis verwandelt werden und der Mond in Blut vor dem Kommen des großen und furchtbaren Tages Jahwes. 5. Aber es wird geschehen, jeder der den Namen Jahwes anrufen wird, wird entrinnen. Denn auf dem Berg Zion und in Jerusalem werden Entronnene sein, wie Jahwe gesagt hat, und unter den Entkommenen, die Jahwe ruft.*

### 2.7.2 Struktur

Eingerahmt von zwei Heilszusagen für den Tag Jahwes, nämlich der Geistausgießung (A) und der Rettung (A'), beschreibt Joel die Vorzeichen, die auf den großen Gerichtstag Jahwes hinweisen (B). Diese Rahmung wird neben dem gleichen Thema des Heils auch durch Wortwiederholungen betont: Beide Aussagen werden durch *wəhājāh* (»Und es wird geschehen«) eingeleitet und an beiden Stellen werden die Heilsempfänger durch *qōl* (»alles, jeder«) qualifiziert. Den universalen Kennzeichen des Gerichtes (Himmel und Erde sind betroffen) steht das universale Heilsangebot gegenüber (»alles Fleisch« und »Jeder... wird gerettet werden«).

A Und es wird geschehen: Gott wird seinen Geist ausgießen auf alles Fleisch (V. 1f)
B Gott kündigt himmlische und irdische Vorzeichen seines Tages an (V. 3f)
A' Und es wird geschehen: Jeder, der seinen Namen anruft, wird gerettet werden (V. 5)

## 2.7.3 Auslegung

Die Einteilung der Kapitel 2-3 wird je nach Bibelausgabe verschieden vorgenommen. Englische Bibelausgaben (NIV, New King James) und die ältere Elberfelder Bibel (1962) zählen den hier besprochenen Abschnitt (3,1-5) noch zum zweiten Kapitel. Wir folgen dagegen der Einteilung der BHS, der Luther- (1984) und der Elberfelder Bibel (1985) und zählen ihn als eigenes Kapitel. Beide Einteilungen haben eine gewisse Berechtigung. Für die erste spricht, dass sich mit 3,1-5 Gottes Heilszusage von 2,19-27 fortsetzt und für die zweite, dass diese Zusage nun eine neue Dimension hat: Sie bezieht sich nicht mehr auf die Gegenwart, sondern auf die Zukunft.

### 2.7.3.1 Gott verheißt die Ausgießung seines Geistes (3,1-2)

1-2 Bei den einleitenden Worten »**Und es wird danach geschehen**« (V. 1) steht nach Keil (1985, S. 148f) die Zeitangabe »**danach**« dem Ausdruck »zuerst« in 2,23 gegenüber. Mit dieser Deutung zeigt sich ein bedeutsamer Fortschritt des Gedankengangs: Die Wiederkehr des Regens und die sich daraus ergebende Wiederbelebung des Landes und Volkes stellt nur den Anfang der göttlichen Verheißung dar. Auf die Erneuerung der Bundesgemeinschaft mit allen ihren Auswirkungen für das verwüstete Land folgt die Geistausgießung auf alles Fleisch als eine zweite Heilsstufe, die alles bisher Geschehene überbietet (vgl. Wolff, 1975, S. 78). Sie gilt nicht mehr Joels Generation, sondern einer zukünftigen, wie der eschatologische Ausdruck »in jenen Tagen« (V. 2) zeigt.

Diese Verheißung Gottes ist eingerahmt durch die doppelte Zusage, »**(dass) ich meinen Geist ausschütte**« (A, A'), in deren Mitte die Folgen der Geistausschüttung für das ganze Volk genannt ist (B, B', B").

A Ich werde meinen Geist ausschütten auf alles Fleisch:

B Eure Söhne und Töchter werden weissagen.

B' Eure Alten werden Träume sehen, eure jungen Männer werden Visionen sehen.

B'' Sogar auf die Knechte und Mägde

A' Werde ich meinen Geist ausschütten.

Das hebr. Verb für das »**Ausschütten**« des Geistes *(schāphak)* könnte an den Regenguss erinnern (vgl. Jes. 44,3, aber mit einem anderen hebr. Verb für »ausschütten«), der in 2,23 verheißen war. Durch die bildliche Anknüpfung würde dann ausgesagt, dass Gottes Verheißung beides umfasst, zuerst den Regen, danach seinen Geist. Auf jeden Fall wird durch das Bild des Schüttens oder Gießens die uneingeschränkte Weitergabe des Geistes Gottes beschrieben. Eine ähnliche Bedeutung zeigt sich, wenn vom Ausschütten (hebr. *schāphak)* der Seele (1Sam. 1,15; Ps. 42,5), des Herzens (Ps. 62,9; Kla. 2,19), der Sorge (Ps. 102,1; 142,3), des Zorns und Grimms Gottes (z.B. Ps. 79,6; Jes. 42,25; Jer. 10,25; Hes. 36,18; Hos. 5,10) oder seines Strafgerichts (Ps. 69,25; Zef. 3,8) die Rede ist. An allen diesen Stellen schildert das Ausschütten ein völliges Herauslassen und restloses Mitteilen menschlicher oder göttlicher Gemütszustände.

Die Verheißung, dass Gott seinen Geist ausschütten werde **auf alles Fleisch**, erinnert an einen Wunsch, den Mose nach 4Mo. 11, 29 äußerte. Damals hatte Gott den 70 Ältesten von dem Geist gegeben, der auf Mose war. Sie sollten für ihre Aufgabe ausgerüstet werden, Mose in der Führung des Volkes zu entlasten. Als der Geist auf sie kam, weissagten sie. Als Eldad und Medad, die nicht zum Heiligtum hinausgegangen, sondern im Lager zurückgeblieben waren, ebenfalls anfingen zu weissagen, forderte Josua Mose auf, sie davon abzuhalten. Mose aber antwortete: »Möge doch das ganze Volk Jahwes Propheten sein, dass Jahwe seinen Geist auf sie lege«. In der Prophetie Joels, dass Gott seinen Geist nicht mehr nur einzelnen Personen geben, sondern auf alles Fleisch ausschütten werde, wird dieser Wunsch Moses als zukünftige Realität vorhergesagt. Als Petrus die Joelstelle in Apg. 2,17f zitiert, bezeugt er, dass der Wunsch schließlich Wirklichkeit geworden ist (vgl. die Exkurse S.75ff und S.78ff).

In 3,1 sind zwei gegensätzliche Begriffe zusammengestellt: »**Geist**« und »**Fleisch**«. Der hebr. Begriff *rûach* umfasst die Grundbedeutungen »Wind, Atem, Geist«. Er bezeichnet die vitale Lebenskraft, die psychische Kraft und das Willenszentrum des Menschen oder Gottes (vgl. Jenni/Westermann, Bd. 2, 1984, Sp. 735-742). Gott verheißt mit der Ausgießung seines Geistes folglich die rückhaltlose Mitteilung seiner Lebenskraft und seiner persönlichen Zuwendung. Allerdings wird Gottes Geist bereits im AT als eine Person und nicht nur als eine Kraft verstanden, die z.B. senden (Jes. 48,16b) oder betrübt werden kann (Jes. 63,10).

Der hebr. Begriff *bāśār* (»Fleisch«) steht für die geschöpfliche Dimension des Menschen und seiner Werke, einschließlich ihrer Begrenztheit und Vergänglichkeit (1Mo. 6,3; Jes. 40,6) im Gegensatz zur unbegrenzten Lebenskraft des Geistes Gottes

(2Chr. 32,8; Jes. 31,3). Die Verheißung »Ich werde meinen Geist ausschütten auf alles Fleisch« enthält also eine ungeheure Spannung: Gerade schwachen und hinfälligen Menschen will Gott seine unbegrenzte Lebenskraft, und damit sich selbst, rückhaltlos mitteilen.

»Alles Fleisch« könnte theoretisch auch Tiere einschließen (vgl. 1Mo. 6,19f; Jes. 31,3), doch scheidet diese Auffassung aus, weil Gott seinen Geist nach biblischem Gesamtzeugnis nur Menschen mitteilt (vgl. Keil, 1985, S. 151). Der Fortgang der Verheißung verdeutlicht mit den Begriffspaaren »**eure Söhne – eure Töchter**«, »**eure Alten – eure jungen Männer**« und »**die Knechte – die Mägde**«, dass die Geisterfüllung allen Menschen verheißen ist, und zwar unabhängig von Geschlecht, Alter und sozialer Stellung.

Der Zusammenhang der Prophetie Joels und seine Formulierung in V. 1, in der alle Empfänger durch das persönliche Fürwort »eure« als Juden bezeichnet werden, zeigt klar, dass eine Dimension des Begriffs »alles Fleisch«, die über den Rahmen des auserwählten Volkes Israel hinausgeht und die gesamte Menschheit anspricht, nicht im Blickfeld Joels liegt. Es ist aber gut möglich, daß Paulus in Gal. 3,28 Joel 3,1f vor Augen hatte, wenn er von der Einheit der Gemeinde aus Juden und Heiden in Christus schreibt, unabhängig von nationaler Zugehörigkeit, sozialer Stellung und Geschlecht (vgl. 1Kor. 12,13).

Hinsichtlich des Empfangs des Heiligen Geistes wird es kei- 2
nen Unterschied zwischen freien Bürgern und unfreien **Knechten** und **Mägden** geben. Diese Begriffe bezeichnen hier Menschen der untersten sozialen Stufe, ausländische Sklaven (3Mo. 25,44) oder israelische Schuldsklaven (2Mo. 21,1-11). Sie standen in Israel trotz ihres niedrigen Status unter dem Schutz des mosaischen Gesetzes (2Mo. 21,1-11; 3Mo. 25,39-44; 5Mo. 5,14f) und nahmen am religiösen Leben teil (5Mo. 16,9-15).

Dass sie aber sogar den Geist empfangen sollen, ist im AT ohne Parallele (Keil, 1985, S. 151). Die Worte »**und sogar**« zu Beginn von V. 2 drücken aus, wie erstaunlich diese Aussage klingt.

Einige Handschriften der LXX, die auch Petrus bei seinem Joelzitat (Apg 2,18) benutzte, sprechen von den Knechten und Mägden Gottes. Die Bezeichnung »Knechte Gottes« ist im AT geradezu ein Ehrentitel für fromme Juden (vgl. 2Kön. 9,7; Ps. 134,1; Jes. 54,17). Vielleicht sind daher diese LXX-Übersetzungen ein Versuch, die anstößige Behauptung, sogar »Sklaven« werden den Geist Gottes empfangen, abzuschwächen. Der MT will dagegen gerade ausdrücken, dass keine sozialen Unterschiede die Ausgießung des Geistes einschränken sollen.

Was die Ausschüttung des Heiligen Geistes bewirken wird, beschreibt Joel mit den drei Aussagen »**weissagen**«, »**Träume träumen**« und »**Visionen sehen**«. Träume und Visionen sind zwei typische Mittel, durch die Gott Propheten (hebr. *nābî'*) zum Weissagen (hebr. *nibbā'*) befähigte (4Mo. 12,6).

Das hebr. Verb *nibbā'* (»weissagen«) bzw. dic verwandte Stammform *hitnabbē'* bedeuten an den meisten Stellen des AT ein vom Heiligen Geist eingegebenes Reden im Namen Gottes. Dabei handelt es sich um das prophetische Reden eines von Gott berufenen Propheten (Jer. 26,20), eines selbsternannten (Lügen-)Propheten (Sach. 13,3f; Hes. 13,17ff) oder eines Tempelsängers (1Chr. 25,1-3). An wenigen Stellen bezeichnet hebr. *nibbā'* einen Zustand des Ergriffenseins von Gottes Geist (vgl. 1Sam. 10,11), oder von einem bösen Geist (vgl. 1Sam. 18,10). Auch *hitnabbē'* steht meist für einen Zustand des Ergriffenseins, der positiv (4Mo. 11,25-27; 1Sam. 10,5f.10.13; 19,20f.23f), aber auch negativ gewertet sein kann, wie bei Lügen- (1Kön. 22,10; 2Chr. 18,9) oder Baalspropheten (1Kön. 18,29).

Einige Ausleger nehmen in 3,1f für hebr. *nibbā'* eine spezielle Wortbedeutung an. Aus der parallelen Aussage »Eure Alten werden Träume träumen, eure jungen Männer werden Gesichte sehen« erschließen Jenni/Westermann (Bd. 2, 1984, Sp. 17) die spezielle Wortbedeutung »eine prophetische Offenbarung empfangen«. Auch nach Wolff (1975, S. 79) ist hebr. *nibbā'* in 3,1 »nicht als prophetisches Sichäußern, sondern als Prophetsein zu deuten«, womit »das neue prophetische Gottesverhältnis« verheißen sei, das sich im »bevollmächtigten Anrufen (5a) des anrufenden Gottes (5b) betätigt«.

Tatsächlich scheint Joels Verheißung darauf hindeuten zu wollen, dass der Geist Gottes die Glaubenserfahrung allen zugänglich machen wird, die bisher nur den Propheten vorbehalten war, nämlich eine persönliche Gottesoffenbarung und ein geistgewirktes persönliches Gottesverhältnis. Im Einklang damit stehen alttestamentliche Verheißungen vom Neuen Bund, wonach alle Glieder des Gottesvolkes von Jahwe gelehrt (Jes. 54,13), ohne menschliche Vermittlung Gott erkennen (Jer. 31,34) und durch die Kraft des Heiligen Geistes nach Gottes Geboten, die ihnen ins Herz geschrieben sind, leben werden (Jer. 31,33; Hes. 36,27). Das NT erklärt diese Verheißungen des alten Bundes als verwirklicht, wenn zu lesen ist, dass alle Christen von Gott gelehrt (Joh. 6,45; 1Thess. 4,9) und durch den Heiligen Geist als Zeugen Jesu Christi gesandt sind (Apg. 1,8; 1Petr. 2,9). Neben diesem besonderen Gottesverhältnis ist in 3,1f durchaus auch an prophetische Begabung im eigentlichen Sinn zu denken. Dafür spricht, dass parallel von Träumen (hebr. *chālôm*) und Visionen (hebr. *chāsjôn*) die Rede ist.

Im AT wird immer wieder von **Träumen** berichtet, durch die Gott sich einem Schlafenden bildhaft und hörbar offenbarte, darunter auch Menschen, die keine Propheten waren (z.B. 1Mo. 20,3.6; 28,12; 37,5.9; Ri. 7,13f; 1Kön. 3,5; Dan. 2,1ff).

Das AT betont aber, dass längst nicht alle Träume von Gott kommen (vgl. Pre. 5,2.6), sondern geradezu irreführen können. So werden auch Träume falscher Propheten z.B. in 5Mo. 13,2ff; Jer. 23,25ff; 29,8; Sach. 10,2 erwähnt. Der hebr. Begriff *chäzjôn* (z.B. 2Sam. 7,17) bezeichnet eine **Vision**, bei der Gott seinen Propheten die Sinne für seine unsichtbare Welt und für seine Botschaft öffnet. Der verwandte hebr. Ausdruck *chāzôn* umfasst neben eigentlichen Visionen (Dan. 8,1f.13ff) auch Wortoffenbarungen (Jes. 1,1; Obd. 1; Nah. 1,1).

Gott verheißt durch Joel, dass zur Zeit der Ausschüttung seines Geistes prophetische Offenbarungen durch Träume und Visionen allgemein verbreitet sein werden. Dass an dieser Stelle Träume den **Alten** und Visionen den **jungen Männern** zugeordnet sind, ist ein hebr. Stilmittel. Junge Männer – alte Männer sowie Träume – Visionen schließen sich nicht gegenseitig aus, sondern ergänzen sich: Das ganze Gottesvolk soll an allen Arten der Selbstoffenbarung Gottes teilhaben (vgl. Keil, 1985, S. 151). Vgl. den Exkurs S. 78ff.

### 2.7.3.2 Gott kündigt himmlische und irdische Vorzeichen seines Tages an (3,3-4)

In 3,3f wird ausgesagt, dass Gott seinen Geist am Tag Jahwes ausschütten will. Gott ist zwar bewegt worden, den nahenden Tag Jahwes aufzuhalten (2,12ff), einst aber wird er so hereinbrechen, wie Joel es in 2,1-11 schaute. Gott kündigt nun durch Joel bestimmte Vorzeichen an, die den nahenden Tag Jahwes in gewisser Weise vorwegnehmen. In diesem Sinne kann der hebr. Begriff *môphēt* (»**Vorzeichen**«) prophetische Handlungen bezeichnen, die angekündigte Gottesgerichte symbolisch im Voraus darstellen (vgl. Jes. 20,3; Hes. 12,6.11).

Es werden zwei geographische Bereiche dieser Vorzeichen ge- 3
nannt: »**Am Himmel und auf Erden**«. Die von Gott gegebenen Vorzeichen umfassen also die Gesamtheit der Schöpfung (1Mo. 1,1). Folgendes Schema stellt die Entfaltung des Gedankengangs in V. 3f dar:

Und ich werde Vorzeichen geben

| | |
|---|---|
| *am Himmel* | und *auf Erden,* |
| *Blut und Feuer und Rauchsäulen.* | Die *Sonne* wird *in Finsternis verwandelt* werden und der *Mond in Blut* |

vor dem Kommen des großen und furchtbaren Tages Jahwes.

Wie das Schema zeigt, werden die Vorzeichen des Tages Jahwes chiastisch (spiegelsymmetrisch) entfaltet. Die Vorzeichen der zuerst genannten Ortsbestimmung »Himmel« werden zuletzt beschrieben, die an zweiter Stelle genannte Ortsbestimmung »Erde« zuerst, sodass sich die Gedankenstränge überkreuzen. Blut steht für Blutvergießen (vgl. 4,19), Feuer für kriegerische Verwüstung und Rauchsäulen (eigentlich »Palmen aus Rauch«) für niedergebrannte Städte, über denen Rauchpilze stehen (vgl. Ri. 20,40, wo aber ein anderes hebr. Wort für »Rauchsäulen« steht). Zugleich sind Feuer und Rauch Kennzeichen der Erscheinung Gottes (2Mo. 19,18; 20,18).

Mit dem Satz »**Die Sonne wird in Finsternis verwandelt** 4
**werden und der Mond in Blut**« (V. 4a) schildert Joel kosmische Vorzeichen des Tages Jahwes (vgl. 2,2.10; 4,15). Sonnenfinster-

nisse werden in Hes. 32,7 und Am. 8,9 als Begleiterscheinungen zeitgeschichtlicher Gottesgerichte über verschiedene Völker angekündigt. Verfinsterung der Sonne, des Mondes und der Sterne sind Zeichen des kommenden Tages Jahwes (Jes. 13,10; 24,23).

Die Ankündigung, dass der Mond zu Blut verwandelt wird (vgl. im NT Apg. 2,20; Offb. 6,12), beschreibt eine aus der Sicht des irdischen Betrachters rötliche Verfärbung des Mondes. Diese entsteht bei einer totalen Mondfinsternis (vgl. Dunlop, 1987, S. 134f). Der farbliche Vergleich mit Blut hat darüber hinaus auch symbolische Bedeutung, weil die Verfärbung des Mondes das Blutvergießen auf Erden widerspiegelt, das zuvor erwähnt wurde. In ähnlicher Weise kündigt Jes. 24,23 an, dass der Mond »schamrot« wird. Da nach den Gesetzmäßigkeiten unseres Sonnensystems Sonnen- und Mondfinsternisse nicht gleichzeitig eintreten können, ist zu vermuten, dass die in 3,4 angekündigte Verfinsterung eine außergewöhnliche Ursache haben wird, etwa eine kosmische Katastrophe (vgl. Offb. 6,12f) oder eine starke Verschmutzung der Atmosphäre (vgl. Offb. 8,7-12).

Diese Ereignisse werden nach V. 4 **vor dem Kommen des großen und furchtbaren Tages Jahwes** stattfinden (vgl. 2,11). Der kommende Tag Jahwes ist *groß* wegen seiner unvergleichlichen Bedeutung für alle Welt, wenn Gott als Richter in Raum und Zeit eingreifen wird (vgl. Jer. 30,7) und *furchtbar*, weil sich dann Gottes Zorn über alles entlädt, was ihm widerstrebt (vgl. Jes. 13,9-16). In 4,1-21 entfaltet Joel die näheren Einzelheiten des Gerichtstages Gottes.

Die Vorzeichen des Tages Jahwes haben sich nach dem Zeugnis des NT z.T. bereits symbolisch erfüllt. Bei der Kreuzigung Jesu verdunkelte sich die Sonne (Mt. 27,45) und beim Pfingstgeschehen erschienen »Feuerflammen« auf den Jüngern (Apg. 2,3). Damit kam zum Ausdruck, dass das Kommen des Messias und seines Geistes bereits den Tag Jahwes einleitete. Nach der

Endzeitrede Jesu säumen seither in Kriegen und Verfolgungen die irdischen Zeichen »Blut und Feuer und Rauchsäulen« den Weg der Gemeinde Jesu durch die Jahrhunderte (Mt. 24,6). In globalem Ausmaß (Mt. 24,7; Lk. 21,10; Offb. 16,14; 19,19) werden sie zusammen mit kosmischen Zeichen (Mt. 24,29; Lk. 21,11.25f; Offb. 6,12ff; 8,12) zum Signal der bevorstehenden Wiederkunft Jesu Christi am Tag Jahwes werden.

### 2.7.3.3 Gott verheißt Rettung an seinem Tag (3,5)

Die Wendung »**Aber es wird geschehen**« stimmt im hebr. 5
Text wörtlich mit dem »Und es wird... geschehen« am Beginn von V. 1 überein. Damit wird angedeutet, dass die Ausschüttung des Geistes Gottes (V. 1f) und die Rettung auf dem Berg Zion (V. 5) parallele Heilsereignisse am Tag Jahwes sind, denen die gerichtlichen Vorzeichen in V. 3f gegenüberstehen (vgl. die Textstruktur, S. 173f). Um diesen Kontrast zu V. 3f auszudrücken, haben wir hebr. *wə* (»und, aber«) am Anfang von V. 5 mit »aber« übersetzt.

Wenn schon die Vorzeichen des Tages Jahwes Kriege und kosmische Katastrophen sind, dann erhebt sich die Frage, wie es überhaupt möglich sein kann, den Tag selbst zu überstehen (vgl. 1,15; 2,3.11). Gott hat seinem bußfertigen Volk eine Perspektive der Rettung aus der landwirtschaftlichen Katastrophe eröffnet (2,12ff.18ff) und ebenso wird es ein Rettungsangebot am kommenden Tag Jahwes geben: **Jeder, der den Namen Jahwes anrufen wird, wird entrinnen** (V. 5a). So wie der Tag Jahwes alle bedroht, ist ein Entrinnen (hebr. *nimlat*) für alle möglich, aber nur durch Gottes Eingreifen.

Wie bereits bei der Besprechung der Textstruktur (S. 173) dargelegt wurde, fällt mit der Verwendung des hebr. *kōl* eine

Parallele (»*alles* Fleisch« – »*jeder* wird entrinnen«) zwischen V. 1a und V. 5a auf. Der Allgemeingültigkeit der Verheißungen von V. 1 und V. 5 steht in V. 5b eine zweifache Bedingung gegenüber: 1. »Jeder, der den Namen Jahwes anrufen wird« und 2. »Den Jahwe rufen wird«.

Die hebr. Redewendung *qārā' bəschēm* (»**den Namen anrufen**«) bedeutet auf Gott bezogen einerseits im Gebet »namentlich *an*rufen« (vgl. 1,19f; 2,17) und andererseits in öffentlicher Verkündigung »namentlich *aus*rufen«. Zu allen Zeiten riefen die Frommen des AT den Namen Jahwes an (vgl. z.B. 1Mo. 4,26; 12,8; 1Kön. 18,24; 1Chr. 16,8; Ps. 116,17; Jes. 64,6). Aber anlässlich der Erwählung Israels zum Bundesvolk und seiner Befreiung aus Ägypten offenbarte sich Jahwe mit seinem Namen am Sinai auf bisher unbekannte Weise (2Mo. 6,2-8). Dieses »Ausrufen« des Namens Jahwes vor Mose, das als Proklamation für alle Zeiten sein Wesen offenbarte (vgl. 2Mo. 33,19; 34,5ff), ließ Joel schon bei seinem Bußruf anklingen (2,13). Auf diesem Hintergrund ist auch V. 5 zu verstehen.

Dabei ist der Name Jahwes viel mehr als nur eine Benennung Gottes, er steht für Gott selbst entsprechend seiner Selbstoffenbarung (vgl. 2Mo. 23,21; Jes. 30,27). Wer den Namen Jahwes anruft, ist gerettet, denn er steht auf dem Boden dieser Selbstoffenbarung Gottes als »barmherziger und gnädiger Gott, langsam zum Zorn und reich an Treue und Zuverlässigkeit« (2Mo. 34,6). Parallel zu Joel verbindet auch die Endzeitprophetie Sacharjas die Ausgießung des Geistes »der Gnade und des Flehens« (Sach. 12,10) mit dem Anrufen des Namens Jahwes (Sach. 13,8f).

Im NT wird Joel 3,5 seit der Pfingstpredigt des Apostels Petrus (Apg. 2,21) auf das Anrufen des Namens Jesu Christi bezogen. In ihm allein ist das Heil, das im Glauben angenommen werden muss (Apg. 2,40; 4,12). Der Weg zur Reinigung von Sünden (Apg. 22,16) und zur Glaubensgerechtigkeit (Röm. 10,13) besteht in der Anrufung dieses Namens. Darum werden die ersten Christen diejenigen genannt, die »seinen Namen anrufen« (vgl. Apg. 9,14.21; 1Kor. 1,2; ferner Apg. 15,17; 2Tim. 2,22; Jak. 2,7). Die Gemeinde Jesu Christi lebt bereits im Licht des kommenden Tages (vgl. Röm. 13,12ff; 1Thess. 1,9f), weil sie mit der Anrufung des Namens Jesu das praktiziert, was Joel im Hinblick auf den Tag Jahwes verheißen hat.

Der Gedanke des »Entrinnens« am Tag Jahwes gibt dem Propheten das Stichwort für die Begründung mit einem Wort Jahwes: **Denn auf dem Berg Zion und in Jerusalem werden Entronnene sein, wie Jahwe gesagt hat.** Im Zusammenhang der prophetischen Botschaft Joels wird damit verheißen, dass Zion und Jerusalem am Tag Jahwes nicht Stätten völliger Verwüstung (vgl. 1,15; 2,1-11), sondern Bergungsorte (vgl. 4,16b) für solche werden sollen, die der Verwüstung entronnen sind, weil sie den Namen Jahwes angerufen haben (vgl. Sach. 14,1-5).

Auffällig ist das Nebeneinander der Angaben »**auf dem Berg Zion**« und »**in Jerusalem**«. Vom heiligen Berg Zion war bereits in 2,1 die Rede (siehe S. 119), der Name Jerusalem erscheint bei Joel zum ersten Mal. Beide Namen können zwar austauschbar verwendet werden (Sach. 9,9) und hier in der synonymen Nennung Jerusalem/Zion als Ort der Rettung betonen. Es könnte aber mit dem »Berg Zion« speziell der Tempelberg als Ort der Gotteswohnung gemeint sein (vgl. 4,16f.20f). Als Gottes heiliger Berg (2,1; 4,17) war der Berg Zion seit Davids Zeit in besonderer Weise ein Ort der Heilserwartung (vgl. Ps. 14,7; 53,7; 69,36; 102,14.17; 125,1). Unter den Propheten verkündigt besonders Jesaja, dass das künftige Heil von Zion ausgehen würde (2Kön. 19,31; Jes. 2,3; 31,4; 35,10 u.v.a.; vgl. auch Obd. 17.21). Auch Joel betont, dass Gott an seinem bevorstehenden Gerichtstag auf dem Berg Zion Rettung und Bergung schenken will (3,5; 4,16f), so wie er sein bußfertiges Volk zur Zeit Joels dort begnadigt hatte (2,18ff).

Joel zitiert in 3,5b Worte Obadjas, die er geringfügig abgewandelt hat: »Aber auf dem Berg Zion werden Entronnene sein« (Obd. 17, siehe S.316). Dabei betont der Zusatz »**wie Jahwe gesagt hat**« die Autorität des Prophetenwortes als göttlichen Ausspruch und bestätigt die Verlässlichkeit der Verheißung. Vergleichbar sind die Redewendungen »wie Jahwe geredet hat« bzw. »wie er geredet hat« (5Mo. 6,19; 1Chr. 22,11; 2Chr. 23,3; Jer. 40,3) und »wie geschrieben ist im Gesetz Moses« (Dan. 9,13).

Mit dem Nachsatz »**Und unter den Entkommenen, die Jahwe ruft**« erweitert Joel die zitierte Prophetie Obadjas. Wolff vermutet (1975, S. 82), dass mit den Entkommenen immer noch die innerhalb Jerusalems Geretteten gemeint sind, darüber hinaus allenfalls solche, die aus der judäischen Umgebung in die Stadt geflohen sind. Möglich ist aber auch die Deutung auf Gerettete an allen Orten, in denen Menschen sind, die Jahwe ruft, sei es innerhalb oder außerhalb Jerusalems. Dabei kann zunächst an die jüdische Diaspora gedacht sein, die gleich anschließend erwähnt wird (vgl. 4,1-3.6f). Im NT beziehen die Apostel Petrus und Paulus diese Verheißung auf die Völkerwelt (Apg. 2,39; Röm. 10,13).

Auch durch die Struktur von V. 5 wird die Person und die Initiative Jahwes für die Rettung betont.

A Jeder der den Namen Jahwes anrufen wird,
B wird entrinnen.
C Denn auf dem Berg Zion und in Jerusalem werden Entronnene sein, wie Jahwe gesagt hat,
B' und unter den Entkommenen,
A' die Jahwe ruft.

Im Mittelpunkt steht die Zusage Jahwes, dass in seiner Stadt Jerusalem Entronnene zu finden sein werden (C). Dies wird zunächst eingerahmt durch den Gedanken des Entkommens (B, B'), der dann in Bezug mit Jahwe und dem Gedanken des Rufens gesetzt wird (A, A'). Von besonderer Bedeutung ist hier die einrahmende Wiederholung des hebr. Verbs *qārā'* »rufen«. Beim ersten Vorkommen geht es um Menschen, die den Namen Jahwes anrufen und so Rettung finden. Beim zweiten Vorkommen geht es um Menschen, die Jahwe zur Rettung ruft. Beide Aussagen ergänzen sich. Gottes Rufen meint hier am ehesten sein erwählendes Berufen (vgl. 2Mo. 31,2; 35,30; Jes. 41,9; 43,1; Röm. 8,30; 1Petr. 2,9). Wörtlich heißt es: »Die Jahwe am Rufen ist«. Das hier gebrauchte hebr. Partizip drückt aus, dass das Rufen Gottes aus der Verlorenheit heraus ein dauerhafter Vorgang ist. Im Licht des NT können wir hier auch an die Gnadenzeit der Gemeinde Jesu Christi denken.

## 2.7.4 Vorschlag zur Bibelarbeit über Joel 3,1-2

### 1. Einleitung

Die großen Feste der Christenheit haben darin ihren eigentlichen Sinn, dass sie uns zum Staunen bringen über die großen Heilstaten Gottes. Gott hat in Jesus Christus Großes getan! Das gilt auch für das Pfingstfest. Die Prophetie Joels macht klar:

## 2. Durchführung

Thema: *Gott schenkt uns seinen Geist – drei Gründe zum Staunen*

*a) Gott schenkt seinen Geist*

Dies ist eine erstaunliche Verheißung, die bereits auf den Neuen Bund hinweist (»danach«): Gott schenkt uns seinen Sohn, und um seinetwillen auch seinen Geist. Diese Verheißung hat sich zu Pfingsten erfüllt. Wir beschreiben an dieser Stelle die näheren Umstände des Pfingstereignisses (Apg. 2) und beachten dabei die Aussage des Apostels Petrus: »Dies ist es, was durch den Propheten Joel gesagt ist« (Apg. 2,16).

Da wir den Heiligen Geist empfangen, wenn wir zum lebendigen Glauben an Jesus Christus kommen (Eph. 1,13), geht es nicht darüber hinaus um einen zusätzlichen Empfang des Geistes Gottes. Die Ausgießung des Heiligen Geistes wird der Überrest des Volkes Israel erfahren, wenn Jesus Christus wiederkommen wird (Sach. 12,10). Das Ziel der Geistesgabe sind nicht außergewöhnliche Erlebnisse, sondern praktischer Gehorsam gegen Gottes Wort. Wir wollen Gottes Geist Raum geben, den wir bei der Wiedergeburt empfangen haben (Eph. 5,18). Der Heilige Geist soll nicht nur Gastrecht in unserem Leben haben, sondern Herrschaftsrecht.

*b) Gott schenkt seinen Geist allen*

Gottes Angebot gilt grundsätzlich allen Menschen (»auf alles Fleisch«). Im AT verlieh Gott seinen Geist nur bestimmten Menschen, und auch nur für bestimmte Aufgaben und für eine begrenzte Zeit (vgl. den Exkurs, S. 75ff). Mose wünschte, dass alle im Volk Gottes Propheten sein möchten, indem der Herr seinen Geist auf sie legte (4Mo. 11,16-29). Joels Verheißung knüpft hier an und sagt aus, dass Gott seinen Geist einst ganz und gar »ausschütten« will. Seitdem sich dies zu Pfingsten erfüllt hat, gibt es in der Gemeinde Jesu Christi in dieser Hinsicht keine Unterschiede mehr. Allen, die Jesus Christus im Glauben angehören (1Kor. 12,13; Gal. 3,28), ist Gottes Geist reichlich geschenkt (Tit. 3,5f), ohne Rücksicht auf Geschlecht, Alter und Stellung (Joel 3,1f). Das Wunder der Einheit aller wiedergeborenen Christen ist das Werk des Heiligen Geistes.

*c) Gott schenkt seinen Geist zur Ausrüstung zum Dienst*

Uns ist der Geist gegeben, damit wir Gemeinschaft mit Gott haben und in einem »prophetischen« Gottesverhältnis (»weissagen«) stehen. In der Zeit des Alten Bundes war es vor allem den Propheten vorbehalten, eine innere Gemeinschaft mit Gott zu haben. Im Neuen Bund ist diese Gottesnähe allen geschenkt, die den Heiligen Geist empfangen haben (Jes. 54,13; Jer. 31,33f; Hes. 36,27; Röm. 8,15).

Gottes Geist rüstet aus zum Dienst. Die von Joel (3,1) genannten Befähigungen stehen auch stellvertretend für andere Geistesgaben (Röm. 12,3-8; 1Kor. 12,4ff; Eph. 4,11f). Gott verleiht seinen Geist nicht, damit wir Besonderes erleben oder darstellen, sondern damit wir ihm trotz eigenen Unvermögens in seiner Kraft als Zeugen Jesu Christi (vgl. Apg. 1,8) dienen können.

## 2.7.5 Vorschlag zur Bibelarbeit über Joel 3,3-5

### 1. Einleitung

Als Einstieg dient eine kurze Schilderung des Untergangs des britischen Schnelldampfers Titanic im April 1912, bei dem die meisten der 1600 Passagiere umkamen. Das Schreckliche, das sich damals ereignete, kann man als kleines Abbild der kommenden Katastrophe betrachten. Denn ohne Gott steuert die Menschheit dem ewigen Verderben zu. Der Prophet Joel zeigt uns den Weg zur Rettung.

### 2. Durchführung

Thema: *Der Weg zur Rettung*

*a) Wie man Rettung findet (V. 3-5a)*

Das Volk Gottes erfuhr Gottes Hilfe in großer Not, als es sich versammelte und den Namen des Herrn anrief (Joel 1-2). Aber die größte Bedrängnis des Heiligen Landes steht noch bevor. Joel beschreibt die Vorzeichen des Tages des Herrn in 3,3f. Wer findet Rettung am großen und schrecklichen Tag des Herrn? Die Antwort lautet: »Und es wird geschehen, wer den Namen des Herrn anrufen wird, der soll gerettet werden.« (V. 5a)

Was bedeutet das »Anrufen« des Namens Gottes? Immer wieder berichtet die Bibel, dass Menschen den Namen des Herrn angerufen haben (z.B. 1Mo. 12,8; 13,4: Abraham; Apg. 9,14; 1Kor. 1,2: die ersten Christen). Gemeint ist nicht ein gedankenloses Aussprechen des Namens Gottes, sondern dass wir als rettungsbedürftige Sünder den Namen Jesus, in dem allein das Heil ist (Apg. 4,12) im Gebet anrufen und uns der Herrschaft Christi bewusst unterstellen.

*b) Wo es Rettung gibt (V. 5b)*

»Auf dem Berg Zion und in Jerusalem« wird es am Tag des Herrn Rettung geben, verheißt der Prophet Joel. Dies ist ein Hinweis auf den Ort, an dem der Herr Jesus Christus für die Schuld der Welt gelitten hat und auferstanden ist. Bei seiner Wiederkunft werden seine Füße auf dem Ölberg stehen (Sach. 14,4). Von dort ist er zum Himmel aufgefahren (Apg. 1,11) und rettet alle, die seinen Namen anrufen (Joel 3,5).

Rettung von Sünde und Verlorenheit wird es aber nicht erst geben, wenn Jesus Christus wiederkommen wird. Die erste Erfüllung der verheißenen Rettung in Jerusalem geschah zu Pfingsten, als der Heilige Geist über die in Jerusalem versammelten Jünger ausgegossen wurde. Der Apostel Petrus lud die herbeiströmenden Festpilger ein, Vergebung der Sünden und die Gabe des Heiligen Geistes zu empfangen. Damit dies geschehe, sollten sie den Namen des Herrn anrufen (Apg. 2,21), Buße tun und sich auf den Namen Jesu Christi taufen lassen (Apg. 2,37-41). Schon heute finden alle Menschen ewiges Heil, die mit ihrer Sünde zu Jesus Christus kommen, der am Kreuz für sie starb.

*c) Wer Rettung findet (V. 5c)*

Rettung finden diejenigen, »Die der Herr rufen wird«. Nicht nur den Bewohnern von Jerusalem gilt das Heilsangebot Gottes, sondern allen, die Gott von fern und nah berufen wird. Welche Chance für alle Menschen (Röm. 10,12f)! Hier zeigt sich die bleibende Aktualität des Missionsauftrags der Gemeinde Jesu Christi heute. Ein Beispiel aus der Mission könnte das veranschaulichen.

Joel (3,5) beschreibt zwei Seiten des Heilsweges. Die menschliche Seite lautet:

»Wer den Namen des Herrn anrufen wird«, die göttliche Seite heißt: »die der Herr rufen wird«. Beide Seiten gehören zusammen wie die zwei Seiten einer Münze. Wenn wir den Namen des Herrn anrufen, dann ist das unsere Antwort darauf, dass Gott uns schon lange zuvor mit Namen gerufen hat (vgl. Jes. 43,1). Diesen Zusammenhang könnte ein Glaubenszeugnis bestätigen.

# KAPITEL 4

## 2.8 Gott kündigt Israels Feinden Gericht an (4,1-16)

### 2.8.1 Übersetzung

*1. Denn siehe, in jenen Tagen und in jener Zeit, da ich die Wende Judas und Jerusalems herbeiführen werde, 2. da will ich versammeln alle Völker, und ich will sie hinabführen in das Tal Joschafat und will dort mit ihnen ins Gericht gehen wegen meines Volkes und meines Eigentums Israel, dass sie es zerstreut haben unter den Völkern und mein Land als Beute geteilt haben. 3. Und über mein Volk haben sie das Los geworfen, und den Knaben gaben sie für die Hure, und das Mädchen verkauften sie für Wein und tranken.*

*4. Und auch ihr, was (wollt) ihr mir, Tyrus und Sidon und alle Bezirke Philistäas? Wollt ihr mir eine Tat vergelten oder wollt ihr mir etwas antun? Schnell, eilends werde ich euer Tun auf euren Kopf zurückkommen lassen, 5. dass ihr mein Silber und mein Gold genommen und meine besten Schätze in eure Paläste gebracht habt. 6. Und die Söhne Judas und die Söhne Jerusalems habt ihr verkauft an die Söhne der Jonier, um sie (weit) zu entfernen aus ihrem Gebiet. 7. Siehe, ich erwecke sie von dem Ort, an den ihr sie verkauft habt und will euer Tun auf euren Kopf zurückkommen lassen, 8. und ich will eure Söhne und eure Töchter verkaufen in die Hand der Söhne Judas, und sie werden sie an die Sabäer verkaufen, an ein fernes Volk, denn Jahwe hat geredet. 9. Ruft dieses aus unter den Völkern, heiligt einen Krieg, erweckt die Helden, nahen sollen sich und heraufziehen alle Kriegsleute! 10. Schmiedet eure Pflugscharen zu Schwertern und eure Winzermesser zu Lanzen! Der Schwächling sage: Ich bin ein Held! 11. Kommt zu Hilfe und kommt, alle*

*Völker ringsum, und versammelt euch! Dorthin schicke, Jahwe, deine Helden hinab! 12. Es sollen sich aufmachen und hinaufziehen die Völker zum Tal Joschafat. Denn dort werde ich sitzen, um zu richten alle Völker ringsum. 13. Streckt die Sichel aus, denn reif ist die Ernte! Kommt und stampft, denn die Kelter ist voll, die Kufen fließen über, denn groß ist ihre Bosheit! 14. Lärmende Menschenmengen, lärmende Menschenmengen im Tal des Strafgerichts! Denn nahe ist der Tag Jahwes im Tal des Strafgerichts. 15. Sonne und Mond sind finster und die Sterne verlieren ihren Glanz. 16. Und Jahwe brüllt aus Zion und lässt aus Jerusalem seine Stimme erschallen, sodass Himmel und Erde erbeben; aber Jahwe ist seinem Volk Zuflucht und Schutz den Söhnen Israels.*

## 2.8.2 Struktur

Der Abschnitt 4,1-16 entfaltet das bereits in 3,1-5 angedeutete Thema: Heil für Israel an Gottes Gerichtstag. Wie das Strukturschema zeigt, ist das Völkergericht (V. 2-15) umrahmt von der Verheißung des künftigen Heils für Israel (V. 1.16). Auch innerhalb der Ausführung des Themas »Völkergericht« findet sich eine Rahmenstruktur: Die eigentliche Beschreibung des Gerichts (V. 4-11) wird eingerahmt von der Ankündigung des Gerichtes im Tal Joschafat (V. 2f.12-15). Durch die streng symmetrische Struktur wird der Hörer der Botschaft von der Heilsverheißung der Wiederherstellung der Nation Juda (A) über die Ankündigung (B, B') und Beschreibung des Gerichts an den Völkern, die Judas Heil bedrohen (C, C'), wieder zurück zum Heil, das Jahwe selbst garantiert (A'), geführt.

A Gott verheißt die Wiederherstellung Judas und Jerusalems (V. 1)
B Gott wird die Völker im Tal Joschafat zum Gericht versammeln (V. 2-3)
C Gott richtet die Völker, die sein Volk angriffen (V. 4-8)
C' Gott wird alle Völker zum Krieg rufen, aber dann gegen sie sein Engelheer senden (V. 9-11)
B' Gott wird an seinem Tag die Völker im Tal Joschafat richten (V. 12-15)
A' Gott wird Jerusalem schützen und retten (V. 16)

## 2.8.3 Auslegung

### 2.8.3.1 Gott wird die Völker zur Zeit der Wiederherstellung Israels im Tal Joschafat zum Gericht versammeln (4,1-3)

Mit den Worten »**Denn siehe**« leitet der Prophet zu einer weiteren Entfaltung der bisherigen Aussagen über den Tag Jahwes über und ruft zu besonderer Aufmerksamkeit auf. Die Rettung des Gottesvolkes auf dem Berg Zion (3,5) und die Wiederherstellung Judas und Jerusalems (4,1) stehen im Zusammenhang mit Gottes Gericht über die Völker (4,2ff) an seinem Tag samt den in 3,3f genannten Vorzeichen.

Die Angaben »**in jenen Tagen**« (vgl. 3,2) und »**in jener Zeit**« beziehen sich auf denselben Zeitrahmen, in dem der Abschnitt 3,1-5 steht. Gott wird zu derselben Zeit Israel wiederherstellen und die Völker richten. Bei der Verheißung, dass Gott **die Wende Judas und Jerusalems herbeiführen** wird, muss die hebr. Redewendung *hēschîb schəbût* (»eine Wendung wenden«) näher untersucht werden. Beide hebr. Wörter sind von derselben Wortwurzel *schûb* (»umkehren«) abgeleitet, die bereits in 2,12-14 von großer Bedeutung war. Durch die Wiederaufnahme dieser Wortwurzel führt Joel den dort begonnenen Gedanken fort: Das Volk »kehrte um« zu Jahwe (2,12f), darum *kehrte* sich Jahwe zu seinem Volk (2,14) und wird an seinem Tag das Geschick seines Volkes *umkehren*, indem er die *Wende* Judas und Jerusalems herbeiführen wird (4,1).

Was bedeuten die synonymen Redewendungen *schûb schəbût* bzw. *hēschîb schəbût*? An vielen Stellen des AT bezeichnen sie die Rückführung des Volkes oder Einzelner aus der Kriegsgefangenschaft (z.B. Ps. 14,7; Jer. 48,47; Kla. 2,14; Hes. 29,14; Am. 9,14; Zef. 3,20), an anderen Stellen findet sich eine allgemeinere Bedeutung (Ps. 85,2; Jer. 30,18; 33,11; Hos. 6,11) und in Hi. 42,10 ist der Gedanke der Kriegsgefangenschaft ganz ausgeschlossen. So ist am besten von der Grundbedeutung »eine Wende herbeiführen« auszugehen, die auch durch eine altaramäische Inschrift bestätigt wird (Jenni/Westermann, 1984, Bd. 2, Sp. 887).

Weil die Begriffe *schəbût* (»Wendung«) und *schəbît* (»Gefangenschaft«) klanglich und inhaltlich so dicht beieinander liegen, schwankt der MT an einigen Stellen zwischen den beiden Lesarten (vgl. z.B. Ps. 85,2; 126,4; Zef. 2,7 bzw. Hi. 42,10; Jer. 29,14; Hes. 16,53). Gerade wegen dieser Nähe ist die Redewendung *schûb schəbût* zwar nicht auf die Rückführung aus Kriegsgefangenschaft beschränkt, schließt sie aber meist ein.

Nachdem Joel bisher in erster Linie die Folgen der Invasion eines Heeres beschrieben hat, die feindlichen Völker aber nur andeutungsweise angesprochen wurden (2,1-11.17-20), prophezeit er in 4,1-16.19 Gottes Gericht über diese Völker. Gottes Absicht, **alle Völker** zu **versammeln** (hebr. *wəqibbaṣtî* »da will ich versammeln«) erinnert durch die Verwendung desselben hebr. Wortes an den Aufruf Joels, Gottes Volk zu einem nationalen Bußgottesdienst zu versammeln (hebr. *qibṣû* »versammelt!«). Die Bußversammlung Judas steht damit im Kontrast zur Gerichtsversammlung der Völker.

Diese Versammlung der Völker umfasst inhaltlich zwei verschiedene Aspekte. Zunächst geht es um die Einberufung zu einer Gerichtsverhandlung aller Völker (V. 2) bzw. aller Völker ringsum (V. 11), in der sie vor Gott Rechenschaft über ihr Verhalten gegenüber seinem Volk Israel abzulegen haben (vgl. Zef. 3,8; vgl. ferner mit Wolff, 1976, S. 91: Hes. 22,19f; Hos. 8,10; 9,6). Auf diesem Hintergrund erscheint Gott in V. 4-8 als Ankläger und Richter der Phönizier und Philister (vgl. im NT: Mt. 25,31ff). Gleichzeitig ist die Versammlung der Völker auch die Einberufung in einen Krieg, in dem Gott in einem letzten Kampf das gesprochene Urteil vollstrecken wird (V. 9-13).

Bei der göttlichen Ankündigung »**und ich will sie hinabführen in das Tal Joschafat**« stellt sich besonders die Frage, an welchen Ort hier zu denken ist, da ein Tal solchen Namens im AT sonst nicht bekannt ist.

Man könnte an die *Ebene Jesreel* vor dem Berg Megiddo denken, die in der Zeit des AT mehrfach Schauplatz kriegerischer Auseinandersetzungen war. Hier siegten die Richter Barak (Ri. 5,19) und Gideon (Ri. 6,33ff), hier unterlagen die Könige Saul (1Sam. 28,4; 29,1.11) und Josia (2Kön. 23,29) ihren Feinden im Kampf. Offb. 16,14.16 nennt als Ort der letzten Schlacht »Harmagedon« (hebr. »Berg von Megiddo«). Ist diese Talebene Jesreel mit dem »Tal Joschafat« gleichzusetzen, dann wäre der Name Joschafat (»Jahwe richtet«) nur wegen seiner Bedeutung gewählt.

Mit dem Namen könnte eine Anspielung auf den judäischen König Joschafat vorliegen, der im »*Tal Beracha*« (»Lobetal«) in der judäischen Wüste, am Westufer des Toten Meeres, allein durch Gottes Eingreifen den Sieg über feindliche Nachbarvölker errang (2Chr. 20,26). Dann wäre in 4,2.12 »Tal Joschafats« zu übersetzen.

Andere erwägen die Identifizierung mit dem *Stadttal Jerusalems* (vgl. Dillard, 1992, S. 300), das die östliche Unterstadt von der westlichen Oberstadt scheidet. Es wird von dem jüdischen Geschichtsschreiber Josephus im 1. Jh. n. Chr. Tyropöontal, d.h. Käsemachertal, genannt (Josephus, *Der jüdische Krieg,* V. 4,1). Obwohl die Namen »Tal Joschafat« (hebr. *'ēmäq jəhôschāphat*) in V. 2.12 und »Tal des Strafgerichts« (hebr. *'ēmäq hechārûṣ*) in V. 14 an hebr. *schāphôt* (»Käse«) und hebr. *chārîṣ* (»Käse«) erinnern, kann die sprachliche Ähnlichkeit keine Herleitung begründen. Zum einen setzt sie eine Veränderung des überlieferten MT voraus und zum anderen können ähnlich klingende Wörter nicht ohne weiteres als bedeutungsgleich angesehen werden. Außerdem ist es keineswegs gesichert, dass die beiden hebr. Wörter »Käse« bedeuten.

Nach alter jüdischer, christlicher (seit Eusebius und Hieronymus) und muslimischer Tradition (Keil, 1985, S. 157; Wolff, 1975, S. 91; Allen, 1976, S. 109; Dillard, 1992, 301) ist das Tal Joschafat mit dem östlich der Altstadt Jerusalems gelegenen Kidrontal bzw. mit dessen nördlichen Teil, dem *Königstal* (2Sam. 18,18) oder *Tal Schaweh* (1Mo. 14,17) gleichzusetzen. Auch in 4,16 wird ausgesagt, dass Jahwe am Tag seines Gerichts von dem westlich des Kidrontales gelegenen Zion »brüllt«. Die Namen »Tal Joschafat« (»Jahwe richtet«, V. 2.12) und »Tal des Strafgerichts« (V. 14) sind dann prophetisch bedeutsame Beinamen des Kidrontales.

Die geographische Bestimmung des Tales Joschafat ist nicht mit letzter Sicherheit zu klären. In jedem Fall ist es die Talebene, in der es zum entscheidenden Endkampf zwischen dem Gott Israels und den Israel und Jerusalem bedrängenden Weltvölkern kommen wird (4,9-14).

Allerdings geht es bei der ersten Erwähnung des Tales Joschafat in V. 1-3 noch nicht um eine Urteilsvollstreckung, sondern um eine Gerichtsverhandlung. Die Worte »**und ich will dort mit ihnen ins Gericht gehen**« knüpfen an die Bedeutung des Namens Joschafat an. Das von Joel in V. 2.12 verwendete hebr. Verb *nischpat* (»rechten, einen Rechtsstreit führen, Gericht halten über«) kann sowohl den Aspekt des Verhörs (vgl. Jer. 2,35; Hes. 20,35ff) als auch der Vollstreckung des Urteils (vgl. Jes. 66,16; Jer. 25,31; Hes. 38,22) umfassen. Somit kündigt Gott eine Rechtsauseinandersetzung an, bei der er zunächst als Ankläger auftritt (V. 2b-6), der die Anklagegründe untersucht, erst dann als Richter, der das Urteil fällt (V. 7f) und schließlich an seinem Tag vollstreckt (V. 9-14).

In Vers 2 geht es zunächst nur um die Anklage **wegen meines Volkes und meines Eigentums Israel** (vgl. 2,17). Israel ist Gottes Volk und Eigentum (5Mo. 4,20; 9,26.29; 1Kön. 8,51; Ps. 74,2), weil er es aus der Sklaverei Ägyptens heraufgeführt hat. Bemerkenswert ist, dass hier der Name »Israel« verwendet wird (vgl. 2,27; 4,16), obwohl eigentlich das Südreich Juda gemeint ist (vgl. Zef. 3,13-15; Sach. 12,1; Mal. 1,1). Juda ist darum Volk Gottes, weil es heilsgeschichtlich zu dem Zwölfstämmevolk Israel gehört, das Gottes Eigentum ist. Gott klagt die Völker dafür an, dass sie sich an seinem Eigentum vergriffen haben (vgl. 5Mo. 32,10; Sach. 2,12).

Gott erhebt in V. 2b-3 drei Anklagen: Die Zerstreuung des Volkes Juda unter den Völkern, die Aufteilung des Landes als Kriegsbeute und der Menschenhandel mit Kriegsgefangenen.

Bei der ersten Anklage verwendet Joel für »zerstreuen« das seltenere hebr. Wort *pizzar* . Es bezeichnet das reichliche Ausstreuen irgendwelcher Gaben im Sinne eines Verteilens (Ps. 112,9; 147,16; Spr. 11,24) bzw. das Zerstreuen von Gebeinen als Zeichen des vollendeten Gerichts Gottes (Ps. 53,6; 141,7) und wird dann wie hier in dem Sinne auf Israel übertragen, dass es unter die Völker zerstreut wird (Est. 3,8; Jer. 50,17). Wenn den Völkern hinsichtlich des Gottesvolkes vorgeworfen wird, **dass sie es zerstreut haben unter die Völker**, geht es nicht in erster Linie um das Zerstreutwerden eines in die Flucht geschlagenen Heeres (wie z.B. in 4Mo. 10,35; 1Sam. 11,11; 2Sam. 20,22; 1Kön. 22,17; Ps. 44,12) oder um die Zerstreuung Kriegsgefangener, die als Sklaven in ferne Länder verkauft (vgl. Joel 4,3.6f; Am. 1,6.9; Obd. 11) bzw. in die Gefangenschaft weggeführt werden (vgl. Hes. 1,1; Dan. 1,3ff), sondern um die Deportation und bewusste Zerstreuung eines besiegten Volkes unter fremde Völker, wie es z.B. bei den Assyrern und Babyloniern üblich war (vgl. Sach. 2,1-4.10). In diesem Zusammenhang erhebt sich die Frage, ob Joels Prophetie die Wegführung der Bevölkerung von Juda und Jerusalem in die babylonische Gefangenschaft im Jahr 586 v. Chr. als bereits eingetretenes Ereignis voraussetzt und folglich das Buch Joel in nachexilischer Zeit geschrieben sein muss. Wichtige Argumente sprechen dagegen (siehe die Einleitung, S. 29ff).

Als zweiten Anklagepunkt nennt Gott, dass die Feinde sein **Land als Beute geteilt haben**. Mit dem Ausdruck »mein Land« nimmt Joel ein bereits in 1,6 verwendetes Wort wieder auf. Nicht nur das *Volk*, auch das *Land Israel* (vgl. Jer. 2,7; Ps. 68,10; 79,1; Hos. 9,3) wird von Gott als sein persönliches Eigentum beansprucht. Einst hatte das Volk Israel das eroberte Land Kanaan durch das Los unter seinen zwölf Stämmen aufgeteilt (Jos. 19,51; vgl. Ps. 60,8). Nun aber will Gott die Völker zur Rechenschaft ziehen, die ihrerseits sein Land als Beute unter sich aufgeteilt haben (vgl. Am. 7,17; Mi. 2,4).

Drittens wirft Gott den Angeklagten Menschenhandel mit judäischen Kriegsgefangenen vor. Diese wurden durch das **Los** unter den siegreichen Feinden aufgeteilt (vgl. Obd. 11; Nah.

3,10), um dann als Sklaven verkauft zu werden, wie es in alttestamentlicher Zeit vielfach üblich war (vgl. 4Mo. 31,9; 5Mo. 20,14; Ri. 5,30; 2Kön. 5,2). Nach mosaischem Gesetz galt Menschenraub als todeswürdige Sünde (2Mo. 21,16; 5Mo. 24,7; vgl. 1Tim. 1,10), die Versklavung von Israeliten war grundsätzlich verboten (3Mo. 25,39-43; Neh. 5,8), nur der Kauf nichtisraelitischer Sklaven war zugelassen (3Mo. 25,44-46). Wie verächtlich man mit den erbeuteten Menschen umging, lässt sich an dem geringen Gegenwert ermessen, mit dem man sich beim Tauschhandel zufriedengab. Aus 1Mo. 37,28 wissen wir, dass der Sklavenpreis zur Zeit Josefs 20 Silberschekel betrug (3Mo. 27,1-8). In assyrischer Zeit betrug die einem Sklavenpreis vergleichbare Kaution, um der Wegführung zu entgehen, 50 Silberschekel pro Mann (2Kön. 15,20). Die Soldaten der von Gott in V. 3 zur Rechenschaft gezogenen Völker aber verkauften einen **Knaben**, um als Gegenleistung mit einer Prostituierten zu verkehren, und ein **Mädchen**, um dafür **Wein** trinken zu können. Daraus lässt sich einerseits Menschenverachtung, andererseits ein Überangebot auf dem Sklavenmarkt erkennen.

### 2.8.3.2 Gott zieht Phönizier und Philister zur Rechenschaft und kündigt Vergeltung an (4,4-8)

Während in V. 2b-3 die grundsätzlichen Anklagepunkte zur Sprache kommen, entfaltet der Abschnitt 4,4-8 eine Rechtsauseinandersetzung Gottes mit den Phöniziern und Philistern, die in damaliger Zeit Juda und Jerusalem geplündert und deren Bewohner als Sklaven verkauft hatten. Diese Rechtsauseinandersetzung beschreibt Joel in einer parallelen Struktur. Einleitend stellt er die Völkerschaften zuerst allgemein zur Rede (A) und kündigt ihnen Vergeltung an (B), danach nennt er in der gleichen Reihenfolge detailliert Anklagepunkte (A') und Vergeltungsmaßnahmen (B'). Erst ab V. 9 nimmt die Prophetie Joels das Thema des künftigen Völkergerichts im Tal Joschafat wieder auf.

A Gott stellt Phönizier und Philister zur Rede (V. 4a)
    B Gott kündigt Vergeltung an (»Ich werde euer Tun auf euren Kopf zurückkommen lassen« V. 4b)
A' Gott stellt Philister (V. 5) und Phönizier (V. 6) zur Rede
    B' Gott kündigt Vergeltung an (»Ich werde euer Tun auf euren Kopf zurückkommen lassen« V. 7f)

Die hebr. Wendung *wəgam* (»**und auch**«) (vgl. 2,12) leitet in V. 4 vom allgemeinen Grundsatz des künftigen Völkergerichts (V. 1-3) zu einer die Zeit Joels betreffenden konkreten Einzelheit über. Angesprochen sind die Bewohner der phönizischen Stadtstaaten Tyrus und Sidon, sowie aller Bezirke Philistäas.

**Tyrus und Sidon** waren die bedeutendsten Stadtstaaten Phöniziens, eines schmalen Landstrichs zwischen dem Libanongebirge und dem Mittelmeer, und gehörten zu den Kanaanitern (1Mo. 10,15). Sie taten sich als Volk von weit gereisten Seefahrern und Händlern hervor und bewohnten nicht nur die Stadtstaaten Phöniziens, darunter besonders die der Mittelmeerküste vorgelagerte Inselstadt Tyrus und die ca. 40 km nördlich davon gelegene Stadt Sidon, sondern gründeten auch Handelsstützpunkte in Tarschisch (Jona 1,3), vermutlich Tartessus in Spanien, in Sizilien, Korsika, Sardinien und Karthago/Nordafrika. Hesekiels Klagelied über den Untergang von Tyrus (Hes. 27,1-25) beschreibt in anschaulicher Weise den Reichtum seiner internationalen Handelsbeziehungen und vielfältigen Handelsgüter. Abgesehen von kooperativen Beziehungen der Könige

David und Salomo mit Hiram, dem König von Tyrus (1Kön. 5,15), und der Verschwägerung des nordisraelitischen Königs Ahab mit dem König von Sidon, zählten die Phönizier durchgängig zu den Feinden des Gottesvolkes (vgl. Ps. 83,6-8).

Neben den Bewohnern von Tyrus und Sidon werden **alle Bezirke Philistäas** zur Verantwortung gezogen. Die Philister stammten von Kreta (5Mo. 2,23; Jer. 47,4; Am. 9,7) und hatten sich über Jahrhunderte hinweg während mehrerer Einwanderungsschübe in der Küstenebene südlich von Jafo angesiedelt. Sie bewohnten die fünf verbündeten Stadtstaaten bzw. Bezirke Gaza, Aschdod, Aschkelon, Gat und Ekron. Die Philister zählten durch die gesamte alttestamentliche Geschichte hindurch zu den Erzfeinden Israels.

Zunächst nimmt Gott seine Angeklagten ins Verhör. Die Frage »**Und auch ihr, was (wollt) ihr mir**?« soll klären, welche Motive die Phönizier und Philister zu ihren an Juda verübten Verbrechen veranlasst haben. Indem er sich hier als persönlich von ihnen angegriffen darstellt, macht er deutlich, dass Feindseligkeiten gegen sein Volk gegen ihn selbst gerichtet sind (vgl. 5Mo. 32,10; Sach. 2,12; ferner Apg. 9,5). Der anschließende Satz ist durch die hebr. Worte *ha- ... wə'im* (»etwa ... oder?«) als zweigliedrige Frage strukturiert, die zur Stellungnahme herausfordert: **Wollt ihr mir eine Tat vergelten oder wollt ihr mir etwas antun?** Nach der hebr. Grammatik wird eine verneinende Antwort erwartet. So könnte man die rhetorische Frage sinngemäß folgendermaßen umschreiben: »Wollt ihr mir etwas heimzahlen – dazu habe ich euch keinen Anlass gegeben – oder wollt ihr mir etwas antun – dazu habt ihr keinen Grund« (vgl. Keil, 1985, S. 160). Was auch immer das Motiv der in V. 5f genannten Untaten war, eine Berechtigung dafür gab es nicht und daher auch keine Entschuldigung.

Auf das Verhör folgt die Strafandrohung: **Schnell, eilends werde ich euer Tun auf euren Kopf zurückkommen lassen.** Das Strafmaß richtet sich nach dem im bürgerlichen Bereich geltenden Grundsatz der Vergeltung von Gleichem mit Gleichem (2Mo. 21,23-25; 3Mo. 24,19f; 5Mo. 19,21). Gott will veranlassen, dass die Gewalttaten der Angeklagten gegen andere wie ein Bumerang zurückkehren und ihren eigenen Kopf, d.h. sie selbst treffen (z.B. Ri. 9,57; 1Sam. 25,39; Obd. 15). Nach dem Textzusammenhang entspricht die Ankündigung dieser Heimzahlung einerseits der Heiligkeit Gottes, der Schuld nicht ungestraft lassen kann (vgl. 2Mo. 34,7) und andererseits seiner Treue zu Israel, das von den Gewalttaten betroffen ist.

Da im AT die Phönizier im Unterschied zu den Philistern weniger für ihre militärischen (vgl. aber Am. 1,9) und mehr für ihre kaufmännischen Fähigkeiten bekannt sind, liegt in V. 4-6 vermutlich eine chiastische (spiegelsymmetrische) Anordnung der Bezugnahmen auf die beiden Völker vor, was durch weitere Aussagen im AT gestützt wird (Phönizien vgl. Am. 1,9; Philistäa vgl. 2Chr. 21,16-17 und Hes. 25,15-17). Während in V. 4 erst die Bewohner von Tyrus und Sidon, dann die Philister angeklagt sind, beschreibt Gott in V. 5 zuerst das Verschulden der Philister (Plünderung der Paläste) und dann in V. 6 das der Phönizier (Verkauf der Kriegsgefangenen).

V. 4a: Gott stellt Phönizier und Philister zur Rede.
V. 5f: Gott stellt Philister und Phönizier zur Rede.

Die spiegelsymmetrische Bezugnahme stellt sich dann folgendermaßen dar:

| | | |
|---|---|---|
| V. 4a: Phönizier (4a) | ╲ ╱ | Philister (4b) |
| V. 5f: Plünderung der Paläste (V. 5) | ╱ ╲ | Verkauf der Kriegsgefangenen (V. 6) |

In V. 5f fasst Gott seine Anklagen zusammen. Die Formulierungen »**mein Silber**«, »**mein Gold**« und »**meine besten Kostbarkeiten**« in der direkten Gottesrede müssen nicht unbedingt darauf hinweisen, dass es hier um die Schätze des Tempels in Jerusalem geht. Der hebr. Begriff *machămaddîm* »Schätze« kann Tempelschätze (Jes. 64,10) oder allgemeine Schätze (Kla. 1,10f) bezeichnen. Kostbarkeiten gab es auch im Königspalast und in den Häusern wohlhabender Judäer. Wenn Gott von ihnen als von seinen Schätzen spricht, bringt er zum Ausdruck, dass der Raub dieser Schätze gegen ihn persönlich gerichtet ist. Ebenso hat er in V. 2f die Formulierungen »*mein* Volk«, »*mein* Eigentum Israel«, »*mein* Land«, »*mein* Volk« gewählt und in V. 4 zum Ausdruck gebracht, dass alle gegen Juda gerichteten Feindseligkeiten zugleich gegen ihn gerichtet sind.

Den Philistern wird weiter vorgeworfen, die erbeuteten Wertgegenstände in ihre **Paläste** oder Tempel gestellt zu haben. Das hebr. Wort *hêkāl* bezeichnet ursprünglich ein großes Haus und kann daher sowohl einen Palast, besonders einen Königspalast (z.B. Spr. 30,28), als auch einen Tempel (z.B. Am. 8,3) bezeichnen.

Die Anklage in V. 6 richtet sich offenbar an die Phönizier, die für ihren weit verzweigten Sklavenhandel bekannt waren (vgl. Hes. 27,13). Seit früher Zeit (vgl. Einleitung, S. 33) pflegten sie Handelsbeziehungen mit den Joniern, damit sind die von Jawan (1Mo. 10,2.4; 1Chr. 1,5.7) abstammende jonische Bevölkerung der kleinasiatischen Westküste und der Inselwelt der Ägäis, und im allgemeineren Sinn überhaupt die Griechen gemeint (vgl. Jes. 66,19; Dan. 8,21; 10,20; 11,2). Auch hier sind mit »**Söhne der Jonier**« die griechischen Handelspartner der Phönizier umschrieben. Joel bezieht sich hier vermutlich auf die Plünderung Jerusalems durch Philister und Araber zur Zeit Jorams von Juda (2Kön. 8,20-22; 2Chr. 21,8-10.16f; vgl.

Einleitung, S. 35), bei der die Philister gefangen genommene Judäer als Sklaven an phönizische Händler verkauften (vgl. V. 3), die sie ihrerseits den Griechen verkauften (vgl. Hes. 27,13). Vermutlich nimmt bereits Obd. 20 darauf Bezug (vgl. die Auslegung S. 330ff).

Die Angabe »**um sie (weit) zu entfernen aus ihrem Gebiet**« macht deutlich, dass die Griechen eine zur Zeit Joels noch weit entfernte Nation waren. Der Feldzug Alexanders des Großen lag noch in der Zukunft. Außerdem werden mit diesem Finalsatz die boshaften Absichten der Sklavenhandel treibenden Philister und Phönizier klar. Es ging ihnen nicht nur um persönlichen Gewinn, sondern auch darum, die judäischen Gefangenen möglichst weit fortzuschaffen. Sie sollten nicht mehr in ihre Heimat Juda zurückkehren können.

Gottes Rechtsauseinandersetzung mit den Phöniziern und Philistern geht von Verhör (V. 4a) und Strafandrohung (V. 4b) über Anklage (V. 5f) in V. 7 zum Rechtsentscheid über. Dieser beginnt zunächst mit der Ankündigung der Rückführung der in die Ferne verkauften Judäer (V. 7a), führt dann eine nochmalige Strafandrohung (V. 7b; vgl. V. 4b) und schließlich den Urteilsspruch an (V. 8).

Das Wort »Siehe!« lenkt die Aufmerksamkeit auf Gottes Eingreifen. Wörtlich könnte man »**Siehe, ich erwecke**« auch als »Siehe mich, ich bin erweckend« übersetzen. Mit dem Begriff »erwecken, erregen« (von hebr. *'ûr* »erregt sein, wachen«) kündigt Gott an, dass er die weit entfernten Judäer an dem Ort ihrer Sklaverei in innere oder äußere Unruhe versetzen und von dort in Bewegung bringen will. Das hebr. Wort wird im AT vielfältig verwendet (vgl. 5Mo. 32,11; Joel 4,9; Sach. 4,1) und bezeichnet oft ein von Gott ausgehendes Anstoßen oder Anreizen von Menschen zu einer bestimmten geschichtlichen Aufgabe (vgl. Jes. 13,17; 45,13; Jer. 50,9; 51,1; Hes. 23,22). Auf welche Weise er die Rückkehr nach Judäa in die Wege leiten will, wird offen gelassen. Vermutlich sollen uns unbekannte äußere Mittel zur Befreiung und eine bei den Weggeführten innerlich reifende Bereitschaft zur Heimkehr zusammentreffen (vgl. Esr. 1,1.5). Wie sich diese Verheißung für die damals in die griechischen Siedlungsgebiete verkauften judäischen Sklaven erfüllt hat, ist uns im AT nicht berichtet. Wir können jedoch wegen der Treue Gottes von ihrer längst eingetretenen Erfüllung ausgehen. Die Worte »**und will euer Tun auf euren Kopf zurückkommen lassen**« (V. 7b) wiederholen die bereits in V. 4b angeklungene Strafandrohung für die Feinde.

Worin die Heimzahlung für das zugefügte Unrecht bestehen soll, entfaltet V. 8: Gott will die **Söhne und Töchter** der Feinde **in die Hand der Söhne Judas verkaufen**. Damit ist ihre Preisgabe in die Gewalt Judas als Gerichtsakt Gottes gemeint. Einen solchen Gerichtsakt Gottes musste Israel in seiner Geschichte oft am eigenen Leibe erfahren (vgl. z.B. 5Mo. 32,30; Ri. 2,14; 1Sam. 12,9; Ps. 44,13). Im Gegensatz dazu verkündigt Gott hier gerade das Gegenteil: Gott will die Feinde Judas der Gewalt seines Volkes, »der Söhne Judas«, d.h. der judäischen Soldaten, ausliefern.

Wenn die »Söhne und Töchter in die Hand der Söhne Judas verkauft« werden sollen, wird Gottes Volk selbst Werkzeug göttlicher Vergeltung an seinen Feinden. Parallelen dazu finden sich besonders in Obd. 18-20 (V. 19: gegen die Philister; V. 20: gegen die Kanaaniter), ferner in Ps. 149,6ff; Mi. 4,13; 5,7 und Sach. 12,5ff (vgl. Wolff, 1975, S. 95). Auffällig ist, dass an dieser Stelle im Gegensatz zur Anklage gegen die Feinde Judas, in der nur von dem Verkauf der Söhne Judas die Rede ist (V. 6), neben den Söhnen auch die Töchter der angeklagten Phönizier und Philister genannt werden. Wolff meint (1975, S. 95), das Maß der Strafe übersteige hier das Ausmaß des Verbrechens. Jedoch können die in V. 6 genannten »Söhne Judas« und »Söhne Jerusalems« gemäß hebr. Ausdrucksweise (vgl. 1Mo. 3,16; 30,1; 5Mo. 4,9) auch Töchter mit einschließen. Für diese Auffassung spricht auch V. 3, wo sowohl vom Verkauf von »Knaben«, als auch von »Mädchen« die Rede ist.

Während die Kriegsgefangenen Judas als Sklaven in nordwestliche Richtung verkauft wurden, sollen die von Juda erbeuteten Sklaven in südöstlicher Richtung verkauft werden, und zwar an das alte südarabische Händlervolk der **Sabäer** (hebr. *schəbā'*), die hier als **ein fernes Volk** beschrieben werden. Die Sabäer waren ein hamitisch-semitisches Mischvolk, das von den Nachkommen dreier Stammväter entstanden war, die alle den Namen Saba (hebr. *schəbā'*) trugen (1Mo. 10,7.28; 25,3; 1Chr. 1,9.22.32). Die Königin von Saba, die Salomo besuchte (1Kön. 10,1ff), und die sabäischen Händler waren bekannt für ihren Reichtum an Gold, Edelsteinen, Balsamöl und Weihrauch (1Kön. 10,1f.10; Ps. 72,10.15; Jes. 60,6; Jer. 6,20; Hes. 27,22f). Etwa im Zeitraum 950-115 v. Chr. existierte ein sabäisches Reich, das sich vermutlich nach und nach von Nord- nach Südarabien ausdehnte (Rienecker/Maier, 1994, Sp. 1336).

Gottes Strafandrohungen gegen die Bewohner von Tyrus und Sidon und gegen die Philister haben sich in mehreren Etappen erfüllt. Die judäischen Könige Usija (2Chr. 26,6f) und Hiskia (2Kön. 18,8) besiegten die Philister. Keil (1985, S. 161) vermutet, dass dabei philistäische Kriegsgefangene von Judäern in die Sklaverei verkauft wurden. Im 4. Jh. v. Chr. kamen Gottes Strafankündigungen gegen die Bewohner von Tyrus und Sidon, sowie gegen die Philister vollständig zur Erfüllung. Sidon wurde 343 v. Chr. durch Artaxerxes III. zerstört (Diodorus Siculus, XIV 45; vgl. Wolff, 1975, S. 93). Tyrus und Gaza wurden 332 v. Chr. durch Alexander den Großen erobert; 30.000 Bewohner dieser Städte, darunter Frauen und

Kinder, wurden in die Sklaverei verkauft (Flavius Arrianus, *Anabasis*, II 24.27; vgl. Wolff, 1975, S. 93; Dillard, 1992, S. 303). Es ist durchaus anzunehmen, dass sich unter den Käufern auch Judäer befanden.

Auch während der Hasmonäerzeit kam es zu weiteren Erfüllungen der prophetischen Ankündigungen von 4,4-8 (vgl. Keil, 1985, S. 161). So versprach der Seleukidenkönig Demetrius I. Soter (162-150 v. Chr.) dem jüdischen König Jonathan (152-142 v. Chr.), jüdischen Kriegsgefangenen in seinem Reich die Freiheit zu geben (1Makk. 10,33; vgl. Josephus, *Jüdische Altertümer*, XIII 2,3). Der jüdische König Jonathan belagerte die Philisterstädte Aschkelon und Gaza (1Makk. 10,86; 11,60ff) und erhielt die Philisterstadt Ekron als persönlichen Besitz (1Makk. 10,89). Sein jüngerer Bruder Simon wurde Feldherr über den Bereich von der Tyrischen Leiter bis zur Grenze nach Ägypten und damit auch über phönizisches und philistäisches Gebiet (1Makk. 11,59). Der jüdische König Alexander Jannäus (103-76 v. Chr.) eroberte Gaza und zerstörte es (Josephus, *Jüdische Altertümer*, XIII 13,3; *Jüdischer Krieg*, I 4,2).

Die den Abschnitt 4,4-8 abschließenden Worte »**denn Jahwe hat geredet**« (vgl. Obd. 18) bekräftigen, dass es sich um einen göttlichen Richterspruch handelt, den Joel hier schriftlich wiedergibt. Wie in 2Mo. 32,14; Am. 3,1.8 und Jona 3,10 bezeichnet das hebr. Verb *dibbēr* (»reden«) in diesem Fall das richterliche Verkünden des Urteilsspruchs. Während in diesem Abschnitt dargestellt wird, wie Gott Phönizier und Philister für ihr Verhalten gegenüber seinem Volk zur Rechenschaft ziehen wird und ihnen Vergeltung ankündigt, greift der Prophet ab V. 9 die in V. 1-3 begonnene Ankündigung des Völkergerichts am künftigen Tag Jahwes wieder auf.

### 2.8.3.3 Gott ruft die Völker zum letzten Kampf, um sie im Tal Joschafat zu richten (4,9-12)

Dieser Aufruf Gottes zum Völkerkrieg gegen Jerusalem enthält eine inhaltliche Parallele zu 2,1-11. Dort schildert Joel die Invasion eines von Gott selbst angeführten Heeres im Heiligen Land am Tag Jahwes mit der Absicht, Juda und Jerusalem gerichtlich heimzusuchen. Weil das Volk aber zu seinem Gott umkehrt, erbarmt sich Gott über es (2,18). Dennoch wird es am Tag Jahwes nach 4,9ff zu einer letzten Bedrängnis in Israel kommen, wenn Gott »alle Völker« (V. 2) bzw. »alle Völker ringsumher« (V. 11f) zum Gericht im »Tal Joschafat« (V. 2.12) versammeln wird.

Formell beinhalten V. 9-12 eine von Gott ausgehende Mobilmachung der Völker gegen Juda und Jerusalem. Der Zusammenhang macht klar, dass Gott damit jedoch eine den Feinden Israels verborgene und ihrem Kriegsplan entgegengesetzte Absicht verfolgt. Die Aufstachelung der Völker zum Kampf gegen Jerusalem (V. 9-12a) erweist sich schließlich als Sammlung der Völker zur Vollstreckung des von Gott über sie gefällten Gerichtsurteils (V. 12b-14). In den Aufforderungen zum heiligen Krieg ab V. 9 zeigt sich damit eine Ironie Gottes (vgl. Jes. 8,9f; Jer. 46,3-6; Zef. 3,8).

Nach V. 9 wird Gott die Völker zum Angriff auf das Heilige Land und Jerusalem rufen. Zunächst wird mit dem Befehl »**Ruft dieses aus!**« eine öffentliche Bekanntmachung des bevorstehenden Krieges angekündigt. Es bleibt offen, ob der Befehl an für solche Zwecke zuständige irdische Boten (vgl. Obd. 1) oder an himmlische Boten gerichtet ist (V. 11; vgl. 1Kön. 22,20ff). Inhalt der öffentlichen Bekanntmachung sind die im weiteren Verlauf des Abschnittes folgenden Kriegsappelle.

Mit der Angabe »**unter den Völkern**« liegt eine wörtliche Berührung mit V. 2 vor. Während es dort um die Völker geht, unter die Israel zerstreut wird, sind hier die Völker gemeint, die sich zum Kampf gegen Juda rüsten sollen. Die Angaben »alle Völker ringsum« in V. 11f und »alle Völker« in V. 2 ergänzen sich. In erster Linie geht es um einen Angriffskrieg der mit Israel besonders in Berührung stehenden Völker. Letztlich aber geht dieser Konflikt alle Völker der Welt etwas an, da sie alle aufgrund der weltweiten Zerstreuung der Juden (V. 2) Stellung beziehen müssen. Alle Weltvölker scheinen durch zur Verfügung gestellte Waffen und entsandte Soldaten in diesem Krieg repräsentiert zu sein.

Die zweite Aufforderung »**heiligt einen Krieg!**« (vgl. Jer. 6,4; Mi. 3,5) ruft zur Vorbereitung eines Kriegs durch Weiheakte (vgl. Gesenius, 1962, S. 703; Keil, 1985, S. 162). Vielleicht bezieht sich Joel auf Opferhandlungen, die zu Beginn eines im Namen Jahwes (1Sam. 7,8f; 13,8-12) beziehungsweise einer heidnischen Gottheit geführten Krieges vollzogen wurden. Der Weltkrieg gegen Jerusalem wird demnach für einen heiligen Krieg gehalten werden. Auffällig ist, dass die beiden hebr. Imperative *qir'û...qaddəschû* (»ruft ... heiligt!«) in V. 9 in umgekehrter Reihenfolge bereits in 1,14 und 2,15 verwendet sind. Nun geht es aber nicht mehr um die Ausrufung eines nationalen Buß- und Bettages, sondern um die Ausrufung zur Mobilmachung der Völker zu ihrem eigenen Gericht. Das verdeutlicht beide Seiten der Botschaft Joels: Die Notwendigkeit einer Bußversammlung für das Volk Gottes und die Verheißung des Gerichts über seine Feinde.

Die dritte Aufforderung »**erweckt die Helden!**« ruft zur Mobilmachung der Streitkräfte. Die Helden – der hebr. Begriff *gibbôr* bezeichnet allgemein den »Starken« und speziell den »geübten Krieger« – sollen aus dem friedvollen Zustand untätiger Bereitschaft erweckt werden. Die hier verwendete hebr. Verbform ist eine Ableitung des hebr. Verbs *'ûr* (»erregt sein«), das in V. 12 (»sich aufmachen«) noch einmal vorkommt. Mit der doppelten Aufforderung »**nahen sollen sich und heraufziehen alle Kriegsleute!**« befiehlt Gott das Heranrücken der vereinigten Völkerheere zum Ort der Schlacht. In diesem Sinn wird die Kombination der Begriffe hebr. *nāgasch* (»sich nahen«) und hebr. *'ālāh* (»heraufziehen«) auch in Jos. 8,11 und Ri. 20,23 verwendet. Wolff (1975, S. 96) sieht in dem Gebrauch des hebr. Begriffs *'ālāh* (»heraufziehen«) eine Andeutung auf die Höhenlage Jerusalems (vgl. Hes. 38,9.11.16.18; 39,2), der Begriff kann aber auch im Sinne eines feindlichen Heraufziehens verwendet sein (vgl. Jes. 21,2; Joel 1,6).

Interessant ist, dass Joel mit der Verwendung der hebr. Begriffe *milchāmāh* (»Kampf, Krieg«) und *'anschê hammilchāmāh* (»Kriegsleute«) sowohl in 4,9 als auch 2,5.7 eine stilistische Klammer bildet. Damit deutet er an, dass die von ihm geschaute endzeitliche Invasion der Feinde Israels, die Gott um der Buße seines Volkes willen abwendete, doch noch einmal stattfinden wird, aber nun mit einem ganz anderen Ziel, nämlich das Gericht Gottes über die Völker der Welt herbeizuführen (V. 13).

Die in V. 9 begonnene Aufforderungskette setzt sich in V. 10 fort. Wenn landwirtschaftliche Geräte aus Eisen zu Waffen umgeschmiedet werden sollen, dann geschieht damit das Gegenteil von dem, was für das messianische Friedensreich angekündigt ist (vgl. Jes. 2,4; Mi. 4,3). Möglicherweise wird damit gesagt, dass dem Angriff der Völkerheere auf Jerusalem eine Zeit weltweiter Abrüstung und trügerischen Friedens vorausgeht (vgl. Hes. 38,7-11; 39,6; ferner 1Thess. 5,3). Auf alle Fälle geht es um eine totale Aufrüstung, die auch das alltägliche Leben einschränken wird. Sogar eiserne Geräte, die bisher ausschließlich für die Landwirtschaft verwendet wurden, müssen nun zu Kriegszwecken umfunktioniert werden. Letztlich spielt es dabei keine Rolle, ob der hebr. Begriff *'ittîm* mit »**Pflugscharen**« bzw. »Beilblätter« (2Kön. 6,5) oder mit »Spaten« (1Sam. 13,20f) übersetzt wird. Es handelt sich um schneidende Werkzeuge aus Eisen für die Land- oder Forstwirtschaft. Auch die für den Rebenanbau benötigten **Winzermesser** müssen nun, zu **Lanzen** umgeschmiedet, übergeordneten Kriegszwecken dienen. In letzter Konsequenz ist dann eine Bearbeitung der Äcker und Weinberge nicht mehr möglich. Wenn man diesen Gedanken weiterführt, steht der Verwüstung der judäischen Landwirtschaft durch Heuschrecken, Trockenheit und Steppenbrand zur Zeit Joels (1,4-20) nun ein Zusammenbruch der Landwirtschaft in der Völkerwelt aufgrund totaler Aufrüstung gegen das Heilige Land am Tag Jahwes gegenüber.

Die Totalität der Mobilmachung zeigt sich in der Einberufung jedes auch nur halbwegs tauglichen Mannes. Auch der **Schwächling** soll sich zum Kriegsdienst bereit erklären. Man vergleiche dagegen die milde Handhabung der Wehrerfassung in 5Mo. 20,8 und Ri. 7,3. Die sich selbst Mut einredende Parole »**Ich bin ein Held**« steht im Gegensatz zur Verheißung Gottes, dass er die Schwachen seines Volkes zu Starken machen will (Jes. 33,24; Sach. 12,8). Hier wird deutlich, wie brüchig die ins Heilige Land eindringenden Streitkräfte sind, wenn ihr Heldentum teilweise nur Worte sind.

Auch V. 11 setzt die Aufforderungskette fort. Der hebr. Imperativ *'ûschû* ist nicht eindeutig zu übersetzen, da das zugrunde liegende Verb nur hier im AT vorkommt. Nach einer arabischen Parallele könnte »kommt zu Hilfe«, nach LXX und Targum »versammelt euch« übersetzt werden (vgl. Gesenius, 1962, S. 574). Bei der letzteren Übersetzung käme es allerdings zu einer doppelten Aufforderung »versammelt euch« in der deutschen Übersetzung. Dennoch bleibt die von uns bevorzugte Übersetzung »**kommt zu Hilfe**« eine Vermutung. Mit ihr käme zum Ausdruck, dass der Angriff der Völker auf Jerusalem so wichtig erscheint, dass alle mithelfen müssen. Der den Satzteil abschließende hebr. Imperativ *wəniqbāṣû* (»versammelt euch«) nimmt die Ankündigung von V. 2 auf, dass Gott die Völkerheere im heiligen Land konzentrieren will, um sie dort ins Gericht zu führen. Der Begriff »**alle Völker ringsum**« (siehe V. 9) bezieht sich auf die Nachbarvölker Judas, dann aber auch auf alle Völker der Welt, unter welche die Judäer zerstreut worden sind.

V. 11 endet im MT mit dem Gebetsruf: »**Dorthin schicke, Jahwe, deine Helden hinab!**« Die LXX liest stattdessen: »Der Sanftmütige sei ein Krieger!« Jedoch entstand diese Übersetzung, nach der V. 11b nur eine inhaltliche Parallele zu V. 10b darstellen würde, wohl aus einem Missverständnis des hebräischen Konsonantentextes. Ab V. 11 wendet sich die Situation. Während Gott bisher zur Mobilmachung und Versammlung im Tal Joschafat aufgerufen hat, lässt er sich nun selbst vom Propheten Joel zur Entsendung seines Heeres gegen die heranrückenden Völkerheere rufen. Gott hat sich zwar die Überwindung aller Feindesmacht an seinem Tag unumstößlich vorgenommen, er will aber dennoch um sein Eingreifen gebeten sein (vgl. Offb. 8,3-5). Der Begriff Held kommt in diesem Zusammenhang zum dritten Mal vor. Den menschlichen Helden (V. 9) mit ihrem teilweise nur eingebildeten Heldentum (V. 10) stehen nun mit einem Mal himmlische **Helden** gegenüber. Damit sind hier eindeutig kriegführende Engel gemeint (vgl. Jos. 5,14f; Jes. 37,36; Dan. 8,11; 10,20f), die auch an anderer Stelle mit »Helden« bezeichnet werden (Jes. 13,3). Nach Sach. 14,5 wird Jahwe an seinem Tag zusammen mit seinen »Heiligen« – das sind nach Hiob 5,1; 15,15; Ps. 89,6.8 und Dan. 8,13 seine heiligen Engel – kommen (vgl. Mt. 25,31; 2Thess. 1,7.10), um die Jerusalem angreifenden Völkerheere zu zerschlagen.

Die Aufforderung »**dorthin schicke hinab**« zeigt die Zielgenauigkeit der göttlichen Gegenoffensive. Denn die entscheidende Schlacht findet nach Gottes Plan im Tal Joschafat statt (V. 2.12). Weil Gott sein Gerichtsurteil an den Völkern der Welt vollstrecken will, versammelt er dort ihre Heere. Das Scheitern feindlicher Heere vor Jerusalem wurde in der Zeit des AT mehrfach erlebt und bezeugt (vgl. z.B. Ps. 46,1-12; Jes. 17,12-14; 37,33-36; Mi. 4,11-13). Durch das Eingreifen Gottes und seiner Engel wird es am Tag Jahwes zu einer beispiellosen Niederlage im Heiligen Land kommen (vgl. Sach. 12,1-9; 14,1-3; Hes. 38-39).

Die Aufforderung »**Es sollen sich aufmachen und hinaufziehen die Völker**« (V. 12) knüpft mit Ableitungen der hebr. Verben *'ûr* (»erregt sein«) und *'ālāh* (»hinaufziehen«) an V. 9 an. Der so gebildete stilistische Rahmen rundet hier das Thema der Versammlung der Völkerheere (V. 9-12) ab. Der Ort, an dem die Völkerheere sich versammeln sollen, wird das **Tal Joschafat** sein, wie Gott in V. 2 angekündigt hat. Dort sagt er, dass er zur Zeit der Wende Judas und Jerusalems alle Völker ins Tal Joschafat versammeln werde, um mit ihnen ins Gericht zu gehen.

Bereits der Gebetsruf in V. 11b deutet darauf hin, dass Gott die Völker nur scheinbar zum Angriff auf sein Land ruft (V. 9-11a.12a). In V. 12b löst die Begründung »**Denn dort werde ich sitzen, um zu richten alle Völker ringsum**« die sich ab V. 9 aufbauende Spannung. Schlagartig wird deutlich, dass Gottes Kriegsaufruf als heilige Ironie zu verstehen war. Gott will die Heere zum Angriff auf Jerusalem sammeln, um bei dieser Gelegenheit das Gericht an ihnen vollziehen zu können. Bezeichnend ist, dass Gott als Richter der Völker sitzen wird (vgl. Jes. 28,6 und die »Throne« der Richter in Ps. 9,5; 122,5 und ferner Mt. 19,28). Dass Gott sitzen kann, wenn die Völkerheere zum Angriff starten, zeigt seine Überlegenheit.

Wie die folgenden Verse zeigen, geht es hier vor allem um den Aspekt der Urteilsvollstreckung an den Heeren, durch die alle Völker ringsum (siehe V. 9) repräsentiert sind. Gott wird sie völlig vernichten. Zugleich aber ist darüber hinaus davon auszugehen, dass auch die Völker selbst, ihre Verantwortlichen und Einzelpersonen, Gottes Gerichtsurteil in Empfang nehmen müssen. Nach dem Zeugnis des AT ist Gott der »Richter der ganzen Erde« (1Mo. 18,25), der die Völker richtet (Ps. 7,9; 9,9 u.v.a.). Sein endzeitliches Völkergericht (Jes. 2,4; Mi. 4,3) wird der Messias durchführen (Jes. 11,3f; Dan. 7,9-14).

### 2.8.3.4 Gott hält an seinem Tag Gericht im Tal des Strafgerichts (4,13-14)

Während V. 9-12 die Versammlung der Völkerheere zum Krieg beschreiben, wird in V. 13-14 das damit herbeigeführte Völkergericht entfaltet. Joel nimmt in V. 13 Stichworte aus der Klage über die vernichtete Ernte (1,11) und aus der Verheißung voller Tennen und überfließender Kelterkufen (2,24) wieder auf, gibt ihnen aber nun einen bildhaften Sinn. Der hebr. Begriff *qāẑîr* (vgl. 1,11) bezeichnet die Weizen- (z.B. 1Mo. 30,14) oder die Gerstenernte (z.B. 2Sam. 21,9), die von Mitte April bis Mitte Juni stattfanden. In 4,13 ist mit der **Ernte** das erntereife Getreide als Bildwort für die Völker gemeint, die »**reif**« sind zum Gericht (Hos. 6,11; Am. 8,1ff). So wie das reife Korn mit der **Sichel** geschnitten wurde, um danach Körner von Spreu scheiden zu können (vgl. Ps. 1,4f), so setzt Gott der Geschichte der Völker eine bestimmte Zeit fest, in der er über sie sein abschließendes Gerichtsurteil fällen und vollstrecken wird (vgl. im NT: Mt. 13,39ff; Mk. 4,29; Offb. 14,15-18).

Der Befehl, die Sichel **auszustrecken** (hebr. *schālach*) ergeht offenbar an die vom Himmel gesandten Gerichtsengel, die in V. 11b genannten Helden Jahwes. Hinzu kommt das Bild des Keltertretens, das auf die von September bis Oktober stattfindende Weinlese Bezug nimmt. Die frisch geernteten Weintrauben wurden gepresst, indem sie mit den bloßen Füßen in der Kelter, einer in den Felsen gehauenen Vertiefung, gestampft wurden (Neh. 13,15). Der so gekelterte Saft wurde in tiefer gelegene Behälter, die Kufen, weitergeleitet. Der Vorgang des Keltertretens dient als Bild für Gottes Gericht (vgl. Kla. 1,15; Jes. 63, 1-6; Offb. 14,19f; 19,15). Das Zertreten und Zerquetschen der Weinbeeren in der Kelter und die rote Farbe des herausfließenden Traubensaftes (Jes. 63,2) könnte dabei an das mit der Vollstreckung des göttlichen Gerichtsurteils verbundene Blutbad unter den im Tal Joschafat versammelten Völkerheeren erinnern (vgl. Jes. 30,25; Offb. 14,20). Die Erwähnung der **vollen Kelter** und der **überfließenden Kufen** erinnert an das buchstäblich gemeinte Verheißungswort in 2,24. Hier geht es dagegen um die bildliche Aussage, dass Gott sein großes Gericht an der Völkerwelt durchführen wird.

Mit der Aussage »**Denn groß ist ihre Bosheit**« nennt Joel die Begründung des göttlichen Urteils, das zu der Urteilsvollstreckung geführt hat. Die fast wörtliche Übereinstimmung mit 1Mo. 6,5 zeigt, dass Gottes Urteil über die gerichtsreife Völkerwelt seinem Urteil über die vorsintflutliche Menschheit entspricht.

Während Jahwe in V. 1-13 – mit Ausnahme von V. 11b – von sich in der ersten Person gesprochen hat, ist von ihm in V. 14-21 – mit Ausnahme von V. 17 – in der dritten Person die Rede. Dieser Wechsel zeigt die Lebhaftigkeit der prophetischen Sprache im AT (vgl. z.B. Sach. 14,1-5). Das hebr. Wort *hāmôn* (»**lärmende Menschenmenge**«) bezeichnet in V. 14 eine Ansammlung lärmender Krieger (vgl. Ri. 4,7; 1Kön. 20,13.28; Jes. 13,4; Dan. 11,11ff). Der Begriff ist in zweierlei Weise gesteigert: Einerseits findet sich hier der einzige Beleg, in dem der Begriff im Plural steht, andererseits wird er zweimal hintereinander genannt. Es entsteht ein lebendiges Bild, als ob der Prophet selbst die versammelten Heere sähe und ihr Lärmen hörte und dann seinen Eindruck mit einem Ausruf des Erstaunens und zugleich des Entsetzens wiedergeben wollte.

Als Ort des Völkergerichts wird in V. 2.12 das Tal Joschafat genannt, in V. 14 wird es zweimal als »**Tal des Strafgerichts**« bezeichnet. Mit dem Namenswechsel steigert Joel die Aussage seiner Gerichtsprophetie. Während der erste Name durch seine Bedeutung »Tal, in dem Jahwe richtet« allgemein auf das künftige Völkergericht hinweist, präzisiert der Name »Tal des Strafgerichts« diese Prophetie, indem er auf das Ergebnis hinweist, nämlich auf die Entscheidung des Richters und die Vollstreckung des Urteils. Das dem hebr. Namen *'ēmäq hächārûṣ* (»Tal des Strafgerichts«) zugrunde liegende hebr. Verb *chāraṣ* hat die konkrete Grundbedeutung »eingraben, einschneiden«. Die übertragene Bedeutung »entscheiden, bestimmen« (Hiob 14,5) kann sich auf das Fällen eines Urteils (1Kön. 20,40) und das Beschließen einer Vernichtung (Jes. 10,22) beziehen (Gesenius, 1962, S. 262). Entsprechend bezeichnet das Partizip Passiv dieses Verbs (hebr. *nächĕrāṣāh*) »das Beschlossene, das Strafgericht« (z.B. Jes. 10,23; 28,22; Dan. 9,26f). Das von dem Verb *chāraṣ* abgeleitete Substantiv *chārûṣ*, das in dem Namen *'ēmäq hächārûṣ* enthalten ist, bedeutet zunächst »etwas Einschneidendes«. Aus dieser Grundbedeutung ergeben sich im Wesentlichen zwei Übersetzungsmöglichkeiten:

1. Es könnte konkret an einen Dreschschlitten (Hiob 41,22; Jes. 41,15), einen Dreschwagen (Jes. 28,27f) oder die dazu gehörigen Dreschwalzen (Am. 1,3) gedacht sein. Diese Geräte

wurden zum Dreschen des geernteten Getreides benutzt, indem man sie von Rindern (5Mo. 25,4; Hos. 10,11) über das auf der Tenne ausgebreitete Getreide ziehen ließ. Die sich so ergebende Übersetzung von hebr. *'ēmäq hächārûṣ* als »Tal des Dreschschlittens«, die bereits von Calvin vertreten wurde (nach Keil, 1985, S. 164), würde gut mit den aus dem Bereich der Ernte genommenen Bildworten in V. 13 harmonieren. Das Bild des Dreschschlittens würde zeigen, dass Gott sein Gericht nicht nur anfängt, sondern auch vollständig durchführt.

2. Im übertragenen Sinn kann hebr. *'ēmäq hächārûṣ* als »Tal der Entscheidung« übersetzt werden (Keil, 1985, S. 164). Doch erscheint diese Übersetzung zu blass. Die LXX übersetzt hebr. *chārûṣ* hier mit griech. *dikē* (»Rechtsspruch, Strafe«). Dies stimmt überein mit der Bedeutung der bereits genannten, grammatisch verwandten Verbform *nächĕrāṣāh* (»das Beschlossene, das Strafgericht«). In diesem Sinne kann man statt mit »Tal der Entscheidung« mit »Tal der Strafgerichts« übersetzen, was gut in den Zusammenhang passt (vgl. Keil, 1985, S. 164; Wolff, 1975, S. 97; Allen, 1976, S. 119; Dillard, 1992, S. 300).

So ergeben sich für die Übersetzung zwei Möglichkeiten ohne inhaltlichen Unterschied: »Tal des Dreschschlittens« oder »Tal des Strafgerichts«. Mit den Worten »**Denn nahe ist der Tag Jahwes im Tal des Strafgerichts**« knüpft Joel wörtlich an 1,15 an. Mit der Heuschreckenplage war der Tag Jahwes nahe gekommen. In gleicher Weise gilt vom Völkergericht im Tal des Strafgerichts (V. 14), dass er den Tag Jahwes herbeiführen wird.

### 2.8.3.5 Gott wird von Zion aus Himmel und Erde erschüttern, aber Israel Zuflucht geben (4,15-16)

Die Verse 15f enthalten mehrere wörtliche Anknüpfungen an 2,10f (siehe Einleitung, S. 41f). Die Verfinsterung der Gestirne (V. 15) sind wie in 2,10 Zeichen der Gotteserscheinung am Tag Jahwes. Sein Signal zum Angriff auf die versammelten Völkerheere (V. 16) erinnert an seinen Kommandoruf zum Angriff auf Jerusalem (2,11). Allerdings ist die Stoßrichtung nun umgekehrt, weil das Volk zu seinem Gott (2,12f) und Gott zu seinem Volk umkehrte (2,14.18; vgl. Wolff, 1975, S. 89). Entsprechend der Aussage von 4,11b ist zu vermuten, dass es sich bei den von Gott befehligten Streitkräften um Engelheere handelt, denen dieser göttliche Kommandoruf gilt (vgl. Sach. 14,5c).

Da in V. 16 gesagt wird, dass Jahwe **»vom Zion brüllen«** wird, erkennt Wolff (1975, S. 98) einen Ortswechsel Jahwes vom Tal Joschafat (4,12) zum Berg Zion (4,16f). Wenn aber das nicht eindeutig zu lokalisierende Tal (siehe 4,2) mit dem unmittelbar östlich vom Zionsberg gelegenen Kidrontal identisch ist, muss man keinen Ortswechsel annehmen. Letztlich ist Gott aber an keinen irdischen Ort gebunden. Nach Amos (1,2), der Joel 4,16a aufgreift (siehe Einleitung, S. 41f), kann Gottes Brüllen vom Zion bis zum Karmel dringen. Dass Jahwe **vom Zion brüllen und aus Jerusalem seine Stimme erschallen lassen** kann, setzt voraus, dass er dort wieder seine irdische Wohnung einnehmen wird (Ps. 132,14). Das Aufhören der Opfergaben hatte Gottes Gegenwart in Frage gestellt (1,9.13), er aber sichert seinem umkehrbereiten Volk seine Gegenwart neu zu (2,27).

Gottes Absicht, inmitten seines Volkes zu wohnen (2Mo. 15,17; 25,8), wird an seinem Tag in einer neuen Dimension verwirklicht werden (4,17.21). Bereits in 3,3-5 findet sich die parallele Aussage, dass es inmitten des Völkergerichts in Zion oder Jerusalem Rettung geben wird.

Der hier verwendete hebr. Begriff *schā'ag* (»**brüllen**«) bezeichnet neben dem eigentlichen Löwengebrüll (z.B. Ri. 14,5) als Metapher menschliche Aggression (Ps. 22,14; Jes. 5,29; Jer. 51,38; Zef. 3,3), das Geschrei Verwüstung anrichtender Feinde (Ps. 74,4) und das Rollen des Donners (Hiob 37,4). Auch der Ausdruck »**seine Stimme erschallen lassen**« lässt an Donner denken (vgl. 2Sam. 22,14; Jer. 25,30). Hier wird offenbar ein donnerndes akustisches Signal beschrieben, mit dem Jahwe das Völkergericht eröffnen wird. Wie in Jer. 25,30 steht auch in V. 16 das Brüllen Jahwes im Zusammenhang einer Weissagung vom Völkergericht (vgl. Offb. 10,3f). Mit der V. 16a fortsetzenden Aussage »**sodass erbeben Himmel und Erde**« liegt ein teilweise wörtlicher Rückbezug auf 2,10a vor. An beiden Stellen beschreibt Joel kosmische Auswirkungen der göttlichen Erscheinung zum Völkergericht.

Die Verheißung »**aber Jahwe wird Zuflucht sein seinem Volk und Schutz den Söhnen Israels**« (V. 16b) korrespondiert mit der Frage, die die Schilderung des Tages Jahwes in 2,11 abschließt: »Wer kann ihn aushalten?« Joel kündigt an, dass es tatsächlich eine Rettungsmöglichkeit gibt: Jahwe selbst wird seinem Volk Zuflucht bieten. Der hebr. Ausdruck *machăseh* (»Zuflucht«) wird vielfach auf Gott bezogen (z.B. Ps. 14,6; 46,2; 61,4; Spr. 14,26; Jer. 17,17), ebenso das parallel verwendete hebr. Wort *mā'ôz* (»Bergfeste, Berggipfel, Schutz«, vgl. z.B. 2Sam. 22,33; Neh. 8,10; Ps. 27,1; 28,8; Jer. 16,19; Nah. 1,7).

Bemerkenswert ist der nur an dieser Stelle verwendete Ausdruck »Söhne Israels« (vgl. 2,23; 4,6.8.19). Joel verwendet den Namen »Israel«, Jakobs neuen Namen (1Mo. 32,29), um Gottes Bundestreue zu betonen (vgl. 2,27; 4,2). Jahwe wird an seinem Tag die Völkerwelt richten, seinem Volk aber Bergung im Gericht schenken.

# 2.9 Gott wird in Zion wohnen (4,17-21)

## 2.9.1 Übersetzung

*17. Und ihr sollt erkennen, dass ich Jahwe bin, euer Gott, der auf Zion wohnt, meinem heiligen Berg, und Jerusalem wird ein Heiligtum werden und Fremde werden es nicht mehr durchziehen. 18. Und es wird geschehen an jenem Tag, da werden die Berge träufeln von jungem Wein und die Hügel laufen von Milch, und alle Bachbetten Judas werden laufen von Wasser. Und eine Quelle wird aus dem Haus Jahwes hervorgehen, um zu tränken das Bachtal der Akazien. 19. Ägypten wird zur Öde werden und Edom wird zur öden Wüste werden wegen der Gewalttat an den Söhnen Judas, dass sie unschuldiges Blut vergossen haben in ihrem Land. 20. Aber Juda wird in Ewigkeit wohnen und Jerusalem von Generation zu Generation. 21. Aber werde ich ihr (vergossenes) Blut ungestraft lassen? Ich werde es nicht ungestraft lassen. Und Jahwe wohnt in Zion.*

## 2.9.2 Struktur

In einem chiastischen (spiegelsymmetrischen) Aufbau wird die Zukunft Judas der Zukunft der Feindvölker gegenübergestellt und damit die vollkommene Sicherheit und der Segen Judas betont. Die Verheißung, dass Jahwe in Zion wohnen wird (A, A') zeigt als äußerer Rahmen, wodurch diese hoffnungsvolle Zukunft Judas garantiert wird. Auf einer nächsten Ebene steht die Sicherheit Judas – Jerusalem wird ein Heiligtum Gottes (B) und für immer bewohnt sein (B') – der Tatsache gegenüber, dass die Völker Juda nicht mehr bedrohen können – sie werden Jerusalem nicht mehr durchziehen können (B) und für ihre Schuld bestraft werden (B'). Im Mittelpunkt steht schließlich der Segen Judas (C) gegenüber der gerechten Vernichtung der Feinde (C').

A Jahwe wird in Zion wohnen (V. 17a)
  B Jerusalem wird ein Heiligtum werden, Fremde aber werden die heilige Stadt nicht mehr durchziehen (V. 17b)
    C Juda wird durch eine Tempelquelle voller Fruchtbarkeit sein (V. 18)
    C' Judas Feinde werden vernichtet wegen ihrer Gewalttat (V. 19)
  B' Juda und Jerusalem werden für immer bewohnt sein, ihre Feinde aber bestraft (V. 20-21a)
A' Jahwe wird in Zion wohnen (V. 21b)

## 2.9.3 Auslegung

### 2.9.3.1 Gott wird in Zion wohnen und sein Land wie den Garten Eden machen (4,17-18)

Ab 4,17 schildert Joel die unterschiedlichen Konsequenzen des Gerichts für das Gottesvolk und für die Weltvölker am Tag Jahwes. Mit Ausnahme von V. 21b redet Gott von sich wieder – wie überwiegend seit 2,19 und zum letzten Mal in 4,12 – in der ersten Person. Die einleitende Verheißung »**Und ihr sollt erkennen, dass ich Jahwe bin, euer Gott, der auf Zion wohnt**« ist ähnlich formuliert wie die Verheißung in 2,27. In beiden Stellen geht es mehr um eine vertiefte Gotteserfahrung als um ein verstandesmäßiges Erfassen. Beide Verheißungen haben formale und inhaltliche Parallelen, stehen aber in verschiedenen Zusammenhängen. Während es am Ende des zweiten Kapitels um die für die unmittelbare Zukunft verheißene Erneuerung der Landwirtschaft (2,21-26) und der Gottesgemeinschaft (2,26f) geht, kündigt Gott durch seinen Propheten am Ende des vierten Kapitels die endzeitliche Heilsvollendung für Israel an (V. 1.16b-18.20f), die er mit dem Völkergericht (V. 2f.9-16a) herbeiführen will.

Joels Prophetie über die Heilsvollendung des Volkes Gottes in V. 17 gliedert sich in drei Verheißungen, die durch »und« miteinander verbunden sind:

Die erste Verheißung erinnert mit den Worten »**Und ihr sollt erkennen, dass ich Jahwe bin, euer Gott**« an 2Mo. 6,7. Gott offenbarte Mose seinen Plan, Israel aus Ägypten zu befreien, es zu seinem Bundesvolk zu machen und in das Land zu führen, das er Abraham, Isaak und Jakob als Besitz versprochen hatte. Indem Joel an 2Mo. 6,7 anspielt, zeigt er, dass Gott immer noch zu seinem Bund mit Israel steht und seinen Heilsplan mit Israel am Tag Jahwes vollenden wird. Im Zusammenhang mit dem in Kap. 4 geschilderten Völkergericht wird Gott sich in vollendeter Weise als Israels Bundesgott zu erkennen geben.

Jahwe stellt sich anschließend als derjenige vor, **der auf Zion wohnt, meinem heiligen Berg**. Schon zur Zeit Moses hatte Gott seine Absicht bekundet, inmitten seines Volkes zu wohnen (2Mo. 25,8), und zwar an einem Ort, den er nach der Landnahme dazu ausersehen würde (2Mo. 15,17; 5Mo. 12,5). »Zion« (»Festung«) steht für Jerusalem, vor allem den Osthügel mit der alten Jebusiterfestung, der späteren Davidsstadt, und den nördlich davon gelegenen Tempelberg. Es war die von Gott erwählte (Ps. 78,68; 132,13) und abgesonderte Stätte seines Heiligtums, an der er wohnte (vgl. Ps. 68,17; Jes. 8,18). Die Bezeichnung »mein heiliger Berg« (vgl. Ps. 2,6; Jes. 56,7; Hes. 20,40; Obd. 16; Zef. 3,11) macht Gottes Anspruch auf diese Stätte deutlich. Im Gegensatz zu der in 2,1 erwähnten Bedrohung des heiligen Berges soll der Zion nach 4,17 in vollkommener Weise zur Wohnung Gottes auf Erden werden. Zeiten der Abwesenheit Gottes von seinem heiligen Berg, die im AT mehrfach beklagt werden (vgl. Ps. 74,1ff; Kla. 2,1ff; Hes. 8,6; 10,18f), werden endgültig vorbei sein. Welch ein Erweis der Bundestreue Gottes!

Die zweite Verheißung »**und Jerusalem wird ein Heiligtum werden**« kann als sachliche Entsprechung ohne inhaltlichen Unterschied zur ersten Verheißung verstanden werden. Jedoch könnte »Jerusalem« im Unterschied zu »Zion« auch für die gesamte Stadt stehen, die zum Heiligtum Gottes werden wird. Die Heiligkeit des heiligen Berges würde sich somit auf die Umgebung ausgedehnt haben (vgl. Jes. 11,9; Sach. 14,20f). Der hebr. Begriff *qōdäsch* (»Heiligtum«) weist hier nicht nur auf die Absonderung Gottes hin, sondern auch auf seine »Unantastbarkeit« oder »Unnahbarkeit« (vgl. 2Mo. 3,5; 19,23; ferner 1Tim. 6,16a). Joel spielt mit der Verwendung des Begriffs *qōdäsch* erneut (vgl. 3,5) auf Obd. 17a an.

Die dritte Verheißung ist auf Jerusalem bezogen: **Und Fremde werden es nicht mehr durchziehen**. Dabei ist nicht eindeutig, ob der hebr. Begriff *zārîm* »Fremde« im Sinn nicht-israelitischer Feinde bezeichnet (wie etwa in Obd. 11) oder im Sinn kultisch Unbefugter (vgl. z.B. 2Mo. 29,33). Es erscheint jedoch denkbar, dass die prophetische Aussage dieses Verses beide Aspekte umfasst. Die Worte »nicht mehr« deuten auf einen Gegensatz zu dem bislang Gewohnten (V. 2-6.19): Jerusalem wird unzugänglich sein für alle Feinde und als Heiligtum Gottes unbetretbar für alle Unheiligen (vgl. Jes. 52,1; Nah. 2,1; Zef. 1,11; Sach. 14,21; ferner Offb. 21,27).

Die Worte »**Und es wird geschehen an jenem Tag**« leiten in V. 18 zur Schilderung einzelner Auswirkungen des Tages Jahwes über. Joel malt ein Bild Judas, aus dem vier beispielhafte Merkmale des erneuerten Landes hervortreten. Im Kontrast zur Klage in 1,5 verheißt er, dass **die Berge träufeln von jungem Wein**.

In dieser Bildrede sind mehrere unterschiedliche Vorgänge gleichzeitig angedeutet: das Fruchttragen der Weinberge, das Auspressen der geernteten Weintrauben und die beginnende Gärung. Zugleich kommt der verheißene Überfluss zum Ausdruck. Amos beschreibt mit ähnlichen Worten die Fruchtbarkeit des Landes zur Zeit der Wiederherstellung Israels und des davidischen Königshauses im messianischen Reich (Am. 9,13b).

Nach der Schilderung der überreichen Weinernte beschreibt Joel üppigste Erträge in der Milchwirtschaft. Im Gegensatz zur Klage in 1,18 heißt es nun, dass **die Hügel laufen von Milch**. Mit dieser Stilfigur ist der überreiche Ertrag der Milchkühe umschrieben. Wie bei der ersten bildreichen Beschreibung werden hier mehrere Assoziationen zugleich geweckt: das Weiden der Kühe auf grünen Hügeln, das Laufen ihrer Milch in die Melkgefäße und ein für den Überfluss stehendes Überlaufen. Wein und Milch gehören zu den Grundnahrungsmitteln Israels (vgl. Jes. 55,1). Wie in 1Mo. 49,10-12 und 5Mo. 32,13f sind sie Symbole für die Fruchtbarkeit des Landes. Die Erwähnung von Milch erinnert zudem an die alte Verheißung, dass Gott sein Volk in ein Land führen will, das »von Milch und Honig fließt« (z.B. 2Mo. 3,8.17; 3Mo. 20,24; vgl. auch Jos. 5,6; Jer. 11,5; Hes. 20,6.15). Diese Prophetie wird sich am Tag Jahwes vollkommen erfüllen (vgl. Jes. 30,23-26; 32,15; 35,1ff; 65,17-25; Hos. 2,14; Am. 9,13-15).

Das dritte Merkmal des erneuerten Landes stellt einen Kontrast zur Dürre in 1,18 dar: **Alle Bachbetten Judas werden laufen von Wasser**. Wadis (Bachbetten), in denen nur in der Regenzeit Wasser fließt, kennzeichnen bis heute einen Teil des Landes Juda. Wie Gott seinem Volk schon in der Wüste Wasser aus dem Felsen laufen ließ (2Mo. 17,6; 4Mo. 20,11; Ps. 78,15f), so wird er einst alle Bachbetten Judas, auch in der

Wüste Juda und im Negev, zu dauerhaft Wasser führenden Flüssen machen. Wasserreichtum gehört von jeher zum Verheißungsgut Israels (Ps. 65,10; 107,35; Jes. 35,6f; 41,18), denn die verheißene Fruchtbarkeit des Landes hängt damit zusammen. Mit dieser dritten Verheißung kündigt Gott für seinen Tag grundlegende klimatische Veränderungen im heiligen Land an.

Joel verheißt auch topographische Veränderungen: **Und eine Quelle wird aus dem Haus Jahwes hervorgehen.** In biblischer Zeit gab es innerhalb Jerusalems nie eine Wasserquelle. Als nächste Quelle entsprang die Gihonquelle östlich von der Stadt. Das Quellwasser wurde zunächst offen über den Siloah-Kanal in einen Teich außerhalb der Mauern Jerusalems und ab der Zeit des Königs Hiskia durch einen unterirdischen Kanal in eine Zisterne innerhalb der Stadtmauern geleitet (2Chr. 32,30; vgl. Burkhardt, 1990, Band 3, S. 1444f). Das für Jerusalem und den Tempelbereich benötigte Wasser kam also von außerhalb der Stadt. Joel aber verheißt die Existenz einer Quelle, die aus dem Haus Jahwes hervorgehen und daher vermutlich innerhalb des Tempelgebäudes in Jerusalem entspringen wird. Das passt nicht zu den damaligen Gegebenheiten des Tempelberges. Aufschlussreich ist in diesem Zusammenhang, dass die parallele Weissagung in Sach. 14,8 mit der Ankündigung verbunden ist, dass der Ölberg auseinander brechen wird, wenn die Füße des wiederkommenden Herrn auf ihm stehen werden (Sach. 14,4f). Daher ist zu vermuten, dass Joel auch hier grundlegende topographische Veränderungen prophezeit (vgl. Hes. 47,1ff).

Mit den Worten »**um zu tränken das Bachtal der Akazien**« deutet Joel den Verlauf und die Wirkung des vom Tempel ausgehenden Stromes an. Nach Sach. 14,8 wird er sich aufteilen und in das Tote Meer und in das Mittelmeer einmünden; nach Hes. 47,1-12 wird er das Tote Meer bewässern und in einen fischreichen See verwandeln. Der Name »Bachtal der Akazien«, (hebr. *nachal haschschittîm*), lässt an einen Wadi denken, der eine Steppe durchzieht, in der es die für trockene Gegenden typischen Akazien gibt. So bezeichnet der Ortsname Schittim auch die östlich des Jordan und gegenüber von Jericho gelegenen moabitischen Steppen. Hier lagerte einst Israel vor der Überquerung des Jordan (4Mo. 25,1; Jos. 2,1; Mi. 6,5). Auf die Frage, wo dieses Bachtal zu finden ist, schlägt Gesenius (1962, S. 821) die Identifizierung mit dem *Wâdî es-sant* vor. Dieser Wadi, der westlich von Bethlehem in Richtung Gat verläuft, ist nach Wolff (1975, S. 100) aber schon von Natur aus wasserreich und fruchtbar und benötigt keine Bewässerung. Daher erscheint die von Wolff vorgenommene Gleichsetzung mit dem *wādi ēn-nār* (1975, S. 100) einleuchtender. Dieser Wadi, in dem es bis in die Gegenwart Akazien gibt, verbindet das Kidrontal mit dem Toten Meer und entspricht damit der Prophetie in Hes. 47,1-12.

Der Ursprung der in V. 18 beschriebenen vollkommenen Fruchtbarkeit des Landes ist die Tempelquelle, die von Jerusalem aus das Kidrontal durchfließen und die Wüste bewässern wird, um dort Leben zu ermöglichen. Dies erinnert an den Anfang der Heilsgeschichte, als ein Strom den Garten Eden bewässerte und danach in vier Armen die Erde durchfloss (1Mo. 2,10ff). Joel zeigt, dass Gott am Ende der Zeit diesen anfänglichen Zustand wiederherstellen wird. Er wird an seinem Tag das wüst daliegende Land Juda dem Garten Eden gleich machen und dadurch den Schaden heilen, den das endzeitliche Heer im verheißenen Land angerichtet hat (vgl. 2,3).

Keil meint, die Weissagung von der Tempelquelle sei nur im geistlichen Sinn zu verstehen (1985, S. 165). Es trifft zwar zu, dass der Seher Johannes die Prophetie vom Lebensstrom (Joel 4,18; Hes. 47,1-12; Sach. 14,8) aufgreift und ihre letzte Erfüllung auf der neuen Erde beschreibt, auf der ein Lebensstrom aus Gottes und des Lammes Thron hervorgehen und das neue Jerusalem durchströmen wird (Offb. 22,1ff). Das schließt aber eine künftige Erfüllung auf dieser Erde im messianischen Friedensreich nicht aus. Dafür spricht die Einbindung dieser Verheißung in die Prophetie von der Erneuerung des Landes, die an anderen Stellen im AT der Vorvollendung des Reiches Gottes zugeordnet sind, in der der Tod noch nicht überwunden sein wird (Jes. 11,6-9; 65,17-25).

### 2.9.3.2 Gott wird Ägypten und Edom richten, aber gemeinsam mit seinem Volk Juda und Jerusalem ewig bewohnen (4,19-21)

Am Ende seines Buches stellt Joel das Ergehen Judas dem seiner Feinde am Tag Jahwes gegenüber. Den Erzfeinden Judas, namentlich Ägypten und Edom, soll nach V. 19 das Gegenteil dessen widerfahren, was Gottes Volk verheißen ist. Während dem Land Juda zugesagt wird wieder aufzublühen, wird **Ägypten** angedroht, es werde zur **Öde**. Dieser Ausdruck bezeichnet ein unbewohnbar gemachtes Land und kommt häufig in prophetischen Völkerbotschaften vor (Jer. 49,2.33; 51,26; Hes. 33,28f; Zef. 2,4.9.13). Er wird auch speziell auf Ägypten (Hes. 29,9-12; 32,15) oder Edom bezogen (Hes. 35,2-9.14f; Mal. 1,3f). Auch **Edom** wird dasselbe angedroht: Es soll zur **öden Wüste** werden (vgl. Jer. 12,10). In 2,3 beschreibt dieser Ausdruck die Verwüstung Judas durch das endzeitliche Heer. Nun aber soll Edom zur öden Wüste werden, Juda dagegen aufblühen wie das Paradies (V. 18).

Neben Joel kündigt auch Hes. 30,7f.17ff Gericht über Ägypten und Jer. 49,13.17f und Obd. 10.18 über Edom an. Diese

Androhungen haben sich zum Teil mit der Eroberung durch die Babylonier oder durch andere historische Ereignisse bereits erfüllt (siehe Einleitung Obadja, S. 263ff). Dennoch steht eine letzte Erfüllung im Völkergericht am Tag Jahwes noch aus (vgl. Am. 9,12; Obd. 18-21; Sach. 14,12.16-19). Dieses Gericht wird zu Beginn des messianischen Friedensreiches Anlass dafür sein, dass die Ägypter zu Gott umkehren (Jes. 19,18-25). Im Blick auf V. 19 erhebt sich die Frage, warum gerade Ägypten und Edom als Feinde des Volkes Gottes erwähnt werden. Wolff (1975, S. 101) meint, dass Joel damit im Unterschied zu V. 4-8 nicht auf zeitgeschichtliche Gewalttaten der Ägypter und Edomiter Bezug nimmt, sondern von der prophetischen Tradition bestimmt sei (Jes. 34,5ff; Jer. 46,2-10; Hes. 30,3ff). Dem ist entgegenzuhalten, dass bei den Propheten auch anderen Nationen Gericht angedroht wird. So kündigt Jesaja 13 den Tag Jahwes als Gericht über Babel und Zefanja über die Philister, Moabiter, Ammoniter, Kuschiter und Assyrer (Zef. 2,2-15) an. Die meisten dieser Völker bleiben bei Joel unerwähnt.

Deshalb ist es einleuchtender, V. 19 wie V. 4-8 als Bezugnahme auf historische Geschehnisse zu deuten, an die man sich in Juda zur Zeit Joels noch gut erinnern konnte. Sowohl Ägyptern als Edomitern wird vorgeworfen, dass sie **Gewalttat an den Söhnen Judas** verübten, indem sie **unschuldiges Blut vergossen haben.** Diese Bluttat ereignete sich **in ihrem Land**, womit vom Satzbau her am ehesten das Land der Söhne Judas gemeint ist (Wolff, 1975, S. 102). Das Vergießen von unschuldigem Blut bezeichnet das Töten eines Menschen, das Gottes Gebot verletzt (5Mo. 19,10-13; Jer. 7,6), Gottes Strafe herausfordert (2Kön. 24,4; Ps. 106,38ff; Jer. 19,3f; Jona 1,14) und der Sühne bedarf (5Mo. 21,8f).

Joel erinnert mit seinem Vorwurf gegenüber Ägypten vermutlich an die Eroberung Judas und Plünderung Jerusalems durch das Heer des Pharao Schischak um 925 v. Chr. (1Kön. 14,25f; 2Chr. 12,2-9; siehe Einleitung, S. 33f). Die Beschuldigung der Edomiter hat wohl ihre Revolution zur Befreiung von der Oberherrschaft Judas ca. 850 v. Chr. zum Anlass (2Kön. 8,22; 2Chr. 21,8-10; siehe Einleitung Obadja, S. 261ff). Mit dem hebr. Wort *mēchāmas* (»**wegen Gewalttat**«) begründet Joel wie auch Obd. 10 (siehe dort) Gottes Gerichtsankündigung. Joel trat nur wenige Jahre nach diesen Ereignissen auf, bei denen es zu Gewalttaten und Blutvergießen durch die Edomiter in Juda gekommen war.

Während V. 19 Gottes Gericht über die Ägypter und Edomiter beschreibt, schildert V. 20 als Kontrast dazu den bleibenden Fortbestand Judas und Jerusalems: **Aber Juda wird in Ewigkeit wohnen und Jerusalem von Generation zu Generation**. Keil (1985, S. 166) deutet den hebr. Text von V. 20 im Sinne von »Juda wird in Ewigkeit bewohnt werden« (vgl. Jes. 13,20). Das mit »wohnen« übersetzte hebr. Verb *jāschab* umfasst aber auch den Aspekt des »Bleibens« (vgl. 1Mo. 24,55; 29,19; Ri. 19,6). Darum könnte übersetzt werden: »Juda wird in Ewigkeit bestehen bleiben«. Auch die Worte »**in Ewigkeit**« und »**von Geschlecht zu Geschlecht**« (vgl. 1,3; 2,2) betonen die ununterbrochene Zukunft. Gott garantiert trotz aller Feindseligkeiten, die Juda und Jerusalem im Lauf der Geschichte erfahren haben und erfahren werden, ihren ewigen Fortbestand (vgl. 2,27). Beide Deutungen – das ewige Bewohnen und der ewige Bestand, den Gott garantiert – schließen sich gegenseitig nicht aus. Wolff weist mit Recht darauf hin (1975, S. 102), das das »Wohnen« (hebr. *jāschab*) Judas und Jerusalems im »Wohnen« (hebr. *schākan*) Jahwes in Zion begründet ist, von dem zweimal (V. 17.21b) die Rede ist. Juda und Jerusalem werden deshalb einst unbehelligt von allen Feinden in Ewigkeit bewohnt sein, weil die persönliche Gegenwart Jahwes in Zion dafür garantieren wird.

Der nächste Halbvers ist nicht leicht zu verstehen. Aufgrund folgender Beobachtungen kommen wir zu der von uns bevorzugten Übersetzung: **Und werde ich ihr (vergossenes) Blut ungestraft lassen? Ich werde es nicht ungestraft lassen**. Der hebr. Wortlaut *wəniqqêtî dāmām lō' niqqêtî* ist als Anspielung auf V. 19b zu erkennen, wo die hebr. Worte *dām nāqî'* (»unschuldiges Blut«) vorkommen. In beiden Versen finden sich Ableitungen von hebr. *dām* (»Blut«) und hebr. *nāqāh* (»unschuldig sein«) bzw. *niqqāh* (»lossprechen, für unschuldig erklären, ungestraft lassen«), die aufeinander bezogen sind. In V. 19 geht es um das »unschuldige Blut« der Söhne Judas, das die Feinde vergossen haben und für das Gott Vergeltung ankündigt. Ein erster Übersetzungsversuch von V. 21a könnte daher lauten: »Ungestraft lassen werde ich ihr Blut, ich habe es nicht ungestraft gelassen«. Wie aber soll dieser Satz zu verstehen sein und in welcher Beziehung steht die Androhung göttlicher Rache in V. 19 zu den Aussagen von V. 21a?

Die LXX übersetzt V. 21a: »Und ich werde rächen ihr Blut und keineswegs straffrei lassen«. Diese Wiedergabe von V. 21a passt zwar problemlos in den Kontext, jedoch kann die Übersetzung kaum korrekt sein, weil sie hebr. *niqqāh* zuerst mit »rächen«, dann mit »straffrei lassen« wiedergibt. Eine so gegensätzliche Verwendung desselben Wortes in so engem Zusammenhang ist unwahrscheinlich (Dillard, 1992, S. 313). Die Herausgeber der BHS empfehlen aufgrund der LXX eine Änderung des MT von hebr. *niqqāh* (»straffrei lassen«) zu hebr. *niqqam* (»rächen«). Allerdings gibt die LXX hebr. *niqqāh* auch in Sach. 5,3 mit »rächen« wieder, weshalb eine Änderung des MT aufgrund der LXX nicht zu empfehlen wäre (vgl. Allen, 1976, S. 117).

Keil gibt die hebr. Wendung *niqqāh dām* mit »die Blutschuld durch Bestrafung wegschaffen« wieder und versteht den zweiten Teil von V. 21a als Relativsatz, wobei er das Relativpronomen ergänzt. So kommt er zu der Übersetzung: »Und sühnen werde ich ihr Blut, das ich nicht gesühnt habe«. Dabei deutet er »ihr Blut« als das an den Judäern verübte Blutvergießen (V. 19), das Gott rächen will. Nach Keils Auffassung wird damit gesagt, dass »durch die ewige Verödung dieser Weltreiche alles bis dahin ungestraft gebliebene Unrecht, das sie dem Volk Gottes zugefügt haben, getilgt werden wird« (1985, S. 166). Doch bleibt die Frage, ob die von Keil angenommene Wortbedeutung von *niqqāh* vertretbar ist (vgl. Allen, 1976, S. 117).

Driver (nach Jenni/Westermann, Band 2, 1984, Sp. 102) übersetzt V. 21a: »Und ich werde ihr Blut ausgießen, das ich (bisher) nicht ausgegossen habe.« Die für hebr. *niqqāh* an dieser Stelle vermutete besondere Wortbedeutung passt aber nicht zu V. 20, in dem es um das künftige Heil Judas geht.

Wolff übersetzt V. 21a: »Und ich erkläre straffrei ihr Blut, das ich nicht hatte straffrei erklären wollen.« Er hält diesen Satz für eine spätere Glosse, die auf die in V. 19 erwähnte Unschuld Judas Bezug nehme. Sie besage, dass Gott sein Volk zwar bisher nicht für straffrei erklärt und daher den Tag Jahwes als Gericht über Juda und Jerusalem angekündigt habe, nun aber Ägypten und Edom richten wolle, und somit sein Volk für straffrei erkläre (1975, S. 86.88.102). Wolff versteht demnach die Worte »ihr Blut« als die Blutschuld der Judäer, die Gott vergeben will. Damit ergibt sich ein nach Dillard (1992, S. 313) bewusst hervorgehobener inhaltlicher Kontrast zu V. 19b, in denen Gott den Ägyptern und Edomitern Vergeltung, also ein »Nicht-straffrei-Lassen«, für das Vergießen des unschuldigen Blutes der Judäer angekündigt hat. Inhaltlich leuchtet die von Wolff und Dillard vorgetragene Deutung durchaus ein. Allerdings kann man ihr entgegen halten, dass Joel an keiner Stelle seines Buches Judas Blutschuld erwähnt (Allen, 1976, S. 126). Darum sieht Wolff V. 21a wohl auch unnötigerweise als späteren Nachtrag an.

Allen versteht den Anfang von V. 21 als rhetorische Frage und übersetzt: »Und werde ich ihr vergossenes Blut ungestraft lassen? Ich werde nicht« (1976, S. 117). Er deutet »ihr Blut« im Sinn von V. 19b als das unter den Judäern verübte Blutvergießen, das Gott nicht ungestraft lassen will. Den zweiten Teil von V. 21a versteht er im Unterschied zu Keil und Wolff nicht als Relativsatz, sondern als Hauptsatz, und die Perfektform seines Prädikats als prophetisches Perfekt: »Ich werde nicht ungestraft lassen.« Das Problem dieser Deutung liegt im grammatischen Bereich. Der hebr. Text enthält keine bei einer Frage übliche Fragepartikel. Allerdings kann eine solche unter Umständen auch fehlen (siehe Jer. 25,29).

Insgesamt überzeugt die von Allen dargelegte Deutung am ehesten, da sie ohne gewagte Wortbedeutungen für das hebr. *niqqāh* auskommt, kein Relativpronomen ergänzen muss, inhaltlich den Aussagen von V. 19f entspricht und auch für die fehlenden Fragepartikel bei der rhetorischen Frage mit Jer. 25,29 eine passende Parallele bietet.

Der Prophet Joel rundet sein viertes Kapitel mit derselben Aussage ab, mit der er es begonnen hatte (vgl. V. 1f). Jahwe verheißt, dass die Heilsvollendung des Volkes Gottes im Zusammenhang stehen wird mit der Bestrafung der Feinde Judas und Jerusalems. Dass Gott Sünde nicht ungestraft lassen will (hebr. *niqqāh*), aber bereit ist zu vergeben, entspricht den Aussagen in 2Mo. 34,7; 4Mo. 14,18 und Nah. 1,3. Im Vertrauen auf diese Gnade Gottes und seine Vergebungsbereitschaft hatte Juda in Joels Tagen Barmherzigkeit erfahren (2,13), seinen Feinden aber wird das Strafgericht zuteil werden. Dies garantiert die zur besonderen Hervorhebung aus V. 17 wiederholte Verheißung am Ende des Buches: **Und Jahwe wohnt in Zion** (vgl. Hes. 48,35; Offb. 21,3; 22,3).

## 2.9.4 Vorschlag zur Bibelarbeit über Joel 4,1-21

### 1. Einleitung

Als Einstieg würde sich am besten ein Kurzbericht über aktuelle Ereignisse in Israel oder im Nahen Osten eignen. Bei allen Konflikten im Heiligen Land ist es gut zu wissen, dass Gott mit seinem Volk Israel und mit der Welt einen Plan hat.

### 2. Durchführung

Thema: *Gottes Plan mit dieser Welt*

*a) Gott wird die Völker richten (4,1-14)*

Gott wird Rechenschaft fordern (V. 1-8). Die Prophetie von V. 1-3 weist hin auf eine endzeitliche Wende für Juda und Jerusalem und auf das Völkergericht bei der Wiederkunft Jesu Christi. Gott wird dann durch seinen Sohn von allen Völkern für ihr Verhalten gegenüber seinem Bundesvolk Israel Rechenschaft fordern. Zur Veranschaulichung dafür, wie aktuell dieser Ausblick gerade in unserer Zeit ist, könnte hier ein Beispiel aus dem Holocaust eingefügt werden. Ferner könnte ein Beispiel göttlichen Eingreifens aus der Geschichte des modernen Staates Israel die mit dem Kommen des Messias erwarteten Wende für Juda und Jerusalem illustrieren. Der Abschnitt V. 4-8 macht deutlich, dass Gott nicht erst in der letzten Zeit abrechnen wird. Hinter den verschiedenen Wirren der Völkergeschichte steht oft ein Gottesgericht. Joel kündigt Gottes Gericht über damalige Völker an, die sich gegenüber dem Gottesvolk verschuldet hatten. Hier stellt sich auch uns die Frage, wie Gott weiter mit unserem Volk umgehen wird.

Gott wird zum letzten Kampf rufen (V. 9-12). Bei diesem Teilabschnitt ist es wichtig, die in den Versen liegende göttliche Ironie deutlich zu machen, die man etwa folgendermaßen umschreiben könnte: »Ihr wollt gegen Jerusalem kämpfen? Dann kämpft mal!« Mit dem Hinweis auf die Prophetie von Sach. 12,1-9 und 14,1f kann gegebenenfalls ein aktuelles Ereignis erwähnt werden, das zeigt, wie Jerusalem immer mehr zum internationalen Streitobjekt wird.

Gott wird sein Strafgericht halten (V. 13-14). Dass Gott die Herrschaft über diese Welt in seinen Händen hält, wird sich zeigen, wenn er den Aufmarsch der Völkerheere gegen Jerusalem zu seinem Gericht über die Völker machen wird. Wir überlegen, wo in der Bibel das Gottesgericht noch mit dem Bild der Ernte verglichen wird. Was wird mit diesem Bild ausgedrückt? – Die Mission ist Gottes Rettungsaktion vor dem Gericht (Mt. 9,37f).

*b) Gott wird sein Volk retten (4,15-21)*

Gott wird sein Volk bergen im Gericht (V. 15-16). Wie tröstlich ist der Gedanke, dass Gott sein Volk nicht vergisst, wenn er die Völker richtet. Er schenkt dem Überrest Israels nach seiner Umkehr Bergung mitten im Gericht (Sach. 12,10; 14,5), denn Jesus starb als Messias gerade für sein Volk. Am Kreuz wurde Gottes Gericht bereits vollzogen. Darum darf schon heute jeder, der mit seiner Sünde zu Jesus kommt, im Gericht Gottes bei ihm Geborgenheit finden. Das gilt nicht nur dem Volk Israel, sondern auch uns!

Gott wird in Zion wohnen (V. 17.19-21). Im Gegensatz zu Israels Feinden – stellvertretend für sie sind Ägypten und Edom genannt (V. 19) – werden Juda und Jerusalem ewig von Gott und seinem Volk bewohnt sein. Diese Prophetie auf das messianische Friedensreich erinnert an die Beschreibung des neuen Jerusalem in Offb. 21,3, das einmal allen Erlösten aus Israel und den Völkern offen stehen wird. Gott wird im Heiligen Land das Paradies erneuern (V. 18). Wir vergleichen die auf das messianische Friedensreich hinweisende Prophetie dieses Verses mit der Schilderung des Gartens in Eden (1Mo. 2,8-10) und mit der Beschreibung des neuen Jerusalem (Offb. 22,1f).

# 3. BIBLIOGRAFIE ZU JOEL


Aharoni, Y. *Das Land der Bibel.* Neukirchen, 1984.

Ahlström, G. W. *Joel and the Temple Cult of Jerusalem.* Supplement zu Vetus Testamentum 21. Leiden: Brill, 1971.

Albright, W. F. »Review of Pfeiffer: Introduction to the Old Testament«, *Journal of Biblical Literature* 61, 1942, S. 111-126.

Allen, L. C. *The Books of Joel, Obadiah, Jonah and Micah.* The New International Commentary on the Old Testament. Grand Rapids: Eerdmans, 1991, Nachdr. von 1976.

Archer, G. L. *Einleitung in das Alte Testament,* Bd. 1-2. Bad Liebenzell: Verlag der Liebenzeller Mission, 1987/1989.

Baron, S. *The Desert Locust.* New York: Scribner, 1972.

Bartlett, J. R. »Edom and the Edomites«, *Journal for the Study of the Old Testament,* Supplement Series 77, Sheffield: Academic Press, 1989.

Bič, M. *Das Buch Joel.* Berlin: Evangelische Verlagsanstalt, 1960.

Burkhardt, H. u.a. (Hg.) *Das Große Bibellexikon,* Bd. 1-3. Wuppertal: R.Brockhaus, 2. Aufl., 1990.

Childs, B. S. *Introduction to the Old Testament as Scripture.* Philadelphia: Fortress, 1979.

Černý, L. *The Day of Yahweh and some relevant problems.* Prag: Nakladem Filosofie Faculty University Karlovy, 1948.

Credner, K. A. *Der Prophet Joel.* Halle: Verlag der Buchhandlung des Waisenhauses, 1831.

Delitzsch, F. *Messianische Weissagungen in geschichtlicher Folge.* Gießen: Brunnen, 1992, Nachdr. von 1890.

Digel, W. (Hg.) *Meyers großes Taschenlexikon,* hrsg. u. bearb. von Meyers Lexikonredaktion, Bd. 23. Mannheim/Leipzig/Wien/Zürich: B.I.-Taschenbuchverlag, 4.Aufl. 1992.

Dillard, R. »Joel«, *The Minor Prophets: An Exegetical & Expository Commentary,* hg. von Th. E. McComiskey, Bd. 1. Grand Rapids: Baker, 1992, S. 239-310.

Duhm, B. »Anmerkungen zu den Zwölf Propheten«, *Zeitschrift für die alttestamentliche Wissenschaft* 31, 1911, S. 184-187.

Dunlop, S. *Astronomie für Einsteiger*. Stuttgart: Franckh, 1987.

Ehrensvärd, M. »Once Again: the Problem of Dating Biblical Hebrew«, *Scandinavian Journal of the Old Testament* 11, 1997, S. 29-40.

Ewald, H. *Die Propheten des Alten Bundes,* Bd. 1. Stuttgart: Krabbe, 1841.

Fensham, F. C. »A Possible Origin of the Concept of the Day of the Lord«, *Biblical Essays*. Potchefstroom, Süd Afrika, 1966, S. 90-97.

Garett, D. A. »The structure of Joel«, *Journal of the Evangelical Theological Society* 28, 1985, S. 289-297.

Gesenius, W. *Hebräisches und aramäisches Handwörterbuch über das Alte Testament.* Bearb. v. F. Buhl, Neudr. d. 17. Aufl. Berlin u.a.: Springer, 1962.

Gesenius, W. *Hebräisches und aramäisches Handwörterbuch über das Alte Testament,* hg. H. Donner. 2. Lieferung. Heidelberg: Springer, 18. Aufl. 1995.

Gray, G. B. »The parallel passages in ›Joel‹ in their bearing on the question of date«, *Expositor* 8, 1893, S. 208-225.

Gray, J. »The Day of Yahweh in Cultic Experience and Eschatological Prospect«, *Svensk Exegetisk Årsbok* 39, 1974, S. 5-37.

House, P. R. »The Unity of the Twelve«, *Journal of the Society of Old Testament – Supplement Series* 97, Bible and Literature Series 27, Sheffield: Academic Press, 1990.

Hornung, E. *Grundzüge der ägyptischen Geschichte.* Darmstadt: Wissenschaftliche Buchgesellschaft, 4. Aufl. 1992.

Jacob, E. C.; Keller, A.; Amsler, S. *Osée, Joël, Abdias, Jonas, Amos.* Commentaire de l'Ancien Testament, Bd. 11a. Neuchatel: de Lachaux & Niestlé, 1965.

Jenni, E.; Westermann, C. *Theologisches Handwörterbuch zum Alten Testament,* Bd. 1-2. München: Chr. Kaiser / Zürich: Theol. Verlag, 1984.

Josephus, Flavius. *Jüdische Altertümer,* Übersetzt und mit Einleitung und Anmerkungen versehen von H. Clementz, 2 Bände, Darmstadt: Joseph Melzer, 1967.

Josephus, Flavius. *Der jüdische Krieg,* übersetzt von H. Clementz, Wiesbaden: Fourier, 6. Aufl., 1984.

Kaiser, O. *Einleitung in das Alte Testament.* Gütersloh: Mohn, 2. Aufl., 1975.

Kaiser, W. C. *Toward an Old Testament Theology.* Grand Rapids: Zondervan, 1978.

Kapelrud, A. S. *Joel Studies.* Uppsala Universitets Årsskrift. Uppsala: Lundequist, 1948.

Katzenstein, H. J. *The History of Tyre.* Jerusalem: The Schocken Institute for Jewish Research, 1973.

Keil, C. F. *Die kleinen Propheten.* Gießen: Brunnen, 1985, Nachdr. d. 3. Aufl., 1888.

Klein, J. »Akitu«, *Anchor Bible Dictionary,* Bd. 1, Hg. D. N. Freedman. New York: Doubleday, 1992, S. 138-140.

Kirkpatrick, A. F. *The doctrine of the prophets.* London: Macmillan and Co., 1892.

Köhler, L.; Baumgartner, W. (Hg.) *Lexicon in veteris testamenti libros.* Leiden: E. J. Brill, 1958.

Leeuwen, W. C. von, »The prophecy of the Yôm YHWH in Amos V. 18-20«, *Oudtestamentische Studiën* 19, 1974, S. 113-134.

Mowinckel, S. *He that Cometh.* Oxford: Blackwell, 1956.

Myers, J. M. »Some Considerations Bearing on the Date of Joel.«, *Zeitschrift für die alttestamentliche Wissenschaft* 74, 1962, S. 177-195.

Möller, H. *Alttestamentliche Bibelkunde,* Berlin: Evang. Verlagsanstalt, 1986.

Möller, W. *Grundriss für alttestamentliche Einleitung.* Berlin: Evang. Verlagsanstalt, 1958.

Noth, M. *Die Welt des Alten Testaments.* Berlin: Töpelmann, 4. Aufl., 1962.

Orelli, C. von, *Das Buch Ezechiel und die zwölf kleinen Propheten.* Kurzgefasster Kommentar zu den heiligen Schriften Alten und Neuen Testaments, hg. von H. Strack und O. Zöckler. Nördlingen: Verlag der C.H. Beck'schen Buchhandlung, 1888.

Pehlke, H. *Der Tag des Herrn.* Unveröffentlichtes Vorlesungsmanuskript, Gießen: Freie Theologische Akademie, 1997.

Prinsloo, W. S. »The Unity of the Book of Joel«, *Zeitschrift für die alttestamentliche Wissenschaft* 104, 1992, S. 66-81.

Rad, G. von *Theologie des Alten Testaments,* Bd. 2. München: Kaiser, 1960. Ders. »The Origin of the Concept of the Day of Yahweh«, *Journal of Semitic Studies,* 4/2, 1959, S. 97-108.

Reicke, B. »Joel und seine Zeit«, *Wort – Gebot – Glaube. Festschrift für W. Eichrodt.* Beiträge zur Theologie des Alten Testaments, Hg. H.J. Stoebe. Zürich: TVZ, 1970, S. 133-141.

Rienecker, F. *Lexikon zur Bibel.* Neu bearbeitete Ausgabe, herausgegeben von G. Maier. Wuppertal und Zürich: R. Brockhaus, 1994.

Rooker, M. F. »Ezekiel and the Typology of Biblical Hebrew«, *Hebrew Annual Review* 12, 1990, S. 133-155.

Rudolph, W. »Wann wirkte Joel?«, *Das ferne und nahe Wort.* Festschrift für Leonhard Rost. Beiheft zur Zeitschrift für die alttestamentliche Wissenschaft, Hg. F. Maass, Bd. 105. Berlin, 1967.

Rudolph, W. *Joel-Amos-Obadja-Jona.* Kommentar zum Alten Testament, Bd. 13/2. Gütersloh: Mohn, 1971.

Sarna, N. M. »Bible«, *Encyclopaedia Judaica,* Bd. 4. Jerusalem: Keter, 1971, Sp. 816-836.

Schlatter, A. *Paulus, der Bote Jesu.* Stuttgart: Calwer Verlag, 5. Aufl. 1985.

Schmoller, O. *Die Propheten Hosea, Joel und Amos, theologisch-homiletisch bearbeitet.* Theologisch- homiletisches Bibelwerk, bearb. u. hg. von J. P. Lange, 18. Teil. Bielefeld/Leipzig: Velhagen & Klasing, 1872.

Simian-Yofre, H. *»rḥm«, Theologisches Wörterbuch zum Alten Testament,* hg. G. J. Botterweck u. H. Ringgren, Bd. 8. Stuttgart u.a.: Kohlhammer, 1982, Sp. 460-477.

Soden, W. von, »Gibt es ein Zeugnis dafür, dass die Babylonier an die Wiederauferstehung Marduks geglaubt haben?«, *Zeitschrift für Assyriologie und vorderasiatische Archäologie* 51, 1955, S. 130-166; 52, 1957, S. 224-234.

Tenney, M. C. (Hg.) *The Zondervan Pictorial Encyclopedia of the Bible,* Bd. 1. Grand Rapids: Zondervan, 1975.

Thompson, J. A. »Joel's Locusts in the Light of Near Eastern Parallels«, *Journal of Near Eastern Studies* 14, 1955, S. 52-55.

Unger, M. F. *Introductory Guide to the Old Testament,* Grand Rapids: Zondervan, 1951.

Vatke, W. *Die biblische Theologie, wissenschaftlich dargestellt.* Die Religion des AT nach den kanonischen Büchern entwickelt, Bd. 1. Berlin: Bethge, 1835.

Verheij, A. J. C. »Early? Late? A Reply to F. H. Cryer.«, *Scandinavian Journal of the Old Testament* 11, 1997, S. 41-43.

Walch, J. G. (Hg.) *Dr. Martin Luthers sämtliche Schriften,* Bd. 6. Groß Oesingen: Verlag der Lutherischen Buchhandlung Heinrich Harms, 1987.

Walton, J. H. *Chronologische Tabellen zum Alten Testament.* Marburg:

Francke, 1982.

Weiss, M. »The Origin of the ›Day of the Lord‹ – Reconsidered«, *Hebrew Union College Annual* 37, 1966, S. 29-71.

Wolff, H. W. *Joel und Amos.* Biblischer Kommentar Altes Testament, hg. von S. Herrmann, W. H. Schmidt u. H. W. Wolff, Band XIV/2. Neukirchen-Vluyn: Neukirchener Verlag, 2. Aufl. 1975.

Young, E. J. *An Introduction to the Old Testament.* Grand Rapids: Eerdmans, 5. Aufl. 1954.

Zenger, E. u.a. *Einleitung in das Alte Testament.* Stuttgart u.a.: Kohlhammer, 1995.

Zobel, H.-J. »ḥæsæḏ«, *Theologisches Wörterbuch zum AT,* hg. von G. J. Botterweck und H. Ringgren, Bd. 3. Stuttgart u.a.: Kohlhammer, 1982, Sp. 48-71.

Zohary, M. *Pflanzen der Bibel.* Stuttgart: Calwer, 1983.

Zuck, R. B. (Hg.) *A Biblical Theology of the Old Testament.* Chicago: Moody Bible Institute, 1991.

# OBADJA

# 4 Einleitung in das Buch Obadja

## 4.1 Historischer Hintergrund

### 4.1.1 Hinweise auf den historischen Hintergrund

Das Buch des Propheten Obadja nimmt im Gegensatz zu vielen anderen prophetischen Büchern nicht ausdrücklich Bezug auf die Regierungszeit eines Königs. Darin gleicht es den Büchern Joel, Jona, Nahum, Habakuk und Maleachi. Inhaltlich gibt Obadja einige Hinweise auf den Hintergrund seiner Prophetie. Dabei sind vor allem die Verse 1-7; 10-11; 12-14 und 20 aufschlussreich.

Der Prophet kündigt einen Angriff verschiedener Völker (V. 1) und bisheriger Verbündeter der Edomiter (V. 7) auf Edom an, der zum Untergang der Edomiter führen würde. Von welchen Völkern und Ereignissen Obadja geweissagt hat, steht nicht eindeutig fest. Manche Ausleger meinen dennoch, aus V. 1-7 Rückschlüsse auf die historischen Hintergründe Obadjas ziehen zu können. So lassen V. 1-7 nach der Meinung von Allen (1991, S. 131) durchblicken, dass zur Zeit Obadjas die Lage in Edom instabil war und die Vertreibung der Edomiter durch arabische Stämme bevorstand. Bartlett (1989, S. 157-161) hält dieser Hypothese entgegen, dass Obadja und andere Propheten nirgends von einem Eindringen arabischer Stämme in Edom schreiben; dagegen droht z.B. Hes. 25,4.10 den Ammonitern und Moabitern solches möglicherweise an. Vielmehr sollte Edom ausgerottet und verwüstet werden (vgl. Obd. 10; Hes. 25,12-14). Bartlett sieht deshalb in Obd. 7 eine Anspielung auf den Feldzug des babylonischen Königs Nabonid gegen das Ostjordanland und Nordarabien (552 v. Chr.). Allerdings vernichtete der Babylonier Edom nicht völlig.

Es ist grundsätzlich schwierig, aus Zukunftsvoraussagen eines Propheten Rückschlüsse auf seinen historischen Hintergrund zu ziehen – zumal ein historisches Ereignis, mit dem sich die Aussage in Obd. 7 gleichsetzen ließe, nicht eindeutig ermittelt werden kann. Wahrscheinlich ist, dass Obadja in prophetischer Perspektive mehrere vernichtende Schläge gegen Edom zusammen geschaut hat. Bartlett (1989, S. 159) lässt allerdings offen, ob Obadjas Botschaft echte Vorhersage oder *»vaticinium ex eventu«*, d.h. Weissagung nach dem schon eingetroffenen Ereignis war. Die hebräischen Verbformen, die in Obd. 2-9 gebraucht werden, zeigen dagegen, dass Obadja in seiner Prophetie beansprucht, zukünftige Ereignisse anzukündigen (Allen, 1991, S. 130). Der Prophet ist also nicht Augenzeuge der Ereignisse, die er ankündigt.

Die deutlichsten Hinweise auf den zeitgeschichtlichen Hintergrund lassen sich aus V. 10-11 entnehmen. Darin wirft der Prophet den südöstlich vom Toten Meer beheimateten Edomitern vor, Gewalttätigkeiten an Juda verübt zu haben, und ohne Hilfe zu leisten zugesehen zu haben, als Fremde Jerusalem eroberten, plünderten und Gefangene wegführten. Die anschließenden V. 12-14 enthalten allerdings keine Beschreibung zeitgeschichtlicher Ereignisse, sondern eine achtfache Warnung, wieder so zu handeln, wenn Juda und Jerusalem erneut in Bedrängnis kommen würden (siehe die Auslegung, S. 299ff). Diese Warnungen lassen nur indirekte Rückschlüsse auf Vorkommnisse der Zeit Obadjas zu. Obadja erwähnt in V. 20 schließlich Weggeführte aus Jerusalem, »die in Sefarad sind«. Damit ist ein Hinweis auf Verhältnisse zur Zeit des Propheten gegeben, der historisch ausgewertet werden kann.

## 4.1.2 Versuche der historischen Einordnung

Es gibt hauptsächlich drei Theorien, mit denen die Ausleger den Hintergrund der Botschaft Obadjas historisch einzuordnen versuchen:

Nach der ersten Theorie lebte Obadja während der Regierungszeit Jorams von Juda um die Mitte des 9. Jh. (853-841 v. Chr.). Damals befreiten sich die Edomiter mit einer Revolte von der judäischen Oberherrschaft, während zugleich Jerusalem von den Philistern und Arabern erobert und geplündert wurde. Unter den Vertretern dieser frühen Datierung sind vor allem folgende Ausleger zu nennen: Delitzsch (1992, S. 82); Keil (1985, S. 253); v. Orelli (1888, S. 280f); Young (1954, S. 253); W. C. Kaiser (1978, S. 47); Archer (1989, S. 176f) und Niehaus (1993, S. 502). Luther wollte zwar in seiner 1532 verfassten Vorrede auf den Propheten Obadja offen lassen, welcher Zeit der Prophet angehörte, verstand seine Botschaft aber als Weissagung auf die babylonische Gefangenschaft und die Rückkehr von dort (Walch, 1987b, S. 558f).

Die zweite Theorie besagt, Obadja sei ein Augenzeuge der Zerstörung Jerusalems im Jahr 586 v. Chr. gewesen, zu der die Edomiter die Babylonier angestiftet hatten (Ps. 137,7), und sei zu Beginn der babylonischen Gefangenschaft aufgetreten, als die Erinnerung an die zurückliegende Katastrophe noch lebendig war (so Weiser, 1950, S. 206; Rudolph, 1971, S. 297f; H. W. Wolff, 1975, S. 2). Rudolph vermutet in Obadja einen von Jeremia bekämpften Heilspropheten (1931, S. 230), H. W. Wolff einen Kultpropheten, der in frühexilischen Klagefeiern in Jerusalem ältere Jahwesprüche überlieferte und interpretierte (1977, S. 273-284).

Die dritte Theorie ordnet Obadja der nachexilischen Zeit zu, entweder um 520 v. Chr., kurz vor dem Auftreten Maleachis (vgl. Mal. 1,3-5), der bezeugte, dass die von Obadja angekündigte Verwüstung Edoms eingetroffen war (so Wellhausen, 1892, S. 205; Allen, 1976, S. 129ff), oder noch später. So datiert Pfeiffer (1948, S. 584) Obd. 1-14.15b um 460 v. Chr., Obd. 15a.16-18 um 400 v. Chr. und Obd. 19-21 in die erste Hälfte des 4. Jh. v. Chr., während Thompson (1956, S. 859) und Harrison (1969, S. 901) eine Datierung um 450 v. Chr. vorschlagen.

Der vorliegende Bibelkommentar tritt für die früheste Datierung Obadjas ein. Dafür seien folgende Argumente angeführt:

### 4.1.3 Argumente für die Frühdatierung der Zeit Obadjas

Zunächst fällt auf, dass als Feinde Judas nur Edomiter (V. 1-15.18.19.21), Philister (V. 19) und Kanaaniter (V. 20) genannt werden. Die Eroberer und Plünderer Jerusalems werden einfach als »Fremde« und »Ausländer« bezeichnet (V. 11). Das spricht gegen die historische Einordnung der Botschaft Obadjas in die Zeit der Bedrohung Judas durch die Assyrer oder Babylonier, deren Erwähnung sonst zu erwarten wäre.

Vers 11 setzt keine Zerstörung, sondern nur eine Eroberung und Plünderung Jerusalems voraus. Diese Beobachtung spricht gegen die Annahme, dass die Prophetie Obadjas auf dem Hintergrund der Eroberung und Zerstörung Jerusalems durch Nebukadnezar 586 v. Chr. geschrieben wurde.

Die in V. 12-14 enthaltene achtmalige Warnung an Edom vor erneuten Freveltaten an Jerusalem passt nicht zu einem Zeitpunkt nach der Zerstörung Jerusalems unter Nebukadnezar, sondern nur davor. Eine Warnung vor nochmaliger Unterstützung der Eroberer Jerusalems wäre nach der bereits erfolgten Zerstörung Jerusalems sinnlos! Damit scheiden die exilische und nachexilische Datierung Obadjas aus.

Die in V. 11 und 20 erwähnten judäischen Kriegsgefangenen sind nach Sefarad (V. 20) weggeführt worden. Wie auch immer man versucht, diesen Ortsnamen zu identifizieren, ob mit Sparta in Griechenland, Schuparda im südwestlichen Medien oder Sardes in Kleinasien (siehe die Auslegung zu Obd. 20, vgl. auch Wineland, 1992, S. 1089f) – die babylonische Gefangenschaft ist eindeutig nicht der historische Hintergrund der Prophetie Obadjas.

In V. 19f erscheinen unter den Gebieten, die von Juda einst wieder in Besitz genommen werden müssen, nur Edom, Philistäa, Ephraim, Samaria, Gilead, Phönizien und Negev, nicht aber Juda und Jerusalem. Die Wegführung der Bewohner Judas und Jerusalems unter Nebukadnezar ist demnach nicht im Blickfeld der Prophetie Obadjas. Auch das spricht gegen die Zerstörung Jerusalems durch Nebukadnezar und die babylonische Gefangenschaft als historischen Hintergrund.

### 4.1.4 Nähere Bestimmung des historischen Hintergrundes

Um die Frage zu klären, auf welches Ereignis vor dem Jahr 586 v. Chr. sich die Schilderung in V. 10-11 ansonsten beziehen kann, ist zu klären, wann es in der Geschichte der Beziehungen zwischen Juda und Edom dazu kam, dass folgende zwei Ereignisse zusammenfielen: Edomitische Feindseligkeiten an Juda (V. 10) und das Eindringen von »Fremden« in Juda und Jerusalem, die judäische Gefangene wegführten und Jerusalem plünderten, während Edomiter tatenlos und schadenfroh zusahen (V. 11).

Während der Geschichte des Südreiches kam es zu mehreren kriegerischen Auseinandersetzungen zwischen Juda und Edom, und zwar zur Zeit der judäischen Könige Joram (2Kön. 8,20-22; 2Chr. 21,8-10), Amazja (2Kön. 14,7.10; 2Chr. 25,11-14) und Ahas (2Chr. 28,17). Was die Eroberungen Jerusalems angeht, wissen wir, wie Keil darlegt (1985 S. 248), von folgenden Fällen zwischen der Reichsteilung und der Zerstörung Jerusalems: Zur Zeit Rehabeams (1Kön. 14,25f; 2Chr. 12,2ff), Jorams von Juda (2Chr. 21,16f), Amazjas (2Kön. 14,13f; 2Chr. 25,23f), Jojakims (2Kön. 24,1ff; 2Chr. 36,6f) und Jojachins (2Kön. 24,10ff; 2Chr. 36,10). Als historischer Hintergrund der Prophetie Obadjas kommen von allen Eroberungen Jerusalems nur die unter Joram oder Amazja näher in Betracht, weil hier sowohl eine Eroberung Jerusalems als auch Feindseligkeiten der Edomiter an Juda biblisch belegbar sind.

Keil argumentiert mit Recht, dass bei genauerem Hinsehen die Zeit Amazjas ausscheidet, da Obadja die Eroberer »Fremde« und »Ausländer« nennt, »was auf heidnische Völker hinweist« (1985, S. 248f; vgl. 5Mo. 17,15), während Jerusalem zur Zeit Amazjas durch das Heer des Nordreichs eingenommen wurde. Somit passt der in Obd. 10-11 beschriebene historische Hintergrund der Botschaft Obadjas von den im AT bezeugten Ereignissen nur in die Regierungszeit Jorams von Juda (853-841 v. Chr.). Damals schüttelten Edom und die im Einflussbereich der Philister gelegene südwestjudäische Stadt Libna die Oberherrschaft Judas ab. Es kam zu einer kriegerischen Auseinandersetzung zwischen dem judäischen und dem edomitischen Heer (vgl. 2Kön. 8,21-22; 2Chr. 21,8-10); die Araber und Philister drangen in Jerusalem ein und plünderten das Königshaus (2Chr. 21,16f). Nach 2Chr. 28,17 fielen die Edomiter zur Zeit Ahas (735-715 v. Chr.) abermals in Juda ein, schlugen es und führten Gefangene weg. Das lässt vermuten, dass bereits die edomitische Revolte zur Zeit Jorams mit Feindseligkeiten gegenüber Juda verbunden war, auch wenn davon nicht ausdrücklich berichtet wird.

Zusammenfassend können wir festhalten, dass die Edomiter nicht erst im Zusammenhang mit der Zerstörung Jerusalems durch Nebukadnezar im Jahr 586 v. Chr. eine feindselige Rolle spielten (vgl. Ps. 137,7; Kla. 4,22; Hes. 35,5.10.12), da bereits im späten 9. Jh. v. Chr. Joel und im 8. Jh. Amos Gewalttaten der Edomiter gegenüber Juda erwähnen (Joel 4,19; Am. 1,6.11). Die von Obadja erwähnten Gewalttaten (V. 10) und das untätige und schadenfrohe Verhalten der Edomiter anlässlich der Eroberung Jerusalems (V. 11f) lassen sich vom Zeugnis des AT her am besten in die Regierungszeit Jorams von Juda (853 – 841 v. Chr.) einordnen.

## 4.2 Abfassungszeit des Buches

### 4.2.1 Kanonische Einordnung im Zwölfprophetenbuch

Innerhalb des »Zwölfprophetenbuches« der hebr. Bibel, steht Obadja nach der Reihenfolge des MT an vierter Stelle, zwischen Amos und Jona, nach der LXX an fünfter Stelle, zwischen Joel und Jona. Diese Einordnung spricht nicht gegen die Einschätzung Obadjas als ältesten Schriftpropheten, denn die Reihenfolge der zwölf »kleinen« Propheten berücksichtigt nicht allein chronologische, sondern auch inhaltliche Gesichtspunkte. Obadja ist innerhalb eines ersten Blockes von sechs Propheten eingeordnet, die alle vor dem 7. Jh. v. Chr. wirkten, während der zweite Block drei Propheten des 7. Jh. und der dritte drei Propheten des 6./5. Jh. v. Chr. umfasst. Weitere Einzelheiten zur Abfolge der kleinen Propheten sind in der Einleitung zu Joel behandelt (vgl. S. 37ff).

### 4.2.2 Obadja setzt die Weissagung Bileams voraus

Bileam hatte angekündigt, ein Herrscher aus Israel werde Edom zum Besitz haben (4Mo. 24,17f). Obadja setzt diese Prophetie offenbar voraus und entfaltet sie in V. 17-21.

### 4.2.3 Die zeitliche Priorität Obadjas vor Jeremia

Die Prophetie über Edom in Jer. 49,7-22 stimmt zum Teil wörtlich mit der Botschaft Obadjas überein, insbesondere Jer. 49,14-16.9 mit Obadja 1-5. Hier stellt sich die Frage, ob Obadja die Prophetie Jeremias oder Jeremia die Prophetie Obadjas aufgegriffen hat. Jer. 49,7-22 gehört zu dem Korpus der Fremdvölkersprüche in Jer. 46-51, die Aktualisierungen von Prophetien der früheren Propheten Jesaja, Amos und Zefanja darstellen. Die Neigung Jeremias, sich an die ihm vorangehenden Propheten anzulehnen, ist auch sonst in seinem Buch zu beobachten (vgl. Möller, 1986, S. 235f). Das spricht dafür, dass Obadjas Prophetie gegen Edom älter ist als die daran anklingende Prophetie Jeremias. Ferner enthält die Prophetie Jeremias gegen Edom nur Gerichtsworte und keine Warnungen wie in Obadja 12-14. Auch das spricht dafür, dass Obadja vor Jeremia geschrieben wurde: Einerseits bleibt Jeremia nur noch Gericht zu verkündigen, nachdem Edom die Warnungen Obadjas in den Wind geschrieben hatte, und andererseits hätten diese Warnungen nach der Zerstörung Jerusalems 586 v. Chr. keinen Sinn mehr.

### 4.2.4 Die zeitliche Priorität Obadjas vor Joel und Amos

Obadja 17a wird in Joel 3,5 als Wort Jahwes angeführt. Das spricht für den zeitlichen Vorrang Obadjas vor Joel. Andererseits greift Amos in Am. 1,2 ein Wort aus Joel 4,16 wörtlich auf und stellt es an den Anfang seiner Prophetie. Daraus ergibt sich, dass Obadja der erste Schriftprophet war und ihm der Prophet Joel und danach der Prophet Amos folgten. Da Obadja 10 und Am. 1,11f denselben historischen Hintergrund erkennen lassen, ist es wahrscheinlich, dass das Buch Obadja ungefähr in zeitlicher Nähe zum Propheten Amos entstanden ist.

### 4.2.5 Hinweise auf die zeitliche Nähe der Buchabfassung zur mündlichen Verkündigung

Die knappe Namensangabe am Anfang des Buches spricht dafür, dass das Buch Obadja direkt nach dem öffentlichen Auftreten des Propheten abgefasst wurde, also kurz nach der Mitte des 9. Jh. v. Chr. Denn wenn sich Obadja nicht näher vorstellen muss, liegt es nahe, dass er zur Zeit der Abfassung seines Buches allgemein bekannt war. Daneben deutet die für Obadja typische Sprache mit ihrer Anschaulichkeit, Lebhaftigkeit und Leidenschaftlichkeit auf die zeitliche Nähe zur mündlichen Botschaft.

### 4.2.6 Die Aufnahme Obadjas bei den späteren Propheten

Die Prophetie Obadjas wurde in späteren Büchern des AT vielfältig aufgenommen und weitergeführt. Joel zitiert in 3,5 das Verheißungswort Obadjas in V. 17a: »Auf dem Berg Zion werden Entronnene sein«. Am. 9,12 knüpft an Obd. 19 und damit an die Weissagung Bileams in 4Mo. 24,18a an, wo es vom Messias heißt: »Edom wird sein Besitz«. Jes. 34,5-17 und 63,1-6 kündigen den Tag der Rache und das Jahr der Vergeltung für Edom an und stützen sich damit auf Obd. 15, wonach Edom am Tag Jahwes für sein Tun Vergeltung empfangen wird. Jeremia greift mit dem Bild vom Becher die Androhung Obadjas auf, dass alle Nationen und darunter auch Edom auf dem heiligen Gottesberg zu ihrem Gericht trinken müssen (Jer. 49,12; Kla. 4,21f). Hesekiel schreibt von Edoms Rache an Juda und von Gottes Rache an Edom (Hes. 25,12-14) und klagt es für seine Absicht an, das nach der Wegführung in die babylonische Gefangenschaft verwüstete Land Juda zu vereinnahmen (Hes. 35,1-15; 36,5). Damit greift Hesekiel ein Thema auf, das Obadja als Erster ansprach: Edoms Schuld an Juda und Gottes Vergeltung an Edom. Maleachi bestätigt, dass sich die von Obadja erstmals angekündigte Verwüstung Edoms vollständig erfüllt hat (Mal. 1,3-5); Edom ist verwüstet und soll verwüstet bleiben.

## 4.3 Autor des Buches

### 4.3.1 Obadja als Verfasser seines Buches

Obadja 1 bezeugt, dass der Prophet, der die im Buch Obadjas wiedergegebene Botschaft von Gott empfing und ausrichtete, auch der Verfasser seines Buches ist. Es besteht kein Grund, diesen Anspruch in Frage zu stellen.

Trotz der Kürze des Buches haben historisch-kritische Exegeten versucht, verschiedene Überlieferungsschichten des Buches herauszuarbeiten (etwa Pfeiffer, 1948, S. 584). Grundsätzlich können wir aber nicht hinter den vorliegenden Text zurückgehen. Dazu besteht auch keine Notwendigkeit, denn das Buch zeigt gerade in seiner Knappheit, bei der auf keine Einzelheit verzichtet werden kann, seine unteilbare literarische Einheit. Auch die Struktur des Buches (S. 256) spricht dafür.

### 4.3.2 Die Person des Autors

Das AT erwähnt an vielen Stellen Männer mit dem Namen Obadja. Außer dem Propheten, von dem nur in Obd. 1 die Rede ist, werden weitere Namensträger in 1Chr. 3,21; 7,3; 8,38; 9,44; 12,10; 2Chr. 17,7; Esr. 8,9; Neh. 10,6; 12,25 erwähnt. Daneben wird im AT die vollere Namensform Obadjahu gebraucht. Diesen Namen trugen der zur Zeit Elias lebende Haushofmeister Ahabs (1Kön. 18,3-7.16) und zwei andere Personen, über die ansonsten nichts bekannt ist (1Chr. 27,19; 2Chr. 34,12). Nähere Informationen über den Propheten erhalten wir weder im Buch Obadja noch an anderer Stelle im AT. Man hat aber erwogen, ob der Prophet Obadja mit einem der anderen im AT erwähnten Träger dieses Namens gleichzusetzen ist. Nur eine dieser Vermutungen sei hier erwähnt:

Sind der Prophet Obadja und Ahabs Haushofmeister Obadjahu (1Kön. 18,3-7.16) vielleicht dieselbe Person? Die Namen sind sehr ähnlich, ebenso die Zeit ihres Auftretens. Auch wird die Frömmigkeit des Haushofmeisters Obadjahu betont. Allerdings konzentriert sich die Botschaft des Propheten auf Edom und Juda, während der Haushofmeister Ahabs im Nordreich lebte. Das macht eine Identifizierung beider Gestalten zwar nicht unmöglich – auch der Prophet Amos reiste aus Juda ins

Nordreich, um dort seine Botschaft auszurichten, bei Obadja könnte es umgekehrt zugegangen sein. Andererseits wissen wir aber zu wenig über den Propheten Obadja, um die Frage seiner Identität eindeutig beantworten zu können.

## 4.4 Absicht des Buches

Die Weissagung Obadjas ist Gerichtsbotschaft gegen Edom (vgl. die direkte Anrede mit »du« in V. 1-15 und mit »ihr« in V. 16) und damit im ersten Teil des Buches indirekte und ab V. 17 direkte Heilsbotschaft für Juda (V. 17-21). Falls die Gerichtsankündigung durch Boten nach Edom weitergeleitet wurde, mag sie unausgesprochen auch einen Aufruf zur Buße dargestellt haben (vgl. Jona 3,4ff). In jedem Fall enthalten die Verse 12-14 eine Warnung an Edom vor weiteren Freveltaten gegenüber seinem Brudervolk Juda. Die Gerichtsankündigung an Edom wird in V. 15 zum Muster für eine Gerichtsankündigung an alle Völker am Tag des Herrn.

Zusammenfassend lässt sich in der Prophetie Obadjas eine vierfache Absicht erkennen: Sie ist Gerichtsankündigung für Edom, Warnung an Edom vor weiteren Freveltaten an Juda, Gerichtsankündigung an die Adresse aller Völker und Heilsverheißung für Juda.

## 4.5 Struktur des Buches

In Anlehnung an Bliese (1993, S. 210ff) erkennen wir im Buch Obadja eine chiastische (spiegelsymmetrische) Struktur, in der sich die einzelnen Abschnitte symmetrisch als Entsprechungen bzw. Gegensätze gegenüberstehen.

Überschrift: Obadja verkündigt, was Gott ihm offenbarte (V. 1a)

A Jahwe will Edom klein machen unter den Völkern und von seiner Höhe stürzen (V. 1b-4)

B Edom soll geplündert und von falschen Bundesgenossen vertrieben werden (V. 5-7)

C Edom soll ausgerottet werden wegen aktiven und passiven Unrechts an seinem Brudervolk (V. 8-11)

C' Edom wird gewarnt vor erneutem passivem und aktivem Unrecht an seinem Brudervolk (V. 12-14)

B' Am Gerichtstag Jahwes über alle Völker gibt es Entronnene auf dem Zion, nicht aber in Edom (V. 15-18)

A' Jahwe will Juda groß machen über Edom und seine Königsherrschaft über die Völker aufrichten (V. 19-21)

In dieser Struktur wird das Gericht über Edom gegenüber dem Heil für Juda betont: Den äußeren Rahmen bildet die Darstellung des zeitgeschichtlichen Strafgerichtes Gottes an Edom (er wird es klein machen; A) gegenüber Gottes zukünftigem Heil für Juda (er wird es groß machen; A'). Auf einer nächsten Ebene wird ausgeführt, wie dies geschehen soll: Edom wird von seinen Bundesgenossen verraten und geplündert werden (B), Juda dagegen wird am Tag Jahwes Rettung finden und seinen Feind Edom richten (B'). Im Mittelpunkt steht das Unrecht Edoms, das es Juda gegenüber verübt hat: Dieses Unrecht ist der Grund für das Strafgericht (C), daher wird Edom gewarnt, erneut derartiges Unrecht zu verüben (C').

# 4.6 Botschaft des Buches

## 4.6.1 Gerichtsankündigung für Edom

Gott kündigt durch den Propheten Obadja das Gericht über Edom an. Ein Vergleich von V. 2 (»Ich werde dich gering machen unter den Völkern«) mit V. 18 (»Und das Haus Esau wird keinen Entronnenen haben«) erweckt den Eindruck, dass die Schilderung des Untergangs Edoms innerhalb des Buches zunehmend gesteigert wird. Sie beginnt mit der Aufforderung an die Völker zum Krieg gegen Edom (V. 1), kündigt den Sturz Edoms an (V. 2-4), seine Plünderung und Verwüstung (V. 5-6), seine Überwältigung durch Bundesgenossen (V. 7) und gipfelt in der Ankündigung der Ausrottung »von jedermann vom Gebirge Esaus« (V. 8-10; vgl. V. 18).

Gott will bei seinem Gericht über Edom das Vergeltungsprinzip anwenden. Edom war unbrüderlich gegenüber Juda, darum soll es von seinen Bundesgenossen enttäuscht werden. Esau übte Gewalttat an Juda, darum soll es gewaltsam ausgerottet werden. Edom wird davor gewarnt, die Flüchtlinge Jerusalems an die Feinde auszuliefern, am Tag des Herrn soll Edom selbst keine Entronnenen haben, usw. Das Gericht über Edom soll am »Tag Jahwes« vollzogen werden (V. 18.21). Das mit »Tag Jahwes« umschriebene Ereignis weist auf zeitgeschichtliche und endzeitliche Erfüllungen der Gerichtsbotschaft für Edom und der Heilsbotschaft an Israel hin (vgl. den Exkurs, S. 57ff).

Gott begründet durch den Propheten Obadja an mehreren Stellen des Buches sein Gerichtsurteil über Edom. Er bezichtigt es der falschen Selbstsicherheit und des Hochmuts (V. 3-4), der Gewalttat an seinem Brudervolk Juda (V. 10) und des tatenlosen und schadenfrohen Zusehens bei der Eroberung Judas und Jerusalems durch die Feinde (V. 11-14). Dabei entlarvt er

Edoms ambivalente Rolle, das von seiner Abstammung dem auserwählten Gottesvolk ganz nahe steht, sich aber immer wieder auf die Seite der Feinde Israels stellte. Die materialistische und ungöttliche Gesinnung Esaus (vgl. Hebr. 12,16f), der Gottes Erwählung und Segen hochmütig verachtete, setzt sich in der Gesinnung seiner Nachfahren, der Edomiter fort.

### 4.6.2 Warnung an Edom vor weiteren Freveltaten an Juda

Die Verse 12-14 enthalten eine achtfache Warnung an Edom, ihr unbrüderliches, schadenfrohes und gewalttätiges Verhalten bei einer künftigen Eroberung Judas und Jerusalems zu wiederholen. Damit wird unausgesprochen eine Chance zur Umkehr eingeräumt. Ob die Edomiter darauf eingingen, so wie die Bewohner von Ninive die Gerichtsbotschaft Jonas als Gelegenheit zur Buße nutzten, ist uns nicht bekannt. Da aber die Edomiter wie angekündigt vernichtet wurden, ist davon auszugehen, dass sie die Warnung missachteten.

### 4.6.3 Gerichtsankündigung an alle Völker

Nach Obadja 15f wird Gottes Gerichtsankündigung an Edom zum Muster für sein Gerichtshandeln an allen Völkern. Damit gewinnt die Botschaft des Buches Obadja eine Dimension, die über die Nation Edom hinausreicht. Gottes Maßstab im Völkergericht sind die Werke der Völker – ein Grundsatz, der im NT seine Entsprechung findet (vgl. Mt. 7,1; 25,40.45; Röm. 2,6; 1Petr. 1,17; Offb. 20,12) – insbesondere ihr Verhalten gegenüber Gottes auserwähltem Volk (Obadja 15f).

### 4.6.4 Heilsverheißung für Juda

Ab Obadja 17 schildert der Prophet das Heil, das am Tag Jahwes für Israel verwirklicht werden soll. Inmitten einer gerichtsreifen Völkerwelt (V. 15f) wird auf dem »Berg Zion«, d.h. in Jerusalem, »Rettung« sein, d.h. Bewahrung im Gericht. Der Zustand der Unantastbarkeit und Heiligkeit der Gottesstadt wird dann wiederhergestellt sein (V. 17a). Ein vereinigtes Israel wird erstmalig das verheißene Land voll und ganz besitzen (V. 17b-21a). Gruppen weggeführter Juden werden heimkehren und den Norden und Süden Israels besiedeln (V. 20).

Zielpunkt der Heilsprophetie Obadjas ist jedoch das Offenbarwerden der Königsherrschaft Jahwes an seinem Tag (V. 21b), die später, vor allem durch Jesaja, als Zeit des messianischen Friedensreiches beschrieben wird (vgl. Jes. 2,1-4; 4,2-6; 9,6; 11,1-16). Letztlich geht es also nicht um einen jüdischen Nationalismus, sondern um das Reich Gottes, das von Israel ausgehend die Welt erfassen soll.

## 4.7 Textüberlieferung

Obwohl der MT des Buches manchmal schwierig ist, bildet er die Grundlage der Auslegung. Sprachliche Unterschiede zwischen Obd. 1-5 und der Parallelstelle Jer. 49,9.14-16 rechtfertigen keine Textangleichung, sondern weisen darauf hin, dass Jeremia die Prophetie Obadjas eigenständig aktualisiert hat (siehe S. 251). An folgenden Stellen ist es für die Auslegung wichtig, abweichende Textzeugen zu prüfen: Obadja 7 (siehe S. 286); 10 (S. 293f); 11 (S. 297); 17 (S. 319); 19 (S. 325); 20 (S. 331); 21 (S. 337).

## 4.8 Exkurs: Die Geschichte Edoms aus biblischer Sicht

Da sich die Prophetie Obadjas stark auf Auseinandersetzungen Judas mit den Edomitern bezieht, soll jetzt ein kurzer Überblick über die Geschichte der Edomiter folgen.

### 4.8.1 Der Ursprung der Edomiter

Das Volk Edom war seinem Ursprung nach ein Brudervolk Israels. Beide Völker waren die Nachkommen der Zwillinge Esau und Jakob, die bereits im Mutterleib miteinander kämpften (1Mo. 25.23). Ihre Beziehungen blieben voller Spannungen. Esau verkaufte Jakob sein Erstgeburtsrecht für ein »rotes« Linsengericht und erhielt den Beinamen »Edom« (hebr. *'ādōm* »rot«; vgl. 1Mo. 25,29-34). Jakob erschlich sich den Erstgeburtssegen, indem er seinen greisen Vater Isaak betrog (1Mo. 27,1-29). Daraufhin musste er fliehen, weil Esau ihn umbringen wollte (1Mo. 27,41). Erst zwanzig Jahre später kam es zu einer formalen Versöhnung zwischen beiden (1Mo. 33,1-16). Isaaks Segensspruch über Esau prophezeit die Grundlinien der Geschichte der Nachkommen Edoms in ihrer Beziehung zu den Nachkommen Jakobs (1Mo. 27,39f). Jahrhunderte später weissagte Bileam, der Messias werde aus Juda kommen und Edom besitzen (4Mo. 24,18). Der Konflikt zwischen dem Bestreben Israels, Edom zu beherrschen, und dem Ringen Edoms um Unabhängigkeit wurde zum Hauptfaktor der spannungsreichen Beziehungen beider Völker.

Esau ließ sich mit seiner Familie auf dem Gebirge Seïr (hebr. *śē'îr* »haarig, rau«) nieder (1Mo. 36,6-8). Dort lebten als Ureinwohner die Horiter (1Mo. 36,20-30), die von den Nachkommen Edoms verdrängt und vernichtet wurden (5Mo. 2,12.21f). Schon bald bildeten die Nachkommen Esaus ein Königreich, das in viele Stämme gegliedert war, die von jeweils einem Stammesfürsten regiert wurden (1Mo. 36,15-19.31-43). Mit dem westlich der Araba beheimateten Nomadenvolk der Amalekiter, einem anderen Erzfeind Israels (2Mo. 17,14), waren die Edomiter genealogisch verwandt (1Mo. 36,12).

## 4.8.2 Die Spannungen zwischen Israel und Edom bis zur Zerstörung Jerusalems

Zur Zeit Moses weigerte sich Edom, Israel durch sein Gebiet ziehen zu lassen (4Mo. 20,14-21). Dennoch ermahnte Gott Israel durch Mose, Edom als Brudervolk nicht zu verabscheuen, sondern Nachkommen der dritten Generation in die Gemeinde Jahwes kommen zu lassen (vgl. 5Mo. 23,8f).

König Saul (1050-1010 v. Chr.) besiegte die feindlichen Edomiter (1Sam. 14,47). David erfuhr auf der Flucht vor König Saul die Feindseligkeit Doëgs, des Edomiters (1Sam. 21,8; 22,18). Als König David (1010-970 v. Chr.) später gegen die Aramäer kämpfte, fielen die Edomiter in Juda ein (vgl. Ps. 60). Von Abischai befehligt, schlug Davids Heer die Edomiter im Salztal, südlich des Toten Meeres, wobei insgesamt 18.000 edomitische Soldaten fielen (vgl. 2Sam. 8,13; 1Chr. 18,12). In Ps. 60,2 wird zusätzlich erwähnt, dass Joab bei dieser Schlacht für den Tod von 12.000 Edomitern verantwortlich war. Edom wurde daraufhin erobert und geplündert (1Chr. 18,11). Im Verlauf von sechs Monaten wurde alles Männliche in Edom ausgerottet (1Kön. 11,15f) und das ganze Land wurde von Davids Streitkräften besetzt (2Sam. 8,14; 1Chr. 18,13). Damals konnte Hadad, ein Edomiter aus königlichem Geschlecht, nach Ägypten fliehen und wurde später ein Widersacher des Königs Salomo (970-930 v. Chr.; vgl. 1Kön. 11,14-22). Salomo behielt seine Machtstellung über Edom und baute sich sogar in der edomitischen Hafenstadt Ezjon-Geber bei Elat eine Flotte (1Kön. 9,26; 2Chr. 8,17).

Bis zur Zeit des Königs Joschafat von Juda (873-848 v. Chr.) wurde Edom von Juda regiert (1Kön. 22,48). Zur Zeit des Königs Joram von Juda (853-841 v. Chr.) konnte sich Edom von der judäischen Oberherrschaft befreien, obwohl sein Angriff auf das Heer Judas scheiterte, und inthronisierte wieder einen eigenen König (2Kön. 8,20-22; 2Chr. 21,8-10). Die Inschrift der im Gebiet Moabs gefundenen Mescha-Stele gibt Zeugnis von einer vergleichbaren Revolte, die sich nach Ahabs Tod ereignete (874-853 v. Chr.; vgl. 2Kön. 1,1; 3,5): Der moabitische König Mescha berichtet, wie er das Joch Israels abschütteln und moabitische Städte wieder aufbauen konnte.

König Amazja von Juda (796-767 v. Chr.) schlug die Edomiter erneut im Salztal (2Kön. 14,7.10) und ließ zehntausend von ihnen vom Felsen stürzen (2Chr. 25,11-14). Das edomitische Elat, das durch seine Lage am Nordende des Golfes von Aqaba strategische Bedeutung hatte und Juda inzwischen verloren gegangen war, brachte König Asarja/Usija (790-740 v. Chr.), Amazjas Nachfolger, an Juda zurück (2Kön. 14,22). Aber schon unter König Ahas (735-715 v. Chr.) kam Elat zu Aram/Syrien, wurde allerdings von Edomitern bewohnt (2Kön. 16,6). Zur selben Zeit schlugen die Edomiter »abermals« (2Chr. 28,17) Juda und machten Gefangene.

Aus Ps. 137,7f geht hervor, dass die Edomiter dem babylonischen König Nebukadnezar (605-562 v. Chr.) den Rat gaben, Jerusalem bis auf den Grund zu zerstören (vgl. Hes. 35,5). Ob die darüber hinausgehende apokryphe Überlieferung in 3Esr.

4,45, dass die Edomiter den Tempel in Brand steckten, historisch zuverlässig ist, wissen wir nicht.

## 4.8.3 Der Untergang der Edomiter

### 4.8.3.1 Die Umsiedlung nach Idumäa und der Verlust des Stammlandes

Vielleicht deutet Jer. 13,19 an, dass Nebukadnezar II. im Jahr 598/7 v. Chr. das judäische Negev-Gebiet ab Hebron südwärts den Edomitern überließ. Jedenfalls erfahren wir aus Hes. 35,10ff und 36,5, dass die Edomiter nach der Wegführung Judas in die babylonische Gefangenschaft (586 v. Chr.) das entvölkerte judäische Land geplündert und zum Weideland gemacht hatten. Vermutlich übernahmen sie schon zu dieser Zeit den Süden Judas als neues Siedlungsgebiet.

Ihr altes Stammgebiet verließen sie aber nur allmählich. Dafür sprechen archäologische Untersuchungen Albrights (1941, S. 11-14), die ergeben haben, dass in der ersten Hälfte des 6. Jh. in der südedomitischen Stadt Ezjon-Geber noch überwiegend edomitische Namen verwendet wurden; erst im 5. Jh. wurden sie von arabischen Namen abgelöst. Während der Zeit des Perserreiches (ca. 539-334 v. Chr.) gab es nach Forschungen des Archäologen Nelson Glueck in Edom keine sesshafte Bevölkerung mehr (Allen, 1991, S. 131). Ursache dafür ist wohl ein Feldzug des babylonischen Königs Nabonid, den er um 552 v. Chr. gegen das Ostjordanland und Nordarabien unternahm. Dabei verwüstete er Edom und beendete das edomitische Königtum (Bartlett, 1989, S. 161). Auch der Prophet Maleachi bestätigt im 5. Jh. v. Chr., dass Edom verwüstet worden war (Mal. 1,2b-4).

Es ist anzunehmen, dass die Verwüstung Edoms eine edomitische Fluchtwelle in den Süden Judas auslöste. Jedenfalls teilt die apokryphe Schrift 3Esr. 4,50 mit, dass der persische König Darius I., durch dessen Befehl der angefangene Tempelbau in Jerusalem im Jahr 515 v. Chr. vollendet werden konnte, um eine Verfügung gebeten wurde, »dass die Idumäer die judäischen Ortschaften in ihrem Besitz zu räumen hätten«. Falls diese Angabe historisch zuverlässig ist, bestätigt sie die Anwesenheit der Edomiter in Judäa am Ende des 6. Jh. v. Chr. Vielleicht mussten die in ihrer Heimat verbliebenen Edomiter in der ersten Hälfte des 5. Jh. dem Druck nomadischer arabischer Stämme aus der syrischen Wüste weichen (Weippert, 1982, S. 296).

Fest steht, dass Judäa zur Zeit Nehemias (445-433 v. Chr.) im Süden nur noch bis Beth-Zur nördlich von Hebron reichte. Südlich davon begann das Siedlungsgebiet der Edomiter, das seit dem Ende des 4. Jh. v. Chr. den von Edom abgeleiteten griechischen Namen Idumäa erhielt. Das frühere Edom aber kam bis zu dieser Zeit fest unter die Herrschaft des arabischen Stammes der Nabatäer. Diese waren nach Knauf (1986, S. 74-86) ein Teil des arabischen Stammes Kedar (1Mo. 25,13); sie sind aber nicht mit dem arabischen Stamm Nebajot (1Mo. 25,13; 28,9; 36,3) gleichzusetzen. Auf alle Fälle waren die Nabatäer Nachkommen Ismaels; sie unterhielten feste Handelsbeziehungen mit den Weihrauchländern Südarabiens. Nach dem Bericht des antiken griechischen Geschichtsschreibers Diodorus Siculus (19.95) verteidigten die Nabatäer im Jahr 312 v. Chr. erfolgreich ihre im Zentrum des früheren Edom gelegene Hauptstadt Petra gegen den Angriff Antigonus des Einäugigen, eines Feldherrn Alexanders des Großen (Graf, 1992, S. 970). Im NT wird der Nabatäerkönig Aretas IV. erwähnt, der Damaskus bewachen ließ, als Saulus nach seiner Bekehrung die

Stadt heimlich verließ (2Kor. 11,32). Heute sind die Nabatäer vor allem als die Bauherren von Petra berühmt.

#### 4.8.3.2 Die Unterwerfung durch die Makkabäer und Hasmonäer

Um 165 v. Chr. unterwarf Judas Makkabäus die Idumäer. 1Makk. 5,65 berichtet: »Judas zog dann mit seinen Brüdern ins Feld, um die Nachkommen Esaus im südlichen Teile des Landes zu bekriegen. Er nahm Hebron mit den zugehörigen Ortschaften ein, schleifte die Festungswerke der Stadt und verbrannte ihre Türme ringsum« (Menge-Übersetzung). Der Hohepriester und Hasmonäerfürst Johannes Hyrkanos I. (134-104 v. Chr.) gliederte die Idumäer durch Zwangsbeschneidung dem jüdischen Volk ein. Darüber berichtet Flavius Josephus *(Jüdische Altertümer,* XIII 9,1): »Hyrkanus eroberte ferner in Idumäa die Städte Adora und Marissa und unterwarf alle Idumäer, gestattete ihnen aber, im Lande zu bleiben, wenn sie die Beschneidung einführen und nach jüdischen Gesetzen leben wollten. Wirklich nahmen sie auch aus Liebe zu ihrer Heimat die Beschneidung wie die übrigen Gewohnheiten der Juden an und waren also von dieser Zeit an ebenfalls Juden.«

Das herodianische Königshaus und damit auch Herodes der Große, der u.a. den Kindermord in Bethlehem verursachte, war idumäischer Abstammung. Auch Judas »Iskarioth« (d.h. Mann von Karioth) war ein Idumäer, wenn sein Heimatort Karioth im Siedlungsgebiet der Idumäer südlich von Hebron lag. Dann hat Edoms Hass gegen Israel möglicherweise seinen letzten Höhepunkt im Mordversuch Herodes' und im Verrat Judas' gefunden.

### 4.8.3.3 Die Vernichtung durch die Römer

Die Idumäer schlossen sich im Jahr 70 n. Chr. dem jüdischen Aufstand gegen Rom an, wüteten zusammen mit den Zeloten in Jerusalem und wurden schließlich bis auf wenige, die fliehen konnten, von dem römischen General Titus vernichtet (Flavius Josephus, *Der jüdische Krieg,* IV 4-5; V 6,1; VI 8,2).

# 5 Kommentar zum Buch Obadja

## 5.1 Überschrift: Obadja verkündigt, was Gott ihm offenbarte (1a)

### 5.1.1 Übersetzung

*1 a Wortoffenbarung an Obadja*

### 5.1.2 Auslegung

Das mit »Wortoffenbarung« wiedergegebene hebr. Wort *chāzôn* wird an anderen Stellen des AT oft mit »Gesicht« oder »Vision« übersetzt. Es ist von dem Zeitwort *chāzāh* (»schauen«) abgeleitet, auf das auch der Begriff *chōzäh* (»Seher, Prophet«) zurückzuführen ist. Der Begriff spielt auf die Offenbarungserlebnisse der Propheten an, bei denen sie empfänglich wurden für akustische (vgl. 1Sam. 3,10; Jes. 40,3.6; Jer. 15,16) und visuelle (vgl. 4Mo. 24,15ff; Jes. 6,1ff; Offb. 1,10f) Eindrücke der Welt Gottes (vgl. Wolff, 1987, S. 25ff).

Dieses Wort bezeichnet an manchen Stellen des AT eine visuell wahrgenommene prophetische Offenbarung (z.B. Dan. 8,1ff). Daneben wird das Wort aber auch in Zusammenhängen verwendet, in denen nichts von visuellen Wahrnehmungen des Propheten berichtet wird, so etwa in Hos. 12,11; Nah. 1,1 oder Hab. 2,2f. An solchen Stellen empfiehlt sich daher die allgemeinere Übersetzung »Wortoffenbarung« (vgl. 1Sam. 3,1). Das gilt auch für Obd. 1a, denn der Prophet beschreibt den Untergang Edoms und den Tag Jahwes zwar sehr anschaulich, deutet aber nirgends an, empfangene Bilder wiederzugeben. Vielmehr bezieht sich Obadja fünfmal ausdrücklich auf göttlich geoffenbarte Worte: »So spricht der Herr Jahwe« (V. 1); »Eine Kunde haben wir von Jahwe gehört« (V. 1); »... ist der Ausspruch Jahwes« (V. 4 und V. 8); »Denn Jahwe hat geredet« (V. 18). Mit solchen Formulierungen betont Obadja ausdrücklich den göttlichen Ursprung seiner Botschaft. Denn nicht jedes Gesicht und jede Wortoffenbarung alttestamentlicher Zeit war göttlichen Ursprungs; falsche Propheten redeten von ihren Träumen, die in Wirklichkeit Einbildungen ihres Herzens waren (Jer. 23,16.26; Hes. 13,6ff), und sprachen Heilsankündigung für Israel aus (z.B. 1Kön. 22,12f; Jer. 28,1-17), die lediglich ihrem eigenen Willen entsprangen (vgl. Wolff, 1987, S. 33).

Neben der Art und dem Ursprung der Prophetie macht die Überschrift außerdem deutlich, an wen die Wortoffenbarung ergangen ist, nämlich an Obadja. Das AT erwähnt zahlreiche Träger des Namens **Obadja** (vgl. S. 254). Der hebr. Name bedeutet »einer, der Jahwe verehrt« bzw. »einer, der Jahwe dient« (vgl. Allen, 1976, S. 144). Die griechische Übersetzung der LXX überliefert die Namensform Abdias, d.h. »Knecht Jahwes«.

Das Buch Obadja ist nicht nur das kürzeste prophetische Buch des AT, auch die Überschrift, die im Grundtext nur aus zwei Wörtern besteht, ist die kürzeste Überschrift aller prophetischen Bücher. Sie stellt folgende Aussagen an den Anfang: Das Buch ist die Niederschrift einer göttlichen Wortoffenbarung. Empfänger, Verkündiger und Schreiber dieser Wortoffenbarung war Obadja, ein Prophet, der seinen Zeitgenossen nicht näher vorgestellt werden musste, weil er offenbar allen bekannt war.

## 5.2 Jahwe will Edom klein machen unter den Völkern und von seiner Höhe stürzen (1b-4)

### 5.2.1 Übersetzung

*1b. So spricht der Herr Jahwe über Edom. Eine Kunde haben wir gehört von Jahwe und ein Bote ist zu den Völkern gesandt: »Macht euch auf, wir wollen uns gegen Edom (wörtlich: »gegen es«) zum Krieg erheben!« 2. Gib acht, ich werde dich klein machen unter den Völkern, sehr verachtet wirst du sein. 3. Der Übermut deines Herzens hat dich getäuscht, der in Felsenklüften wohnt, auf der Höhe seines Wohnsitzes, der in seinem Herzen spricht: »Wer kann mich zur Erde hinabstürzen?« 4. Wenn du auch so hoch bautest wie der Adler, ja, wenn du deinen Horst zwischen die Sterne setztest, so werde ich dich doch von dort hinabstürzen, ist der Ausspruch Jahwes.*

### 5.2.2 Struktur

Der symmetrische Aufbau betont den in den Mittelpunkt gestellten Hochmut Edoms, der sich gegenüber Gottes Plan mit diesem Volk als Selbstbetrug herausstellen wird (C). Denn Gott selbst wird Edom beschämen und stürzen (B, B'). Dem Selbstbetrug Edoms steht die autoritative Aussage Jahwes gegenüber (A, A'), die als äußerer Rahmen dafür garantiert, dass sein Urteil über Edom ganz sicher ausgeführt wird.

A Der Herr Jahwe spricht über Edom (V. 1b)
B Gott will Edom in der Völkerwelt klein machen (V. 1c.2)
C Edoms übermütiges Reden ist Selbstbetrug (V. 3)
B' Gott will Edom stürzen (V. 4a)
A' Jahwe hat gesprochen (V. 4b)

## 5.2.3 Auslegung

### 5.2.3.1 Einleitung der Prophetie: Der Herr Jahwe spricht über Edom (1b)

Mit einer Botenformel, die man im AT häufig findet (vgl. Westermann, 1964, S. 70ff), eröffnet Obadja seine Prophetie: **So spricht der Herr Jahwe über Edom.** Bei so übermittelten Botschaften kann es sich um menschliche Absender (vgl. 1Mo. 32,5) oder um Botschaften Gottes durch einen Propheten handeln (z.B. 2Mo. 4,22; 1Sam. 2,27; 2Sam. 12,7.11). Besonders häufig findet sich die von Obadja verwendete Botenformel bei den Schriftpropheten als Einführung göttlicher Rede (z.B. Jes. 29,22; Jer. 2,2.5; Hes. 2,4; Am. 1,3-13; Mi. 2,3). Bei der hier verwendeten hebr. Form des »prophetischen Perfekts« fallen zwei Aspekte zusammen: Der Prophet bezeugt, dass Gott ihm die Worte, die er jetzt mitteilen möchte, zu einem früheren Zeitpunkt offenbart hat, und dass er in den Worten des Propheten selbst zu Wort kommen will.

Wolff (1975, S. 15) ist der Meinung, dass die göttliche Botschaft, die Obadja mit der Botenformel einleitet, erst in V. 2 beginnt. Auf den Einwand, dass sich die Botschaft Gottes aber in der Regel unmittelbar an die Botenformel anschließt, antwortet er, die Formel sei in Obd. 1 durch ein Versehen der Abschreiber vom Versende an den Anfang von V. 1b geraten. Diese Hypothese überzeugt nicht, da sich eine vom MT abweichende Textanordnung in V. 1 durch keine Textzeugen belegen lässt. Auch die Luther- (1984) und die Elberfelder Bibel (1985) deuten durch Gedankenstriche an, dass sie V. 2 als die eigentliche Fortsetzung der Worte: »So spricht der Herr Jahwe über Edom« verstehen. Der dazwischen liegende Satzteil erscheint dadurch als Einschub. Es ist jedoch unwahrscheinlich, dass Obadja sein Buch mit einer unterbrochenen Satzkonstruktion begonnen hat, zumal der Inhalt des angeblichen Einschubs keine untergeordneten Nebengedanken, sondern Hauptgedanken des Buches sind (vgl. Keil, 1985, S. 254). Daher verstehen wir Obadjas Worte »So spricht der Herr Jahwe über Edom« als Einleitung der gesamten Prophetie des Buches. Alle Aussagen, die sich der Botenformel anschließen, sind nicht Obadjas eigene Worte, sondern Gottes Worte über Edom.

Obadja verwendet eine doppelte Benennung für Gott: **Herr** (hebr. *'ădōnāj)* und **Jahwe**. Die erste Bezeichnung ist ein ausschließlich für Gott verwendeter Ehrentitel. Er betont einerseits den Anspruch Gottes auf seinen Boten Obadja, andererseits Gottes souveräne Herrschaft über die ganze Welt, die Völker und ihre Geschichte. Der Gottesname Jahwe bedeutet wahrscheinlich »Er ist da« oder »Er bringt ins Dasein« (Freedman/O'Connor, 1992, Sp. 533ff) und hebt Gottes Bund mit Israel hervor (vgl. 2Mo. 3,13ff). Mit der Zusammenstellung beider Benennungen am Anfang des Buches betont Obadja auch beide Aspekte: Gottes richtende Allmacht über Edom bzw. die Völkerwelt und Gottes Heil für sein auserwähltes Bundesvolk.

Die durch Obadja verkündigte Gottesbotschaft ergeht über **Edom**, das in V. 2-16 direkt und danach indirekt angeredet wird. Ab V. 15 erweist sich Edom als Repräsentant der Völkerwelt in seiner Beziehung zum Gottesvolk. Somit ist die Gerichtsankündigung über Edom und die Völker in V. 1-16 ein indirektes und in V. 17-21 ein direktes Verheißungswort für Israel; neben Edom ist Juda in gleicher Weise Adressat der Prophetie Edoms. Darum verkündigt Obadja seine Prophetie über Edom mit gutem Grund in Juda. Ob ein Bote sie nach Edom brachte, so wie ein Bote unter die Völker entsandt wurde (vgl. V. 1 vgl. S. 268), ist ungewiss. Der Name Edom bezeichnet das Volk und das Land südlich des Toten Meeres, vor allem östlich des Araba-Grabens einschließlich der Hochebene (ca. 1200 bis 1500 m). Die Edomiter stammten von Esau ab, dem Zwillingsbruder Jakobs, des Stammvaters des Volkes Israel. Der hebräische Name Edom bedeutet »rot«, was nach atl. Sprachgebrauch die Farbtöne von hellgelb über rot bis dunkelbraun umfasst (Wolff, 1975, S. 27). Esau erhielt diesen Beinamen wegen seines rötlichen Aussehens nach der Geburt (1Mo. 25,25) und wegen der rötlichen Linsen (1Mo. 25,30), für die Esau sein Erstgeburtsrecht an Jakob verkaufte. Vgl. näheres zur Geschichte Edoms in der Einleitung, S. 260ff.

Auffällig ist die Tatsache, dass Obadja, soweit wir wissen, nicht nach Edom gesandt wurde; dennoch hatte er eine göttliche Botschaft an die Edomiter. Zwei Merkmale des Verhaltens Gottes zu Israel und den Völkern sind hier grundlegend: Erstens ist der Gott Israels auch Herr über die Völkerwelt (vgl. 1Mo. 18,25; Esr. 1,2; Jes. 49,7; Jer. 10,7; Dan. 2,21; Mal. 1,11). Er hat sein auserwähltes Volk dazu berufen, sein Bote in dieser Welt zu sein (Jes. 42,19; 49,6) und immer wieder seine Autorität als Herrscher und Richter über alle Völker der Welt geltend zu machen (vgl. z.B. Jer. 1,10; Joel 4,9ff; Am. 1,2-2,3). Und zweitens entscheidet die Haltung eines Volkes gegenüber Abraham und seinen Nachkommen über Segen oder Fluch (1Mo. 12,1-3).

### 5.2.3.2 Gott will Edom in der Völkerwelt klein machen (1c–2)

Mit der **von Jahwe** gehörten Kunde könnte Obadja an ein älteres Prophetenwort erinnern (so Wolff, 1975, S. 27) oder sich auf die Stunde beziehen, in der er selbst von Gott prophetische Offenbarung empfing. Der Ausdruck »von Jahwe« spricht dafür, dass Obadja selbst Gottes Stimme gehört hat, die ihm die prophetische Botschaft offenbarte. Auf ähnliche Weise wird auch sonst im AT vom Empfang prophetischer Offenbarung gesprochen (vgl. z.B. 1Sam. 3,9f; Jes. 6,8ff; 40,3.6).

Das hebräische Wort *schəmû'āh* (»**Kunde**«, wörtlich »Gehörtes«) ist eine Ableitung des Verbs *schāma'* (»hören«). Es bedeutet eine Botschaft, die gehört und dann anderen zu Gehör gebracht wird (vgl. z.B. Jes. 53,1). Genauso geschieht es bei der Prophetie Obadjas: Er hat seine Botschaft von Gott gehört, das Volk hört sie daraufhin von ihm. Warum aber schreibt Obadja: »Eine Kunde **haben *wir* gehört** von Jahwe«? Jeremia weicht in seiner fast wörtlichen Parallele zu Obd. 1-5 an dieser Stelle von Obadja ab (vgl. Einleitung. S.251). In Jer. 49,14 heißt es: »Eine Kunde habe *ich* von Jahwe gehört.« Da die Pluralform »wir« bei Obadja schwieriger zu verstehen ist als die Singularform »ich« bei Jeremia, ist eine literarische Abhängigkeit Obadjas von Jeremia sehr unwahrscheinlich. Vermutlich deutet Obadja mit seiner Formulierung an, dass nicht nur er, sondern das ganze Volk Juda Empfänger der Botschaft Gottes ist. Nachdem er sie als Prophet zuerst vernommen hat, sollte er sie nicht für sich behalten, sondern dem Volk Gottes weitergeben. In diesem Sinne hat auch Juda »eine Kunde gehört... von Jahwe«.

Neben Obadja und Juda sollten noch andere diese Botschaft hören, daher ist **ein Bote... zu den Völkern gesandt**. Gott will diese Völker als Werkzeuge seines Gerichts an Edom benutzen, für das sie ein Bote unter den Völkern zum Kampf gegen Edom aufrufen soll. Die hebr. Zeitform lässt offen, ob dieser Bote bereits ausgesandt wurde, als Obadja seine Botschaft empfing, oder ob hier prophetisch auf ein künftiges Geschehen hingewiesen wird. Boten, denen die Ausrichtung einer prophetischen Botschaft an fremde Völker aufgetragen wurde, werden ausdrücklich in Jes. 18,2; Jer. 27,3ff und Hes. 30,9 erwähnt. Ein uns namentlich bekannter Völkerbote, der nach Ninive gesandt wurde, ist der Prophet Jona. Diese Linie setzt sich bis ins NT fort: Jesus Christus sandte Boten mit seiner Heilsbotschaft unter alle Völker (Mt. 28,19; Mk. 16,15; Lk. 24,47; Apg. 1,8; 9,15).

Der Inhalt der Botschaft Gottes an die Völker lautet: **Macht euch auf, wir wollen uns gegen Edom zum Krieg erheben!** Edom wird im Grundtext nicht wörtlich genannt, sondern nur angedeutet (»gegen *es*«). Nur weil Edom am Anfang von V. 1 genannt wird, ist klar, wer hier mit »es« gemeint ist. Das bestätigt, die literarische Einheit dieses Verses in der überlieferten Anordnung des Textes, entgegen Wolfs Ansicht, die Botenformel gehöre an das Ende von V. 1. Auffällig ist, dass Obadja an dieser Stelle mit einer femininen Endung (wörtlich: »gegen *sie*«) auf Edom Bezug nimmt. Wolff (1975, S .16) weist darauf hin, dass Edom als Femininum das *Land* bezeichnet (wie z.B. in Jer. 49,17; Hes. 25,13; Mal. 1,4), als Maskulinum das *Volk* (wie sonst in Obd.). Beim Aufruf gegen Edom ist also das *Land* Edom im Blickfeld.

In der Aufforderung »**wir wollen uns... erheben**« schließt sich Gott mit den Völkern zusammen. Er selbst will den Krieg gegen Edom anführen (vgl. Joel 2,11). Nach atl. Prophetie hat Gott im Lauf der Geschichte immer wieder die Völker dieser Welt als Gerichtswerkzeuge gegen Israel und andere Völker benutzt (vgl. 1Chr. 5,26; 2Chr. 21,16; Jes. 7,18.20; Jer. 21,5-7;

Hab. 1,5-11), ungeachtet dessen, ob sie sich dessen bewusst waren oder nicht (vgl. Esr. 1,1f mit Jes. 45,5). Obwohl Krieg und Blutvergießen eigentlich Symptome der seit dem Sündenfall zerbrochenen Gemeinschaft zwischen Gott und Menschen und damit Gott letztlich nicht wohlgefällig sind (1Mo. 6,11ff; Ps. 46,10), gebraucht sie der souveräne Richter der ganzen Welt (1Mo. 18,25) neben anderem Unheil wie Naturkatastrophen, Hungersnöten, Krankheiten und Kriegen als seine Erzichungsmittel (vgl. 2Sam. 24,13; Hes. 14,21). Dennoch fordert er Rechenschaft von den Völkern, deren Kriegführung er zuvor als Rute benutzt hat, wenn sie das von Gott festgelegte Maß überschreiten (Jes. 10,5f.12ff). Gottes letztes Ziel mit der Völkerwelt ist das messianische Reich des Friedens und der Gerechtigkeit, in dem die Völker ihre Waffen zu Pflugscharen umschmieden und Kriegführung nicht mehr zu lernen brauchen (Jes. 2,4; Hos. 2,20; Mi. 4,3; Sach. 9,10).

Erfüllt hat sich der prophetische Aufruf an die Völker zum Krieg gegen das Land Edom, als der babylonische König Nabonid um 552 v. Chr. Edom eroberte und dessen Königtum beendete und die Edomiter dann allmählich ihr Stammland verloren. Dies geschah vermutlich im 5. Jh. v. Chr. durch arabische Nomaden und spätestens im 4. Jh. v. Chr. durch die Nabatäer.

Mit den Worten »**Gib Acht, ich werde dich klein machen unter den Völkern, sehr verachtet wirst du sein**« redet Gott in V. 2 das ganze Volk Edoms mit »du« an. Die direkte Anrede setzt sich bis V. 16 fort. Formell ist also Edom Adressat der Prophetie Obadjas (vgl. S. 255). »Gib acht« (oder »siehe«) soll die Aufmerksamkeit auf etwas Bedeutsames lenken. Gott kündigt an, dass er Edom »klein machen« will »unter den Völkern«. Dabei kann an eine zahlenmäßige Dezimierung der Einwohner aufgrund von Kriegsverlusten gedacht werden; der Vers hebt aber noch einen anderen Aspekt hervor: Edom soll in Zukunft sehr verachtet sein, es soll eine unbedeutende Rolle spielen, politisch, wirtschaftlich und militärisch bedeutungslos und schwach sein (vgl. zum vielfältigen Gebrauch von »klein« etwa Dan. 8,9: »noch klein«; Am. 7,2.5: »schwach«; Mi. 5,1: »unbedeutend«). Wie der ganze Zusammenhang zeigt, will Gott Edom durch den Angriff anderer Völker gering machen. Damit führt V. 2 das in V. 1 genannte Stichwort »Krieg gegen Edom« fort. Wie oben ausgeführt (siehe Einleitung, S. 263), begann sich diese Gerichtsankündigung ab der Mitte des 6. Jh. v. Chr. an Edom zu erfüllen.

Im Grundtext heißt es wörtlich »klein habe ich dich gemacht«. In dem hier gebrauchten »prophetischen Perfekt« kündigt Gott durch Obadja an, was bei ihm schon feststeht, obwohl die geschichtliche Verwirklichung noch zukünftig ist (vgl. Jes. 41,26f; 42,9; 46,10). Als der Herr der Geschichte lässt Gott Völker aufkommen, aber er bestimmt auch ihren Untergang. Er verleiht den Völkern militärische, politische, wirtschaftliche und kulturelle Größe, aber er kann sie ihnen auch wieder nehmen (vgl. Dan. 2,38f; 4,14.22). Gott handelt als Richter der Völker (z.B. 1Mo. 18,25; Ps. 7,9; 9,5), indem er sein Gerichtsurteil über Edom fällt und es durch später eintretende geschichtliche Ereignisse vollstreckt (vgl. Obadja 1-10).

### 5.2.3.3 Edoms hochmütiges Reden ist Selbstbetrug (3)

Der Grund für Gottes Urteil über Edom ist der **Übermut** seines **Herzens**, mit dem es sich selbst **getäuscht** hat. Das hebräische Wort *zādôn* (»Übermut«) bedeutet eigentlich »Aufwallen, Überwallen«. Derselbe Wortstamm bezeichnet in 1Mo.

25,29 das »Kochen« der Linsen, die Esau, der Stammvater der Edomiter, seinem Erstgeburtsrecht vorzog. Möglicherweise spielt Obadja mit einem Wortspiel bewusst darauf an. Das Herz ist nach biblischem Sprachgebrauch die Mitte der Persönlichkeit. Es ist die Quelle der Gedanken, Einstellungen und Entscheidungen des Menschen (vgl. 1Mo. 6,5; 8,21; Spr. 4,23; 6,18; ferner Mt. 15,18f). Gott liebt ein Herz, das auf ihn vertraut (Ps. 112,1.7b), d.h. eine Lebenseinstellung der vertrauensvollen Abhängigkeit von Gott. Edom aber hat ein »überwallendes Herz«, ihm fehlt also diese vertrauensvolle Abhängigkeit von Gott. Sein übersteigertes Selbstgefühl führt zur Selbsttäuschung. Edom macht sich selbst etwas vor, so wie die Schlange im Garten Eden Eva etwas vormachte (vgl. 1Mo. 3,13).

Der Anlass für Edoms Übermut ist seine vermeintliche Sicherheit vor Feinden. Denn Edom **wohnt in Felsenklüften, auf der Höhe seines Wohnsitzes.** Die Felsen des Gebirges Seïr waren seit Esaus Zeiten der Aufenthaltsort der Edomiter (1Mo. 36,8f). Versteckt zwischen engen Felsenwänden und unerreichbar auf felsigen Höhen fühlte sich Edom uneinnehmbar. Zugleich könnte im hebr. Text eine Anspielung auf die zeitweilige edomitische Hauptstadt Sela (»Fels«, vgl. Ri. 1,36) enthalten sein. Dann wäre zu übersetzen: »Der in den Klüften von Sela wohnt, auf der Höhe seines Wohnsitzes«.

Eusebius *(Onomastikon,* 142,7-8) identifiziert Sela in Ri. 1,36 mit Petra, der späteren nabatäischen Hauptstadt; schon die LXX und die Vulgata lesen in 2Kön. 14,7 »und er nahm Petra im Kampf ein«. Nach dem Archäologen Worschech ist das edomitische Sela aber nicht mit dem Tafelberg *Umm el-Biyāra* in Petra identisch, da dieses wahrscheinlich erst ab 700 v. Chr. besiedelt war, sondern mit einem bereits ab dem 10. Jh. v. Chr. besiedelten Tafelberg im Norden Edoms, ca. 4 km nordwestlich von Bozra. Die nach allen Seiten steil abfallende Felsformation passt zu dem in 2Chr. 25,11f geschilderten Herabstürzen von 10.000 Edomitern durch Amazja. Die Ruinen des Berges und das gegenüberliegende Dorf tragen noch heute den Namen *es-Sela* (Worschech, 1991, S. 170f).

In seinem von Selbstsicherheit bestimmten Denken stellt sich Edom **in seinem Herzen**, d.h. gedanklich (vgl. 1Mo. 17,17), die Frage: **Wer kann mich zur Erde hinabstürzen?** Dabei ist zunächst an die hochgelegenen Felsenwohnungen Edoms gedacht, dann aber auch im übertragenen Sinn an den Hochmut angesichts seiner vermeintlichen Uneinnehmbarkeit. Die unausgesprochene Antwort auf die rhetorische Frage muss nach Edoms Meinung natürlich »Niemand!« lauten. Gottes angekündigtes Gericht entlarvt jedoch die Selbstsicherheit Edoms als Selbstbetrug. Die Aussage Edoms (V. 3) steht der Aussage Gottes (V. 1 und V. 4) gegenüber. Obadja verwendet für »so spricht der Herr« in V. 1 und für **der in seinem Herzen spricht** in V. 3 dasselbe hebr. Verb *'āmar* (»sagen, sprechen«). Durch dieses stilistische Mittel wird folgender Gedanke ausgedrückt: Mag Edom in seinem Hochmut *sagen* was es will – was Gott *sagt*, das geschieht! (Vergleiche das Strukturbild zum Abschnitt V. 1b-4, S. 270).

## 5.2.3.4 Gott will Edom stürzen – so hat er geredet (4)

Vers 4 enthält Gottes Antwort auf das überhebliche Reden Edoms. Das Bildwort vom Adler und dessen Horst, der zwischen die Sterne gesetzt ist, bezieht sich einerseits auf eine hochgelegene Wohnlage, die gut zu den geographischen Verhältnissen Edoms, besonders Selas, passt, andererseits auf die in sich geschlossene und eng zusammengefügte Bauweise, die für die eisenzeitlichen Siedlungen im Ostjordanland bezeichnend ist (Worschech, 1991, S. 65).

Das übertreibende Bildwort eines Adlernestes, das zwischen die Sterne gesetzt ist, beschreibt die denkbar extremste Selbstüberschätzung Edoms. Auch an anderen Stellen des AT erscheint das Bestreben des Menschen, sich bis zum Himmel und über die Sterne zu erheben, als bildhafter Ausdruck für die gegen Gott gerichtete Vermessenheit des Menschen (vgl. 1Mo. 11,4; Jes. 14,13; Dan. 8,10). Obadja will dagegen verdeutlichen, dass es gleichgültig ist, zu welcher Höhe sich Edom erhebt, Gottes Demütigung kann es keinesfalls entkommen. Auch die Keniter, denen Bileam seine Verwüstung und Wegführung in die assyrische Gefangenschaft prophezeite, konnten sich der nationalen Vernichtung nicht durch einen hochgelegenen Wohnort entziehen (4Mo. 24,21f).

Der angekündigte Sturz Edoms begann sich schon einige Jahrzehnte nach Obadjas Prophetie zu erfüllen. König Amazja von Juda (796-767 v. Chr.) ließ 10.000 Edomiter von einem hohen Felsen – vielleicht in der Stadt Sela (vgl. die Auslegung zu V. 3) – zu Tode stürzen (2Chr. 25,12). Wie der Fortgang der Prophetie Obadjas zeigt, bedeutet der angekündigte »Sturz« Edoms darüber hinaus seine Demütigung durch feindliche Verwüstung (V. 5), Plünderung (V. 5f) und Vertreibung (V. 7). Hier bewahrheitet sich Gottes Grundsatz, dass Hochmut vor dem Fall kommt (vgl. Spr. 16,18; 18,12; 29,23). Die Bibel bezeugt häufig, dass Gott den Hoffärtigen demütigt (1Sam. 2,3-7; Hiob 22,29; Ps. 147,6; Jes. 2,11f; 13,11; Dan. 4,34; Mt. 23,12).

Der Abschnitt V. 1b-4 schließt mit dem Hinweis, dass dies der Ausspruch Jahwes sei. Diese Formel weist darauf hin, dass der Prophet als Bote Jahwes, des Bundesgottes Israels redet. Wenn Gott in V. 2. 4 und 8 von seinem Handeln in der ersten Person redet (V. 2. 4: »Ich werde dich klein machen« und »Ich werde dich hinabstürzen«; V. 8: »Werde ich nicht ... die Weisen vertilgen?«), wird an beiden Stellen mit der nachgestellten oder eingeschobenen Wendung »**Ist der Ausspruch Jahwes**« darauf hingewiesen, dass mit dem göttlichen »Ich«, nicht das »Ich« des Propheten gemeint ist. Obadja ist nur Jahwes Sprecher und hat mitzuteilen, was ihm Gott offenbarte.

## 5.3 Edom soll geplündert und von falschen Bundesgenossen vertrieben werden (5-7)

### 5.3.1 Übersetzung

*5. Wenn Diebe über dich kommen, wenn nächtliche Verwüster – wie bist du vernichtet! – werden sie nicht stehlen, bis sie genug haben? Wenn Winzer über dich kommen, werden sie nicht eine Nachlese übrig lassen? 6. Wie sind die von Esau durchsucht, sind durchstöbert seine verborgenen Schätze! 7. Bis an die Grenze werden dich vertreiben alle deine Bundesgenossen; deine Freunde werden dich überwältigen, dich besiegen; die dein Brot essen (oder: liefern), werden einen Fallstrick unter dir legen – es gibt keine Unterscheidungsfähigkeit bei ihm.*

### 5.3.2 Struktur

Dieser Abschnitt ist von zahlreichen Bildworten bzw. bildreichen Beschreibungen geprägt. Das verhältnismäßig maßvolle Verhalten der Diebe bzw. Verwüster und der Winzer unterscheidet sich vom absoluten Gericht Gottes (A). Danach wird in der Beschreibung der Vertreibung, Überwältigung und des Fallstricklegens durch falsche Freunde, dieses Gericht weiter ausgeführt (A').

A Ein dreifaches Bildwort: Edom soll geplündert und verwüstet werden (V. 5f)
A' Eine dreifache Umschreibung falscher Freunde: Edom soll durch List vertrieben und überwältigt werden (V. 7)

## 5.3.3 Auslegung

### 5.3.3.1 Edom soll geplündert und verwüstet werden (5f)

Die Bildworte von den Dieben bzw. Verwüstern und Winzern bilden einen Kontrast zu der von Gott angekündigten restlosen Vernichtung Edoms. **Diebe** und **nächtliche Verwüster**, die gewaltsam einbrechen, rauben, bis sie genug haben. Ein ähnliches Prinzip gilt in der Landwirtschaft für die **Winzer**. Sie lassen bei der Weinernte eine **Nachlese** übrig. Nun aber soll Edom nicht nur des Wertvollsten beraubt, sondern restlos geplündert, ja völlig vernichtet werden. Wenn man Edom mit einem Weinberg gleichsetzen würde, bliebe nicht einmal genug für eine Nachlese übrig, wie sie im mosaischen Gesetz für Israel vorgeschrieben war (vgl. 3Mo. 19,9f; 23,22; 5Mo. 24,19-22). Obadja hebt die Aussage des Bildwortes stilistisch besonders hervor, indem er sie als rhetorische Frage formuliert, auf die eine zustimmende Antwort erwartet wird.

Die Erwähnung nächtlicher Verwüster veranlasst Obadja, in innerer Erregung seine bildhafte Beschreibung mit dem prophetischen Ausruf »**Wie bist du vernichtet!**« zu unterbrechen. Seine Gedanken überstürzen sich. »Wie!« leitet öfter in den prophetischen Büchern eine Klage ein (vgl. z.B. Jer. 2,21: über die Untreue Israels; Kla. 1,1: über den Fall Jerusalems). Wie in dem Spottlied aus Jes. 14,4.12, das die Klage über den Fall des Königs von Babel zum Inhalt hat, beklagt Obadja in V. 5 auf ironische Weise die bevorstehende Vernichtung Edoms. Der

Ausdruck »vernichtet« geht dabei über die Aussage der Plünderung und Vertreibung in V. 5f hinaus und weist schon auf V. 9 hin. Mit der Verwendung des »prophetischen Perfekts« wird gezeigt, dass aus Gottes Perspektive betrachtet der Untergang Edoms schon eingetreten ist, obwohl er zur Zeit Obadjas noch geschichtliche Zukunft war.

Mit dem zweiten »Wie!« setzt Obadja in V. 6 die Klage über Edom fort: **Wie sind die von Esau durchsucht, sind durchstöbert seine verborgenen Schätze!** In dieser Klage stellt Obadja das Ergebnis der in den Bildworten beschriebenen Plünderung Edoms fest. Der hebr. Text hebt hervor, dass sowohl jeder einzelne Bewohner Edoms als auch das ganze edomitische Volk davon betroffen ist, indem er den Namen Esau im ersten Teilsatz mit einer Verbform im Plural (wörtlich: »Wie *sind* Esau durchsucht«) und im zweiten Teilsatz mit einem Pronomen im Singular (»*seine* verborgenen Schätze«) verbindet. Der Name Esau (»behaart«), der an dieser Stelle zum ersten Mal erscheint, steht für das von Jakobs Bruder abstammende Volk der Edomiter. Die Erwähnung des Namens »Esau« an einer Stelle, die das Ende der Edomiter ansagt, ruft den Anfang ihrer Entwicklung zur Gerichtsreife in Erinnerung: Esau verachtete das Erstgeburtsrecht und verkaufte es an Jakob, der ihn schließlich um den Erstgeburtssegen betrog (1Mo. 25,29-34).

Die Androhung der Plünderung und Verwüstung Edoms erfüllte sich durch den babylonischen König Nabonid im Jahr 552 v. Chr. Es muss für die Feinde eine lohnende Sache gewesen sein, Edom zu »durchsuchen« und seine »verborgenen Schätze« zu »durchstöbern«, denn Edom war Durchgangsland des arabischen Handels. Spätestens seit dem 8. Jh. v. Chr. zogen Kamelkarawanen auf der Weihrauchstraße an der Westküste Arabiens entlang in Richtung Norden und durchquerten dann Edom auf dem »Weg des Königs« (4Mo. 20,17) zwischen Ezjon-Geber/Elat am Golf von Aqaba und Damaskus. Sie lieferten südarabische Spezereien und führten Gold mit sich zurück. Edom war demnach ein Umschlagplatz des internationalen Handels (vgl. Hes. 27,16). Ein weiterer Faktor, der Edom zu Wohlstand brachte, waren seine Kupfererzvorkommen. Im 7. Jh. v. Chr. war Edom der wichtigste Kupferlieferant Assyriens. Die in dieser Zeit aufstrebende Landwirtschaft in Edom diente offenbar der Versorgung der Bergleute und Schmiede (Knauf, 1994, S. 143f). Der Geschichtsschreiber Diodorus Siculus bestätigt im 1. Jh. v. Chr., dass in Edom viele Schätze aufgehäuft waren (XIX, 95).

### 5.3.3.2 Edom soll vertrieben und überwältigt werden (7)

Dieser Vers besteht aus vier Teilsätzen, die nähere Umstände des Untergangs Edoms schildern. Edom soll durch die Hinterlist seiner Bundesgenossen überwältigt und aus seinem Land vertrieben werden. Im ersten Teilsatz nennt Obadja diese Bundesgenossen wörtlich »**alle Männer deines Bundes**«. Von ihnen heißt es: **Bis an die Grenze werden sie dich vertreiben**. Das hebr. Verb *schālach* (»senden«) kann in der hier verwendeten Intensivform nach Allen (1991, S. 151) eine gewaltsame Vertreibung bedeuten (vgl. 3Mo. 18,24; Jer. 28,16). Folgende Verständnismöglichkeiten des ersten Teilsatzes sind denkbar:

Nach einer ersten Deutung prophezeit Obadja eine Eroberung Edoms, bei der edomitische Flüchtlinge Asyl bei verbündeten Nachbarvölkern suchen, stattdessen aber bis an die Grenze ihres Landes zurückgetrieben werden. Wenn Amos den Philistern und Phöniziern vorwirft, judäische Kriegsgefangene an Edom ausgeliefert zu haben (Am. 1,6.9), ist auch umgekehrt denkbar, dass edomitische Flüchtlinge einst ihren Feinden ausgeliefert wurden.

Nach einer zweiten Deutung (Keil, 1985, S. 258; Niehaus, 1993, S. 521) weissagt Obadja, dass die Edomiter angesichts einer künftigen feindlichen Bedrohung Boten senden, um bei ihren Bundesgenossen Unterstützung zu holen. Die bisher Verbündeten werden aber alle Hilfe verweigern und die edomitischen Gesandten bis an die Grenze ihres Landes vertreiben.

Eine dritte Deutung geht davon aus, dass Obadja an dieser Stelle die künftige Vertreibung der Edomiter aus ihrem Land vorhersagt, die durch die List falscher Bundesgenossen geschehen wird (Baker, 1985, S. 551). Diese Deutung ist die wahrscheinlichste, da Gott in V. 7 mit »dich« das Volk der Edomiter insgesamt und nicht einzelne Flüchtlinge oder Gesandte anredet.

Allerdings bleibt offen, welche Verbündete Obadja hier meint. Es ist mit Bartlett (1992, S. 293) möglich, an die Babylonier zu denken. Denn obwohl die Edomiter mit ihnen zum Zeitpunkt der Zerstörung Jerusalems 586 v. Chr. noch verbündet waren (vgl. Ps. 137,7), verwüstete der babylonische König Nabonid 552 v. Chr. das Land Edom, woraufhin sich bis zum Ende desselben Jahrhunderts viele Edomiter im Süden Judas ansiedelten. Eine andere Möglichkeit wäre, dass Obadja von der Vertreibung der Edomiter durch arabische Handelspartner (vgl. V. 7: »dein Brot«) im 5. Jh. v. Chr. weissagt (vgl. Allen, 1991, S. 131). Mit den Arabern waren sie zur Zeit Obadjas im 9. Jh. ebenfalls noch verbündet (vgl. 2Chr. 21,8.16ff).

Eine stilistische Beobachtung ist in diesem Vers bedeutsam. In V. 1 ist gesagt worden, dass ein Bote mit dem Aufruf zum Kampf gegen Edom unter die Völker *gesandt* worden ist. Nun greift Obadja im hebr. Text dieses Wort wieder auf und bezieht die Intensivform desselben hebr. Wortes auf Edom: Edom wird von seinen bisherigen Bundesgenossen an die Grenze *vertrieben.*

So besteht eine formale und inhaltliche Klammer zwischen V. 1 und V. 7. Das feindliche Verhalten der Bundesgenossen Edoms hängt letztlich nicht nur mit menschlicher Unberechenbarkeit zusammen, sondern mit der göttlichen Gerichtsabsicht.

Der zweite Teilsatz von V. 7 nennt einen weiteren Aspekt desselben Ereignisses. Die Bundesgenossen werden nun **Freunde** genannt, im hebr. Text wörtlich »Männer deines Friedens«, also Männer, mit denen die Edomiter einen Freundschaftsbund geschlossen haben (vgl. Ps. 41,10; Jer. 20,10; 38,22). Die parallele Struktur der beiden ersten Zeilen von V. 7 spricht für diese inhaltliche Gleichsetzung. So wird ein zweites Mal das künftige Verhalten falscher Bundesgenossen vorausgesagt, die ihr wahres Gesicht zeigen und Edom **überwältigen** und **besiegen** werden. Ob das durch List oder mit Gewalt geschehen wird, lassen die beiden hebr. Verben offen. Das erste Verb kann sowohl das Überwältigen durch Täuschung (1Mo. 3,13) als auch durch Angriff (Ps. 89,23) bezeichnen, das zweite jede Art von Siegen ansprechen (vgl. 1Mo. 32,29: im Ringen; 1Mo. 30,8: ein Triumph zwischen rivalisierenden Schwestern; Ps. 139,6: geistiges »Erfassen«). Die Fortführung des Gedankens im dritten Teilsatz von V. 7 spricht für eine Überwältigung durch List.

Der im hebr. Text sehr knapp gehaltene dritte Teilsatz von V. 7 setzt die Spannung zwischen Bündnis und hinterlistiger Überwältigung fort. Wörtlich übersetzt lautet er: »Dein Brot – sie werden einen Fallstrick unter dir legen.« **Brot** war das Grundnahrungsmittel des alten Orients, das stellvertretend für die gesamte Nahrung genannt werden kann. Da es hier um die List falscher Bundesgenossen geht, meint Obadja mit dem Brot entweder die Nahrung, die die Edomiter von ihren Bundesgenossen als Handelspartnern bezogen, oder das Bundesmahl, das sie mit ihnen aßen (vgl. Jos. 9,14f). In Ps. 41,10 wird das gemeinsame Brotessen als Zeichen der Freundschaft erwähnt. Jesus Christus deutet diese Psalmstelle auf den Verrat durch seinen »Freund« Judas (vgl. Mt. 26,50; Joh. 13,18). Wir übersetzen darum sinngemäß: »**Die dein Brot essen** (oder: liefern), **werden einen Fallstrick unter dir legen.**«

Das hebräische Wort *māzôr*, das hier mit »**Fallstrick**« wiedergegeben wird, kommt nur dreimal im AT vor und bedeutet in den anderen Stellen (Jer. 30,13; Hos. 5,13) »eiternde Wunde, Geschwür«. Daher wäre diese Wortbedeutung auch in V. 7 zu erwarten. Die LXX übersetzt aber mit »Hinterhalt«, ähnlich der aramäische Targum. Vom *māzôr* wird ferner ausgesagt, dass die falschen Bundesgenossen ihn »**unter dir legen**« werden. So hat *māzôr* hier wohl am ehesten die Bedeutung »Schlinge, Fallstrick«. Das hier verwendete hebr. Wort *śîm* (»ṣetzen, legen«) kommt schon in V. 4 vor (»Wenn du dein Nest zwischen die Sterne setztest«) und bildet eine Klammer zwischen V. 4 und V. 7. Edom mag sich ein Nest zwischen die Sterne *setzen*, seine Bundesgenossen werden aber unter Edom einen Fallstrick *legen*. Edom wird aus höchster Höhe in die tiefste Tiefe gestürzt werden.

Im vierten Teilsatz von V. 7 wechselt die Rede von der direkten Anrede zur dritten Person. Daher kann man den Satz »**Es gibt keine Unterscheidungsfähigkeit bei ihm**« mit der Elberfelder Bibel (1985) als wörtliche Rede der falschen Bundesgenossen Edoms oder als Rückkehr zur indirekten Anrede Edoms durch Gott verstehen (vgl. V. 6). In beiden Fällen wird ausgesagt, dass Edom durch Hinterlist seiner Verbündeten überwältigt werden soll, ohne dass es den Betrug durchschaut. Das hebr. Wort *təbûnāh* kann von seiner sprachlichen Ableitung her als »**Unterscheidungsfähigkeit**« verstanden werden. Edom wird zwischen echten und falschen Bundesgenossen nicht unterscheiden können und daher auf die List seiner Bundesgenossen hereinfallen (vgl. 5Mo. 32,28).

## 5.3.4 Vorschlag zur Bibelarbeit über Obadja 1-7

### 1. Einleitung

Die Ankündigung des göttlichen Gerichts ist ein wesentlicher Bestandteil der biblischen Botschaft. Das Buch des Propheten Obadja macht am Beispiel Edoms deutlich, wie das Gericht Gottes aussehen kann.

### 2. Durchführung

Thema: *Gott hält Gericht*

*a) Gottes Werkzeug – die Völker (V. 1)*

Gott offenbart sich in der Bibel als der Richter über die ganze Welt (1Mo. 18,25), über die Völker und über jeden einzelnen Menschen (Pre. 12,14). Er vollzieht sein Gericht zwar endgültig erst in der Ewigkeit (Hebr. 9,27; Offb. 20,11-15), manchmal aber bereits in dieser Zeit. Von solchen zeitlichen Gerichten Gottes über die Völker ist im AT oft die Rede. Gott benutzt dazu Katastrophen (1Mo. 6-7; 19), Krankheiten (2Sam. 24,10ff) oder auch Kriege. Die Völker haben allerdings dadurch für ihr Blutvergießen keine Entschuldigung. Gott benutzt sie zwar zur Züchtigung anderer Völker, aber zieht sie auch zur Rechenschaft (Jes. 10,5ff). Kriege sind aus biblischer Sicht zunächst Folgen der seit dem Sündenfall zerbrochenen Gottesbeziehung (1Mo. 4) und Symptome der Friedlosigkeit der Menschen ohne Gott. Zugleich benutzt Gott sie in seiner Souveränität als Mittel seiner zeitlichen Gerichte und damit seiner verborgenen Herrschaft über die Welt. So berichtet der Prophet Obadja von der Entsendung eines Boten unter die Völker, der im Namen Gottes zum Krieg gegen Edom aufrufen soll (V. 1).

Für uns im Neuen Bund dienen Gottes geschichtliche Heimsuchungen in der Völkerwelt zur Erinnerung an das Endgericht und an die Notwendigkeit, heute zu Jesus Christus umzukehren (Lk. 13,1-5).

*b) Gottes Anklage: Der menschliche Hochmut (V. 2-3)*

Wenn Gott Edom unter den Völkern klein und sehr verachtet machen will (V. 2), lässt sich daraus erkennen, dass es sich zur Zeit Obadjas für ein bedeutendes Volk hielt. Es hatte das Joch der judäischen Oberherrschaft abgeschüttelt, brüstete sich der Uneinnehmbarkeit seiner Felsensiedlungen (V. 3f) und spielte beim internationalen Handel (V. 5f) und in der Bündnispolitik (V. 7) eine große Rolle. Gott wirft Edom bei alledem seinen Hochmut, seine Selbstsicherheit (V. 3) und seine Arroganz (V. 4) vor.

Wo verschanzen wir uns heute hinter übersteigertem Selbstgefühl und vermeintlicher Sicherheit? In welchen Lebensbereichen meiden wir eine vertrauensvolle Abhängigkeit von Jesus Christus als dem Herrn unseres Lebens?

*c) Gottes Urteil: Der Untergang (V. 4-7)*

Einige Jahrzehnte nach Obadja besiegte der judäische König Amazja die Edomiter und ließ zehntausend von ihnen von einem hohen Felsen hinabstürzen (2Chr. 25,12). Das war erst der Anfang der Gerichte Gottes (vgl. die Auslegung). Auch heute gilt, dass er die Hoffärtigen demütigt. Denn wer sich selbst erhöht, der wird erniedrigt werden (Mt. 23,12). Da Gott dem Demütigen dagegen Gnade gibt, wollen wir in echter Buße und Beugung vor Gott leben (Jak. 4,6-10).

Edoms Reichtum wurde zur Kriegsbeute seiner Feinde (V. 5-6). Auch heute verlassen sich viele auf ihre irdischen Güter und werden in ihrer Hoffnung auf Sicherheit betrogen (Mt. 13,22). Denn irdische Schätze kann man über Nacht verlieren; darum ist es auch heute am besten, auf den Herrn zu vertrauen (vgl. 1Tim. 6,17-19; Hebr. 13,5).

Gott will Edoms Bündnispartner zu Feinden machen (V. 7). Edoms Diplomatie scheiterte ganz unerwartet. Auch heute gilt, dass alle Friedensbemühungen der Politiker keinen dauerhaften Frieden verbürgen können. Nach 1Thess. 5,3 werden »Friede und Sicherheit« die Parolen vor dem Verderben bringenden Tag des Herrn sein. Selbst persönliche Freunde können enttäuschen, Verlass ist letztlich nur auf Gott (vgl. Hebr. 13,6).

**3. Schluss**

Alle zeitlichen Gerichte Gottes erinnern uns an den bevorstehenden großen Gerichtstag Gottes. Was sollen wir tun? Wir finden im Glauben bei Jesus Christus Zuflucht vor Gottes Gericht. Was Gott Edom als Strafe ankündigte (Obd. 7), erfuhr Jesus an sich selbst: Er aß mit seinem Verräter das Brot (Mt. 26,50; Joh. 13,18; vgl. mit Obd. 7) und trug am Kreuz die Schuld und Strafe der Menschen (Röm. 8,3; Gal. 3,13). Wer sich ihm anvertraut, ist vor Gott gerecht (Apg. 13,39) und kommt nicht in das Gericht (Joh. 5,24).

## 5.4 Edom soll ausgerottet werden wegen aktiven und passiven Unrechts an seinem Brudervolk (8-11)

### 5.4.1 Übersetzung

*8. Werde ich nicht an jenem Tag, ist der Ausspruch Jahwes, die Weisen aus Edom vernichten und Verständnis von dem Gebirge Esaus? 9. Und deine Krieger, Teman, werden verzagen, damit jedermann ausgerottet werde vom Gebirge Esaus. 10. Wegen Tötung, wegen Gewalttat an deinem Bruder Jakob soll dich Beschämung bedecken und du sollst ausgerottet werden für immer. 11. Am Tag, als du abseits standest, am Tag, als Fremde seine Habe wegführten und Ausländer in seine Tore kamen und über Jerusalem das Los warfen, da warst du wie einer von ihnen.*

### 5.4.2 Struktur

In einer parallelen Struktur stellt Obadja zweimal Gottes Urteil über Edom dar (A, A'), das er jeweils daraufhin auf unterschiedliche Weise begründet (B, B'). In der Urteilsverkündung wird an beiden Stellen die Ausrottung besonders drastisch dargestellt: »Jeder in Edom« wird betroffen sein (A) und es wird eine Ausrottung sein, die »ewig« ist (A'). Auch die Schuld Edoms wird als besonders schwerwiegend herausgehoben, weil er an seinem »Bruder Jakob« Gewalt verübte (B) und dabei sogar gemeinsame Sache mit Judas Feinden machte (B').

A Gottes Urteil: Jeder in Edom soll ausgerottet werden vom Gebirge Esaus (V. 8f)

B Gottes Anklage: Edom verübte Gewalt an seinem Brudervolk Jakob (V. 10a)

B' Gottes Anklage: Edom machte gemeinsame Sache mit den Eroberern Jerusalems (V. 11)

A' Gottes Urteil: Edom soll auf ewig ausgerottet werden (V. 10b)

## 5.4.3 Auslegung

### 5.4.3.1 Gottes Urteil: Edom soll ausgerottet werden vom Gebirge Esaus (8–9)

Vers 8 führt näher aus, was am Ende von Vers 7 schon angedeutet wurde. Mit einer rhetorischen Frage betont Obadja die Prophetie von der Vernichtung der Weisen Edoms. Diese Weissagung wird ausdrücklich **Ausspruch Jahwes** genannt. Obadja zitiert also an dieser Stelle seiner prophetischen Schrift ein Gotteswort, das ihm wörtlich so zuteil geworden ist. Der Ausdruck »Ausspruch Jahwes« begegnet uns im AT an vielen Stellen, wenn es um die Wiedergabe eines geoffenbarten Gotteswortes geht, sei es durch den Engel des Herrn (1Mo. 22,15), durch David als Psalmdichter (Ps. 110,1; vgl. auch 2Sam. 23,1) oder vor allem durch einen Propheten (z.B. 1Sam. 2,30; Jes. 56,8; Hos. 2,15; Am. 2,11; Sach. 12,1).

Mit der Zeitangabe »**an jenem Tag**« weist Gott auf die Aussagen in den Versen zurück, in denen er die zukünftigen Ereignisse der Vernichtung Edoms angekündigt hat. Der Begriff »Tag« meint an dieser Stelle nicht einen Tag, sondern einen weiter gefassten Zeitraum, in dem Gott den Untergang Edoms herbeiführen will. Die rhetorische Frage »**Werde ich nicht die Weisen aus Edom vernichten?**« unterstreicht die feste göttliche Absicht, denn der Zuhörer wird durch diese Redeform veranlasst, ihr beizupflichten. Edom war möglicherweise für seine Weisen bekannt. Jedenfalls stammte Eliphas, einer der Freunde Hiobs, der ihn in seinem Elend mit Weisheitssprüchen trösten wollte, aus Teman (Hiob 2,11), einem Siedlungsgebiet Edoms, das nach dem erstgeborenen Enkel Esaus benannt war (1Mo. 36,11.15). Auch Jer. 49,7 spricht von der Weisheit in Teman.

Das hebr. Adjektiv *chăkām* (»weise«) bedeutet soviel wie geschickt und erfolgreich in den verschiedenen praktischen Bereichen des Lebens. Der Weisheitsbegriff des AT (vgl. Preuß, 1987) umfasst im Einzelnen handwerkliche (2Mo. 35,35; 2Chr. 2,13; Jes. 40,20) und sonstige praktische Geschicklichkeit (Hes. 27,8f; 28,3f), die Befähigung zu Führungsaufgaben (1Mo. 41,33-39; 5Mo. 1,13.15; 1Kön. 3,12.28; Dan. 5,11.29), die angesehene Fertigkeit der Schreiber und Beamten (1Mo. 41,8; Jes. 19,11; Dan. 2,12ff) und die allgemeine Lebenstüchtigkeit, deren Grundprinzip, nach alttestamentlichem Zeugnis, in der praktischen Anerkennung der Heiligkeit Jahwes und im Gehorsam gegenüber seinem Wort besteht: »Die Furcht des Herrn ist der Weisheit Anfang« (Ps. 111,10; Spr. 1,7; 9,10; vgl. Hiob 28,28).

Weisheitliche Literatur findet sich nicht nur im AT, sondern ist vor allem auch aus dem alten Ägypten und Mesopotamien bekannt. Die »**Weisen**« Edoms, die in V. 8 erwähnt werden, sind vom Textzusammenhang her wohl politische Berater. Es ist dann an die altorientalische Berufsgruppe der Schreiber, Regierungsbeamten und Ratgeber am Königshof zu denken (vgl. Jes. 19,11; Dan. 1,12ff). Gott will die geplante Vernichtung Edoms damit einleiten, dass er seine Weisen vernichtet. Edoms politische Ratgeber sollen scheitern, wenn sie sich auf menschliche Bündnisse verlassen (V. 7), die ihnen schließlich Verderben bringen werden.

Auch das **Verständnis** will Gott **von dem Gebirge Esaus** vernichten. Im Zusammenhang von V. 7 ist derselbe hebr. Begriff *təbûnāh* als »Unterscheidungsfähigkeit« gedeutet; in ähnlicher Weise geht es auch hier um eine weise Staatsführung, deren Scheitern Gericht Gottes darstellt (vgl. 5Mo. 32,28; Jes. 29,14). Im NT bezeugt der Apostel Paulus, dass Gottes Weisheit die Weisheit der Menschen beschämt, indem das Heil nicht auf Menschenweisheit beruht, sondern auf dem Kreuz Christi (1Kor. 1,19ff).

Der an dieser Stelle verwendete Ausdruck »**Gebirge Esaus**« bezeichnet das Gebirge Seïr, auf dem sich Esau, der Stammvater der Edomiter einst niederließ (1Mo. 36,8). Obadja beurteilt die Edomiter von ihrem Stammvater Esau her (vgl. V. 6), der aus Mangel an Weisheit das Erstgeburtsrecht verkaufte, den Erstgeburtssegen verpasste und sich so mit dem unwirtlichen Gebirge Seïr zufrieden geben musste. Nun soll auch seine Nachkommenschaft Weisheit und Verständnis verlieren, und damit ihren Wohnsitz auf dem Gebirge Seïr, ihre wirtschaftliche und politische Machtstellung und sogar ihr Leben.

**Teman** (V. 9) war der Name eines Siedlungsgebietes oder einer Stadt Edoms, benannt nach dem gleichnamigen Enkel Esaus (vgl. 1Mo. 36,11.15) und dessen Nachkommen. Vielleicht handelt es sich um eine Stadt westlich von *Wādi-Mûsa* vor Petra, von der man durch Keramikfunde weiß, dass sie bereits im 7. Jh. v. Chr. bestanden hat (Worschech, 1991, S. 130).

Auffällig ist, dass Obadja Teman als Synonym für Edom gebraucht. Er verwendet die Bezeichnung »Teman« somit repräsentativ für ganz Edom, vielleicht weil Teman zur Zeit Obadjas Residenz des Königs von Edom war. Nach 1Mo. 36,31-39 scheinen die Regierungssitze der edomitischen Könige der frühesten Zeit gewechselt zu haben. Neben Teman hatten Bozra (Am. 1,11f) und Sela (Ri. 1,36; Jes. 42,11; Obd. 3) besondere politische Bedeutung für Edom (vgl. die Auslegung zu V. 3).

Obadja prophezeit, dass die Krieger Temans verzagen und somit unfähig sein werden zur Verteidigung Edoms – offenbar aufgrund der überraschenden Feindseligkeit der vermeintlichen Bundesgenossen (V. 7). So wird jedermann vom Gebirge Esaus ausgerottet werden (vgl. Jes. 34,5-17; Jer. 49,7-22; Hes. 35, 1-15; Am. 1,11f; Mal. 1,2-5). Zur Erfüllung dieser Gerichtsprophetie vgl. S. 263ff.

### 5.4.3.2 Gottes Anklage: Edom verübte Gewalt an seinem Brudervolk Jakob und machte gemeinsame Sache mit den Eroberern Jerusalems (10–11)

Nach dem MT gehören die Worte »wegen Tötung« noch zu V. 9 (»... damit jedermann ausgerottet werde vom Berg Esau *wegen Tötung.*«), nach der LXX, der altsyrischen Übersetzung und der Vulgata bereits zu V. 10. Ist die Versabtrennung der alten Übersetzungen korrekt, dann ist das fehlende »und« zwischen den Worten »**wegen Tötung**« und »**wegen Gewalttat**« zwar auffällig, aber nicht unmöglich. Inhaltlich gehören beide Begriffe zusammen – weshalb sie auch unverbunden nebeneinander gestellt werden können – und nennen zwei Anklagegründe für Gottes Urteil. Mit den alten Übersetzungen beziehen wir daher beide Begriffe auf die Aussage von V. 10.

Das hebr. Wort *chāmās* (»**Gewalttat**, Unrecht«) bezeichnet eine Verletzung göttlichen Rechts (Hes. 9,9; 45,9) und bezieht sich häufig auf Blutvergießen (vgl. z.B. Ri. 9,24; Jer. 51,35; Hes. 7,23; Joel 4,19), womit es auch in Obd. 10 zusammengestellt ist (»**Tötung**«). Der Begriff bezeichnet eine Verletzung der Gebote Gottes im zwischenmenschlichen Bereich, die sich letztlich gegen den Menschen selbst richtet (vgl. Haag, 1982, Sp. 1050ff). Hier bezieht sich der erhobene Vorwurf der Gewalttat vermutlich auf die blutige Revolte Edoms gegen die Oberherrschaft Judas unter der Regierung Jorams von Juda (vgl. S. 249f).

Zwar verübten nicht nur Edomiter Gewalttat an Juda, sondern z.B. auch Ägypter (Joel 4,19) und Babylonier (Hab. 1,9). Dennoch wog das Unrecht der Edomiter besonders schwer, weil Edom und Israel als Nachkommen Esaus und Jakobs Brudervölker waren (vgl. 5Mo. 23,8; Am. 1,9.11; Obd. 10.12). So war Israel geboten, Edom nicht zu verabscheuen, sondern dessen Nachkommen in der dritten Generation in die Gemeinde Jahwes aufzunehmen (5Mo. 23,8f). Edom dagegen verhielt sich Israel gegenüber durchweg feindselig (vgl. Einleitung, S. 261ff). Die Gewalttat an seinem Brudervolk Juda ist der Grund für Gottes Absicht, Edom zu vernichten, denn Gewalttat führt zu göttlichem Gericht (vgl. 1Mo. 6,11-13; Ps. 7,10-17). Im Zusammenhang mit V. 7 wird folgender Gedankengang deutlich: Weil Edom die alte Rivalität zwischen Esau und Jakob fortsetzte und an seinem Brudervolk Gewalt übte, soll es im Zuge göttlicher Vergeltung von falschen Freunden überlistet werden.

Im Folgenden spricht Gott sein Urteil über Edom: **Beschämung soll dich bedecken**. Das hebr. Wort *bûschāh* und seine Ableitungen bezeichnet einerseits »Scham« als das subjektive Empfinden des Sich-Schämens (vgl. 1Mo. 2,25) und andererseits »Beschämung« als die objektive Auswirkung des Zuschandenwerdens und Scheiterns bei einer Auseinandersetzung (vgl. Ps. 89,46; Hes. 7,18; Mi. 7,10). In Gottes Urteilsverkündigung wird ihm eine völlige militärische Niederlage vorhergesagt (vgl. V. 9.10b). Sie soll Edom »bedecken«, es also gleichsam unter sich begraben und damit sein künftiges Schicksal bestimmen.

V. 10b nennt die letzte Konsequenz der Gewalttat Edoms (V. 10a): **Und du sollst ausgerottet werden für immer.** Der hebr. Ausdruck *lə'ôlām* (»für immer«) bezeichnet nach Jenni/Westermann (1984, Bd. 2, Sp. 234) etwas Endgültiges und Unabänderliches (vgl. 1Mo. 3,22; 2Mo. 3,15; 32,13; 1Kön. 2,33; Ps. 100,5). Die Beschämung Edoms (V. 10a) soll in seiner völligen Ausrottung bestehen (vgl. V. 9). Auch die wörtliche Wiederholung des hebr. Verbs *kārat* (»ausrotten«) aus V. 9f unterstreicht, wie ernst es Gott mit seiner Gerichtsankündigung ist. Der Begriff »Ausrotten« bedeutet im AT oft eine von Gott verhängte und direkt oder indirekt vollzogene Todesstrafe. Sie traf die Menschheit zur Zeit der Sintflut (1Mo. 9,11), sie galt den Bundesbrüchigen in Israel (1Mo. 17,14; 2Mo. 31,14; 3Mo. 22,3; 2Kön. 9,8; Jer. 44,7f.11) und sie wurde gottlosen Völkern angedroht, wie den Kanaanitern (5Mo. 19,1), Babyloniern (Jes. 14,22f), Philistern (Hes. 25,16), Moabitern (Jer. 48,2) und Edomitern (Obd. 9f). In seiner Souveränität bediente sich Gott zur Ausrottung gerichtsreifer Völker verschiedener Mittel (Hes. 14,13-21), gerade auch kriegerischer Angriffe durch Feinde (Jes. 10,5-19). Nach der Prophetie Obadjas rief Gott die Völker zum Krieg gegen Edom (Obd. 1). Es sollte von falschen Bundesgenossen betrogen (V. 7) und von seinen Feinden überwältigt und ausgerottet werden (V. 9f).

Vers 11 setzt die Anklage gegen Edom fort. Gott hat Edom neben aktiver Gewalttat (V. 10) auch passives Unrecht gegen Juda vorzuwerfen (V. 11): Die Edomiter haben sich während einer Eroberung Judas und Jerusalems durch fremde Soldaten unbrüderlich verhalten. Die Zeitangabe »**am Tag, als du abseits standest**« nimmt Bezug auf ein historisches Kriegsgeschehen, das zur Zeit Obadjas noch in lebhafter Erinnerung war. Vermutlich war dies die Eroberung und Plünderung Judas und Jerusalems durch die Philister und Araber in der Mitte des 9. Jh. v. Chr. (vgl. S. 249f).

Der Begriff »**Tag**« kommt bei Obadja insgesamt zwölfmal vor und bezieht sich 1. auf den angekündigten Tag des Untergangs Edoms (V. 8), 2. auf den damals bereits zurückliegenden Tag der Eroberung Judas und Jerusalems und des unbrüderlichen Verhaltens Edoms (V. 11), 3. auf einen damals noch zukünftigen Tag des Verderbens Judas und Jerusalems (V. 12-14) und 4. auf den »Tag Jahwes«, der wie über Edom auch über alle Völker kommen wird (V. 15). Der Begriff »Tag« bezeichnet zwar nicht unbedingt einen Kalendertag, aber doch ein fest umrissenes historisches Ereignis.

Den Edomitern wird vorgeworfen, dass sie an dem Tag, als Fremde Juda und Jerusalem eroberten, abseits standen (V. 11) und aus einiger Entfernung Zeugen der Eroberung ihres Brudervolks wurden. Während sie sich als scheinbar neutrale Beobachter verhielten, machten sie sich in Wirklichkeit zu Bundesgenossen der Eroberer. Das hier verwendete hebr. Wort *zār* bedeutet »**Fremder**« und zwar im Sinne eines feindlichen Angreifers (Snijders, 1982, Sp. 556). Auffällig ist, dass hier die Feindseligkeit der Fremden nur erwähnt, die Unbrüderlichkeit Edoms aber angeklagt wird. In dem Ausdruck »**abseits** (hebr. *minnägäd)* stehen« schwingt die Anklage mit, entweder räumliche Distanz gewahrt (vgl. 2Kön. 2,7; 4,25) oder Hilfeleistung unterlassen zu haben (vgl. 2Sam. 18,13).

Obadja schildert die ihm vor Augen stehende Eroberung Judas als ein Ereignis, bei dem **seine Habe** (oder: sein Heer) **weg-**

**geführt wurde**. Das mit »Habe« (oder: »Heer«) wiedergegebene hebr. Wort *chajil* bedeutet eigentlich »Kraft« und dann speziell »materielle Kraft, d.h. Vermögen, Besitz« (z.B. Jes. 8,4) und »militärische Kraft, d.h. Heer« (z.B. Sach. 4,6). Vermutlich ist in V. 11 und V. 13 sowohl an eine Plünderung des Reichtums Jerusalems (vgl. 2Chr. 21,17), als auch an die Wegführung der dort gefangen genommenen Soldaten (vgl. V. 20) gedacht.

Wenn Obadja anschließend von Juda berichtet, dass **Ausländer in seine Tore kamen**, dann wählt er einen anderen Ausdruck als für die fremden Feinde am Anfang des Verses. Die »Ausländer« (hebr. *nokrîm*) sind Menschen aus einem fremden Land, die im Unterschied zu den Schutzbürgern Israels (hebr. *gērîm*, vgl. 5Mo. 29,10; 31,12) die Lebensweise und den Glauben Israels nicht angenommen haben und keine Vorrechte genießen (vgl. 5Mo. 17,15; Rut 2,10; vgl. auch Lang, 1982, Sp. 457f). Mit den **Toren**, in die solche Ausländer kamen, sind wahrscheinlich die Tore der Städte Judas gemeint, denn in V. 10 war bisher allgemein von Jakob, d.h. von Juda, die Rede; die Hauptstadt Jerusalem wird erst im nächsten Satzteil genannt. Wenn Ausländer in die Tore der Städte Judas kommen konnten, dann mussten sie nicht nur den Widerstand der belagerten Städte überwunden (vgl. Mi. 1,9), sondern auch die Herrschaft übernommen haben (vgl. 1Mo. 22,17; 24,60), denn in den Toren der Städte übten die Ältesten Gericht (vgl. 5Mo. 21,19).

Zu erwähnen ist noch, dass der hebr. Konsonantentext eigentlich die Singularform »Tor« enthält. Die Masoreten deuteten aber durch ihre Vokalzeichen an, dass sie die Pluralform »Tore« gelesen haben wollen. Niehaus (1993, S. 529) ist allerdings der Meinung, dass die Singularform vorzuziehen sei, denn das Tor als Ort der Rechtsprechung stehe für die Stadt (vgl. dazu 1Mo. 22,17; Ps. 87,2). Da es vom Zusammenhang um das Tor »deines Bruders Jakob« (V. 10), also um das »Tor

Judas« geht, würde damit dann die Stadt Jerusalem angedeutet sein, die ja auch direkt anschließend namentlich genannt wird. Weil es sich aber im hebr. Konsonantentext auch um eine orthographische Variante der Pluralform handeln könnte, bleibt die Entscheidung zwischen der Übersetzung »seine Tore« und »*sein Tor*« offen.

Die Aktivitäten der Feinde gipfelten darin, dass sie **über Jerusalem das Los warfen**. Das Loswerfen diente in atl. Zeit als Mittel, eine göttliche Entscheidung herbeizuführen oder zu erfahren. So wurden durch Lose die Erbteile der Stämme Israels bestimmt (4Mo. 26,55), Schuldige ermittelt (Jos. 7,14ff; Jona 1,7), Dienstleistungen der Priester, Tempelmusiker und Torhüter vergeben (1Chr. 24,5; 25,8; 26,12f), aber auch die Kleider eines Verstorbenen verteilt (Ps. 22,19) oder Kriegsgefangene für den Verkauf als Sklaven bestimmt (Joel 4,3; Nah. 3,10). Nach V. 11 haben die Eroberer Jerusalems die Häuser der Stadt durch Loswerfen zur Plünderung unter sich aufgeteilt.

Pointiert am Ende von V. 11 steht die eigentliche Anklage gegen Edom: **Da warst du wie einer von ihnen**. Edom hat sich durch seine verweigerte Hilfeleistung auf die Seite der feindlichen Eroberer und Plünderer Judas und Jerusalems gestellt. Es hat sich nicht nur wie ein neutraler Beobachter verhalten, sondern letztlich mit den Feinden gemeinsame Sache gemacht.

# 5.5 Edom wird gewarnt vor erneutem passivem und aktivem Unrecht an seinem Brudervolk (12-14)

## 5.5.1 Übersetzung

*12. Blicke aber nicht schadenfroh auf den Tag deines Bruders am Tag seines Elends! Und freue dich nicht über die Söhne Judas am Tag ihres Umkommens! Und sperre deinen Mund nicht auf am Tag der Bedrängnis! 13. Komme nicht in das Tor meines Volkes am Tag ihres Verderbens! Blicke gerade du nicht schadenfroh auf sein Unheil am Tag seines Verderbens! Und vergreife dich doch nicht an seiner Habe (oder: an seinem Heer) am Tag seines Verderbens! 14. Und stehe nicht am Scheideweg, um seine Entkommenen auszurotten! Und liefere seine Entronnenen nicht aus am Tag der Bedrängnis!*

## 5.5.2 Struktur

In V. 12-14 finden sich eine Reihe wörtlicher Bezugnahmen auf V. 11, die folgenden inhaltlichen Zusammenhang beider Abschnitte hervorheben: Bevor Gott auf Grund seiner Anklage sein Urteil über Edom vollstrecken will, warnt er es vor neuem Unrecht an Juda.

| Gottes Anklage und Urteil über Edom (V. 11): | Gottes Warnung an Edom (V. 12-14): |
| --- | --- |
| »Am Tag« (zweimal in V. 11) | »Am Tag« (achtmal in V. 12-14) |
| »Du standest« von ferne (V. 11a) | »Stehe nicht« am Scheideweg! (V.14a) |
| Fremde führten Judas Habe fort (V. 11a) | Vergreife dich nicht an seiner Habe (V. 13c) |

| Gottes Anklage und Urteil über Edom (V. 11): | Gottes Warnung an Edom (V. 12-14): |
|---|---|
| »Fremde« (hebr. *nokrîm*) (V. 11b) | »Sein Elend« (hebr. *nokrô*) (V.12) |
| »Sie kamen in seine Tore« (V. 11b) | »Komme nicht in das Tor!« (V. 13a) |
| »Auch du« (hebr. *gam ʾattāh*) (V. 11c) | »Gerade du« (hebr. *gam ʾattāh*) (V.13b) |

Vers 12-14 für sich genommen bestehen aus acht parallel formulierten Warnungen. Die ersten fünf nennen passives, die letzten drei aktives Unrecht gegenüber Juda. In V. 10f war die Reihenfolge umgekehrt. Die Struktur von V. 12-14 könnte man folgendermaßen darstellen:

A Gott warnt Edom vor schadenfrohem Zusehen am Tag der Not seines Brudervolks Juda (V. 12-13b)

A' Gott warnt Edom vor gewalttätigem Mitmachen am Tag der Not seines Brudervolks Juda (V. 13c-14)

## 5.5.3 Auslegung

### 5.5.3.1 Gott warnt Edom vor schadenfrohem Zusehen am Tag der Not seines Brudervolks Juda (12-13b)

Nachdem sich Obadja in V. 11 auf eine damals unmittelbar zurückliegende Eroberung Judas und Jerusalems bezogen hat, an der die Edomiter zwar nicht als Hauptakteure, aber doch als Zuschauer und heimliche Bundesgenossen der Feinde teilnahmen, schließt er in V. 12-14 eine achtfache Warnung an. Dabei beginnen die acht Zeilen der V. 12-14 im hebr. Text alle mit *wəʾal* (»und nicht!«) oder *ʾal* (»nicht!«). Grammatisch gesehen handelt es sich um acht Prohibitiv-, d.h. Verbotsformen. Wie sind sie inhaltlich zu verstehen?

Nach Wolff (1975, S. 22) ist zu übersetzen »Du solltest aber nicht schadenfroh sehen auf den Tag deines Bruders«. Obadja tadelt Edom demnach für sein zurückliegendes Verhalten bei der in V. 10 erwähnten Eroberung und Plünderung Judas und Jerusalems. Wolff deutet die acht Verbote als Warnsprüche, die als indirekte Anklagen und Strafbegründungen fungieren. Diese Deutung widerspricht jedoch dem grammatischen Befund des hebr. Textes. Es handelt sich um acht Verbote oder Warnungen, nicht um acht Anklagen (Keil, 1985, S. 263). Daher empfiehlt sich folgende Übersetzung: **Blicke aber nicht schadenfroh auf den Tag deines Bruders.** Obadja warnt Edom davor, sich in Zukunft noch einmal so feindselig gegenüber Juda zu verhalten wie bei den Ereignissen, die in V. 11 angedeutet wurden. Die einzelnen Aussagen der Verse 12-14 sind zukunftsbezogene Warnungen, die sich auf tatsächliche Erfahrungen Judas mit Edom beziehen und diese widerspiegeln (Niehaus, 1993, S. 531). Zugleich warnt Obadja im Auftrag Gottes vor einer Wiederholung dieses unbrüderlichen Verhaltens. Bibelstellen wie Ps. 137,7; Kla. 4,21-22; Hes. 25,12; 35,5 zeigen, dass die Edomiter trotzdem im Jahr 586 v. Chr. die Zerstörung Jerusalems durch Nebukadnezar anstifteten.

Vers 12 enthält die ersten drei Warnungen an die Adresse Edoms. Der Prophet warnt vor schadenfrohem Empfinden und Reden, wenn es wieder zu einer Katastrophe Judas kommen würde. In der Übersetzung von V. 12a ist »**schadenfroh**« sinngemäß ergänzt: »Blicke aber nicht schadenfroh auf den Tag deines Bruders am Tag seines Elends!« Das hebr. Verb *rāʾāh* (»**blicken**, sehen«) kann ein Sehen mit innerer Teilnahme bedeuten, mit der folgenden Präposition *bə* (»in, **auf**, an«) sogar das freudige Betrachten des Untergangs der Feinde (vgl. Ps. 22,18; 37,34; 54,9; 112,8). Der Gegenstand der Schadenfreude ist der »**Tag deines Bruders**«, ein Tag göttlicher Heimsuchung an Juda (vgl. Jer. 50,27.31; Hes. 21,30.34), Edoms Brudervolk. Einen solchen Tag sah Obadja erneut für Juda kommen – vermutlich aufgrund mosaischer Zukunftsschau (vgl. 3Mo. 26,31ff; 5Mo. 28,49ff; 32,21ff). An diesem »**Tag seines Elends**« sollen die Edomiter nicht noch einmal ein so unbrüderliches Verhalten an den Tag legen wie in der unmittelbaren Vergangenheit. Der hebr. Text bildet ein Wortspiel zwischen *nokrô* (»sein Elend«) und *nokrîm* (»Ausländer«). Es bekräftigt den Zusammenhang zwischen dem künftigen Elend Judas und dem wüsten Treiben der Ausländer.

V. 12b wiederholt die Warnung vor Schadenfreude mit anderen Worten: **Und freue dich nicht über die Söhne Judas am Tag ihres Umkommens!** Das hebr. Verb *śāmach* (»sich freuen«) kann die Bedeutung der Schadenfreude annehmen (Ps. 35,19.24; 38,17; Jes. 14,8; Mi. 7,8). In Hes. 35,14f ist besonders die Schadenfreude der Edomiter über die Verwüstung des Landes Juda durch die Babylonier genannt. Hinter solcher Schadenfreude verbirgt sich ein Hass, der dem Gegner die Niederlage wünscht, und triumphiert, wenn sie eingetreten ist. Mit den Söhnen Judas sind wohl nicht nur die männlichen Judäer gemeint, sondern alle Angehörigen des Volkes Juda (vgl. Joel 2,23; 4,6.16). Wie schon gesagt, rechnet Obadja mit einer künftigen Wiederholung der Eroberung und Plünderung Judas und Jerusalems. Wenn er vom »**Tag ihres Umkommens**« spricht, dann wählt er denselben hebr. Ausdruck (von hebr. *'ābad* »umkommen, verderben«), den auch Mose gebrauchte, als er das Volk Gottes vor den künftigen Folgen ihres Ungehorsams warnte (vgl. 5Mo. 4,26; 7,10; 8,19f; 28,20.22).

Nachdem der Prophet zweimal vor einer schadenfrohen Einstellung gewarnt hat, mahnt er in V. 12c: **Und sperre deinen Mund nicht auf am Tag der Bedrängnis!** Edom soll nicht großtuerisch sprechen, wörtlich »nicht den Mund groß machen«, d.h. zu großtuerischem Reden aufsperren. Offenbar hatten die Edomiter das getan, als die Feinde Jerusalem einnahmen. So etwas soll sich nicht wiederholen. Wie der Vorwurf gegenüber Edom in Hes. 35,13 zeigt, haben die Edomiter bei der Verwüstung Judas durch die Babylonier 586 v. Chr. Jahwe verspottet und damit die Warnung Obadjas missachtet. Der »**Tag der Bedrängnis**« ist ein Ereignis, in dem es für das Volk Gottes äußerlich und innerlich »eng« werden würde. Das hebr. Wort *ṣārāh* bedeutet eigentlich »Enge« und kann neben der äußeren Bedrängnis auch die innere Angst der Bedrängten mit einschließen. Auch die Belagerung Jerusalems durch die Assyrer (2Kön. 19,3; Jes. 37,3), die Eroberung Ninives durch die Babylonier (Nah. 1,7), die Vernichtung des babylonischen Weltreichs (Hab. 3,16) und der Tag des Herrn (Zef. 1,15) werden im AT ein »Tag der Bedrängnis« genannt.

Die bisherigen Warnungen vor schadenfroher Einstellung und großtuerischem Reden standen im Einklang mit dem Vorwurf, bei der Einnahme Jerusalems als scheinbar neutraler Zuschauer mit den Feinden gemeinsame Sache gemacht zu haben (V. 11). Die Warnung vor aktiver Feindseligkeit gegen Juda (vgl. V. 10) folgt ab V. 13c, klingt aber bereits in V. 13a an: **Komme nicht in das Tor meines Volkes am Tag ihres Verderbens!** Noch einmal würden Feinde mit Waffengewalt den Zugang zur Hauptstadt des Volkes Juda erzwingen. Wenn das geschieht, sollen die Edomiter nicht im Gefolge der Feinde Jerusalem betreten, um zu sehen, ob Beute für sie abfällt.

Obadja nennt die künftige Eroberung Jerusalems »**Tag ihres Verderbens**«. Damit verwendet er wieder einen von Mose vorgeprägten Begriff (5Mo. 32,35; ferner Hiob 21,30). Der hebr. Text von V. 13 enthält mit dem Ausdruck »am Tag ihres Verderbens« (hebr. *bəjôm ʾêdām)* und dem zweimaligen Ausdruck »am Tag seines Verderbens« (hebr. *bəjôm ʾêdô)* jeweils am Ende der drei Warnungen einen Anklang an den Namen Edom (hebr. *ʾĕdôm).* Damit betont Obadja den Zusammenhang zwischen dem unbrüderlichen Verhalten Edoms und dem Verderben Judas.

Noch einmal warnt V. 13b vor Schadenfreude über ein erneutes Unglück Judas: **Blicke gerade du nicht schadenfroh auf sein Unheil am Tag seines Verderbens!** »**Gerade du**« (hebr. *gạm-ʾattāh* »gerade du, auch du«, vgl. V. 11) drückt den Schmerz und die Enttäuschung aus, die das schadenfrohe Verhalten Edoms bei der Eroberung Judas und Jerusalems bewirkt. Gerade Edom sollte als Brudervolk Judas nicht gemeinsame Sache mit dessen Feinden machen. Mit dem Begriff »**Unheil**« (hebr. *rāʿāh*) greift Obadja ein weiteres Stichwort der mosaischen Prophetie über die Zukunft Israels auf (5Mo. 31,17). Der Wechsel vom Plural (»Tag ihres Verderbens«) zum Singular (»Tag seines Verderbens«) stellt eine stilistische Variation dar und rückt das Volk Juda als Kollektivum anstelle der einzelnen Mitglieder des Volkes ins Blickfeld.

### 5.5.3.2 Gott warnt Edom vor gewalttätigem Mitmachen am Tag der Not seines Brudervolks Juda (13c-14)

Vers 13c steigert den Appell, indem nun vor aktivem Unrecht an Juda gewarnt wird: **Und vergreife dich doch nicht an seiner Habe** (oder: an seinem Heer) **am Tag seines Verderbens!** Wörtlich heißt es eigentlich: »Und strecke nicht aus ...!« Damit kann entweder das Ausstrecken der Hand als gieriges Zugreifen und unrechtmäßiges Sichvergreifen (2Mo. 22,7; Ps. 125,3; Dan. 11,42) an den Gütern der besiegten Judäer oder als gewaltsames Sichvergreifen (1Mo. 22,12; 2Mo. 24,11; Hiob 1,12) an dem gefangen genommenen Heer gemeint sein, auch wenn die »Hand« hier nicht erwähnt wird (vgl. 2Sam. 6,6; Ps. 18,17; 57,4). Das hebr. Wort *chajil* (»Kraft«) kann, wie in V. 11 dargelegt, »materielle Kraft, d.h. Vermögen, Güter« oder »militärische Kraft, d.h. Heer« bedeuten. Vermutlich ist hier beides angesprochen. Obadja warnt Edom, sich bei einer zukünftigen Eroberung Jerusalems noch einmal am Beutemachen und Wegführen gefangener Soldaten zu beteiligen.

Obadja führt seine Warnungen in V. 14 zum Höhepunkt: **Und stehe nicht am Scheideweg, um seine Flüchtlinge auszurotten! Und liefere seine Entronnenen nicht aus am Tag der Bedrängnis!** Die Warnung »**stehe nicht!**« erinnert zunächst an V. 11 (»am Tag, als du abseits standest«). Mit der Wiederholung des Verbs »stehen« soll folgender Gedankengang gegenüber Edom angedeutet werden: »Bei der vergangenen Eroberung *standest* du scheinbar neutral von ferne; hüte dich, bei einer künftigen Eroberung – wieder scheinbar neutral, in Wirklichkeit aber mit hinterhältiger Absicht – am Fluchtweg zu *stehen!*« Das hebr. Wort *päräq* bezeichnet wahrscheinlich einen **Scheideweg** oder eine Kreuzung (Keil, 1985, S. 264; Niehaus, 1993, S. 532). Zwei Auslegungen, wovor die Edomiter am Scheideweg gewarnt werden, sind denkbar:

1. »Stehe nicht am Scheideweg, um seine Flüchtlinge *auszurotten!*« Das mit »ausrotten« übersetzte Verb kommt bereits in V. 9f zweimal vor und bezieht sich dort auf das von Gott verhängte Urteil über Edom. Die stilistische Klammer zwischen V. 9f und V. 14 würde dann verdeutlichen, dass Gott Edoms Ausrottung beschließt, weil es die Flüchtlinge Judas ausrottete. Obadja kann sich offenbar gut an jene Feindseligkeiten erinnern, die die Edomiter im Zusammenhang mit ihrer Revolte gegen die judäische Oberherrschaft und mit der Plünderung Jerusa-

lems durch Philister und Araber während der Regierungszeit Jorams von Juda (853-841 v. Chr.) an judäischen Flüchtlingen verübten. Joel und möglicherweise auch Amos scheinen sich darauf zu beziehen (Joel 4,4ff.19 bzw. Am. 1,11; vgl. die Einleitung zum Buch Joel, S.35f). Ungeachtet der hier ausgesprochenen Warnung stellte sich Edom bei der Eroberung und Zerstörung Jerusalems durch Nebukadnezar 586 v. Chr. auf die Seite der Babylonier (vgl. Ps. 137,7; Hes. 35,5).

2. »Stehe nicht am Scheideweg, um seinen Flüchtlingen *den Weg abzuschneiden!*« Diese Übersetzungsmöglichkeit wird von Niehaus empfohlen (1993, S. 532), der an die verhinderte Flucht des Königs Zedekia erinnert (Jer. 39,4-7). Obadja würde dann die Edomiter nicht vor direkter Gewaltanwendung warnen, sondern davor, judäische Flüchtlinge abzufangen und der Gewalt der Feinde auszuliefern. Für diese Deutung spricht die Aussage von V. 14b. Denn die Warnung, fliehende Judäer auszuliefern, setzt voraus, dass die Edomiter die Flüchtlinge nicht selbst umbringen würden. Das bestätigt eine ähnliche Aussage in Am. 1,11, wo Edom vorgehalten wird, fliehende Judäer mit dem Schwert verfolgt und ihren Feinden ausgeliefert zu haben.

Auch die Warnung von V. 14b »**Und liefere seine Entronnenen nicht aus am Tag der Bedrängnis!**« enthält eine inhaltliche Beziehung zur Weissagung Moses (5Mo. 32,30; vgl. Am. 6,8). Gott warnt die Edomiter durch Obadja davor, die bei einer künftigen Eroberung Judas und Jerusalems entronnenen Judäer abzufangen (V. 14a) und ihren Feinden auszuliefern (V. 14b). Wie der Vergleich mit einem hethitischen Vasallenvertrag zeigt (Niehaus, 1993, S. 532), würde sich Edom damit wie ein Verbündeter oder Vasall der Eroberer Judas verhalten. Diese Praxis wird auch vom Propheten Amos vorausgesetzt, wenn er sagt, dass Philister und Phönizier Kriegsgefangene an Edom ausgeliefert haben (vgl. Am. 1,6.9). Die Edomiter haben Israeliten bei der Eroberung Jerusalems 586 v. Chr. dem Schwert preisgegeben (Hes. 35,5) und somit auch diese Warnung nicht zu Herzen genommen.

Zum Abschluss der acht Warnungen an Edom erscheint noch einmal die bereits in V. 12 vorgekommene Zeitangabe »**am Tag der Bedrängnis**«. Das achtmalige Nennen dieses künftigen »Tages« zeigt, wie bedeutsam er für Juda ist und wie entscheidend es daher für Edom ist, wie es sich an diesem »Tag« Juda gegenüber verhält.

## 5.5.4 Vorschlag zur Bibelarbeit über Obadja 8-14

### 1. Einleitung

Obadja spricht in diesem Abschnitt zweimal von der »Bruderschaft« zwischen Juda und Edom (V. 10 und V. 12) – eine sehr widersprüchliche Beziehung. Einerseits zeigt die Tatsache, dass Nachkommen der dritten Generation Edoms in die Gemeinde des Herrn kommen durften (5Mo. 23,8f), wie nahe sich beide Völker waren, andererseits häuften sich seit der Zeit Jakobs und Esaus die Spannungen (1Mo. 27,41). Edom verweigerte Israel am Ende der Wüstenwanderung den Durchzug durch ihr Land (4Mo. 20,18-21). Saul und David besiegten Edom (1Sam. 14,47; 2Sam. 8,13f), unter Joram von Juda machte es sich wieder selbstständig (2Kön. 8,20-22). Schließlich stifteten Edomiter trotz Obadjas Warnung (Obd. 12-14) Nebukadnezar zur Zerstörung Jerusalems an (Ps. 137,7). Das Verhältnis Edoms zum Volk Gottes könnte man mit den Worten umschreiben: Äußerlich nah und doch ganz fern.

## 2. Durchführung

Thema: *Äußerlich nah und doch ganz fern*

*a) Äußerlich nah und doch unter Gottes Zorn (V. 8-10)*

Gott kündigt an, dass er das ganze Volk Edom vernichten will (V. 10). Seine Ratgeber sollen versagen (V. 8), indem sie auf brüchige Bündnisse vertrauen (V. 7), und seinen Soldaten soll der Mut schwinden (V. 9). Diese Gerichtsandrohung traf Jahrhunderte später ein: Im 6. Jh. wurde Edom verwüstet, das Volk floh in den Süden Judas, wo es im 2. Jh. von den Makkabäern unterworfen und 70 n. Chr. von den Römern endgültig vernichtet wurde. Die äußerliche Bruderschaft mit Juda konnte Edom nicht vor dem gerechten Gericht Gottes bewahren. Er kündigte sein Gericht über dieses Volk an und führte es zu seiner Zeit auch aus.

Auch heute gilt: Gott bestraft alle Völker, die sich an seinem Volk Israel vergreifen (Sach. 2,12), auch wenn sie ihm hinsichtlich ihrer Abstammung oder Religion nahe stehen mögen. In einer gewissen Weise können wir die Gerichtsbotschaft an Edom auch auf die Gemeinde Jesu Christi anwenden. Äußerliches Dabeisein rettet Mitläufer nicht vor Gottes Gericht (vgl. Mt. 7,21-23; Eph. 5,5; Phil. 3,18f)!

*b) Äußerlich nah und doch Israels Feind (V. 10-11)*

Durch Obadja deckt Gott Edoms Unrecht an seinem Brudervolk auf: Es hat Gewalt verübt, als es sich von der Herrschaft Judas befreite (V. 10) und untätig zusah, wie die Heere der Philister und Araber Jerusalem eroberten und plünderten (V. 11). Edom war seinem Brudervolk in der Stunde seiner Not zwar nicht äußerlich , aber doch innerlich fern. Es unterließ jede Hilfe und griff Juda sogar aktiv an. Beides ist Unrecht (hebr. *chāmās*, vgl. S. 294), das Gottes Gebote verletzt.

Auch uns heute gilt: Nicht nur die bewusste Feindschaft gegen Gott und sein Volk macht vor Gott schuldig (vgl. Jak. 4,1f; 1Joh. 3,15), sondern ebenso die unterlassene Hilfe beim Anblick des notleidenden Bruders (vgl. Jak. 2,14-17).

*c) Äußerlich nah – drum lass dich warnen! (V. 12-14)*

Gott warnt Edom davor, bei einem erneuten Unglück Jerusalems noch einmal schadenfroh zuzusehen (V. 12a.b.13b), großtuerisch zu reden (V. 12c) und gewalttätig mitzumachen (V. 13a.c.14). In der Tatsache, dass Gott Edom warnt, liegt die positive Aussage, dass die Edomiter die Möglichkeit hatten von ihrem bisherigen Weg umzukehren, so wie Jonas Gerichtsbotschaft in Ninive Buße und Rettung bewirkte. Ob es Edomiter gab, die auf Obadjas Prophetie hin umkehrten?

Uns dient die Botschaft vom kommenden Gericht als Ruf zur Umkehr, bevor es zu spät ist (2Petr. 3,9f). Zugleich wollen wir Obadjas besondere Warnung bedenken und für das Gottesvolk des Alten Bundes im Gebet einstehen.

## 5.6 Am Gerichtstag Jahwes über alle Völker gibt es Entronnene auf dem Zion, nicht aber in Edom (15-18)

### 5.6.1 Übersetzung

*15. Denn nahe ist der Tag Jahwes über alle Völker. Wie du getan hast, wird dir getan werden; dein Tun wird auf deinen Kopf zurückkehren. 16. Denn wie ihr auf meinem heiligen Berg getrunken habt, sollen alle Völker beständig trinken. Sie werden trinken und schlürfen und werden sein, als wären sie nicht gewesen. 17. Aber auf dem Berg Zion werden Entronnene sein und er wird heilig sein. Und die vom Haus Jakob werden ihre Besitztümer in Besitz nehmen. 18. Und das Haus Jakob wird ein Feuer sein und das Haus Josef eine Flamme, das Haus Esau aber Stroh; und sie werden sie verbrennen und sie verzehren. Und das Haus Esau wird keinen Entronnenen haben, denn Jahwe hat geredet.*

## 5.6.2 Struktur

In den Versen 15-18 wird die Zukunft Edoms (A, B) der Zukunft Judas (B', A') gegenübergestellt. Edom wird für seine Verbrechen Vergeltung erfahren (A); der heilige Berg Zion wird für sie, wie auch für alle feindlichen Völker, ein Ort des Gerichts sein (B). Für Juda dagegen ist der heilige Berg Zion ein Ort der Rettung (B'); sie werden das Gericht über ihren Widersacher Edom vollständig vollziehen (A'). Durch das Thema »Gericht über Edom am Tag Jahwes« bildet A, A' gleichzeitig einen Rahmen für die Darstellung des Zion als Ort des Gerichts bzw. der Rettung (B, B').

A Am Gerichtstag Jahwes über alle Völker wird Edom vergolten werden (V. 15)
  B Wie sie auf dem heiligen Berg am Trinkgelage teilnahmen, so sollen alle Völker Gottes Gerichtskelch trinken (V. 16)
  B' Auf dem heiligen Berg werden Entronnene sein und die vom Haus Jakob werden ihre Besitztümer einnehmen (V. 17)
A' Das Haus Jakob wird das Haus Esau restlos vernichten (V. 18)

## 5.6.3 Auslegung

### 5.6.3.1 Am Gerichtstag Jahwes über alle Völker wird Edom vergolten werden (15)

Das »**denn**« zu Beginn von V. 15 leitet eine zweifache Begründung ein. Erstens wird vom unmittelbaren Zusammenhang her die achtfache Warnung an Edom begründet (V. 12-14): Weil der Tag Jahwes naht, soll sich Edom davor warnen lassen, sein unbrüderliches Verhalten gegenüber Juda zu wiederholen. Und zweitens wird vom weiteren Zusammenhang her ausgesagt, dass die angekündigte Ausrottung Edoms am Tag Jahwes geschehen soll, weil Gott dann alles Unrecht gegenüber Juda an Edom und allen Völkern heimsuchen wird (V. 9f). Mit dem Begriff »**Tag Jahwes**« führt der Prophet die zwölffache Kette des Wortes »Tag« in V. 8-15 zum Zielpunkt. Die Wortkette lässt eine chiastische (spiegelsymmetrische) Struktur erkennen:

A Der angekündigte Tag der Ausrottung Edoms (V. 8)
  B Der vergangene Tag der Eroberung Jerusalems, als Edom abseits stand (zweimal in V. 11)
  B' Der zukünftige Tag einer neuen Eroberung Jerusalems, auf den sich Obadjas Warnung bezieht (achtmal in V. 12-14)
A' Der nahende Tag Jahwes über alle Völker (V. 15)

Am Anfang (V. 8) und am Ende (V. 15) dieser Kette steht ein von Obadja angekündigter letzter Tag Jahwes, der als Gerichtstag Edom (A) bzw. alle Völker (A') betrifft. Davon eingerahmt sind in V. 11-14 zehn Erwähnungen zeitgeschichtlicher Unglückstage für Juda und Jerusalem: Einen vergangenen (zweimal in V. 11; B) und einen künftigen (achtmal in V. 12-14; B'). Mit dieser Struktur wird betont, dass der Tag Jahwes Vergeltung bringt für alles Verschulden Edoms und der Völker gegenüber Israel.

Bis auf das erste Vorkommen in V. 8 (»an jenem Tag«) steht im Hebräischen das Wort »Tag« immer in einer Genitiv-Verbindung, die den »Tag« jeweils charakterisiert. So wird der vergangene Tag der Eroberung Judas und Jerusalems in V. 11 wörtlich »der Tag deines Abseitsstehens« und »der Tag des Weggeführtwerdens der Habe (oder: des Heeres)« genannt. Der angekündigte Unglückstag für Jerusalem heißt bei Obadja »der Tag deines Bruders« (d.h. der Tag, der deinen Bruder bedroht), »der Tag seines Elends« (d.h. der Tag, der durch das Elend deines Bruders gekennzeichnet ist) usw. Auf den Tag Jahwes angewandt bedeutet das, dass dieser ein Ereignis darstellt, das ganz vom Eingreifen Jahwes bestimmt ist.

Wenn Obadja der erste Schriftprophet war, dann hat er diesen Begriff geprägt. Die folgenden Propheten haben ihn übernommen und dabei neue Aspekte dieses Tages hervorgehoben. Der »Tag Jahwes« ist im AT ein mehrschichtiger Begriff (vgl. den Exkurs, S. 57ff); er bezeichnet einerseits Ereignisse göttlichen Eingreifens in die Geschichte seines Volkes und der Völkerwelt, andererseits das große Ereignis der Erscheinung Gottes zum Gericht über die Völker am Ende der Weltgeschichte. Beides spielt in der Prophetie Obadjas eine Rolle (vgl. den Exkurs, S. 68ff).

Die Weissagung, dass der Tag Jahwes nahe ist, findet sich in wörtlicher Übereinstimmung bei vielen Propheten (vgl. z.B. Jes. 13,6; Joel 1,15; 4,14; Zef. 1,7). Das hebr. Adjektiv *qārôb* (»nahe«) kann in diesem Zusammenhang räumliche und zeitliche Nähe bezeichnen. Wenn Obadja die Nähe des Tages Jahwes ankündigt, bezieht er sich damit wohl zunächst auf die geschichtlichen Ereignisse, die den Untergang Edoms herbeiführten. Dass der nahende Tag Jahwes »**über alle Nationen**« ergehen soll, zeigt, dass der Prophet aber nicht nur Ereignisse prophezeit, die für Edom, sondern für alle Völker von Bedeutung waren. Mit ähnlichen Worten kündigt Hesekiel den Sieg Babylons über Ägypten an (Hes. 30,3): »Denn nahe ist ein Tag, ja, nahe ist ein Tag Jahwes, ein Tag des Gewölks, Zeit der Völker wird er sein.« Dennoch hat kein geschichtliches Ereignis umfassend erfüllt, was Obadja vom Tag Jahwes über alle Völker weissagt. Seine Prophetie weist über alle zeitgeschichtlichen Vorschattungen wie z.B. den Eroberungszug der Babylonier hinaus auf Ereignisse am Ende der Zeit (vgl. Joel 4,14).

Indem sich der prophetische Horizont in V. 15 von Edom zu allen Völkern weitet, wird Edom für Obadja zum Repräsentanten der Völkerwelt. Ein ähnlicher Sachverhalt könnte in Jes. 63,1-6 vorliegen, wo beschrieben wird, wie der Richter über die Völker von Edom kommt, nachdem er dort das Gericht vollzogen hat. Dennoch bleibt Obadja bis zum Schluss bei seinem Thema »Edom« (V. 18f.21); das Völkergericht hat die Funktion eines Rahmens für das Gericht über Edom.

Mit zwei Hinweisen auf Vergeltung (vgl. 1Sam. 25,39; Est. 9,25; 2Chr. 32,25) nennt Gott, nach welchem Maßstab er in V. 15b das Völkergericht und speziell das Gericht an Edom vollziehen wird: **Wie du getan hast, wird dir getan werden. Dein Tun wird auf deinen Kopf zurückkommen.** Das Prinzip der Vergeltung ist im Gesetz Moses verankert (2Mo. 21,23-25, vgl. Spr. 5,22; 26,27). Gott will im Völkergericht diesen Grundsatz anwenden (vgl. Joel 4,6-8). Der Gedanke der Vergeltung setzt sich auch in der Gerichtsbotschaft des NT fort (vgl. Mt. 6,14f; 7,1f; 2Kor. 5,10; Jak. 2,13; 1Petr. 1,17; Offb. 20,12).

Das Buch Obadja ist voller Hinweise auf göttliche Vergeltung: Edom hat seinem Brudervolk Unrecht getan (V. 10) – dafür soll es selbst von Bundesgenossen enttäuscht werden (V. 7). Edom hat Juda schadenfroh behandelt (V. 11-13a) – darum soll es selbst Schaden erleiden (V. 2-4). Edom hat Juda beraubt (V. 13b) – darum soll es selbst beraubt werden (V. 5-6). Edom hat Flüchtlinge Judas ausgerottet (V. 14) – darum soll es selbst ausgerottet werden (V. 9). Edom hat Entronnene Judas ausgeliefert (V. 14b) – darum soll es selbst bis an die Grenze getrieben werden (V. 7).

### 5.6.3.2 Wie sie auf dem heiligen Berg am Trinkgelage teilnahmen, so sollen alle Völker Gottes Gerichtskelch trinken (16)

Die Edomiter haben bei der in V. 11 erwähnten Eroberung Jerusalems offenbar am Trinkgelage der Eroberer teilgenommen. Darauf spielt Obadja in V. 16a mit den Worten an: **Denn wie ihr auf meinem heiligen Berg getrunken habt**. Ähnliches wird in Dan. 5 berichtet. Dort heißt es, dass König Belsazar mit seinen Gästen die bei der Eroberung Jerusalems erbeuteten heiligen Tempelgefäße herbeiholen ließ, um daraus zu trinken, und sich damit das Gerichtsurteil Gottes zuzog.

Mit ihrer Teilnahme am Trinkgelage bei der Eroberung Jerusalems haben die Edomiter die Heiligkeit des Berges Jahwes frevelhaft verletzt. »Der Berg meiner Heiligkeit« (so wörtlich für »**mein heiliger Berg**«) ist eine im AT sehr häufige Bezeichnung für den Tempelberg Zion (z.B. Ps. 2,6; 3,5 u.a.; Jes. 11,9; 56,7 u.a.; Joel 2,1). Das hebr. Wort *qôdäsch* (»Heiligkeit«) bedeutet Abgesondertsein vom profanen Gebrauch und Weihe für den göttlichen Gebrauch. Die Heiligkeit des Tempelberges bestand darin, dass er ein unantastbarer Ort der besonderen Gegenwart Gottes für die Gemeinde Israels sein sollte. Weil dieser Charakter der Stätte durch das übermütige Treiben von Soldaten in einem Trinkgelage entweiht wurde, will Gott die Edomiter und alle Völker zur Rechenschaft ziehen.

Mit dem ironischen Wortspiel »... **werden alle Völker beständig trinken. Sie werden trinken und schlürfen**« (V. 16b) wendet Obadja das Prinzip der Vergeltung von V. 15 an. Statt eines Trinkgelages sollen die Eroberer Jerusalems, unter ihnen auch die Edomiter, am Tag Jahwes den Kelch des Zornes Gottes trinken müssen. Das Trinken und Schlürfen eines Zornbechers ist ein geläufiges Bild der Propheten für das Erleiden einer von Gott verhängten Strafe, die gerade aus feindlicher Eroberung und Verwüstung bestehen kann (vgl. Jes. 51,17; Jer. 25,16.28; 49,12; Hes. 23,32; Offb. 14,10). Auf diesem Hintergrund wird die Heilsbedeutung Jesu Christi deutlich, der in Gethsemane bereit war, im Gehorsam den Kelch des Zornes Gottes über alle Sünde der Welt zu trinken (vgl. Mt. 26,39.42). Stellvertretend trug er am Kreuz auf Golgatha die Strafe für unsere Schuld, damit wir nicht Gottes Zorneskelch trinken und in ewiger Gottesferne gepeinigt werden müssen (Offb. 14,9-11).

V. 16 deutet an, dass Gott die Völker nach ihrem Verhalten gegenüber seinem auserwählten Volk Israel richten wird (vgl. Joel 4,2f; Sach. 12,9; 14,12a). Dem entspricht im NT, dass Jesus als Maßstab des Völkergerichts das Verhalten gegenüber den »geringsten seiner Brüder«, d.h. seinen Jüngern, ankündigt (vgl. Mt. 25,40.45). Die Völker sollen nach V. 16a den Zorn Gottes **beständig** trinken. Das hebr. Adjektiv *tāmîd* kann »immer wieder, immerfort« (z.B. 2Mo. 25,30) oder »ununterbrochen, beständig« (z.B. 3Mo. 6,6) bedeuten. Beide Wortbedeutungen geben hier Sinn. Entweder haben wir an den zeitgeschichtlichen Aspekt des »Tages Jahwes« zu denken, dass Gott immer wieder richtend in die Geschichte der Völker eingreift (vgl. Jes. 9,11.16.20; 10,4) oder Obadja bezeugt, dass Gott die Völker am Ende der Weltgeschichte mit einer unaufhörlichen Strafe belegen will (vgl. Jes. 66,24).

Die Völker, die sich gegen Gott und gegen sein Volk gestellt haben, **werden sein, als wären sie nicht gewesen** (V. 16b). In Hiob 10,19 beschreibt eine ähnliche Formulierung das Lebensende eines menschlichen Individuums. Nach Obadja 16 werden Völker, die gegen Gott und sein Volk streiten, ausgelöscht werden. Das hat sich im Verlauf der Weltgeschichte immer wieder an einzelnen Völkern vollzogen, die Gott wie Edom vernichten musste, und wird sich umfassend am Ende der Zeit ereignen, wenn Gott an seinem Tag die gegen Jerusalem heranziehenden Völker richten (Joel 4,12-14) und vernichten (Sach. 12,9) wird. Die Völker im messianischen Friedensreich werden unter der Königsherrschaft Gottes stehen und von Jerusalem aus regiert werden (Jes. 2,2-4; Obd. 21; Sach. 14,9.16-19).

### 5.6.3.3 Auf dem heiligen Berg werden Entronnene sein und das Haus Jakob wird seine Besitztümer einnehmen (17)

**Zion** (»Burg«) war ursprünglich der Name der auf einem Berg gelegenen Jebusiterfestung (2Sam. 5,7), die David eroberte und unter dem Namen Jerusalem zur Hauptstadt des vereinigten Israel machte. Der Name wurde dann als Beiname auf die ganze Stadt übertragen, vor allem auf den Tempelberg, der nach 2Chr. 3,1 mit dem Berg Morija (vgl. 1Mo. 22,1f) identisch war. In V. 16 ist davon die Rede, dass die Eroberer Jerusalems die Heiligkeit des Berges Gottes, also wohl des Tempelberges, durch ein frevelhaftes Trinkgelage entweiht hatten. Darauf nimmt V. 17 Bezug: Gott will seinem auserwählten Volk gerade den Ort des feindlichen Triumphes zu einem unantastbaren Ort göttlicher Rettung machen.

Das hebr. Wort *pəlêṭāh* bezeichnet nach Gesenius (1962, S. 643) an dieser Stelle konkret »die Entronnenen«. Im Zusammenhang bedeutet die Zusage »**auf dem Berg Zion werden Entronnene sein**«, dass die Weltvölker den Kelch des göttlichen Gerichts trinken müssen, die Bewohner Zions bzw. Jerusalems aber diesem Gericht entrinnen werden. Das Programm für den Tag Jahwes lautet also: Gericht über die Weltvölker, Heil für Gottes Volk (vgl. Joel 4,12-17; Am. 9,11f; Zef. 3,8-20; Hag. 2, 20-23; Sach. 12,1-14; 14,1-21). Zugleich besteht mit dem

Wort »Entronnene« ein Kontrast zu V. 14b. Dort war Edom davor gewarnt worden, die Entronnenen Judas am Tag ihrer Bedrängnis ihren Feinden auszuliefern. Nun aber verheißt Gott seinem Volk, dass an seinem Tag der Berg Zion zu einem Ort des Entrinnens werden wird. Während bei früheren Eroberungen Jerusalems einzelne Flüchtlinge entkommen konnten, sich aber vor auflauernden Edomitern in Acht nehmen mussten, wird es am Tag Jahwes anders sein: Der Berg Zion wird zu einem Zufluchtsort (vgl. Joel 4,16), an dem alle, die dorthin fliehen, Gottes Gericht an der Völkerwelt entrinnen werden (vgl. Sach. 12,8).

Joel 3,5 zitiert Obd. 17a als Wort Gottes, beschränkt aber den Berg Zion als Rettungsort nicht ausdrücklich auf die Angehörigen des irdischen Gottesvolkes. Daher kann Paulus Joel 3,5 als Heilszusage für die Glaubenden aus den Nationen anführen (Röm. 10,13). Obadjas Verheißung beschränkt sich nicht auf das Entrinnen im Gericht. Die Verheißung »**Und er wird heilig sein**« (V. 17b) zeigt, dass der heilige Berg wieder seiner eigentlichen Bestimmung, abgesondert für Jahwe zu sein, übergeben werden soll. Wörtlich heißt es: »Und er wird ein Heiliges (oder: ein Heiligtum) sein.« Das bedeutet, dass der von den Edomitern und anderen Nationen verletzte Zustand Jerusalems, gottgeweiht zu sein (V. 11), wiederhergestellt werden soll. Ferner liegt darin die Verheißung, dass Jerusalem am zukünftigen Tag Jahwes für Feinde unantastbar (Joel 4,17b; Sach. 12,8) und wieder in besonderer Weise ein Ort der Gegenwart Gottes sein wird (vgl. Joel 4,17a.21b; Sach. 14,20f).

Der Horizont der Heilsverheißung weitet sich in V. 17c von Jerusalem auf das ganze Land aus, das Gott seinem Volk durch Mose als Erbteil verheißen (4Mo. 34,1-12) und durch Josua jedem Stamm zugelost hatte (Jos. 15-19). Infolge ihres Ungehorsams hatten die Israeliten das ihnen von Gott verheißene Land weder bei der Landnahme (Jos. 13,1-7), noch zur Zeit der vereinten Monarchie vollständig einnehmen können – das dem Stamm Juda zugeteilte Philisterland (Jos. 15,45-47) scheint ebensowenig zum salomonischen Königreich gehört zu haben (1Kön. 4,7-19; 5,1; 2Chr. 9,26) wie die Gegenden der phönizischen Städte Tyrus und Sidon, die dem Stamm Asser verheißen waren (Jos. 19,28f; vgl. Townsend, 1985, S. 330). Gerade angesichts der Eroberung und Plünderung Judas und Jerusalems durch die Philister und Araber, dem Handel der Phönizier mit judäischen Kriegsgefangenen und der blutigen Revolte der Edomiter um 850 v. Chr. (vgl. S. 249) musste zur Zeit Obadjas die Frage im Raum stehen, wann es je zu einer völligen Inbesitznahme des verheißenen Landes kommen würde. Obadja kündigt sie nun für den Tag Jahwes an: **Und die vom Haus Jakob werden ihre Besitztümer in Besitz nehmen** (V. 17c).

Es fällt auf, dass nicht ausdrücklich von Juda (wie V. 12), sondern vom **Haus Jakob** die Rede ist (vgl. z.B. Jes. 2,5f; 8,17; Jer. 5,20; Mi. 2,7). Die Gegenüberstellung mit dem »Haus Josef« in V. 18, mit dem das Nordreich Israel gemeint ist (vgl. Jos. 18,5), spricht dafür, dass mit »Haus Jakob« das Südreich Juda angesprochen ist. Wenn Obadja nur ihm eine neue Landnahme verheißt, will er vermutlich andeuten, dass seit der Reichsteilung und angesichts der Einführung des Kälberkults durch Jerobeam (1Kön. 12,26ff) und des Baalskults durch Ahab (1Kön. 16,31ff) das Nordreich geistlich abgefallen war und allein die Stämme des Südreichs das geistliche Erbe Jakobs weitertrugen. Die südlichen Stämme Juda und Benjamin (vgl. V. 19f) bildeten nun, geistlich gesehen, das Haus Jakob. Zugleich liegt in den Worten »Haus Jakobs« eine Anspielung auf die Rivalität zwischen Jakob und Esau. Jakob hatte seinem Bruder das Erstgeburtsrecht abgekauft und den väterlichen Segen durch List an sich gebracht. Gott hatte aber ihm und seinen Nachkommen – dem Haus Jakob – bereits zuvor die Verheißung gegeben, das Land zu besitzen, das er schon Abraham versprochen hatte (vgl. 1Mo. 28,13f).

Mit dem hier verwendeten hebr. Verb *jārasch* (»**in Besitz nehmen**«) knüpft Obadja an die Landnahme-Verheißungen Moses an (vgl. z.B. 5Mo. 9,1; 11,23f; 31,3). Ähnliche Verheißungen finden sich in Ps. 25,13; 37,9.11.22.29; Jes. 60,21; 65,9; Hes. 36,12; Am. 9,12. Es gibt drei Auslegungsmöglichkeiten, worauf sich der Ausdruck »**ihre Besitztümer**« bezieht:

Keil bezieht diese Worte auf die in V. 15f genannten Völker, deren Länder in den Besitz Judas übergehen würden (Keil, 1985, S. 268f). Diese Deutung ist grammatisch möglich, vom Zusammenhang allerdings unwahrscheinlich. Die weltweite Perspektive von V. 15f (»alle Völker«) würde sich nämlich einerseits im Anschluss an V. 17 auf lediglich drei Völker verengen (Edomiter, Philister und Kanaaniter) und andererseits auch Gebiete des Nordreiches Israel und des Negev einschließen (V. 19f).

Eine in der judäischen Wüste im *Wādi Murabba'āt* gefundene hebr. Handschrift, sowie die LXX, Vulgata und der aramäische Targum sprechen für eine geringfügig vom MT abweichende Lesart, bei der anstelle von *môrāschêhām* (»ihre Besitztümer«) *môrîschêhām* (»ihre Besitzer«) zu lesen ist. Die Lutherübersetzung (1984) formuliert daher: »Und das Haus Jakob soll seine Besitzer besitzen.« So verstanden geht es in V. 17c um einen Aspekt der in V. 15 angekündigten Vergeltung: Juda erfuhr zur Zeit Obadjas Feindseligkeiten der Edomiter, Philister und Phönizier (vgl. die Auslegung zu V. 11), darum soll es am Tag Jahwes deren Länder in Besitz nehmen. Doch bleibt bei dieser Deutung offen, warum Obadja in V. 19f nicht nur die Länder feindlicher Nachbarvölker, sondern auch Gebiete des Nordreiches erwähnt.

Wir lesen daher mit dem MT *môrāschêhām* (»ihre Besitztümer«) und deuten diese als die Landgebiete, die Gott dem Haus Jakob verheißen hatte. Dazu gehörte nicht nur das Erbteil des Stammes Juda (Jos. 15,1-12), sondern ebenso die Erbteile aller zwölf Stämme Israels. Obadja weissagt an dieser Stelle, dass **die vom Haus Jakob** – repräsentiert durch den Stamm Juda – am Tag Jahwes die Gebiete Ephraims und Samarias einnehmen würden (V. 19), so wie der Stamm Benjamin das Land Gilead (V. 19), das ursprünglich Erbteil der Stämme Gad und Manasse war. Zwar gehörte Edom (V. 19.21) im Unterschied zu den in V. 19f erwähnten Gebieten der Philister und Phönizier (Jos. 15,45-47; 19,28f) ursprünglich nicht zu dem Israel zugesprochenen Erbteil (4Mo. 34,3; Jos. 15,1), doch bereits Bileam hatte angekündigt, dass Edom zum Besitz Jakobs werden würde (4Mo. 24,17f), was sich bisher nur vorübergehend erfüllt hatte.

### 5.6.3.4 Das Haus Jakob wird das Haus Esau restlos vernichten (18)

Mit dem Bild von angezündetem Stroh (vgl. Mal. 3,19) kündigt Obadja in V. 18 nochmals Edoms vollständige Vernichtung an: **Und das Haus Jakob wird ein Feuer sein und das Haus Josef eine Flamme, das Haus Esau aber zu Stroh; und sie werden sie verbrennen und sie verzehren.** Als Symbol der Heiligkeit begleitete Feuer immer wieder die sichtbare Erscheinung Gottes, besonders zur Zeit Moses (2Mo. 3,2; 19,18; 40,38) und Elias (1Kön. 18,38; 2Kön. 1,10-14). Gott selbst wird ein verzehrendes Feuer genannt (5Mo. 4,24). Auch Amos droht verschiedenen Völkern an, dass Gott gegen sie Feuer senden würde (Am. 1,4-2,5), unter anderem gegen Teman in Edom (Am.

1,12). Nach Am. 5,6 würde Jahwe selber das Haus Josef wie Feuer in Brand setzen, was wohl ein prophetischer Hinweis auf das Ende des Nordreichs Israel war (vgl. Kla. 2,3). Der Tag Jahwes wird schließlich die Frechen und Gottlosen wie Strohstoppeln verbrennen (Mal. 3,19), und zwar mit unauslöschlichem Feuer (Jes. 66,24).

Ähnlich wie Obadja weissagt der Prophet Sacharja, dass Gott die Fürsten von Juda bei der letzten Bedrängnis Jerusalems »einem Feuerbecken unter Holzstücken und einer Feuerfackel unter Garben« gleichmachen werde, die alle Völker ringsum verzehren würden (Sach. 12,6). An den Weissagungen Obadjas und Sacharjas fällt auf, dass Gott sich zum Feuergericht an Edom des Hauses Jakob und des Hauses Josef bedienen will. Das erinnert an die kriegerische Eroberung des Landes Kanaan unter Josua, bei der viele Städte zerstört und ihre Bewohner ausgerottet wurden. Ähnlich wie bei vielen Kriegen, die Israel während der Richter- und Königszeit bei feindlicher Bedrohung führte, geschah dies im Auftrag Gottes und als Strafe für die Gräuel der Völker Kanaans (vgl. 1Mo. 15,16). Das AT ist jedoch weit davon entfernt, Israel das Recht auf eine beliebige Kriegführung aus nationalistischen, imperialistischen oder religiösen Motiven zuzugestehen. Jahwe billigte im AT nur Kriege, bei denen letztlich er selbst als Bundesgott Israels und Eigentümer des heiligen Landes herausgefordert war (vgl. 2Mo. 14,14; Jos. 5,13-15; 23,3.10). In solchen Kämpfen griff er oft selber ein und verschaffte seinem Volk die entscheidende Wende zum Sieg (vgl. Jos. 10,10-14; 2Chr. 20,20ff). So wird es nach alttestamentlicher Prophetie auch am Tag Jahwes sein (vgl. Sach. 14,3). Und auf diesem Hintergrund ist die Weissagung Obadjas in V. 18 zu verstehen.

Die Bezeichnungen »**Haus Jakob und Haus Josef**« stehen in V. 18 anscheinend für das Südreich Juda und das Nordreich Israel. Der Begriff »Haus« in Verbindung mit einem Eigennamen bezeichnet im AT die Nachkommenschaft einer bestimmten Person (vgl. 1Mo. 7,1; 12,1; 18,19). Mit dem Haus Josef sind offenbar die Stämme Ephraim und Manasse (1Mo. 48,5) als Repräsentanten des nördlichen Zehnstämme-Reiches gemeint (Jos. 18,5). Obadja deutet damit an, dass der geistliche und politische Riss, der seit der Reichsteilung 931 v. Chr. durch Israel ging, am zukünftigen Tag Jahwes nicht mehr bestehen, sondern dass ein vereinigtes Israel (vgl. Jes. 11,13) Vergeltung an Edom üben werde. Edom wird in V. 18 zweimal in bewusstem Kontrast zum Haus Jakob und Josef Haus Esau genannt.

Mit der Weissagung, dass das Haus Esau bei seiner Ausrottung am Tag Jahwes **keinen Entronnenen haben wird**, stellt Obadja in V. 18b Edoms Geschick dem künftigen Geschick Judas gegenüber. Am Tag der künftigen Bedrängnis Jerusalems wird es Entronnene geben, denen die Edomiter nicht auflauern sollen (V. 14). Auch am künftigen Gerichtstag Jahwes über die Völkerwelt wird es auf dem Berg Zion Entronnene geben (V. 17). Aber das Haus Esau soll im Gegensatz zu Israel keinen Entronnenen haben, d.h. vollständig ausgerottet werden (vgl. V. 9). Diese restlose Vernichtung Edoms soll durch den Angriff Israels geschehen (vgl. Sach. 12,6).

In der Makkabäer- und Hasmonäerzeit (2./1. Jh. v. Chr.) begann sich diese Prophezeiung zu erfüllen. Die Idumäer, zu denen später auch die Edomiter gerechnet wurden, wurden von den Juden unterworfen und zwangsweise judaisiert. Bei der Zerstörung Jerusalems 70 n. Chr. kamen die meisten Idumäer durch die Römer um, nur eine Anzahl von ihnen konnte entkommen (Josephus, *Der jüdische Krieg*, VI 8,2). Was aus ihnen wurde, ist unbekannt. Das dem Volk Edoms angedrohte Gericht scheint sich damit also erfüllt zu haben; die in V. 19 und V. 21 prophezeite Aneignung des Landes Edom durch Israel ist allerdings bisher unerfüllt.

Am Ende dieses Abschnittes betont Obadja wieder die göttliche Autorität seines Wortes (vgl. V. 1.4.8): **Denn Jahwe hat geredet.** Letztlich hat nicht ein Mensch, sondern Jahwe selbst das Gerichtsurteil über Edom gesprochen. Das hebr. Wort *dibbēr* (»reden«) nimmt hier wie z.B. in Joel 4,8 oder Jona 3,10 die Bedeutung »eine Urteilsverkündigung aussprechen« an.

## 5.7 Jahwe will Juda groß machen über Edom und König sein (19-21)

### 5.7.1 Übersetzung

*19. Und die vom Südland werden das Gebirge Esaus in Besitz nehmen und die von der Niederung die Philister, und sie werden das Gebiet Ephraims und das Gebiet Samarias in Besitz nehmen, und Benjamin wird Gilead in Besitz nehmen, 20. und die Weggeführten dieses Heeres der Söhne Israels werden in Besitz nehmen, welche Kanaaniter sind bis nach Zarpat, und die Weggeführten Jerusalems, die in Sefarad sind, werden die Städte des Südlandes in Besitz nehmen. 21. Und Retter auf dem Berg Zion werden hinaufziehen, um das Gebirge Esau zu richten, und die Königsherrschaft wird Jahwe gehören.*

### 5.7.2 Struktur

Die Inbesitznahme (A) und Herrschaft (A') über Esau bildet in diesem Abschnitt den Rahmen für die erneute und endgültige Landnahme des verheißenen Landes durch Juda (B) und die zurückgekehrten Exulanten (B'). Der letzte Satz in A' (»und Jahwes wird die Königsherrschaft sein«) stellt gleichzeitig einen

Abschluss des gesamten Buches und hoffnungsvollen Ausblick auf die Zukunft Judas dar.

A Juda wird das Gebirge Esaus in Besitz nehmen (V. 19a).

B Juda wird das Gebiet der Philister und des Nordreiches Israels in Besitz nehmen (V. 19b).

B' Judas Heimkehrer werden das Land der Phönizier und die Städte des Südlandes in Besitz nehmen (V. 19b-20).

A' Juda wird vom Berg Zion aus über das Gebirge Esaus herrschen, und Jahwe wird König sein (V. 21).

## 5.7.3 Auslegung

### 5.7.3.1 Israel wird das verheißene Land endgültig einnehmen (19f)

Obadja knüpft in V. 19f an V. 17c an und entfaltet seine Prophetie »Und die vom Haus Jakob werden ihre Besitztümer in Besitz nehmen«. Die Ansicht, es handle sich hier um erklärende Nachträge exilischer (V. 19) und nachexilischer (V. 20) Zeit (Wolff, 1975, S. 43), ist sachlich unbegründet, wie die Auslegung dieser Verse zeigen wird.

Die im hebr. Text dreimal vorkommende Satzaussage »**sie werden in Besitz nehmen**« (hebr. *wəjārəschû* zweimal in V. 19, hebr. *jirəschû* einmal in V. 20) greift das in V. 17c vorgegebene Stichwort *(wəjārəschû)* auf und bildet den roten Faden der Verse 19-20. In der Übersetzung ist es um der Verständlichkeit willen nicht zu vermeiden, dasselbe Prädikat insgesamt fünfmal zu verwenden. Der hebr. Text ist wesentlich knapper und kunstvoller, allerdings auch schwerer zu verstehen. Darum haben immer wieder Ausleger gemeint, er sei fehlerhaft überliefert oder durch in den Text hineingeratene Randbemerkungen nicht mehr ursprünglich (vgl. Wolff, 1975, S. 41f; Allen, 1976, S. 168ff). Diesen Annahmen widerspricht jedoch die Tatsache, dass der von den Masoreten überlieferte Text trotz seiner Schwierigkeit durchaus einen guten Sinn gibt.

Um die Übersetzung der Verse 19f zu begründen, muss zuerst überlegt werden, ob die Ortsnamen Südland (hebr. *nägäb* »Negev«) und Niederung (hebr. *schəphēlāh* »Schefelah«) in diesem Satz grammatische Objekte sind, also das, was in Besitz genommen wird, oder Subjekte und damit diejenigen, die das Land in Besitz nehmen.

Wolff (1975, S. 41) und Allen (1976, S. 168) deuten sie als grammatische Objekte des Satzes. Die Übersetzung von V. 19 lautet dementsprechend bei Wolff (1975, S. 40): »Und sie werden das Südland [das Gebirge Esaus] und die Niederung [die Philister] in Besitz nehmen, sie werden Ephraims Gefilde [und das Gefilde Samarias] und [Benjamin] Gilead in Besitz nehmen.« Die in Klammern stehenden Angaben werden als nachträglich in den Text geratene Glossen angesehen.

Keil (1985, S. 268) und Niehaus (1993, S. 539) wie auch die LXX verstehen dagegen »Negev« und »Schefelah« als grammatische Subjekte. Diese Deutung hat den Vorzug, dass die von Wolff und Allen als Glossen bezeichneten Angaben als Objekte der angekündigten Besitzergreifung in den Satz passen und somit problemlos als ursprünglich gelten können. Für die Richtigkeit dieser Sicht spricht der Vergleich mit V. 17c, woran V. 19 nicht nur inhaltlich, sondern auch hinsichtlich des Satzbaus anknüpft. Die grammatische Struktur von V. 17c (im hebr. Text: Prädikat – Subjekt – direktes Objekt) wiederholt sich in V. 19-20 siebenmal, davon viermal mit vermutlich beabsichtigten Auslassungen einzelner Elemente. Man kann die Parallelität im folgenden Strukturvergleich erkennen (vgl. Niehaus 1993, S.539):

Struktur von V. 17c

| **Subjekt** | **Prädikat** | **Objekt** |
|---|---|---|
| Und die vom Haus Jakob | werden in Besitz nehmen | ihre Besitztümer. |

Struktur von V. 19f

| **Subjekt** | **Prädikat** | **Objekt** |
|---|---|---|
| 1. Und die vom Südland | werden in Besitz nehmen | das Gebirge Esaus, |

| **Subjekt** | **Prädikat** | **Objekt** |
|---|---|---|
| 2. und die von der Niederung | | die Philister, |
| 3. und sie | werden in Besitz nehmen | das Gebiet Ephraims |
| 4. und | | das Gebiet Samarias, |
| 5. und Benjamin | | Gilead. |
| 6. Und die Weggeführten | | welche Kanaaniter sind, |
| 7. und die Weggeführten | werden in Besitz nehmen | die Städte des Südlandes |

Stilistisch ist auffällig, dass die siebenfache Aufzählung mit dem Südland beginnt und auch endet. Diese Rahmung betont die besondere Stoßrichtung der prophetischen Aufzählung Obadjas von der Eroberung Edoms vom Südland aus (V. 19) bis zur Neubesiedlung des Südlandes durch heimgekehrte Exulanten (V. 20). Eine zweite Rahmung bildet die Erwähnung des Gebirges Esaus, das vom Südland aus erobert (V. 19) und vom Berg Zion aus regiert werden soll (V. 21). Durch diese Rahmungen betont Obadja sein Hauptthema Edom, auf dessen Hintergrund er dann verschiedene Völker aufzählt, deren Länder in Besitz genommen werden sollen.

Die prophetische Schilderung der künftigen Inbesitznahme des verheißenen Landes beginnt in V. 19a mit der Eroberung Edoms, das hier im Gegensatz zum Berg Zion (V. 17) »**Gebirge Esaus**« genannt ist (wie in V. 8.9.21). Das Gebiet der Edomiter gehörte zwar nicht zu dem Israel verheißenen Gebiet, aber schon Bileam sagte voraus, dass Israel Edom besitzen würde (4Mo. 24,18). Seit der Regierungszeit Davids stand Edom unter der Oberherrschaft Judas (2Sam. 8,13-14). Erst unter Joram von Juda, und damit zur Zeit Obadjas, fiel Edom von Juda ab (2Kön. 8,20-22; 2Chr. 21,8-10). Obadja prophezeit die Ausrottung der Edomiter und die Inbesitznahme ihres Landes durch die judäischen Bewohner des sich im Westen anschließenden **Südlandes** (vgl. Am. 9,11f; Jes. 11,14).

Obadja prophezeit in V. 19b weiter, dass die judäischen Bewohner der **Niederung** am Tag Jahwes die **Philister** aus ihrem Land verdrängen werden. Die mit »Niederung« übersetzte hebr. Landschaftsbezeichnung *Schefelah* bezeichnet das westjudäische Hügelland zwischen dem Gebirge Judas und der von den Philistern bewohnten flachen Küstenebene zwischen Gaza und Jafo. Die *Schefelah* war die Heimat Simsons, der die benachbarten Philister heimsuchte (vgl. Ri. 13,2; 16,31 mit Jos. 15,33). Gott hatte ihre Städte dem Stamm Juda als Teil seines Erbteils zugesprochen (Jos. 15,45-47). Erst unter der Königsherrschaft Davids und Salomos waren die feindlichen Philister besiegt (2Sam. 8,1; 1Kön. 5,1), aber nach der Reichsteilung kam es immer wieder zu Kriegen mit ihnen. Zur Zeit des Königs Joram von Juda fielen sie zusammen mit den Arabern in Juda und Jerusalem (2Chr. 21,16f) und zur Zeit des Königs Ahas von Juda in die Niederung ein (2Chr. 28,18). Joel beschuldigt die Philister, dass sie zusammen mit den phönizischen Bewohnern von Tyrus und Sidon Juda und Jerusalem geplündert und ihre Söhne an die Griechen verkauft haben (Joel 4,4-8). Obadja prophezeit nun als Gericht über die Philister am Tag Jahwes die Eroberung ihres Landes durch die judäischen Bewohner der Niederung (vgl. Jes. 11,14).

Bei V. 19c ist zunächst zu klären, wer das handelnde Subjekt (»sie«) ist: **Und sie werden das Gebiet Ephraim und das Gebiet Samaria in Besitz nehmen.** Die oben dargelegte inhaltliche und syntaktische Parallele mit V. 17b spricht dafür, dass weiterhin »die vom Haus Jakob« (V. 17b), also die Bewohner Judas, Subjekt der Besitzergreifung des Gebietes Ephraim sind, ohne dass weiter wie in 19 a.b innerhalb der Bewohner Judas differenziert wird: Das »Haus Jakob« wird gegen Norden vorstoßen und das Gebiet Ephraims in Besitz nehmen. **Ephraim** war der jüngere Sohn Josefs, der vom sterbenden Jakob den Erstgeburtssegen empfing (1Mo. 48,14). Das Gebiet des Stammes Ephraim lag zwischen Bethel im Süden und den Bergen Ebal und Garizim im Norden.

Obadja scheint in V. 19c davon auszugehen, dass das Gebiet Ephraims einst neu in Besitz genommen werden muss. Damit ist aber nicht gesagt, dass die Wegführung der nördlichen Stämme Israels in die assyrische Gefangenschaft im Jahr 722 v. Chr. zur Zeit Obadjas bereits geschehen ist (so Wolff, 1975, S. 44). Vielmehr scheint der geistliche Abfall des Nordreiches und seine bereits zur Zeit Jerobeams I. (931-910 v. Chr.) geweissagte Wegführung (1Kön. 14,15f) der historische Hintergrund der Weissagung Obadjas zu sein. Nach V. 19c wird Juda – zur Zeit Obadjas alleiniger Repräsentant des »Hauses Jakob« – dessen gesamten Landbesitz einnehmen (vgl. Keil, 1985, S. 269) und dann wieder mit den nördlichen Stämmen vereint sein (vgl. die Auslegung zu V. 18). Damit wird der Stamm Juda, aus dem nach Jakobs Weissagung der König Israels kommen sollte (1Mo. 49,8-10), innerhalb des erneuerten Israel die Führungsrolle innehaben.

Neben dem Gebiet Ephraims nennt V. 19c noch das **Gebiet Samarias**. Wolff stellt die Hypothese auf, diese Angabe sei eine nachträglich eingefügte Erklärung zu »Ephraim« und denkt dabei an die seit der assyrischen Eroberung bestehende Provinz Samaria (1975, S. 47; vgl. Allen, 1976, S. 170). Näher liegt die Erklärung, dass neben Ephraim die Stadt Samaria gemeint ist, so wie im AT vielfach Juda und Jerusalem zusammen erwähnt werden. Der König des Nordreichs, Omri (885-874 v. Chr.), hatte Samaria am Anfang des 9. Jh. v. Chr. im Stammesgebiet Manasses erbaut und zur Hauptstadt des Nordreichs gemacht. Viele Propheten des AT beschuldigen Samaria, Mittelpunkt des Götzendienstes zu sein (Jes. 9,8; Jer. 23,13; Hes. 23,4ff; Hos. 7,1; Mi. 1,6f). Obadja prophezeit, dass die Bewohner Judas Samaria und Umgebung in Besitz nehmen werden.

In V. 19d erscheint neben Juda noch der andere Stamm des Südreichs, **Benjamin**, als Erbe des Landes Israel. Er wird am Tag Jahwes in ostjordanisches Gebiet vorstoßen und **Gilead in Besitz nehmen**. Die geographische Bezeichnung Gilead kann im engeren Sinn die Gebiete nördlich und südlich des Flusses Jabbok bezeichnen, die vor der Eroberung durch Israel von Sihon, dem Amoriterkönig, und von Og, dem König von Baschan, beherrscht wurden (Jos. 12,1-6). Im weiteren Sinn steht Gilead auch für das gesamte israelische Gebiet im Ostjordanland (5Mo. 34,1; 2Sam. 2,8-11) bis zum Fluss Arnon im Süden (2Kön. 10,33). Es umfasste damit das für seine Fruchtbarkeit bekannte (4Mo. 32,1) ostjordanische Siedlungsgebiet der Stämme Manasse, Gad und Ruben. Micha prophezeit in Übereinstimmung mit Obadja, dass das erneuerte Volk Gottes in Baschan und Gilead leben wird, wie in der Zeit zwischen der Wüstenwanderung und dem Einzug ins Westjordanland (Mi. 7,14f; vgl. Sach. 10,10).

Vers 20 nennt zwei Gruppen von Heimkehrern aus der Gefangenschaft, die sich an der Inbesitznahme des verheißenen Landes beteiligen werden: **die Weggeführten dieses Heeres der Söhne Israels** und **die Weggeführten Jerusalems, die in Sefarad sind**. Das hebr. Wort *gālut* kann im abstrakten Sinn die »Wegführung ins Exil« bedeuten (z.B. 2Kön. 25,27); hier passt aber wie z.B. in Jes. 45,13 nur die konkrete Bedeutung »die Weggeführten«, da von ihnen gesagt wird, dass sie das Land in Besitz nehmen werden.

Wolff versteht V. 20 als spät-nachexilischen Zusatz (1975, S. 44), der kommentieren soll, »wer denn diejenigen vom Hause Jakob seien, die das Land neu in Besitz nehmen« (1975, S. 47). Die in V. 17 verheißenen »Entronnenen« werden seiner Ansicht nach in V. 20 als Heimkehrer aus dem Exil gedeutet (vgl. Esr. 1,3-5; Neh. 1,2), wobei Heimkehrer des Nordreichs und Jerusalems unterschieden seien (vgl. Allen, 1976, S. 170). Es ist zwar wahr, dass sich der hebr. Ausdruck *gālut* im AT meist auf die Massendeportation und Umsiedlung der judäischen Oberschicht in die babylonische Gefangenschaft bezieht (vgl. z.B. Jer. 28,4; Hes. 1,2), doch bereits im 8. Jh. v. Chr. klagt der Prophet Amos die Philister und die Phönizier an, ganze Gruppen von Kriegsgefangenen (hebr. *gālut)* an die Edomiter ausgeliefert zu haben (Am. 1,6.9). Auch in Obd. 20 scheint es um einzelne Gruppen von Kriegsgefangenen zu gehen und nicht um die Rückkehr aus der assyrischen bzw. babylonischen Gefangenschaft, selbst wenn Obadja bereits im 9. Jh. v. Chr. mit einer bevorstehenden Wegführung des Nordreichs rechnen konnte (1Kön. 14,15f). Unterstützt wird diese Deutung von der Tatsache, dass in V. 20b als Aufenthaltsort der Heimkehrer Jerusalem nicht Babylon, sondern Sefarad erscheint (vgl. Allen, 1976, S. 171).

Schwierig ist die nähere Bestimmung der erstgenannten Heimkehrergruppe (V. 20a). Unsere Übersetzung »**Die Wegge-**

**führten dieses Heeres der Söhne Israels**« (vgl. Elberfelder Bibel, 1985) ist eine von mehreren Möglichkeiten. Der hebr. Begriff *chêl* oder *chēl*, nach Gesenius (1995, S. 346) »die kleinere Mauer vor d. eigentl. Befestigungsmauer« (vgl. z.B. 2Sam. 20,15; Ps. 48,14; Jes. 26,1), gibt in V. 20 keinen einleuchtenden Sinn. Die Übersetzung würde lauten: »Die Weggeführten dieser Vormauer der Söhne Israels«. Die LXX liest anstelle von hebr. *hachēl* (»das Heer«) offenbar *hachēl* (»anfangen«) und übersetzt unsere Stelle: »Und dies ist der Anfang der Heimkehr«. Wolff vermutet, dass dieser Wiedergabe »eine (verstümmelte!) Glosse auf die erste Erfahrung einer Deportation« zugrunde liegen könnte (1975, S. 41). Die von Gesenius (1962, S. 228) erwähnte sinngemäße Übersetzung »Die Weggeführten von Halach, die zu Israel gehören« setzt einen Eingriff in den hebr. Text voraus (Wolff, 1975, S. 41). Halach war der Ort der assyrischen Gefangenschaft (2Kön. 17,6; 18,11; 1Chr. 5,26). Eine Änderung des MT ist aber nicht notwendig. Am einfachsten ist die Deutung von Keil (1985, S. 270), die ohne Änderung des MT auskommt. Er sieht hebr. *chēl* als orthographische Variante von hebr. *chêl*, einer Nebenform von *chajil* (»Kraft, Heer, Habe«; vgl. V. 11), was nach hebr. Schreibregeln möglich ist. So kommt es zu der oben vorgeschlagenen Übersetzung.

Mit der Formulierung »**die Weggeführten dieses Heeres**« nimmt V. 20 offensichtlich Bezug auf ein ganz bestimmtes Heer. Es handelt sich vermutlich um das in V. 11 erwähnte Heer, das bei der Eroberung Jerusalems gefangen genommen worden war. Es ist allerdings nicht bekannt, wann sich die Verheißung seiner Rückkehr erfüllte. Nach Wolff (1975, S. 47) weist die Formulierung »die Weggeführten dieses Heeres **der Söhne Israels**« auf Heimkehrer des Nordreiches. Doch ist die Parallele zu V. 20b zu beachten, wo die Weggeführten Jerusalems erscheinen. Gesamt-Israel und seine Hauptstadt Jerusalem ergeben eine einleuchtendere Parallele als Nord-Israel und die Hauptstadt des Südreiches. Daher deuten wir die Söhne Israels als inhaltliche Entsprechung zum »Haus Jakobs« (V. 17f), das zur Zeit Obadjas nur noch durch Juda repräsentiert wurde (vgl. Keil, 1985, S. 269).

Die Heimkehrer »dieses Heeres der Söhne Israels« sollen das Gebiet derer in Besitz nehmen, **welche Kanaaniter sind bis nach Zarpat**. Mit dem Ortsnamen **Zarpat** richtet sich der prophetische Blick Obadjas in nordwestliche Richtung. Die Stadt Zarpat lag zwischen den phönizischen Städten Tyrus und Sidon. Es gehörte eigentlich zum Erbteil des Stammes Asser, wurde aber nie von ihm in Besitz genommen (Jos. 19,28f). Hier hatte Elia in der Trockenheit Zuflucht gefunden (1Kön. 17,9f). Die im Bereich von Tyrus und Sidon lebenden Phönizier können in V. 20 Kanaaniter genannt werden, da Sidon, der Stammvater der Sidonier, der erstgeborene Sohn Kanaans war (1Mo. 10,15).

Schwierig ist an dieser Stelle der hebr. Satzbau. Der hebr. Nebensatz *ʾăscher-kənaʿănîm* (»**welche Kanaaniter sind**«) kann grammatisch zwar auch als Erläuterung des Subjekts (»die Weggeführten dieses Heeres der Söhne Israels, nämlich diejenigen, welche Kanaaniter sind«) verstanden werden. Näher liegt aber die Deutung, dass hier das Objekt der Inbesitznahme genannt wird. Daher übersetzen wir: »Und die Weggeführten dieses Heeres der Söhne Israels (werden das Gebiet derer in Besitz nehmen), welche Kanaaniter sind bis nach Zarpat.« Obadja kündigt also an, dass Israel dann erstmalig das ihm von Gott verheißene Land, das bisher von den Phöniziern bewohnt wurde, in Besitz nehmen werde.

Mit dem letzten Glied der Aufzählung schließt sich die Kette. Während zu Beginn in V. 19a den Bewohnern des Südlandes das Gebirge Esaus als Besitz zugesprochen ist, wird nun gesagt, dass die **Weggeführten Jerusalems, die in Sefarad sind**, die

**Städte des Südlandes** besitzen sollen. Zur Identifizierung des Ortsnamens Sefarad gibt es verschiedene Theorien:

Der Targum Jonathan lokalisiert Sefarad in Spanien (vgl. Wineland, 1992, S. 1089f). Daher heißen nach jüdischer Tradition die spanischen Juden »sefardische Juden«.

Der Kirchenvater Hieronymus gibt Sefarad in der Vulgata mit *Bosporus* wieder. Wahrscheinlich missverstand er in der hebr. Wortform *bisphārad* (»in Sefarad«) die Vorsilbe als Bestandteil des Namens. Vielleicht folgte er aber auch einer jüdischen Tradition (Allen, 1976, S. 171).

Keil (1985, S. 271) bevorzugt die Deutung auf Sparta, eine um 900 v. Chr. auf der Halbinsel Peloponnes gegründete frühgriechische Siedlung. Nach Joel 4,6 hatten Phönizier und Philister jüdische Sklaven an die griechischen Jonier verkauft. In 1Makk. 12,21 wird auf eine Überlieferung Bezug genommen, nach der die Spartaner sogar von Abraham abstammten. Auch wenn dies historisch sehr fragwürdig ist, könnte hinter dieser Überlieferung die frühe Anwesenheit jüdischer Sklaven in Sparta stehen, die von den Phöniziern gekauft worden waren.

Eine Inschrift Sargons II. (721-705 v. Chr.) erwähnt den Ort Schuparda im südwestlichen Medien. Ob aber Schuparda mit Sefarad identifiziert werden kann, ist aus phonetischen Gründen fraglich (vgl. Allen, 1976, S. 171). Zwar berichtet 2Kön. 17,6 dass die Bewohner des Nordreichs Israel im Jahr 722 v. Chr. bei ihrer Wegführung in die assyrische Gefangenschaft u.a. nach Medien kamen, allerdings nennt Obd. 20 ausdrücklich Weggeführte aus Jerusalem.

Gray vermutet, dass Sefarad mit Hesperides, einer antiken jüdischen Siedlung in der Nähe von Benghazi in Ägypten, zu identifizieren sei (1953, S. 57ff). Da eine freie griechische Stadt, Naukratis, in Ägypten existierte, deren Vorgeschichte bis in die Mitte des 7. Jh. zurückführt, sei es denkbar, dass griechische Händler ihre jüdischen Sklaven nach Ägypten verkauften. Wenn Obadja prophezeit, dass die Heimkehrer Israels den Norden Kanaans besiedeln werden, dann gehe man am besten davon aus, dass die Heimkehrer Jerusalems das Südland Judas vom südlich gelegenen Ägypten her besiedeln würden.

In einer aramäischen Inschrift der Nekropole von Sardes aus der Perserzeit (5./4. Jh. v. Chr.) wird der Name einer Stadt und gleichnamigen persischen Satrapie (persisch *Sparda*) im Westen Kleinasiens mit denselben Konsonanten (*sprd)* geschrieben wie der Ortsname Sefarad in Obd. 20. Auch eine weitere aramäische Inschrift in Daskyleion an der Küste nördlich von Sardes (datiert um 450 oder 400 v. Chr.) weist auf die Anwesenheit von aramäisch sprechenden Juden in dieser Gegend hin (vgl. Wolff, 1975, S. 47f; Allen, 1976, S. 171; Niehaus, 1993, S. 540).

Wenn auch die Identifizierung von Sefarad offen bleiben muss, so ist doch auffällig, dass Obadja nicht Babel als den Ort der Verbannung erwähnt. Die von ihm in V. 20b angekündigte Heimkehr aus Sefarad ist daher nicht mit derjenigen unter Serubbabel (Esr. 1-6) und (Esr. 7-10) zu identifizieren.

Nachdem wir die achtgliedrige Kette der Landesverheißungen behandelt haben, erhebt sich die Frage, wann und wie es zur verheißenen Besitzergreifung der in V. 19f aufgezählten Gebiete kommen wird. Zunächst ist herauszustellen, dass Obadja die alten Landverheißungen aufgreift, die Gott ursprünglich Abraham und seinen Nachkommen und dann durch Mose dem Volk Israel gegeben hatte (1Mo. 15,18; 17,1-8; 2Mo. 23,31; 4Mo. 34,1-15; 5Mo. 11,24). Auch die dort nicht erwähnte Herrschaft über das Land Edom war Israel bereits durch Bileam in Aussicht gestellt worden (4Mo. 24,18) und Gilead war seit der Zeit Moses Siedlungsgebiet Israels und sollte es darum auch wieder werden (vgl. Mi. 7,14; Sach. 10,10).

Obadja kündigt die Erfüllung dieser Landverheißungen für die Zukunft an, weil sie bisher unerfüllt geblieben waren. Wegen seines Ungehorsams hatte Israel schon bei der Landnahme unter Josua (Jos. 13,1-7) das verheißene Land nicht völlig einnehmen können. Auch das Königreich Salomos schloss das Israel verheißene Philistäa offenbar nicht mit ein (vgl. 1Kön. 5,1; Townsend, 1985, S. 329f). Bis heute haben sich die von Obadja aktualisierten Landverheißungen noch nicht erfüllt. Zwar kam es Jahrhunderte nach Obadja unter dem Hasmonäerkönig Alexander Jannäus (103-76 v. Chr.) für kurze Zeit zu einem jüdischen Reich. Dieses schloss aber die Israel verheißenen Gebiete der Philisterstadt Aschkelon und Phöniziens nicht mit ein. Der moderne Staat Israel umfasst heute längst nicht das ursprünglich von Gott verheißene Gebiet »vom Strom Ägyptens bis zum großen Strom, dem Strom Euphrat« (1Mo. 15,18).

Dennoch können wir an einer noch zukünftigen Erfüllung der Israel gegebenen Landverheißungen festhalten. Townsend (1985, S. 322f) weist mit Recht darauf hin, dass die Landverheißung ein Bestandteil des Gottesbundes mit Abraham ist, und dass dieser Bund seinem Wesen nach zeit- und bedingungslos ist. Weil er ein einseitiger Bund ist, d.h. er allein von Gott geschlossen und garantiert wurde (1Mo. 15,17-21), ist er auch unabhängig von menschlichem Verhalten. Zwar haben einzelne Angehörige oder ganze Generationen des Bundesvolkes sich durch ihren Unglauben und Ungehorsam von der Nutznießung der Landverheißung ausgeschlossen (vgl. 5Mo. 28,15-68), aber das hebt deren ewige Gültigkeit (1Mo. 17,8) nicht auf. Daher wird im Zusammenhang mit der künftigen Bekehrung Israels die Rückkehr in das Land der Väter verheißen (5Mo. 30,1-5; Hes. 36,24.28; Sach. 10,6-10), dessen Grenzen nach Hes. 47,13-48,35 mit den in 4Mo. 34,1-12 ursprünglich verheißenen übereinstimmen werden. Die Prophetie Hesekiels hat sich bisher nicht buchstäblich erfüllt. Eine rein geistliche Deutung befriedigt nicht, weil dann die vielen geographischen Details in Hes. 47,13-20 keinen Sinn hätten. Auch eine Deutung auf die neue Erde scheidet aus, da es dort kein Meer geben wird (vgl. Hes. 47,8 mit Offb. 21,1). So bleibt als einzige mögliche Deutung nur die buchstäbliche Erfüllung in der Zukunft (vgl. Townsend, 1985, S. 332f).

Die alttestamentliche Landverheißung wird im neuen Bund des NT nicht aufgehoben. Auch in Apg. 1,6 weist der Herr nicht die Hoffnung auf die Wiederaufrichtung des Reiches Israel zurück, sondern nur die Frage nach dem Zeitpunkt. Der Apostel Petrus bestätigt in Apg. 3,19-21, dass alle alttestamentlichen Verheißungen einer Erquickungszeit für Israel noch zur Erfüllung kommen werden, und zwar bei der Wiederkunft Jesu Christi. Daher werden sich die Verheißungen in Obd. 19-20 am kommenden Tag des Herrn erfüllen, wenn Jesus Christus sichtbar erscheinen und von einem erneuerten Land Israel aus (Sach. 14,1-21) sein Tausendjähriges Friedensreich auf Erden errichten wird (Offb. 20,1-6).

### 5.7.3.2 Juda wird vom Berg Zion über das Gebirge Esau herrschen und Jahwe wird König sein (21)

Mit den beiden Stichwörtern »Retter« und »Berg Zion« in V. 21 knüpft Obadja in doppelter Weise an V. 17a an. Auch wenn im hebr. Text der Verse 17a und 21 verschiedene Wörter stehen, um den Gedanken der Rettung anzusprechen (in V. 17 *pəlêṭāh* »Entronnene, Gerettete«; in V. 21 *môschi'îm* »Rettende«), bilden die inhaltlich verwandten Ausdrücke dennoch eine Klammer, die den dazwischen stehenden Versen 18-20 ein positives Vorzeichen geben. Die Vernichtung des »Hauses Esaus« (V. 18) und die Besetzung des »Gebirges Esaus« (V. 19) und anderer Gegenden (V. 20) sind letztlich Konsequenzen, die sich aus der Rettung des Volkes Gottes auf dem Berg Zion ergeben.

Die Nennung der Ortsbestimmung »auf dem Berg Zion« (*bəhar ẓijjôn*) stellt eine weitere Verbindung zwischen V. 17 und V. 21 dar. Die Retter auf dem Berg Zion, die das Gebirge Esaus richten (V. 21), haben selbst auf dem Berg Zion Rettung erfahren (V. 17). Wer selbst gerettet wurde, ist bereit andere zu retten! Der Berg Zion steht in V. 21 im Gegensatz zum Gebirge Esaus. Der erste Berg ist ein Ort der Rettung, der zweite ein Ort des Gerichts. Rettung und Gericht sind die beiden Seiten des Tages Jahwes.

Die Elberfelder Bibel (1985) übersetzt V. 21 mit »Und es werden Retter hinaufziehen auf den Berg Zion, um das Gebirge Esaus zu richten«. Diese Übersetzung ist zwar grammatisch möglich, es stellt sich aber die Frage, warum die Retter erst den Berg Zion besteigen müssen, um das Gebirge Esaus zu richten. Nachdem in V. 17a schon von der Rettung auf dem Berg Zion die Rede ist und nachdem die Verse 17b-20 schildern, wie von Jerusalem und Umgebung aus die umliegenden Länder in allen Richtungen besetzt werden, liegt es nahe, dass die Retter bereits auf dem Berg Zion sind.

Dieser Gedanke steht wahrscheinlich im Hintergrund der LXX, wenn sie eine vom MT abweichende Übersetzung bietet: »Und es werden hinaufsteigen [und zwar auf das Gebirge Esaus] gerettete Männer vom Berg Zion, um das Gebirge Esaus zu richten.« Diese Aussage bietet aber auch der MT, wenn man die hebr. Wortfolge berücksichtigt: **Und Retter auf dem Berg Zion werden hinaufziehen, um das Gebirge Esaus zu richten**. Damit wäre angedeutet, dass die Retter vom Berg Zion das Gebirge Esau besteigen, um es zu richten.

In der Prophetie vom messianischen Friedensreich in Jes.

2,1-4 wird der oben beschriebene Vorgang zu einer über das Volk Israel hinausgehenden Heilszusage an alle Völker umgekehrt. Es heißt dort, dass zu jener Zeit viele Völker zum Berg des Hauses Jahwes hinaufziehen werden, der über alle Berge erhaben sein wird. Dort werden sie die Weisung und das Wort Jahwes empfangen und Jahwe wird Recht sprechen zwischen den Völkern. Die Aussagen, dass Juda vom Zion auf das Gebirge Esaus hinaufziehen wird, um es zu richten, und dass die Völker zum Berg Zion hinaufziehen werden, um Gottes Weisung zu erhalten, sind Prophetien, die sich gegenseitig ergänzen.

Das Wort für »**Retter**« (hebr. *môschiᶜîm*, wörtlich: »Rettende«) kann im Hebräischen unterschiedlich geschrieben werden. Die in Obd. 21 verwendete seltenere Schreibweise (vgl. 2Kön. 16,7) könnte vor der masoretischen Vokalisation vielleicht auch *mûschăᶜîm* (»Gerettete«) gelesen worden sein. Diese Wortform ist allerdings im AT sonst nicht bezeugt. Die BHS schlägt vor, *nôschăᶜîm* (»Gerettete«) zu lesen, womit sich auch die Wiedergabe als passives Wort in der LXX und in anderen alten Übersetzungen erklären ließe. Doch macht die Gedankenentwicklung von V. 17 her auch ohne einen solchen Eingriff in den MT deutlich, dass es sich hier um Retter handelt, die selber teilhaben an der endzeitlichen Rettung auf dem Berg Zion. Als Gerettete (V. 17) werden sie zu Rettern des Volkes Gottes (V. 21). Der lutherische Bibelausleger Hengstenberg sagte: »Unter den Heilanden ist der Heiland verborgen.« (Keil, 1985, S. 272). Mit ihm erkennen wir in Obadja 21 die verhüllte Andeutung einer messianischen Prophetie auf den vollkommenen Retter. Die Singularform *môschiaᶜ* (»Retter«) wird im AT sehr oft für Gott verwendet (z.B. Ps. 17,7; 106,21; Jes. 43,3; 45,15; Jer. 14,8). Mehrfach wird betont, dass es außer Jahwe keinen Retter gibt (z. B. Jes. 45,21; Hos. 13,4). Dennoch hat Gott im Verlauf der Heilsgeschichte Israel immer wieder Männer gesandt, die dem

Volk Gottes in göttlicher Vollmacht zeitliche Rettung verschafften (vgl. Ri. 3,9.15; 2Kön. 13,5; Neh. 9,27; Jes. 19,20).

Wenn die Retter von Obadja 21 zugleich Richter vom Gebirge Esau sind, dann steht das im Einklang mit Aussagen des Richterbuches. Dort wird mehrfach berichtet, wie Gott das Schreien des Volkes um Rettung damit beantwortete, dass er einen Retter erstehen ließ, der Israel vor seinen Feinden rettete und es zugleich richtete (vgl. z.B. Ri. 4,4-16; 10,1f). Das hebr. Wort *schāphat* (»richten«) bezeichnet allgemein die Ausübung von Autorität, nicht nur im Sinne des Verurteilens, Rechtsprechens oder des Zum-Recht-Verhelfens, sondern auch des Regierens und Verwaltens (1Sam. 8,20; vgl. Niehr, 1982, Sp. 408ff). In Obd. 21 soll wahrscheinlich die Aussage gemacht werden, dass das Gebirge Esau, nach seiner Inbesitznahme durch die judäischen Bewohner des Südlandes (V. 19) von Jerusalem aus regiert und verwaltet werden soll. Das erinnert an Stellen in der ganzen Bibel, nach denen Gott den Seinen eine Mitwirkung im Weltgericht und in der Weltherrschaft zugedacht hat (z.B. Dan. 7,18; 1Kor. 6,2f; Offb. 20,6).

Das Buch Obadja schließt mit der Aussage: **Und die Königsherrschaft wird Jahwe gehören** (V. 21b). Damit steht der Abschluss der Prophetie im Kontrast zu ihrem Anfang, der den Sturz Edoms wegen seiner anmaßenden Selbsterhebung angekündigt hatte (V. 1-4). Nachdem Obadja diesen Sturz im Einzelnen dargestellt und die Rettung Judas (V. 17a) und die letzte Erfüllung der Landverheißungen an Israel (V. 17b-21a) beschrieben hat, kommt er in V. 21b zum Ziel- und Höhepunkt seiner Botschaft: Nicht Edom, sondern Jahwe wird als König triumphieren. Indem der Prophet das hebr. Wort *məlûkāh* (»Königsherrschaft, Königsmacht, Königswürde«) auf Jahwe bezogen verwendet, stellt er heraus, dass es letztlich nicht um die Aufrichtung der Herrschaft Israels im Sinne eines Nationalismus oder Kolonialismus geht, sondern um die Aufrichtung des Reiches Gottes in Israel und von Israel aus über die Welt. Schon David bezeugt in Ps. 22,29: »Denn Jahwe gehört die Königsherrschaft (hebr. *məlûkāh*) und er herrscht über die Völker.«

Gott wird im AT oft der Königstitel beigelegt. Schon bevor Israel einen irdischen König hatte, war Jahwe Israels König (2Mo. 15,18; 1Sam. 12,12). Auch während der Zeit des israelitischen Königtums blieb Jahwe der wahre König Israels (Ps. 24,7-10; Jes. 33,22). Er ist aber gleichzeitig der König über die Völker (Ps. 47,3.7-9) und über die ganze Schöpfung (Ps. 103,22). Seine Königsherrschaft ist zwar heute verborgen, sie zeigt sich aber darin, dass er die Kontrolle über die Weltgeschichte hat (Ps. 66,7; Dan. 3,33; 4,31). Auch die im Buch Obadja angekündigte Vernichtung Edoms ist Ausdruck der verborgenen Weltherrschaft Gottes, die sich u.a. in zeitgeschichtlichen Katastrophen äußern kann, die über gerichtsreife Völker hereinbrechen. Zugleich aber gibt Obadja in seiner Prophetie einen Ausblick auf das endgültige und eigentliche Hereinbrechen des Tages Jahwes, an dem seine Herrschaft, ausgehend vom Berg Zion (Jes. 24,23; Mi. 4,7), in Gericht und Rettung weltweit sichtbar werden wird (Sach. 14,9).

Andere Propheten des AT bezeugen, dass die sichtbare Herrschaft Jahwes über die Welt mit dem messianischen Friedensreich hereinbrechen wird (Dan. 7,13f; Sach. 9,9f), das alle menschlichen Reiche ablösen (Dan. 2,44), ewigen Bestand haben (Dan. 7,14) und der Welt Frieden, Gerechtigkeit und Erneuerung der Schöpfung bringen wird (Jes. 2,2-4; 9,6; 11,3-9; 65,17-25). Das NT hat die alttestamentliche Botschaft vom Kommen der Königsherrschaft Gottes am Tag Jahwes aufgegriffen und bezeugt, dass sie im ersten Kommen Jesu Christi nahegekommen ist (Mt. 3,2; 4,17; 10,7) und mit seinem Wiederkommen endgültig verwirklicht werden wird (2Tim. 4,1). Auf diese endzeitliche Verwirklichung des Reiches Gottes weist Obadja im letzten Satz seiner Prophetie (V. 21b) hin. Und auch wir sehnen uns nach dem Kommen des Reiches Gottes, wenn wir im Gebet Jesu die Bitte aussprechen: »Dein Reich komme!« (Mt. 6,10).

## 5.7.4 Vorschlag zur Bibelarbeit über Obadja 15-21

### 1. Einleitung

Bei allem Tagesgeschehen steht fest, dass Gott das letzte Wort hat, wie der Prophet Obadja bezeugt.

### 2. Durchführung

Thema: *Gott ist der Richter der Völker*

*a) Er vergilt (V. 15f)*

Manchmal vergilt Gott schon in der Geschichte der Völker, spätestens aber, wenn sein Tag hereinbricht. Maßstab seiner Vergeltung ist das, was die Völker getan haben (vgl. Mt. 7,12; Röm. 2,5-8; Offb. 20,12), gerade auch wie sie sich gegenüber Israel und Jerusalem verhalten haben (vgl. Obd. 16a). Andere Propheten des AT bestätigen Obadjas Weissagung vom Völkergericht (vgl. Joel 4,1ff; Sach. 12,2ff). Im NT kündigt Jesus an, dass im Völkergericht das Verhalten gegenüber seinen geringsten Brüdern, d.h. seinen Jüngern, über den Eingang in sein Reich (vermutlich das messianische Friedensreich auf Erden) entscheidet (Mt. 25,31ff). Paulus weiß, dass er und die durch den Glauben an Christus bereits gerettete Gemeinde einmal vor dem Richterstuhl Christi offenbar werden müssen und dementsprechend ein Urteil empfangen werden, was sie bei Lebzeiten getan haben (2Kor. 5,10).

In der persönlichen Anwendung stellt sich uns die Frage, ob wir allezeit bewusst im Licht des Tages des Herrn und der kommenden Vergeltung leben (Mt. 24,42).

*b) Er rettet (V. 17a)*

Auch nach Sach. 12,5-8 wird Gott an seinem Tag Juda und Jerusalem retten. Joel zitiert in Joel 3,5 die Heilsverheißung von Obd. 17a und weitet sie aus auf alle, die der Herr berufen wird. Damit schlägt er bereits eine Brücke zum neutestamentlichen Heilsangebot in Jesus Christus (vgl. Apg. 2,21; Röm. 10,12f). Weil unser Herr außerhalb Jerusalems für unsere Schuld gekreuzigt wurde und am dritten Tag auferstand, ist für uns heilsgeschichtlich gesehen der Berg Zion der Ort der Rettung; ein solcher Rettungsort wird er bei der Wiederkunft Jesu in besonderer Weise für den bedrängten Überrest Israels sein (vgl. Sach. 12,8; 14,1-5).

Uns stellt sich hier die Frage, ob wir im Glauben an Jesus Christus die Rettung vor dem kommenden Zorn Gottes schon in Anspruch genommen haben.

*c) Er stellt Israel her (V. 17b-21a)*

Gottes Verheißungen an Abraham (Nachkommenschaft, Land und Segen; 1Mo. 12,1-3), werden am Tag Jahwes zu ihrer letzten Erfüllung kommen. Bei der Wiederkunft Jesu wird Gott durch Israel Gericht an Israels Feinden üben, besonders an Edom bzw. an den Völkern, die an seine Stelle getreten sein werden. Gottes irdische Landverheißungen an Israel haben bei aller gegenwärtigen Problematik im Nahen Osten bleibende Gültigkeit und werden sich mit der Wiederkunft Jesu erfüllen (Apg. 3,19-21).

Uns gilt, das Geschehen im Nahen Osten betend zu verfolgen und im Vertrauen, dass Gott zu seiner Zeit alle seine Verheißungen an Israel noch erfüllen wird.

*d) Er wird König sein (V. 21b)*

Der letzte Satz des Propheten Obadja macht deutlich, dass es bei der erneuten Landverheißung an Israel letztlich nicht um einen israelischen Nationalismus oder Imperialismus geht, sondern um die sichtbare Errichtung der Gottesherrschaft von Israel aus über die ganze Erde, wenn Jesus wiederkommt. Die Erwählung Israels ist nicht Selbstzweck, sondern dient der Verwirklichung des Reiches Gottes auf Erden (vgl. 1Mo. 12,1-3). Menschen, die die Erlösung von ihrer Schuld durch Jesus Christus in Anspruch genommen haben, sind darüber hinaus berufen, einst an Gottes ewigem Reich und an seiner himmlischen Herrlichkeit teilzuhaben (1Thess. 2,12). Welche Hoffnung!

Wenn wir glauben, dass Gott sowohl heute die Weltgeschichte lenkt als auch Autorität über unsere persönliche Lebensgeschichte hat, welche praktische Bedeutung hat dann für uns die Bitte: »Dein Reich komme«?

# 6. BIBLIOGRAFIE ZU OBADJA


Albright, W. F. »Ostracon No. 6043 from Ezion-Geber«, *Bulletin of the American Schools of Oriental Research* 82, 1941, S. 11-15.

Allen, L. C. *The books of Joel, Obadiah, Jonah and Micah.* The New International Commentary on the Old Testament. Grand Rapids: Eerdmans, 1991, Nachdr. von 1976.

Archer, G. L. *Einleitung in das Alte Testament*, Bd. 2. Bad Liebenzell: Verlag der Liebenzeller Mission, 1989.

Baker, W. L. »Obadja«, *Das Alte Testament erklärt und ausgelegt*, hg. von J. F. Walvoord und R. F. Zuck, Bd. 3. Neuhausen-Stuttgart: Hänssler, 1991, S. 547-555.

Bartlett, J. R. »Edom and the Edomites«, *Journal for the Study of the Old Testament, Supplement Series* 77, Sheffield: Sheffield Academic Press, 1989. Ders. »Edom«, *Anchor Bible Dictionary*, Bd. 2. New York: Doubleday, 1992, S. 287-295.

Bliese, L. F. »Chiastic and homogeneous metrical structures enhanced by word patterns in Obadiah«, *Journal of Translation and Textlinguistics* 6, 1993, S. 210-227.

Bright, J. *Geschichte Israels.* Düsseldorf: Patmos, 1966.

Burkhardt, H. u.a. (Hg.) *Das Große Bibellexikon.* Wuppertal: R. Brockhaus, 2. Aufl. 1990.

Burkhardt, H. u.a. (Hg.) *Der Neue Bibelatlas.* Wuppertal: R. Brockhaus, 1992.

Delitzsch, F. *Messianische Weissagungen in geschichtlicher Folge.* Gießen/ Basel: Brunnen, 1992, Nachdr. von 1890.

Donner, H. *Geschichte des Volkes Israel und seiner Nachbarn in Grundzügen*, Bd. 2. Grundrisse zum Alten Testament. Göttingen: Vandenhoeck & Ruprecht, 2. Auflage 1995.

Eusebius. »Das Onomastikon der biblischen Ortsnamen«, *Werke*, hg. von E. Klostermann, Bd. 3, 1. Hälfte. Leipzig: Hinrichs, 1904.

Freedman, D. N. »JHWH«, *Theologisches Wörterbuch zum AT*, hg. von G. J. Botterweck, O. Connor u. H. Ringgren, Bd. 3. Stuttgart u.a.: Kohlhammer, 1982, Sp. 533-554.

Gesenius, W. *Hebräisches und aramäisches Handwörterbuch über das Alte Testament.* Bearb. v. F. Buhl. Berlin u.a.: Springer, 1962, Neudr. d. 17. Aufl. 1915.

Gesenius, W. *Hebräisches und aramäisches Handwörterbuch*. 18. Aufl., bearb. u. hg. von H. Donner, 2. Lieferung. Heidelberg: Springer, 1995.

Graf, D. F. »Nabateans«, *Anchor Bible Dictionary*, Bd. 4. New York: Doubleday, 1992, S. 970-973.

Gray, J. »The Diaspora of Israel and Judah in Obadiah v. 20«. *Zeitschrift für die alttestamentliche Wissenschaft* 65, 1953, S. 53-59.

Haag, H. »*ḥāmās*« ,*Theologisches Wörterbuch zum AT*, hg. v. G. J. Botterweck u. H. Ringgren, Bd. 2. Stuttgart: Kohlhammer, 1977, Sp. 1050-1061.

Harrison, R. K. *Introduction to the Old Testament*. Grand Rapids, Michigan: Eerdmans, 1969.

Jenni, E.; Westermann, C. (Hg.) *Theologisches Handwörterbuch zum Alten Testament*. 2 Bde. München: Chr. Kaiser / Zürich: Theol. Verlag, 1984.

Josephus, Flavius, *Jüdische Altertümer*. Übersetzt und mit Einleitung und Anmerkungen versehen von H. Clementz, 2 Bände, Darmstadt: Joseph Melzer, 1967.

Josephus, Flavius, *Der jüdische Krieg*, Übersetzt von H. Clementz. Wiesbaden: Fourier, 6. Aufl., 1984.

Kaiser, W. C., Jr. *Toward an Old Testament Theology*. Grand Rapids: Zondervan, 1978.

Keil, C. F. *Die kleinen Propheten*. Gießen: Brunnen, 1985, Nachdr. d. 3. Aufl., von 1888.

Kleinert, P. »Obadjah, Jonah, Micha, Nahum, Habakuk, Zephanjah«. *Theologisch-homiletisches Bibelwerk*, hg. v. J. P. Lange, Bielefeld u. Leipzig: Velhagen & Klasing, 1868.

Knauf, E. A. »Die Herkunft der Nabatäer«, *Petra: Neue Ausgrabungen und Entdeckungen*, hg. von M. Lindner, München: Delp, 1986.

Knauf, E. A. *Die Umwelt des Alten Testaments*. Neuer Stuttgarter Kommentar, Altes Testament 29, hg. von C. Dohmen. Stuttgart: Kath. Bibelwerk, 1994.

Lang, B. »*nēḵār/nŏḵrî*« *Theologisches Wörterbuch zum AT*, hg. von G. J. Botterweck u. H. Ringgren, Bd. 5. Stuttgart: Kohlhammer 1986, Sp. 454-463.

Luther, M. *Dr. Martin Luthers sämtliche Schriften*, hg. von J. G. Walch, Bd. 14. Groß Oesingen: Verlag der Lutherischen Buchhandlung Heinrich Harms, 1987.

Möller, H. *Alttestamentliche Bibelkunde.* Berlin: Evang. Verlagsanstalt, 1986.

Negev, A. (Hg.) *Archäologisches Bibellexikon,* Neuhausen-Stuttgart: Hänssler, 1991.

Niehaus, J. J. »Obadiah«, *The Minor Prophets. An exegetical and expository commentary,* hg. von Th. E. McComiskey, Bd. 2. Grand Rapids: Baker Book House Company, 1993, S. 495-541.

Niehr, H. »*šāpaṭ*«. *Theologisches Wörterbuch zum AT,* hg. von G. J. Botterweck u. H. Ringgren, Bd. 8. Stuttgart: Kohlhammer, 1995, Sp. 408-428.

Orelli, C. von *Das Buch Hesekiel und die zwölf kleinen Propheten.* Kurzgefasster Kommentar zu den heiligen Schriften Alten und Neuen Testamentes, hg. von H. Strack u. O. Zöckler. Nördlingen: Verlag der C.H. Beck'schen Buchhandlung, 1888.

Pfeiffer, R. H. *Introduction to the Old Testament.* New York: Harper & Brothers, 1948.

Preuß, H. D. *Einführung in die alttestamentliche Weisheitsliteratur.* Urban Taschenbuch Nr. 383. Stuttgart: Kohlhammer, 1987.

Rienecker, F. *Lexikon zur Bibel,* neu bearb. Ausg. hg. von G. Maier. Wuppertal: R. Brockhaus, 1994.

Rudolph, W. »Obadja«, *Zeitschrift für die alttestamentliche Wissenschaft* 8, 1931, S. 222-231.

Rudolph, W. *Joel-Amos-Obadja-Jona.* Kommentar zum Alten Testament, Bd. XIII/2, Gütersloh: Mohn, 1971.

Snijders, L.A. »*zûr/zār*« *Theologisches Wörterbuch zum AT,* hg. von G. J. Botterweck u. H. Ringgren, Bd. 2. Stuttgart: Kohlhammer, 1977, Sp. 556-564.

Thompson, J. A. »Obadiah«. *The Interpreter's Bible,* Bd. 6. New York und Nashville: Abingdon, 1956, S. 857-867.

Townsend, J. L. »Fulfillment of the Land Promise in the Old Testament«, *Bibliotheca Sacra* 142, 1985, S. 320-337.

Weippert, M. »Edom und Israel«, *Theologische Realenzyklopädie,* Bd. 9, Berlin: de Gruyter, 1982.

Weiser, A. *Die Propheten: Hosea, Joel, Amos, Obadja, Jona, Micha übersetzt und erklärt.* Das Alte Testament Deutsch, Teilband 24. Göttingen: Vandenhoeck & Ruprecht, 1950.

Wellhausen, J. *Skizzen und Vorarbeiten*, 5. Heft: *Die kleinen Propheten übersetzt und erklärt.* Berlin: de Gruyter, 1892.

Westermann, C. *Grundformen prophetischer Rede.* München: Kaiser Verlag, 2. Aufl., 1964.

Wineland, J. D. »Sepharad«, *Anchor Bible Dictionary*, Bd. 5. New York: Doubleday, 1992, S. 1089-1090.

Wolff, H. W. *Der Prophet Obadja.* Biblischer Kommentar Altes Testament, hg. von S. Herrmann, W. H. Schmidt u. H. W. Wolff. Neukirchen-Vluyn: Neukirchener Verlag, 1975.

Wolff, H. W. »Obadja – ein Kultprophet als Interpret«, *Evangelische Theologie* 37, 1977, S. 273-284.

Wolff, H. W. »Zur Gotteserfahrung der Propheten.« *Studien zur Prophetie – Probleme und Erträge.* München: Kaiser Verlag, 1987, S. 25-38.

Worschech, U. *Das Land jenseits des Jordan – Biblische Archäologie in Jordanien.* Wuppertal: R. Brockhaus, 1991.

Young, E. J. *An Introduction to the Old Testament.* Grand Rapids: Eerdmans, 5. Aufl., 1954.

Zuck, R. B. *A Biblical Theology of the Old Testament.* Chicago: Moody Bible Institute, 1991.